PELAS PAREDES
MEMÓRIAS DE
MARINA ABRAMOVIĆ

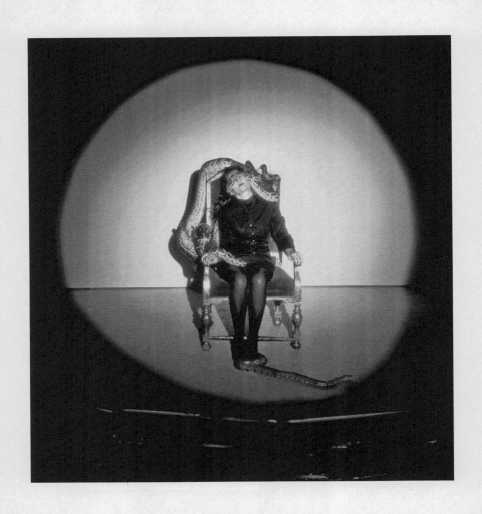

PELAS PAREDES
MEMÓRIAS DE
MARINA ABRAMOVIĆ

MARINA ABRAMOVIĆ
com JAMES KAPLAN

Tradução de
Waldéa Barcellos

4ª edição

Rio de Janeiro | 2024

CIP-BRASIL. CATALOGAÇÃO NA PUBLICAÇÃO
SINDICATO NACIONAL DOS EDITORES DE LIVROS, RJ

A14p

Abramović, Marina
Pelas paredes: memórias de Marina Abramović / Marina Abramović; tradução de Waldéa Barcellos. – 4. ed. – Rio de Janeiro: José Olympio, 2024.

Tradução de: Walk through walls
ISBN: 978-85-03-01309-3

1. Abramović, Marina, 1946 – Narrativas pessoais. 2. Arte contemporânea. I. Barcellos, Waldéa. II. Título.

17-39271

CDD: 927
CDU: 929:7.036

Copyright © Marina Abramović, 2017

Projeto gráfico: Elizabeth Rendfleisch
Projeto de capa: Christopher Brand
Adaptação de capa e miolo: Ba Silva

As fotografias foram cortesia da autora e
seus créditos estão nas páginas 414 e 415.

Este livro foi revisado segundo o Acordo Ortográfico da
Língua Portuguesa de 1990.

Todos os direitos reservados. Proibida a reprodução, armazenamento
ou transmissão de partes deste livro, através de quaisquer meios,
sem prévia autorização por escrito.

EDITORA JOSÉ OLYMPIO LTDA.
Rua Argentina, 171 – 3º andar – São Cristóvão
20921-380 – Rio de Janeiro, RJ
Tel.: (21) 2585-2000

Seja um leitor preferencial Record.
Cadastre-se no site www.record.com.br e receba
informações sobre nossos lançamentos e promoções.

ISBN 978-85-03-01309-3
Impresso no Brasil
2024

Para AMIGOS e INIMIGOS

AGRADECIMENTOS

Eu não conseguiria atravessar paredes sozinha.

Antes de mais nada, gostaria de expressar minha profunda gratidão a James Kaplan. Ele me ouviu por inúmeras horas e me ajudou a contar minha história. Seu desejo de entender minha vida me comoveu até a alma.

Agradeço de coração a David Kuhn, que me convenceu que estava na hora de escrever minhas memórias e que, com uma disposição incansável, me orientou pelo universo literário; e a Nicole Tourtelot.

Obrigada à minha editora, Molly Stern, por ver o potencial na minha história, de coração aberto.

Sou mais do que grata à minha preparadora de originais, Tricia Boczkowski, por seus comentários brilhantes, seu apoio constante e sua compreensão do meu senso de humor eslavo.

Foi um prazer trabalhar com a equipe altamente profissional e dedicada da Crown Archetype: David Drake, Penny Simon, Jesse Aylen, Julie Cepler, Matthew Martin, Christopher Brand, Elizabeth Rendfleisch, Robert Siek, Kevin Garcia, Aaron Blank e Wade Lucas.

É uma bênção trabalhar com as pessoas animadas e entusiasmadas da minha equipe da Abramović LLC: Giuliano Argenziano, Allison Brainard, Cathy Koutsavlis, Polly Mukai-Heidt e Hugo Huerta; e do Instituto Marina Abramović: Serge Le Borgne, Thanos Argyropoulos, Billy Zhao, Paula Garcia e Lynsey Peisinger.

Quero agradecer a minhas galerias o apoio à arte da qual trato neste livro: Sean Kelly Gallery, Nova York; Lisson Gallery, Londres; Galleria Lia Rumma, Nápoles e Milão; Luciana Brito Galeria, São Paulo; Art Bärtschi & Cie, Genebra; Galerie Krinzinger, Viena; e Galleri Bransdtrup, Oslo.

Espero que, ao ler estas linhas, meu irmão, Velimir, sua filha, Ivana, e meu três afilhados, Vladka, Antonio e Nemo, entendam melhor certas escolhas que fiz e decisões que tomei na vida.

A Dave Gibbons, obrigada por seu inestimável aconselhamento espiritual na minha vida pessoal e profissional; e a Rita Capasa, por sua amizade e amor fraterno.

Às pessoas maravilhosas que vêm me mantendo saudável há muito tempo e durante a criação deste livro: o Dr. David Orentreich, a Dra. Linda Lancaster, o Dr. Radha Gopalan, meu *personal trainer* Mark Jenkins e minha terapeuta massagista Sarah Faulkner.

São tantas as pessoas cujos caminhos cruzaram os meus e que são importantes para mim, que eu gostaria de ter espaço para todas elas.

Finalmente, espero que este livro seja inspirador e mostre a todos que não existe obstáculo que não possa ser superado se você tiver determinação e amor pelo que faz.

Boulbon, França, 2016

ABRAMOVIĆ

1.

Um dia de manhã, eu caminhava na floresta com minha avó. Tudo estava muito bonito e tranquilo. Eu só tinha 4 anos de idade, era bem pequena mesmo. E vi uma coisa muito estranha – uma linha reta no outro lado da estrada. Fiquei tão curiosa que fui olhar. Eu só queria tocar nela. Então, minha avó deu um berro, muito alto. Minha lembrança é vivíssima. Era uma cobra enorme.

Esse foi o primeiro instante na minha vida em que eu de fato senti medo – mas eu não fazia a menor ideia do que deveria temer ali. Na realidade, foi a voz da minha avó que me apavorou. E então a cobra foi embora, rastejando, veloz.

É incrível como o medo é embutido em você, por seus pais e por outras pessoas que o cercam. Você, no início, é tão inocente. Você não sabe.

Eu em Belgrado, 1951

Eu venho de um lugar sombrio. A Iugoslávia no pós-guerra, de meados da década de 1940 até meados dos anos 1970. Uma ditadura comunista, comandada pelo marechal Tito. Incessantes carências de tudo; um aspecto deprimente por toda parte. É uma característica do comunismo e do socialismo: uma espécie de estética baseada na pura feiura. A Belgrado da minha infância nem mesmo tinha o monumentalismo da Praça Vermelha, em Moscou. De algum modo, tudo era de segunda mão. Como se os líderes tivessem olhado pela lente do comunismo dos outros e construído algo não tão bom, algo menos funcional e mais ferrado.

Sempre me lembro dos espaços públicos: eles eram pintados de um verde sujo, e existiam umas lâmpadas nuas que emitiam uma luz cinzenta, como se sombreassem os olhos. A associação da luz com a cor das paredes deixava a pele de todo mundo com um tom amarelo-esverdeado, como se sofressem do fígado. Não importava o que se fizesse, havia uma sensação de opressão e um pouquinho de depressão.

Famílias inteiras moravam em apartamentos em prédios grandes e feios. Os jovens nunca conseguiam um lugar só para eles, de modo que cada unidade abrigava algumas gerações: a avó e o avô, o casal recém-casado e, depois, os filhos. Essa situação de famílias espremidas em espaços muito pequenos gerava complicações inevitáveis. Os casais jovens precisavam ir ao parque ou ao cinema para fazer sexo. E nem pensar em tentar comprar alguma coisa nova ou agradável.

Uma piada dos tempos comunistas: um cara se aposenta e, por ter sido um trabalhador excelente, é premiado não com um relógio, mas com um carro novo, e lhe dizem na repartição que ele tem muita sorte: vai receber o carro no dia tal e tal, dali a vinte anos.

"De manhã ou de tarde?", pergunta o sujeito.

"Que diferença faz?", pergunta o funcionário.

"É que o encanador está marcado para vir nesse mesmo dia", responde.

Minha família não precisou passar por tudo isso. Meus pais eram heróis de guerra – eles lutaram contra os nazistas com os *partisans* da resistência iugoslava, comunistas chefiados por Tito –, e assim, depois da guerra, tornaram-se membros importantes do partido, com empregos importantes.

Meu pai foi designado para a guarda de elite do marechal Tito. Minha mãe dirigia um instituto que supervisionava monumentos históricos e adquiria obras de arte para prédios públicos. Ela também era a diretora do Museu de Arte e Revolução. Por causa disso, tínhamos muitos privilégios. Morávamos num apartamento espaçoso no centro de Belgrado – rua Makedonska, nº 32. Um edifício grande e antiquado, da década de 1920, com detalhes elegantes de ferro batido e vidro, como um prédio de apartamentos em Paris. Tínhamos um andar inteiro, oito cômodos para quatro pessoas – meus pais, meu irmão mais novo e eu – o que era raríssimo naquela época. Quatro quartos, uma sala de jantar, um enorme salão (o nome que dávamos à sala de estar), uma cozinha, dois banheiros e um quarto de empregada. No salão havia estantes cheias de livros, um piano de cauda preto e quadros em todas as paredes. Como minha mãe era diretora do Museu da Revolução, ela podia ir ao ateliê de pintores e comprar suas telas – quadros inspirados em Cézanne, Bonnard e Vuillard, além de muitas obras abstratas.

Quando eu era jovem, acreditava que nosso apartamento era o máximo do luxo. Mais tarde descobri que ele tinha pertencido a uma rica família de judeus, tendo sido confiscado durante a ocupação nazista. Tempos depois, cheguei à conclusão também de que os quadros que minha mãe pendurava no nosso apartamento não eram grande coisa. Em retrospectiva, acho – por esses e por outros motivos – que nossa casa era realmente um lugar horrível.

Meus pais, Danica e Vojin Abramović, 1945

Minha mãe, Danica, e meu pai, Vojin – conhecido Vojo –, tiveram um belo romance durante a Segunda Guerra Mundial. Uma história espantosa – ela era linda, ele era muito bonito, e um salvou a vida do outro. Minha mãe era major do exército e comandava um esquadrão nas linhas de combate, responsável por encontrar *partisans* feridos e levá-los para um local seguro. Mas, certo dia, durante uma investida alemã, ela adoeceu com tifo e estava caída, inconsciente, entre os gravemente feridos, com febre alta e totalmente coberta por uma manta.

Ela provavelmente teria morrido ali se meu pai não tivesse sido tão mulherengo. Mas, quando viu os cabelos compridos para fora do cobertor, ele simplesmente teve de levantá-lo para dar uma espiada. E, quando viu como ela era linda, ele a carregou para um local seguro numa aldeia próxima, onde os camponeses cuidaram dela até que se recuperasse.

Seis meses depois, minha mãe estava de volta às linhas de combate, ajudando a trazer soldados feridos para o hospital. Lá, ela reconheceu de imediato que um dos gravemente feridos era o homem que a tinha salvado. Meu pai estava simplesmente caído ali, se esvaindo em sangue – não havia estoque para transfusões. Mas minha mãe descobriu que seu tipo sanguíneo era igual ao dele, doou sangue para meu pai e salvou sua vida.

Como um conto de fadas. E então a guerra os separou mais uma vez.

Só que os dois voltaram a se encontrar e, quando a guerra terminou, se casaram. Eu nasci no ano seguinte – em 30 de novembro de 1946.

Na véspera do meu nascimento, minha mãe sonhou que dava à luz uma cobra gigantesca. No dia seguinte, enquanto presidia uma reunião do partido, sua bolsa estourou. Ela se recusou a interromper o encontro. Só iria ao hospital depois que a reunião terminasse.

Fui um bebê prematuro – o parto foi muito difícil para minha mãe. A placenta não foi expulsa totalmente. Ela entrou em sépsis. Mais uma vez, quase morreu. Precisou ficar internada no hospital por quase um ano. Depois disso, por um tempo, foi difícil para ela continuar a trabalhar ou cuidar de mim.

De início, a empregada se encarregou de mim. Eu não era muito saudável e não comia direito. Era só pele e osso. A empregada tinha um filho, da mesma idade que eu, a quem ela dava toda a comida que eu não conseguia comer. O menino crescia e engordava. Quando minha avó Milica, mãe da minha mãe, veio nos visitar e viu como eu estava magra, ficou horrorizada. Imediatamente me levou para morar com ela; e lá eu fiquei por seis anos, até meu irmão nascer. Meus pais só vinham me visitar nos fins de semana. Para mim, eram dois desconhecidos que apareciam uma vez por semana e me traziam presentes que não me agradavam.

Dizem que, quando pequena, eu não gostava de andar. Minha avó costumava me sentar numa cadeira à mesa da cozinha enquanto ia ao mercado, e eu continuava lá, no mesmo lugar, quando ela voltava. Não sei por que me recusava a andar, mas acho que pode ter alguma relação com o fato de ter sido passada de uma pessoa para outra. Eu me sentia deslocada; era provável que achasse que, se eu andasse, isso significaria que mais uma vez teria de ir embora para outro lugar.

O casamento dos meus pais passou por problemas quase de imediato, provavelmente antes mesmo de eu nascer. A surpreendente história de amor e a beleza tinham unido os dois – o sexo, na verdade, os tinha unido –, mas muitas outras coisas os afastavam. Minha mãe era uma intelectual, vinha de uma família rica. Tinha estudado na Suíça. Eu me lembro de minha avó dizer que, quando minha mãe saiu de casa para ir se juntar aos *partisans*, deixou para trás sessenta pares de calçados, levando somente um par de velhos sapatos de camponesa.

A família do meu pai era pobre, mas eles eram heróis militares. O pai dele tinha sido major condecorado no Exército. Meu pai tinha sido preso, mesmo antes da guerra, por ter ideias comunistas.

Para minha mãe, o comunismo era um conceito abstrato, algo que tinha aprendido na escola suíça enquanto estudava Marx e Engels. Para ela, tornar-se *partisan* era uma escolha idealista, até mesmo algo que estava na moda. Para o meu pai, por outro lado, esse era o único caminho, porque vinha de uma família pobre, uma família de guerreiros. Ele era o verdadeiro comunista. E acreditava que seria por meio daquele modelo que o sistema de classes poderia ser transformado.

Minha mãe adorava ir ao balé, à ópera, a concertos de música clássica. Meu pai adorava assar leitões na cozinha e beber com seus velhos colegas da resistência. De modo que os dois não tinham quase nada em comum, e isso resultou num casamento muito infeliz. Eles brigavam o tempo todo.

E ainda havia a paixão do meu pai pelas mulheres, o que o tinha atraído para a minha mãe, para começar.

Desde o início do casamento, meu pai foi de uma infidelidade constante. É lógico que minha mãe odiava isso, e, logo, ela veio a odiar o marido. Obviamente eu não sabia dessas coisas no começo, enquanto morava com minha avó. Mas, quando fiz 6 anos, nasceu meu irmão, Velimir, e eu fui levada de volta para morar na casa deles. Novos pais, nova casa e novo irmão, tudo ao mesmo tempo. E minha vida piorou muito quase de imediato.

Lembro-me de querer voltar para a casa da minha avó, porque lá era um lugar seguro para mim. Tudo era muito tranquilo. Minha avó seguia um monte de rituais de manhã e no fim da tarde. Lá, o dia tinha um ritmo. Ela era muito religiosa, e sua vida inteira girava em torno da igreja. Todos os dias, às seis da manhã, quando o sol nascia, ela acendia uma vela para rezar. E às seis da tarde acendia outra para rezar de novo. Até completar 6 anos, nós íamos à igreja todos os dias, e conheci todos aqueles santos diferentes. A casa estava sempre impregnada do cheiro de incenso e do aroma de café recém-torrado. Ela torrava os grãos verdes de café e depois os moía manualmente. Eu tinha uma profunda sensação de paz ali.

Quando voltei a morar com meus pais, senti falta daqueles rituais. Os dois simplesmente acordavam de manhã e trabalhavam o dia inteiro, deixando-me com as empregadas. Além disso, eu tinha muita inveja do meu irmão. Como ele era menino, o primeiro filho homem, tornou-se de imediato o predileto. Era esse o costume dos Bálcãs. Os pais do meu pai tiveram dezessete filhos, mas a mãe do meu pai só mantinha à vista fotografias dos filhos homens, nunca das filhas. O nascimento do meu irmão foi tratado como um grande acontecimento. Mais tarde, descobri que, quando nasci, meu pai nem chegou a contar para ninguém; mas, quando Velimir veio ao mundo, Vojo saiu com amigos, bebendo, dando tiros de pistola a esmo, gastando muito dinheiro.

Pior ainda, meu irmão logo apresentou alguma forma de epilepsia infantil: ele tinha convulsões, e todo mundo ficava ali em volta, dando-lhe ainda mais atenção. Uma vez, quando ninguém estava olhando (eu tinha 6 ou 7 anos), tentei lhe dar um banho e quase o afoguei – eu o pus na banheira, e ele simplesmente *ploft*, afundou na água. Se minha avó não o tivesse tirado dali, eu teria me tornado filha única.

Eu com tia Ksenija, minha avó, Milica, e meu irmão, Velimir, 1953

É claro que fui punida. Eu era castigada com frequência, pelas menores infrações, e os castigos eram quase sempre de natureza física – surras e tapas. Minha mãe e sua irmã Ksenija, que tinha vindo para morar conosco por uns tempos, eram as encarregadas das punições; nunca meu pai. Elas me espancavam até ficar roxa. Eu tinha ferimentos no corpo inteiro. Mas, às vezes, elas recorriam a outros métodos. No nosso apartamento havia uma espécie de closet disfarçado, um armário muito fundo e escuro – a palavra em servo-croata é *plakar*. A porta se confundia com a parede e não possuía maçaneta. Bastava empurrá-la para que se abrisse. Eu era fascinada por esse closet e tinha pavor dele. Não me era permitido entrar ali. Mas, às vezes, quando eu me comportava mal, ou quando minha mãe ou minha tia diziam que eu tinha me comportado mal, elas me trancavam lá.

Eu tinha muito medo do escuro. Mas esse *plakar* era repleto de fantasmas, presenças espirituais – seres luminosos, amorfos e silenciosos, mas nem um pouco assustadores. Eu conversava com eles. Parecia perfeitamente normal para mim que estivessem ali. Os fantasmas faziam parte da minha realidade, da minha vida. E, no instante em que eu acendia a luz, eles desapareciam.

Como comentei, meu pai era um homem muito bonito, com um rosto forte, severo, e cabelos bastos e vigorosos. Um rosto heroico. Em fotografias do tempo da guerra, quase sempre está montado num cavalo branco. Ele lutou na 13ª divisão de Montenegro, um grupo de *partisans* que fazia ataques-relâmpago contra os alemães. Isso exigia uma coragem inacreditável. Muitos amigos dele foram mortos ao seu lado.

Vojo no dia da libertação, Belgrado, 1944

Seu irmão caçula tinha sido capturado pelos nazistas e torturado até a morte. E seu pelotão de *partisans* capturou o sujeito que havia matado seu irmão e o levou diante do meu pai. Mas ele não o executou: "Ninguém vai trazer meu irmão de volta à vida", disse ele, simplesmente libertando o prisioneiro. Meu pai era um guerreiro e tinha uma ética profunda sobre como guerrear.

Vojo nunca me castigou por nada, nunca me espancou, e eu vim a amá-lo por isso. E, embora ele com frequência se ausentasse com sua unidade militar, enquanto meu irmão ainda era um bebê, meu pai e eu aos poucos fomos nos tornando grandes amigos. Ele sempre fazia coisas para me agradar – eu me lembro de que costumava me levar ao circo e comprar doces para mim.

Quando saía comigo, raramente éramos só nós dois. Em geral, ele estava com uma das suas namoradas. E a namorada comprava presentes maravilhosos para mim, que eu levava para casa toda contente. "Ah, a moça loira e linda comprou tudo isso para mim", dizia eu, e minha mãe atirava os presentes direto pela janela.

Meu pai e eu, 1950

O casamento dos meus pais era como uma guerra – eu nunca os vi se abraçando, se beijando ou demonstrando qualquer tipo de afeto um pelo outro. Pode ser que fosse apenas um velho hábito dos tempos da resistência, mas os dois dormiam com pistolas carregadas nas mesinhas de cabeceira! Durante um raro período em que estavam se falando, eu me lembro de uma vez meu pai chegar em casa para almoçar e minha mãe lhe perguntar se ele queria sopa. Quando ele disse que sim, ela veio por trás e despejou a tigela quente na sua cabeça. Ele gritou, deu um empurrão na mesa, quebrou toda a louça na sala e foi embora. Sempre havia essa tensão. Eles nunca conversavam. Nunca houve um Natal em que algum de nós se sentisse feliz.

De qualquer maneira, nós não festejávamos o Natal. Éramos comunistas. Mas minha avó, que era muito religiosa, celebrava o Natal dos ortodoxos, no dia 7 de janeiro. Era maravilhoso e terrível. Maravilhoso, porque ela passava três dias preparando uma comemoração trabalhosa – pratos especiais, enfeites, tudo. No entanto, ela precisava instalar cortinas pretas nas janelas, porque, naquele tempo na Iugoslávia, era perigoso festejar o Natal. Espiões escreviam o nome das famílias que se reuniam para a festividade.

O governo os recompensava por denunciar as pessoas. Por isso, minha família chegava à casa da minha avó um a um; e, por trás das cortinas pretas, nós tínhamos nosso Natal. Minha avó era a única pessoa capaz de reunir minha família toda. Isso era lindo.

E as tradições eram lindas. Todos os anos, minha avó fazia uma torta de queijo e punha uma grande moeda de prata para assar dentro dela. Se você mordesse a moeda – e não quebrasse um dente – queria dizer que era sortudo. Você podia ficar com a moeda até o ano seguinte. Ela também jogava arroz sobre nós. Quem ficasse coberto com mais arroz seria o mais próspero no ano que se iniciava.

A parte terrível era que meus pais não se falavam, apesar de ser Natal. E todos os presentes que eu ganhava, todos os anos, eram alguma coisa útil de que eu não gostava. Meias de lã, algum livro que eu tinha de ler ou pijamas de flanela. Os pijamas sempre eram dois tamanhos acima do meu. Minha mãe me dizia que eles encolheriam depois de serem lavados, mas isso nunca acontecia.

Eu nunca brinquei com bonecas. Nunca quis bonecas. E não gostava de brinquedos. Preferia brincar com as sombras que os carros que passavam lançavam na parede, ou com um raio de sol se derramando pela janela. A luz iluminava as partículas de poeira enquanto elas flutuavam até o chão, e eu imaginava que essa poeira continha planetas minúsculos, com povos de outras galáxias, alienígenas que vinham nos visitar, viajando pelos raios do sol. E ainda havia os seres reluzentes dentro do *plakar*. Minha infância inteira foi cheia de espíritos e de seres invisíveis. Eram sombras e pessoas mortas que eu era capaz de ver.

Um dos meus maiores medos sempre foi de sangue – do meu próprio sangue. Quando eu era pequena, e minha mãe e a irmã dela me batiam, ficava cheia de hematomas. Meu nariz sangrava constantemente. Depois, quando perdi meu primeiro dente de leite, o sangramento só parou ao fim de três meses. Eu precisava dormir sentada na cama para não me sufocar. Por fim, meus pais me levaram a alguns médicos para ver o que havia de errado e descobriram que eu tinha um problema no sangue. De início, acharam que era leucemia. Minha mãe e meu pai me internaram no hospital, onde passei quase um ano. Eu tinha 6 anos. Foi o período mais feliz da minha infância.

Todos na minha família foram simpáticos comigo. Eles me traziam presentes bons, para variar. As pessoas no hospital também eram gentis. Era o paraíso. Os médicos continuaram fazendo exames e descobriram que eu não tinha leucemia, mas algo mais misterioso – quem sabe algum tipo de reação psicossomática à violência física por parte da minha mãe e da minha tia? Eles fizeram todos os tipos de tratamento. Depois, voltei para casa, e os tapas e surras continuaram, talvez com menos frequência que antes.

Esperava-se que eu suportasse as punições sem me queixar. De certo modo, acho que minha mãe estava me treinando para eu vir a ser uma soldada, como ela. Ela podia ser uma comunista ambivalente, mas era durona. Os verdadeiros comunistas tinham uma determinação capaz de "atravessar paredes" – uma determinação espartana. "Quanto à dor, eu posso suportar", disse Danica, numa entrevista filmada que fiz com ela anos depois. "Ninguém jamais me ouviu gritar, e ninguém nunca vai me ouvir." No consultório do dentista, quando iam lhe arrancar um dente, ela insistia que *não* lhe aplicassem anestesia.

Aprendi minha autodisciplina com minha mãe, e sempre tive medo dela.

Danica tinha obsessão por organização e limpeza. Em parte, isso provinha dos seus antecedentes militares; por outro lado, talvez ela estivesse reagindo ao caos do seu casamento. Ela costumava me acordar no meio da noite se achasse que eu estava dormindo de modo desordenado, amarfanhando os lençóis. Até hoje, durmo em apenas um lado da cama, perfeitamente imóvel. Quando me levanto de manhã, posso simplesmente virar as cobertas de volta para o lugar. Quando durmo em quartos de hotel, ninguém nem mesmo sabe que estive ali.

Também descobri que foi meu pai quem me deu meu nome quando nasci. E que ele escolheu o nome de uma soldada russa por quem tinha se apaixonado durante a guerra. Uma granada acabara com ela bem diante dos olhos dele. Minha mãe tinha um profundo ressentimento dessa antiga ligação – e, por associação, acho que se ressentia de mim também.

Minha mãe, durante visita da delegação búlgara, Belgrado, 1966

A fixação de Danica pela ordem penetrou no meu inconsciente. Eu costumava ter um pesadelo recorrente sobre simetria – que era extremamente perturbador. Nesse sonho estranho, eu era uma general que passava revistando uma enorme fileira de soldados, todos perfeitos. De repente, eu tirava um botão do uniforme de um deles, e toda aquela ordem desabava. Eu acordava num pânico total, tamanho era o pavor que tinha de destruir a simetria das coisas.

Em outro sonho recorrente, eu entrava na cabine de um avião e a encontrava vazia – sem nenhum passageiro. E todos os cintos de segurança estavam arrumados com perfeição, cada um disposto no assento exatamente da mesma forma, com exceção de um. E esse cinto de segurança desarrumado me deixava em pânico, como se a culpa fosse minha. Nesse sonho, era sempre eu quem tinha feito alguma coisa para perturbar a simetria, o que não era permitido, e havia algum tipo de força superior que me castigaria.

Eu costumava pensar que meu nascimento destruiu a simetria do casamento dos meus pais. Afinal de contas, depois que eu nasci, o relacionamento deles se tornou violento e terrível. E minha mãe me culpou, a vida inteira, por eu ser igual ao meu pai, a pessoa que foi embora. A limpeza e a simetria eram as obsessões dela, assim como a arte.

Desde os 6 ou 7 anos, eu sabia que queria ser artista plástica. Minha mãe me castigava por muitas coisas, mas me incentivava no que dizia respeito a esse único aspecto. A arte era sagrada para ela. E, assim, em nosso apartamento espaçoso, eu não tinha apenas meu próprio quarto, mas meu próprio ateliê de pintura. E, enquanto o resto do apartamento era apinhado de coisas, quadros, livros e mobília, desde muito cedo eu pude manter meus dois ambientes *spartak* – espartanos. Tão vazios quanto possível. No quarto, somente a cama, uma cadeira e uma mesa. No ateliê, somente o cavalete e minhas tintas.

Meus primeiros quadros foram sobre meus sonhos. Eles eram mais reais para mim do que a realidade em que eu vivia – eu não gostava da minha realidade. Lembro-me de acordar e a lembrança dos meus sonhos ser tão forte que eu os anotava. Depois, os pintava em apenas duas cores muito específicas, um verde-escuro e um azul-noite. Nunca nenhuma outra cor.

Essas duas cores sempre me atraíram muito. Não sei dizer bem por quê. Para mim, os sonhos eram verdes e azuis. Peguei umas cortinas velhas e fiz um traje longo para mim exatamente nessas cores, as cores dos meus sonhos.

A roupa que fiz com cortinas, 1960

Parece uma vida cheia de privilégios, e de certo modo era mesmo. Num mundo comunista de aridez e privações, eu vivia no luxo. Nunca lavei minhas próprias roupas. Nunca passei roupa. Nunca cozinhei. Nunca precisei sequer limpar meu quarto. Eu recebia tudo pronto. Tudo o que se pedia de mim era que eu estudasse e fosse a melhor.

Eu tinha aulas de piano, inglês e francês. Minha mãe era totalmente ligada na cultura francesa – tudo o que fosse francês era bom. Eu tive muita sorte; mas, apesar de todo esse conforto, vivia uma vida muito solitária. A única liberdade que eu tinha era a liberdade de expressão. Havia dinheiro para a pintura, mas não havia dinheiro para roupas. Não havia dinheiro para nada que eu, uma menina em crescimento, realmente desejasse.

No entanto, se quisesse um livro, eu o teria. Se quisesse ir ao teatro, ganharia uma entrada. Se quisesse escutar qualquer música clássica, os discos seriam fornecidos. E toda essa cultura não seria simplesmente posta à minha disposição, mas empurrada para que eu a consumisse. Antes de sair para o trabalho, minha mãe deixava bilhetinhos em cima da mesa, dizendo quantas frases em francês eu deveria aprender, quais livros deveria ler – tudo já planejado para mim.

De acordo com as ordens da minha mãe, eu tinha de ler toda a obra de Proust do início ao fim, toda a de Camus, toda a de André Gide. Meu pai queria que eu lesse todos os russos. Mas, mesmo seguindo ordens, eu encontrava nos livros uma forma de escapar. Exatamente como nos sonhos, a realidade dos livros era mais forte que a realidade ao meu redor.

Quando eu lia, tudo em torno de mim parava de existir. Desaparecia toda a infelicidade da minha família – as brigas acirradas dos meus pais, a tristeza da minha avó por tudo lhe ter sido tirado. Eu me fundia com as personagens.

Narrativas de aventura me fascinavam. Eu adorava ler sobre Rasputin, a quem nenhuma bala poderia matar – uma mistura de comunismo com misticismo sem dúvida fazia parte do meu DNA. E nunca vou me esquecer de um conto estranho de Camus, "O renegado". Era a história de um missionário cristão que foi converter uma tribo do deserto e, em vez disso, foi convertido por eles. Quando o missionário desrespeitou uma das suas regras, eles lhe deceparam a língua.

Eu sentia um forte fascínio por Kafka. Eu simplesmente devorei *O castelo* – na verdade, eu tinha a impressão de estar vivendo dentro do livro. Como era incrível o jeito de Kafka atrair o leitor para dentro daquele labirinto burocrático que o protagonista, K., lutava para superar. Era uma agonia: não havia escapatória. Eu sofria junto com K.

Ler Rilke, por outro lado, foi como respirar puro oxigênio poético. Ele falava da vida de um modo diferente daquele pelo qual eu a tinha entendido até então. Suas expressões sobre o sofrimento cósmico e o conhecimento universal estavam relacionadas a ideias que eu encontraria mais tarde em textos sufis e zen-budistas. Deparar-me com elas pela primeira vez foi inebriante:

> Terra, não é isso o que queres: surgir dentro de nós,
> *invisível?* Não é teu sonho
> ser totalmente invisível um dia? – Ó Terra: invisível!
> Qual é teu comando urgente, senão a transformação?

O único presente bom que minha mãe chegou a me dar foi um livro intitulado *Letters: Summer 1926* [Cartas: verão de 1926] sobre a correspondência triangular entre Rilke, a poeta russa Marina Tsvetaeva e Boris Pasternak, o autor de *Doutor Jivago*. Os três nunca tinham se encontrado, mas cada um adorava a obra do outro, e, durante quatro anos, todos os três escreveram sonetos e os enviaram uns aos outros. Foi através dessa correspondência que cada um deles se apaixonou pelos outros dois.

Consegue imaginar uma menina solitária de 15 anos ao se deparar com uma história dessas? (E o fato de Tsvetaeva e eu termos o mesmo nome parecia ter alguma importância cósmica.) Seja como for, o que aconteceu depois foi que os sentimentos de Tsvetaeva por Rilke começaram a se aprofundar mais do que os por Pasternak, e ela escreveu a Rilke dizendo que queria ir à Alemanha para conhecê-lo pessoalmente. "Você não pode", escreveu ele em resposta. "Não pode vir me conhecer."

Isso só aumentou a paixão dela. Tsvetaeva não parou de escrever, não parou de insistir em ir ao seu encontro. Foi então que ele explicou: "Você não pode vir me conhecer. Estou morrendo."

"Eu proíbo você de morrer", escreveu ela, em resposta. Mas ele morreu de qualquer maneira, e o triângulo se desfez.

Tsvetaeva e Pasternak continuaram a escrever sonetos um para o outro, ela em Moscou, ele em Paris. E então, como era casada com um russo-branco que fora encarcerado pelos comunistas, ela teve de deixar a Rússia com seus dois filhos pequenos. Foi para o sul da França, mas seu dinheiro acabou, e precisou voltar para a Rússia. Tanto ela quanto Pasternak decidiram que, depois de quatro ou cinco anos dessa correspondência apaixonada, ela faria uma parada na Gare de Lyon em Paris, no caminho de volta para casa, e eles de fato se encontrariam pela primeira vez.

Quando acabaram se encontrando, ambos estavam num nervosismo terrível. Ela carregava uma velha mala russa, tão cheia de pertences que estava estourando. Ao ver sua dificuldade para fechar a mala, Pasternak saiu correndo e voltou com um pedaço de corda. Amarrou e fechou a mala.

Agora, os dois estavam simplesmente sentados ali, mal conseguindo falar. Seus escritos os tinham levado tão longe que, quando eles se viram de fato na presença um do outro, as emoções eram avassaladoras. Pasternak disse-lhe que ia comprar cigarros. Foi embora e não voltou. Tsvetaeva ficou ali sentada, esperando, esperando, até que chegou a hora de embarcar no trem. Pegou a mala consertada com a corda e voltou para a Rússia.

Ela retornou a Moscou. Seu marido estava preso. Tsvetaeva não tinha dinheiro. E, assim, foi para Odessa. Lá, desesperada para sobreviver, escreveu uma carta para o clube de escritores, perguntando se poderia trabalhar para eles como faxineira. Eles responderam que não precisavam dos seus serviços. Então ela pegou a mesma corda que Pasternak tinha usado para consertar a mala estourada e se enforcou.

Quando eu lia um livro desse tipo, não saía de casa enquanto não terminasse. Eu só ia à cozinha, comia, voltava para meu quarto, lia, voltava para comer, retornava para leitura. Só isso. Por dias a fio.

Quando eu tinha mais ou menos 12 anos, minha mãe comprou uma máquina de lavar roupa, da Suíça. Essa foi uma grande conquista – fomos uma das primeiras famílias em Belgrado a ter uma. Ela chegou num dia de manhã, nova, brilhante e misteriosa. Nós a pusemos no banheiro. Minha avó não confiava naquela modernidade. Ela punha a roupa para lavar na máquina, depois a tirava e entregava tudo para a empregada lavar de novo à mão.

Numa manhã em que eu estava em casa depois da escola, fiquei simplesmente sentada no banheiro, olhando para aquela nova máquina fascinante cumprir sua tarefa, agitando as roupas com um som monótono – DUM--DUM-DUM-DUM. Eu estava deslumbrada. A máquina tinha um espremedor de roupas automático e dois cilindros de borracha que giravam devagar em direções opostas enquanto a roupa era agitada na cuba. Comecei a brincar com ela, pondo meu dedo entre os cilindros e tirando-o depressa dali.

Mas aí não tirei a mão a tempo, e os cilindros pegaram meu dedo e começaram a espremê-lo, puxando-o. A dor foi lancinante. Dei um berro. Minha avó estava na cozinha. Quando me ouviu, entrou correndo no banheiro; mas, com seu conhecimento extremamente limitado de tecnologia, não lhe ocorreu simplesmente desligar a máquina da tomada. Em vez disso, ela resolveu descer correndo até a rua, em busca de ajuda. Nesse meio-tempo, os cilindros tinham puxado minha mão inteira.

Nós morávamos no terceiro andar, e minha avó era uma mulher pesada. Descer correndo três lances de escada e subir de novo demorou algum tempo. Quando ela voltou, trouxe junto um rapaz musculoso. Meu antebraço inteiro estava preso entre os cilindros com seu lento movimento giratório.

O conhecimento tecnológico do rapaz não era mais avançado do que o da minha avó, e desligar a máquina da tomada foi algo que também não lhe ocorreu. Ele decidiu usar seus músculos para me salvar. Com toda sua força, afastou os dois cilindros – e levou um choque elétrico tão poderoso que foi atirado para o outro lado do banheiro, onde ficou caído, inconsciente. Eu também caí no chão, com o braço inchado e roxo.

A essa altura, minha mãe chegou e entendeu de imediato a situação. Chamou uma ambulância para o rapaz e para mim; e então me deu um forte tapa no rosto.

Aprender a história dos *partisans* era muito importante na escola quando eu era criança. Nós precisávamos saber o nome de todas as batalhas da guerra, bem como de todos os rios e pontes que os soldados atravessaram. E é claro que tínhamos aulas sobre Stalin, Lenin, Marx e Engels. Todos os espaços públicos em Belgrado exibiam uma enorme foto do presidente Tito, com imagens de Marx e Engels à esquerda e à direita dele.

Na Iugoslávia, quando completava 7 anos, você se tornava um "Pioneiro" no partido. Ganhava um cachecol vermelho para usar no pescoço, que você precisava passar a ferro e sempre manter ao lado da sua cama. Nós aprendíamos a marchar e a cantar canções comunistas, a acreditar no futuro do nosso país e por aí vai. Eu me lembro de como senti orgulho de usar esse cachecol e de ser um membro do partido. Fiquei horrorizada no dia em que me deparei com meu pai, que sempre dedicou muita atenção aos cabelos, usando meu cachecol de Pioneira como um lenço para manter seu penteado no lugar.

Os desfiles eram muito importantes, e todas as crianças tinham de participar. Nós comemorávamos o 1º de maio, porque esse era um feriado comunista internacional, e o 29 de novembro, que era o dia em que a Iugoslávia tinha se tornado uma república. Todas as crianças nascidas no dia 29 de novembro podiam visitar Tito e ganhar balas. Minha mãe me disse que nasci no dia 29, mas eu nunca tive permissão de ir buscar balas. Ela me dizia que eu não me comportava bem o suficiente para esse privilégio. Era mais uma forma de me punir. Alguns anos depois, quando eu estava com 10 anos, descobri que tinha nascido no dia 30 de novembro, não 29.

Tive minha primeira menstruação aos 12 anos, e ela durou mais de dez dias – um sangramento muito forte. O sangue não parava de sair, só aquele líquido vermelho vazando do meu corpo, incessante. Com a lembrança de incontroláveis hemorragias e da hospitalização durante minha infância, senti um medo terrível. Achei que estava morrendo.

Foi a empregada, Mara, e não a minha mãe, quem me explicou o que era menstruação. Mara era uma mulher roliça, generosa, de busto grande e lábios grossos. Quando ela me pegou nos braços com tanto carinho para me dizer o que estava acontecendo com meu corpo, eu de repente tive a estranha vontade de lhe dar um beijo na boca. O beijo não chegou a acontecer realmente. Foi um momento muito confuso, e a vontade não voltou a se manifestar. Mas, de repente, meu corpo estava cheio de sensações confusas. Foi também nessa época que comecei a me masturbar, com frequência, e sempre com fortes sentimentos de vergonha.

Com a puberdade, vieram também minhas primeiras enxaquecas. Minha mãe também sofria com elas – uma vez ou duas por semana ela voltava do trabalho cedo e se trancava no quarto, no escuro. Minha avó colocava alguma coisa gelada na cabeça dela, fatias de carne, de batata ou de pepino, e ninguém podia fazer o menor ruído no apartamento. É claro que Danica jamais se queixou. Era sua determinação espartana.

Eu não conseguia acreditar em como eram dolorosas minhas enxaquecas. Minha mãe nunca falava sobre as dela, e naturalmente nunca me disse uma palavra de solidariedade sobre as minhas. As crises duravam 24 horas completas. Eu ficava deitada na cama, numa agonia, de vez em quando correndo para o banheiro para vomitar e defecar ao mesmo tempo. O que só piorava a dor. Eu me acostumei a me deitar em perfeita imobilidade em certas posições – com a mão na testa, ou com as pernas perfeitamente retas, ou ainda com a cabeça inclinada de certo modo –, que pareciam amenizar ligeiramente minha agonia. Foi o início do meu treinamento para aceitar e superar o medo e a dor.

Mais ou menos nesse período, encontrei documentos de divórcio no armário, escondidos embaixo dos lençóis. Mas minha mãe e meu pai continuaram a morar juntos – naquele inferno – por mais três anos. Dormindo no mesmo quarto, com as pistolas à cabeceira. A pior parte era quando meu pai voltava para casa no meio da noite, e minha mãe enlouquecia. E os dois começavam a se agredir fisicamente. Então ela corria até meu quarto, me tirava da cama e me segurava à sua frente como um escudo, para que ele parasse de bater nela. Nunca meu irmão, sempre eu.

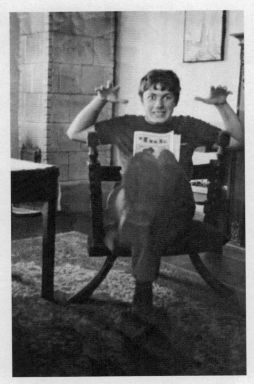

Meu irmão, Velimir, 1962

Até hoje, não consigo suportar que gritem em fúria. Quando alguém faz isso, simplesmente fico paralisada. É como se eu tivesse tomado uma injeção. Simplesmente não consigo me mexer. Trata-se de uma reação automática. Eu posso me enfurecer, mas gritar com raiva demora muito para acontecer. É algo que consome uma quantidade inacreditável de energia. Eu às vezes grito em *performances* – é uma forma de exorcizar os demônios. Mas não é o mesmo que gritar *com* alguém.

Meu pai continuou a ser meu amigo, e passei cada vez mais a ser inimiga da minha mãe. Quando eu estava com 14 anos, minha mãe tornou-se delegada da Iugoslávia na Unesco, em Paris, e precisava permanecer lá por meses seguidos. Na primeira vez em que ela viajou, meu pai levou alguns pregos para o salão, subiu numa escada e martelou os pregos no teto. Caiu reboco por todo o chão! Nos pregos, ele pendurou um balanço para mim e para meu irmão, e nós adoramos. Estávamos no paraíso – era a liberdade total. Quando minha mãe voltou, teve um ataque. O balanço logo foi removido.

No meu aniversário de 14 anos, meu pai me deu uma pistola. Era uma arma pequena e muito bonita, com o cabo de marfim e o cano de prata lavrada. "Esta é uma pistola para carregar numa bolsinha de festa", explicou-me ele. Eu nunca soube se ele estava brincando ou não. Ele queria que eu aprendesse a atirar, então saí pelo bosque com a pistola e atirei algumas vezes. Depois, sem querer, eu a deixei cair na neve espessa. Nunca mais a encontrei.

Também com 14 anos, meu pai me levou a uma boate de striptease. Foi um total absurdo, mas não fiz nenhuma pergunta.

Eu queria ter meias de náilon, uma peça proibida no que dizia respeito à minha mãe: só prostitutas usavam aquilo. Meu pai comprou-as para mim. Minha mãe jogou-as pela janela. Eu sabia que ele estava me subornando – querendo que eu o amasse, que não contasse para minha mãe sobre suas aventuras –, mas minha mãe sabia de tudo.

Ela nunca quis que meu irmão e eu trouxéssemos amigos à nossa casa, porque tinha um medo tremendo de germes. Nós éramos tão tímidos que as outras crianças zombavam de nós. Uma vez, porém, minha escola participou de um programa de intercâmbio com estudantes da Croácia. E eu fui para a casa de uma menina croata em Zagreb, que tinha uma família maravilhosa. Os pais eram amorosos entre si e com os filhos. Às refeições, todos se sentavam à mesa, conversavam juntos e riam muito. Depois, a menina veio ficar com minha família, e foi um horror. Nós não conversávamos. Nós não ríamos. Nós nem mesmo nos sentávamos juntos. Fiquei tão envergonhada – de mim mesma, da minha família, da total falta de amor sob o nosso teto –, e essa sensação de vergonha era infernal.

Quando eu tinha 14 anos, convidei um amigo, um colega da escola, para vir ao apartamento fazer roleta-russa. Ninguém estava em casa. Fomos para a biblioteca e nos sentamos um diante do outro à mesa. Peguei o revólver do meu pai da sua mesinha de cabeceira, tirei todas as balas menos uma, girei o tambor e dei a arma ao meu amigo. Ele grudou o cano da arma na têmpora e puxou o gatilho. Só ouvimos o estalido. Ele passou a pistola para mim. Eu a levei à minha têmpora e puxei o gatilho. Mais uma vez, só ouvimos um estalido. Apontei então a arma para a estante e puxei o gatilho. Veio uma explosão fortíssima, e a bala atravessou a sala para entrar direto na lombada de *O idiota*, de Dostoievski. Um minuto depois, comecei a suar frio e não conseguia parar de tremer.

Os anos da minha adolescência foram desesperadamente estranhos e infelizes. Na minha cabeça, eu era a aluna mais feia da escola, de uma feiura extraordinária. Era magra e alta, e os colegas me chamavam de Girafa. Por ser tão comprida, eu tinha de sentar no fundo da sala de aula, mas não enxergava o quadro-negro e tirava notas baixas. Por fim, chegaram à conclusão de que eu precisava de óculos. Não estamos falando de óculos normais – os meus eram aqueles horríveis, que vinham de algum país comunista, com lentes grossas e armação pesada. De modo que eu tentava quebrá-los, pondo-os na cadeira e me sentando em cima deles. Ou então colocando os óculos na janela e fechando-a "sem querer".

Minha mãe nunca comprava para mim as roupas que os outros jovens tinham. Por exemplo, naquela época, anáguas armadas estavam muito na moda. Eu teria feito qualquer coisa por uma daquelas anáguas. É claro que ela se recusou a comprar uma para mim. Isso não era porque meus pais não tinham dinheiro. Eles tinham dinheiro. Tinham mais do que qualquer outra pessoa, porque eram *partisans*, eram comunistas, pertenciam à burguesia vermelha. Então, para dar a impressão de que estava usando uma anágua, eu usava seis ou sete saias por baixo da saia. Mas a aparência nunca era a mesma: ou as diferentes camadas de roupa acabavam aparecendo, ou as saias escorregavam.

Usando minha anágua improvisada, com meu pai, 1962

E ainda havia os sapatos ortopédicos. Como eu tinha pés chatos, precisava usar calçados especiais – e não era simplesmente qualquer sapato corretivo, mas sapatos medonhos, socialistas: de couro amarelo pesado, até acima do tornozelo. E não bastava que os sapatos fossem pesados e feios; minha mãe foi ao sapateiro e pediu que ele fizesse duas peças de metal que se encaixavam na sola, como uma ferradura, para que os calçados não ficassem gastos rápido demais. Por isso, eles faziam um ruído – *pocotó, pocotó* – quando eu andava.

Ai, meu Deus, as pessoas podiam me ouvir por toda parte com o pocotó daqueles sapatos. Eu tinha medo até mesmo de andar na rua. Se alguém vinha atrás de mim, eu entrava em qualquer recuo de porta para deixar a pessoa passar, tamanha era a vergonha que sentia. Lembro-me especificamente de um desfile de 1º de Maio, em que íamos marchar diante de Tito, em pessoa. Nossa formação tinha de estar impecável. Passamos um mês ensaiando no pátio da escola para conseguir atingir a perfeição. Na manhã do 1º de Maio, nós nos reunimos para o início da apresentação, e, assim que começamos a marchar, uma das peças de metal da sola do meu sapato se soltou, e eu não conseguia andar direito. Fui retirada imediatamente do desfile. Chorei de vergonha e raiva.

Portanto, imagine só: pernas magricelas, sapatos ortopédicos, óculos feios. Minha mãe cortava meus cabelos muito acima da orelha e os prendia com um grampo, e me fazia usar vestidos pesados de lã. Eu tinha cara de neném, com um nariz incrivelmente grande. Meu nariz era de adulto, mas o rosto, não. Eu me sentia medonha.

Eu costumava perguntar à minha mãe se poderia operar meu nariz e, cada vez que perguntava, ela me dava uma bofetada. Bolei então um plano secreto.

Naquela época, Brigitte Bardot era a grande estrela; para mim, ela era o ideal da beleza e da atração sexual. Eu achava que, se ao menos tivesse um nariz como o da Brigitte Bardot, tudo daria certo. Foi aí que pensei num plano, que me pareceu perfeito. Recortei fotos da Bardot de todos os ângulos – olhando de frente para a câmera, do lado esquerdo, do lado direito – para mostrar seu belo nariz. E guardei todas as fotos no bolso.

Minha mãe e meu pai tinham uma cama de casal enorme, feita de madeira. Era o dia em que meu pai gostava de jogar xadrez no centro da cidade, pela manhã, e minha mãe gostava de tomar café com as amigas, de modo que eu estava sozinha em casa. Entrei no quarto deles e resolvi rodopiar o mais rápido que pude. Eu queria cair e quebrar meu nariz na borda dura da cama, para poder ir para o hospital. As fotos de Brigitte Bardot estavam no meu bolso, e eu achava que seria moleza para os médicos simplesmente ajeitar meu nariz para ficar igual ao dela enquanto eu estava lá. Na minha cabeça, era um plano perfeito.

Então rodopiei e rodopiei até cair em cima da cama, mas não acertei o nariz. Em vez disso, sofri um corte sério na bochecha. Fiquei ali caída, por um bom tempo, no chão, sangrando. Por fim, minha mãe voltou para casa. Ela examinou a situação com seus olhos severos, jogou as fotografias no vaso sanitário e deu descarga, e me deu um tapa na cara. Em retrospectiva, sou muito grata por não ter conseguido fraturar o nariz, porque acho que meu rosto com um nariz de Brigitte Bardot seria um desastre. Além disso, o envelhecimento não lhe caiu bem.

Meus aniversários eram ocasiões de tristeza, não de felicidade. Para começar, nunca me davam o presente certo, e minha família nunca estava realmente reunida. Não havia alegria de qualquer tipo que fosse. Eu me lembro de que chorei muito no meu aniversário de 16 anos porque, pela primeira vez, me dei conta de que ia morrer. Eu me sentia tão rejeitada, tão abandonada por todos. Repetidas vezes, escutei o "Concerto n° 21 para piano", de Mozart – havia algum motivo naquela música que fazia minha alma sangrar. E então, a certa altura, de fato cortei meus pulsos. Era tanto sangue que achei que estava morrendo. Na realidade, eu tinha cortado fundo, mas sem atingir as importantíssimas artérias radiais. Minha avó me levou ao hospital, onde me deram quatro pontos; ela nunca contou nada para minha mãe.

Eu costumava escrever poemas tristes sobre a morte. Mas, na minha família, nunca se falava sobre a morte, menos ainda na frente da minha avó. Diante dela, jamais conversávamos sobre qualquer coisa que fosse desagradável. Anos mais tarde, quando eclodiu a guerra da Bósnia, meu irmão subiu no telhado do prédio onde era o apartamento da nossa avó e começou a chacoalhar sua antena de televisão, para ela acreditar que havia algo de errado com o aparelho, que foi então levado embora para "conserto". Por esse motivo (e também porque nunca saía de casa), ela não ficou sabendo da guerra.

Quando eu estava com 17 anos, minha mãe e meu pai deram uma festa para comemorar o aniversário deles: 18 anos de um casamento feliz. Ofereceram um jantar na nossa casa e convidaram todos os amigos. E então, depois que os convidados todos saíram, o drama começou mais uma vez.

Meu pai entrou na cozinha para arrumar as coisas, o que era estranho, porque ele nunca fazia nada na cozinha. Por alguma razão inexplicável, ele estava ali e dizia para mim: "Vamos lavar as taças de champanhe. Você seca."

Peguei então a toalha e me preparei para secar. Só que, por um acidente, ele quebrou a primeira taça que lavou. E, naquele instante, minha mãe entrou na cozinha, viu o vidro quebrado no chão e explodiu. Os dois haviam acabado de passar algumas horas fingindo que eram felizes, e minha mãe tinha acumulado toda essa raiva e rancor – uma cólera. Ela viu a taça quebrada no chão e começou a berrar com meu pai sobre tudo: como ele era desajeitado; como o casamento deles foi um desastre; quantas mulheres ele tinha levado para a cama. Ele simplesmente ficou ali. E eu assisti em silêncio, segurando a pequena toalha na mão.

Ela gritava sem parar, e meu pai não dizia nada. Ele não se mexia. Parecia uma peça de Beckett. Depois de muitos minutos de queixas sobre toda a merda do casamento, ela parou porque ele não estava reagindo. "Terminou?", perguntou ele, por fim. Quando ela disse que sim, meu pai apanhou as outras taças de champanhe e, uma a uma, destruiu todas as onze no chão. "Não vou conseguir ouvir isso outras onze vezes", disse ele, e saiu.

Esse foi o início do fim. Pouco depois, meu pai foi embora para sempre. Na noite em que partiu, ele entrou no meu quarto para se despedir, "Estou indo embora agora", disse-me ele, "e não vou voltar, mas nós ainda vamos nos ver". Ele foi para um hotel e nunca mais voltou.

No dia seguinte, eu chorava tanto que tive algum tipo de colapso nervoso. Precisaram chamar o médico para me dar alguma coisa. Eu não conseguia parar de chorar. Estava desnorteada de dor, porque sempre tinha sentido o amor e o apoio do meu pai. Sem a presença dele, eu sabia que ficaria ainda mais só.

Foi então que minha avó se mudou para nossa casa.

A cozinha passou a ser o centro do meu mundo; tudo acontecia ali. Nós tínhamos uma empregada, mas minha avó Milica jamais confiou nela. E, assim, minha avó tomava conta da cozinha logo de manhã e assumia o comando. Havia um fogão a lenha e uma mesa espaçosa, à qual eu me sentava com minha avó e falava sobre meus sonhos. Era principalmente isso o que nós fazíamos juntas. Ela se interessava muito pelo significado dos sonhos e os interpretava como avisos. Se você tivesse um sonho em que seus dentes estavam caindo, apesar de não sentir nenhuma dor, isso queria dizer que algum conhecido ia morrer. Mas, se você sentisse dor, isso queria dizer que alguém da *sua família* ia morrer. Sonhar com sangue significava que você receberia boas notícias em breve. Se você sonhasse que estava morrendo, isso significava que sua vida seria longa.

Minha mãe saía para o trabalho às sete e quinze da manhã; todos relaxavam quando ela saía. Quando retornava à tarde (às duas e quinze em ponto), eu tinha a impressão de que o controle militar tinha sido restabelecido. Eu estava sempre com medo de ter feito alguma coisa errada, de que ela perceberia que passei um livro da esquerda para a direita, ou de que a ordem da nossa casa tinha, de algum modo, sido abalada.

Sentada à mesa da cozinha um dia, minha avó me contou sua história – acho que ela era muito mais aberta comigo do que com qualquer outra pessoa.

A mãe da minha avó era de uma família muito rica e se apaixonou por um criado. É claro que isso era proibido, e ela foi expulsa de casa. Foi viver com o criado na aldeia dele, e eram paupérrimos. Ela teve sete filhos e, para ganhar dinheiro, lavava roupa. Chegou a ir trabalhar como criada da própria família, lavando a roupa deles. Eles lhe davam um pouco de dinheiro e, às vezes, alguns mantimentos. Mas havia pouquíssima comida na casa da minha bisavó. Minha avó dizia que, por orgulho, a mãe dela sempre deixava quatro panelas no fogão, mas isso era só para manter as aparências. Ela estava só fervendo água porque não havia nada para comer.

Minha avó era a caçula dos sete filhos e era muito bonita. Um dia, quando tinha 15 anos, ela estava indo à escola quando percebeu que um senhor – que estava caminhando com outro homem – olhava para ela. Quando chegou em casa, a mãe lhe disse que fosse fazer café, porque havia uma pessoa interessada em se casar com ela. Era assim que esse tipo de coisa era arranjada naquela época.

Para a família da minha avó, o interesse do tal senhor foi uma bênção. Eles não tinham nada, de modo que, quando ela se casasse, haveria menos uma boca a ser alimentada. Ainda melhor: o homem era da cidade grande e era rico. Mas também era muito mais velho – ela estava com 15; e ele, com 35. Minha avó se lembrava de ter feito café turco naquele dia e de levá-lo para ele, sua primeira chance de ver o rosto daquele que seria seu marido. Mas, quando serviu a bebida, ficou envergonhada demais para olhá-lo. Ele tratou de todos os assuntos do casamento com os pais dela e foi embora.

Três meses depois, ela foi levada para o lugar onde se realizaria a cerimônia do casamento. E então, aos 15 anos, estava casada e morando na casa desse homem. Ainda era uma criança; virgem, é claro. Ninguém nunca tinha lhe falado sobre sexo.

Ela me contou o que aconteceu na primeira noite, quando ele tentou fazer amor com ela. Minha avó gritou até não poder mais e fugiu correndo para o lado da mãe do marido – todos moravam juntos – e subiu na cama da sogra para se esconder, dizendo: "Ele quer me matar, ele quer me matar!" E a sogra passou a noite inteira abraçada com ela, dizendo: "Não, ele não quer te matar. Não é uma morte, é uma coisa diferente." Passaram-se três meses até ela de fato perder a virgindade.

O marido da minha avó tinha dois irmãos. Um era um sacerdote da Igreja Ortodoxa; o outro fazia negócios com meu avô. Eram comerciantes que importavam especiarias, seda e outras mercadorias do Oriente Médio. Possuíam lojas e eram muito ricos.

Com o tempo, o sacerdote irmão do meu avô tornou-se patriarca da Igreja Ortodoxa na Iugoslávia, o homem mais poderoso do país depois do rei. E, no início da década de 1930, quando o país ainda era uma monarquia, Alexandre, o rei da Iugoslávia, pediu ao patriarca que unisse as igrejas Ortodoxa e Católica, o que ele se recusou a fazer.

O rei convidou o patriarca e seus dois irmãos riquíssimos para um almoço, com o intuito de debater a questão. Eles compareceram ao almoço, mas o patriarca se recusou a mudar de ideia. E o rei mandou servir aos três irmãos comida à qual tinham sido misturados diamantes moídos. Ao longo do mês seguinte, todos os três, o patriarca, meu avô e o outro irmão, morreram de terríveis hemorragias intestinais. Com isso, minha avó ficou viúva ainda muito jovem.

Minha avó e minha mãe tinham um relacionamento estranho – um relacionamento ruim. Minha avó sentia raiva da filha o tempo todo, por várias razões. Antes da guerra, Milica, a viúva rica, foi presa porque sua filha, Danica, era uma comunista assumida. Para conseguir sair da prisão, minha avó foi forçada a usar o ouro que tinha guardado. E então, depois da guerra, quando os comunistas assumiram o poder, minha mãe, para mostrar sua dedicação ao partido, teve de renunciar a todos os seus bens – e a todos os bens da mãe. Ela chegou a elaborar uma lista dos pertences da minha avó e entregou a lista ao partido comunista, por sua extrema lealdade ao comunismo. Isso era pelo bem do país. De modo que minha avó perdeu suas lojas. Perdeu a terra que tinha e a casa. Perdeu tudo. Ela se sentia profundamente traída pela própria filha.

E, agora, cá estava ela morando conosco, depois que meu pai se foi. Era difícil tanto para minha mãe quanto para minha avó, mas muito importante para mim.

Ainda me lembro com nitidez de algumas coisas a respeito dela. Dos 30 anos em diante, ela começou a separar as roupas com as quais desejava ser enterrada. De dez em dez anos, à medida que a moda mudava, ela também mudava seus trajes fúnebres. No início, era um traje todo bege. Depois, ela preferiu bolinhas. Em seguida, foi azul-marinho com riscas finas, e assim por diante. Ela viveu até os 103 anos.

Quando lhe perguntei do que ela se lembrava sobre a Primeira e a Segunda Guerras Mundiais, minha avó disse o seguinte: "Os alemães são muito corretos. Os italianos estão sempre procurando por um piano e querem dar festas. Mas, quando os russos estão chegando, todo mundo foge correndo, porque eles estupram todas as mulheres, jovens e velhas, tanto faz." Também me lembro de que, quando viajou de avião pela primeira vez, minha avó pediu à comissária de bordo que não a pusesse num lugar junto à janela, porque tinha acabado de sair do cabeleireiro e não queria que o vento desmanchasse o penteado.

Como muitas pessoas da nossa cultura naquela época, minha avó era profundamente supersticiosa. Ela acreditava que, se você saísse de casa e visse uma mulher grávida ou uma viúva, era preciso arrancar de imediato um botão do seu traje e jogá-lo fora, para o azar não se abater sobre você. No entanto, se você fosse atingido por titica de passarinho, o fato era considerado a melhor sorte possível.

Quando eu tinha prova na escola, minha avó derramava um copo de água por cima de mim, na hora em que eu saía de casa, para eu tirar uma boa nota. Às vezes, no meio do inverno, eu ia à escola a pé com minhas costas todas encharcadas!

Milica lia a sorte na borra de café turco ou com um punhado de feijão-branco, que ela lançava para formar um desenho e depois interpretava as imagens abstratas que tinham sido criadas.

Esses sinais e rituais eram uma espécie de espiritualidade para mim. Eles também me conectavam à minha vida interior e aos meus sonhos. Muitos anos depois, quando fui ao Brasil para estudar o xamanismo, os xamãs examinavam os mesmos tipos de sinais. Se você sente coceira no ombro esquerdo, isso significa alguma coisa. Cada parte isolada do corpo está ligada a diferentes sinais que lhe permitem entender o que está acontecendo por dentro de você – num nível espiritual, mas também num nível físico e mental.

No entanto, durante minha adolescência, eu só estava começando a me dar conta de tudo isso. E meu corpo desajeitado era, para mim, pouco mais do que uma fonte de humilhação.

Eu era presidente do clube de xadrez na minha escola – e jogava bem. Quando ganhamos um torneio, fui escolhida para receber o prêmio, mas minha mãe não quis me comprar um vestido novo para a cerimônia, de modo que lá estava eu, no palco, com meus sapatos ortopédicos e minha falsa anágua. E, quando o prêmio me foi entregue – cinco tabuleiros de xadrez novos – e eu estava saindo lá de cima, carregando os tabuleiros, meu sapato enorme tropeçou em alguma coisa e eu caí, os tabuleiros voaram para todos os lados. Todo o mundo riu. Depois disso, ninguém conseguiu me tirar de dentro de casa por dias. Xadrez, nunca mais.

Uma vergonha profunda, constrangimento máximo. Quando eu era jovem, era impossível falar com as pessoas. Agora, sou capaz me postar diante de 3 mil pessoas, sem levar anotações, sem nenhuma concepção prévia do que vou dizer, até mesmo sem materiais visuais, e olhar para todos na plateia e falar por duas horas tranquilamente.

O que aconteceu?

A arte aconteceu.

Quando eu tinha 14 anos, pedi a meu pai um estojo de tintas a óleo. Ele o comprou para mim e também providenciou uma aula de pintura com um velho amigo dele do tempo da resistência, um artista plástico chamado Filo Filipović. Filipović, que pertencia a um grupo chamado Informel, pintava o que ele chamava de paisagens abstratas. Ele chegou ao meu pequeno ateliê trazendo tintas, tela e mais alguns materiais, e me deu minha primeira aula de pintura.

Ele cortou um pedaço de tela e a estendeu no chão. Abriu uma lata de cola e atirou o líquido sobre a tela; acrescentou um tantinho de areia, um pouco de pigmento amarelo, um pouco de pigmento vermelho e um pouco de preto. Então derramou meio litro de gasolina sobre a tela, acendeu um fósforo e tudo explodiu. "Isso é um pôr do sol", disse-me ele. E foi embora.

Isso tudo me causou uma forte impressão. Esperei que os restos calcinados secassem e então, com muito cuidado, pendurei a obra na parede. Em seguida, minha família e eu saímos de férias. Quando voltei, o sol de agosto tinha secado tudo. A cor tinha sumido, e a areia tinha se soltado. Não restava nada a não ser uma pilha de cinzas e areia no chão. O pôr do sol já não existia.

Mais tarde, compreendi por que essa experiência tinha tanta importância. Ela me ensinou que o processo era mais importante que o resultado, exatamente como a performance significa mais para mim do que o objeto. Assisti ao processo de criação e depois ao processo de destruição. Não havia ali nem duração nem estabilidade. Só o puro processo. Posteriormente, li – e adorei – a citação de Yves Klein: "Meus quadros não são mais que as cinzas da minha arte."

Continuei a pintar no meu ateliê em casa. Mas aí, um dia, eu estava deitada na grama, só olhando para o céu sem nuvens, quando vi doze jatos militares voando, deixando rastros brancos. Fiquei olhando, fascinada, enquanto os rastros desapareciam lentamente e o céu voltava a ser de um azul perfeito. De repente, ocorreu-me a ideia: por que pintar? Por que eu deveria me limitar a duas dimensões, quando podia fazer arte a partir de absolutamente qualquer coisa: fogo, água, o corpo humano? Qualquer coisa! Foi como um estalo na minha cabeça: percebi que ser artista significava ter uma liberdade imensa. Se eu quisesse criar alguma coisa a partir da poeira ou do lixo, eu poderia. Foi uma sensação incrivelmente libertadora, ainda mais para alguém proveniente de uma casa onde quase não havia liberdade.

Fui à base militar em Belgrado e perguntei se eles poderiam mandar decolar uma dúzia de aviões. Meu plano era dar-lhes instruções sobre a trajetória a seguir para que seus rastros criassem desenhos no céu. Os homens da base ligaram para meu pai. "Por favor, venha tirar sua filha daqui", disseram eles. "Ela não tem a menor ideia de quanto custa fazer aviões levantar voo para ela poder criar desenhos no céu."

Mesmo assim, não parei de pintar de uma vez. Quando eu estava com 17 anos, comecei a me preparar para entrar na Academia de Belas-Artes, em Belgrado – era preciso frequentar um curso noturno e fazer aulas de desenho para preparar um portfólio a ser apresentado para a admissão. Eu me lembro dos comentários de todos os meus amigos: "Para que você se dá ao trabalho? Você não precisa fazer nada. É só sua mãe dar um telefonema, e você já estará lá dentro." Isso me deixava com tanta raiva, mas, na realidade, eu só me sentia constrangida. O que eles diziam era a verdade. E isso só me deixava mais determinada do que nunca a estabelecer minha própria identidade.

As aulas do curso noturno eram de desenho com modelo-vivo, e havia modelos nus: homens e mulheres. Eu nunca tinha visto um homem nu. Lembro-me de que, um dia, o modelo era um cigano – um homem pequeno, mas seu falo ia até os joelhos. Eu não conseguia olhar para ele! Por isso desenhei tudo menos o falo. Todas as vezes que o professor passava e olhava para meu trabalho, ele dizia: "Esse desenho está incompleto."

Uma vez, quando eu tinha 11 ou 12 anos, estava sentada no sofá lendo um livro que eu de fato apreciava e comendo chocolate – num raro momento de felicidade total. Estava sentada ali, lendo e comendo, perfeitamente descontraída, com as pernas abertas de um lado a outro da almofada do sofá. E, sem nenhuma explicação, minha mãe entrou na sala e me deu um tabefe no rosto, com tanta força que meu nariz começou a sangrar. "Por quê?", perguntei. "Feche as pernas quando estiver sentada no sofá", respondeu ela.

Eu em Rovinj, Ístria, 1961

Minha mãe tinha uma atitude bem estranha com relação ao sexo. Ela se preocupava muito com a possibilidade de eu perder a virgindade antes do casamento. Se eu recebia um telefonema e a voz era de homem, ela dizia: "O que você está querendo com a minha filha?", e batia o telefone. Abria até mesmo minha correspondência. Também me disse que sexo era sujo e que só era bom se você quisesse ter um filho. Eu tinha pavor de sexo porque não queria ter filhos, o que me parecia ser uma armadilha terrível. E tudo o que eu queria era ser livre. Quando entrei para a escola de artes, todo mundo na minha turma já tinha perdido a virgindade. Outras pessoas iam a festas e eventos, mas minha mãe sempre exigiu que eu estivesse em casa antes das dez da noite – mesmo quando eu já estava com mais de 20 anos. Por isso, eu não ia. Nunca tive um namorado e achava que havia algo de muito errado comigo. E, agora, quando olho fotografias, acho que eu tinha uma aparência razoável, mas, na época, me achava terrivelmente feia.

Quando estava com 14 anos, dei um beijo que não teve importância. Estávamos no litoral da Croácia, e o garoto se chamava Bruno. Nem chegou a ser um beijo na boca – só um beijinho na bochecha. Mas minha mãe nos viu, me agarrou pelos cabelos e me arrastou para longe dele. Meu primeiro beijo de verdade foi mais tarde. Eu tinha uma amiga, Beba, que era muito bonita, e todos os rapazes viviam à sua volta. Por isso, ela recebia um monte de convites para encontros; e, na maior parte do tempo, não podia aceitá-los e me mandava no seu lugar. Uma vez, Beba tinha um encontro com um rapaz que eu conhecia, que morava no prédio bem em frente ao meu. Como ela não podia ir, pediu que eu fosse ao cinema onde os dois iriam se encontrar, para avisar a ele que ela não tinha podido ir. Assim, eu fui ao cinema e o encontrei lá. "É uma pena, mas ela não pode vir", expliquei. "Mas eu tenho duas entradas para o cinema. Quer vir comigo?", perguntou ele. Assistimos então ao filme. Depois, saímos na neve e bebemos a vodca que ele tinha trazido. Acabamos nos deitando na neve, e ele me beijou. Esse foi meu primeiro beijo de verdade. Eu gostava dele, mas não fomos para a cama. Seu nome era Predrag Stojanović.

Meu primeiro amor, 1962

Eu não queria perder minha virgindade com alguém de quem gostasse, porque não queria correr o risco de me apaixonar pela primeira pessoa com quem fizesse sexo. Queria que fosse com alguém com quem eu não me importasse.

Eu sabia que, quando uma garota ia para a cama com um cara pela primeira vez, geralmente ela estava apaixonada, e que o cara quase sempre a abandonava depois, o que fazia com que ela sofresse. Como eu não queria que nada disso acontecesse comigo, bolei um plano: eu ia procurar algum cara que transasse muito – que tivesse esse tipo de fama –, e simplesmente o usaria para perder minha virgindade. Assim, eu me tornaria normal, como todas as outras. Só que tinha de ser num domingo e tinha de ser às dez da manhã, para eu poder dizer à minha mãe que estava indo a uma matinê no cinema, já que ela não me deixava ir ao cinema à noite. Fui então à Academia de Belas-Artes, dei uma olhada por lá e detectei um cara que adorava festas e bebida. Ótimo. Eu sabia que ele gostava de música e o abordei. "Estou com o novo disco do Perry Como. Quer ouvir um dia desses? Não posso te emprestar, mas podemos ouvir juntos." (Na realidade, eu só ouvia música clássica naquela época, e tinha apanhado o disco emprestado com uma amiga, com essa finalidade específica. De rock'n'roll eu não sabia quase nada.)

E o cara disse: "Topo. Quando?" E eu disse: "O que acha de domingo?" Ele concordou: "Certo. Que horas?" Respondi: "Dez da manhã." Ele perguntou: "Você é maluca?" Então eu disse: "OK. Onze?"

Como preparação, comprei conhaque albanês. É o pior e mais barato álcool que se possa imaginar. São fabricados pela manhã e bebidos à noite. Pelo menos era o que dizia a piada. Naquela época, os albaneses iam à Iugoslávia para comprar pão branco, porque só havia um pão preto muito ruim na Albânia. Não era como o saudável pão integral que se pode comprar nos Estados Unidos, mas um pão escuro feito de trigo de má qualidade. Ele tinha um gosto quase de areia. Os albaneses punham uma fatia de pão branco entre duas fatias do seu pão preto e comiam como se fosse um sanduíche de queijo.

Logo, dá para imaginar como devia ser o gosto do conhaque albanês, que era feito a partir desse trigo ruim. Eu nem mesmo bebia, mas achei que deveria levar a bebida como uma espécie de anestésico.

Cheguei à casa dele em torno das onze horas e bati à porta. Ninguém atendeu. Bati mais um pouco, e por fim ele veio à porta, mas estava meio sonolento, como se tivesse ido a uma festa na noite anterior e chegado tarde em casa. "Ah... você veio", disse ele. "Tudo bem. Vou tomar um banho. Prepara aí um café."

Enquanto ele tomava banho, fiz café e acrescentei a ele uma enorme quantidade de conhaque albanês. Então bebemos, e eu pus para tocar o disco do Perry Como. Nós nos sentamos no sofá, e eu simplesmente me joguei em cima dele. Nós mal tínhamos tirado a roupa quando fizemos sexo, e eu dei um grito. Ele soube então que eu era virgem. Ficou tão furioso que me expulsou da casa. Levei mais de um ano para conseguir fazer sexo direito; foi com Predrag Stojanović, que se tornou meu primeiro amor. Mas eu sentia orgulho de mim mesma por ter resolvido o problema.

Eu estava com 24 anos. Ainda morava com minha mãe, ainda era obrigada a estar em casa antes das dez todas as noites. Ainda era totalmente controlada por ela.

ABRAMOVIĆ

2.

Meu pai tentou me ensinar a nadar muitas vezes – numa piscina, na parte rasa de um lago –, mas nada funcionou. É que eu tinha medo demais da água, especialmente de estar com água acima da minha cabeça. Por fim, ele perdeu a paciência. Num dia de verão, quando estávamos no litoral, ele me levou num barquinho a remo até bem longe da praia e me jogou na água como um cachorro. Eu tinha 6 anos.

Entrei em pânico. A última coisa que vi antes de afundar no Adriático foi meu pai indo embora, remando, de costas para mim, sem nem mesmo olhar de relance para trás. Então comecei a afundar, sem parar, agitando os braços, com a água salgada se acumulando dentro de mim.

Mas, enquanto eu me afogava, não conseguia parar de pensar no meu pai indo embora no barquinho, sem virar a cabeça para olhar para mim. E isso me deixou com raiva, mais do que com raiva – eu fiquei furiosa. Parei de respirar água; e, não sei como, meus braços que se agitavam e minhas pernas que se debatiam me fizeram subir de volta à superfície. De lá, nadei até o barquinho.

Vojo deve ter me ouvido, porque continuou sem olhar para trás. Ele simplesmente estendeu a mão, agarrou meu braço e me puxou para dentro do barco.

E era assim que os partisans *ensinavam os filhos a nadar.*

Consegui entrar para a Academia de Belas-Artes e continuei a pintar. Durante esse período, meus parentes me pediam que fizesse quadros para eles e os compravam de mim. Eu recebia encomendas de diferentes tipos de composições de natureza-morta, como um jarro de tulipas, um vaso de girassóis, um peixe com um limão ou uma janela aberta com cortinas esvoaçantes e uma lua cheia. Não importava o que fosse que eles quisessem, eu fazia, e assinava esses quadros com um enorme MARINA na parte inferior, em azul.

Pintando em meu ateliê, Belgrado, 1968

Com o tempo, minha mãe comprou de volta muitos desses quadros dos nossos parentes e os pendurou nas paredes da sua casa. Ela sentia orgulho dos quadros, mas eu ficava muito envergonhada. Hoje, várias galerias do mundo inteiro com as quais trabalho de vez em quando ouvem alguém dizer: "Tenho um quadro original assinado por Marina Abramović!" Mas tenho vontade de morrer quando vejo essas telas, porque as fiz por dinheiro e sem nenhum sentimento. De propósito, eu as fiz num estilo muito *kitsch*, finalizando cada uma em quinze minutos. Quando minha mãe morreu, peguei todos os quadros que lhe pertenciam, cerca de dez, e os guardei num depósito. Tenho de descobrir o que fazer com eles. Pode ser que eu os queime. Ou – como por fim aprendi a expor aquilo de que mais me envergonho – talvez os mostre ao mundo em todo seu glorioso estilo *kitsch*.

Na Academia, eu pintava de maneira acadêmica: nus, naturezas-mortas, retratos e paisagens. Mas também comecei a ter novas ideias. Por exemplo, tornei-me fascinada por acidentes de trânsito; minha primeira grande inspiração foi a de fazer quadros a partir deles. Eu colecionava fotografias de jornal com desastres de automóveis e caminhões. Também tirei proveito dos contatos do meu pai na polícia para ir à delegacia e perguntar se algum acidente grave tinha acontecido. E então passei a ir aos locais das batidas para tirar fotografias e fazer esboços. Mas tinha dificuldade em traduzir a violência e o caráter imediato desses desastres para a tinta na tela.

Em 1965, porém, quando eu estava com 19 anos, fiz um tipo de quadro inovador: era uma pequena pintura intitulada *Three Secrets* [Três segredos]. Esse quadro muito simples mostra três pedaços de tecido – um vermelho, um verde, um branco – cobrindo três objetos. A tela me pareceu importante porque, em vez de apresentar uma imagem facilmente digerível, transformava o espectador num participante da experiência artística. Exigia que a imaginação fosse usada. Permitia a incerteza e o mistério. Para mim, ela abria uma porta de acesso ao *plakar* do meu inconsciente.

E então veio 1968.

Depois da Segunda Guerra Mundial, a Iugoslávia de Tito tinha rompido com a União Soviética e se declarado um estado comunista independente, não alinhado com o Oriente nem com o Ocidente. Nossa vitória épica contra os nazistas era um enorme motivo de orgulho, assim como nossa independência.

Mas, na realidade, Tito não era assim tão independente. Ele era, sim, bastante habilidoso em jogar os soviéticos e os chineses contra o Ocidente; e em aceitar favores dos dois lados. Ele alegava que sua doutrina de "autogestão", que permitia aos trabalhadores decidir quanto aos resultados do trabalho, era mais fiel aos ensinamentos de Marx do que o comunismo stalinista. No entanto, Tito tinha criado na Iugoslávia um culto à personalidade, e seu governo de um único partido se tornou vítima da corrupção, com autoridades de todos os escalões acumulando fortuna, bens e privilégios, enquanto a vida da classe trabalhadora era de um desalento anêmico.

O ano de 1968 foi terrível, uma época de perturbações pelo mundo inteiro. Nos Estados Unidos, Martin Luther King Jr. e Bobby Kennedy foram assassinados. Até mesmo Andy Warhol levou um tiro e quase morreu. Nos Estados Unidos, na França, na República Tcheca e na Iugoslávia, estudantes em busca da liberdade estavam na vanguarda das convulsões políticas.

Em Belgrado, naquele ano, era crescente a desilusão com o partido comunista – de repente sentíamos que aquilo tudo tinha sido só de fachada. Não tínhamos liberdade nem democracia.

Naquela época, eu ainda era muito chegada ao meu pai e descobri algo surpreendente: embora Tito tivesse nomeado Vojo para sua guarda de elite após a guerra, ele o havia rebaixado para uma unidade militar inferior em 1948. Os anos do pós-guerra foram um período de sentimento antissoviético exacerbado na Iugoslávia, e meu pai simplesmente tinha amigos demais que eram simpatizantes do regime soviético. Muita gente foi presa nessa época, sendo que meu pai só escapou desse destino por um triz. Vojo se sentia traído pessoalmente por Tito, mas sempre acreditou que uma versão mais verdadeira do comunismo acabaria por surgir. Vinte anos depois, ele tinha perdido essa esperança.

Meu pai de joelhos ao lado de Tito,
durante um encontro anual de *partisans*, Belgrado, 1965

Ele nunca tinha falado sobre nada disso comigo. (De repente, vi o simbolismo no fato de ele usar meu cachecol de Pioneira como uma touca.) A decepção arrasou meu pai. Ele pegou todas as fotografias dele e de Tito juntos e cortou a parte do líder iugoslavo, deixando só a si mesmo. Ficou ainda mais perturbado quando, com o tempo, todo o mundo na linha de sucessão do governo foi sendo afastado. Tanto que, à medida que Tito envelhecesse – àquela altura ele já estava com 70 e poucos anos – e precisasse passar o comando adiante, não haveria ninguém para substituí-lo.

Em junho de 1968, todo o mundo que eu conhecia em Belgrado apoiava as manifestações estudantis. Os estudantes desfilavam por toda a cidade e ocupavam prédios da universidade. Havia cartazes pelo campus inteiro, com dizeres como ABAIXO A BURGUESIA VERMELHA e MOSTRE A UM BUROCRATA QUE ELE É INCAPAZ E LOGO ELE LHE MOSTRARÁ DO QUE É CAPAZ. A polícia de choque encheu as ruas e então isolou o campus. Como presidente do partido comunista na Academia de Belas-Artes, eu fazia parte do grupo que ocupava nosso prédio. Nós dormíamos lá. Fazíamos reuniões barulhentas e inflamadas que duravam a noite inteira. Eu estava literalmente disposta a morrer pela causa, e achava que todos tinham a mesma disposição.

Meu pai tomou uma atitude que me causou uma impressão profunda. Todo elegante, de capa de chuva e gravata, com o topete alto e majestoso, ele se postou no meio da praça Marx e Engels e proferiu um discurso vibrante, renunciando à sua condição de membro do partido comunista e condenando a burguesia vermelha da Iugoslávia, assim como tudo o que ela significava. No clímax do seu discurso, ele atirou o cartão de membro do partido no meio da multidão: um gesto espantoso. Todos aplaudiram feito loucos. Como senti orgulho dele!

E minha mãe era totalmente contrária a todas as formas de protesto na época, tanto a dele quanto a minha.

Meu pai discursando na praça Marx e Engels
durante manifestação estudantil, Belgrado, 1968

No dia seguinte, um soldado devolveu o cartão ao meu pai, alegando que ele precisaria do documento caso quisesse continuar recebendo sua aposentadoria.

Os estudantes elaboraram uma petição com doze pontos que queríamos que o governo aceitasse. A intenção era irmos à luta, a não ser que o governo concordasse com todos eles. Nós exigíamos liberdade de imprensa e liberdade de expressão; reivindicávamos o pleno emprego, um aumento do salário mínimo e reformas democráticas a serem aplicadas à Liga dos Comunistas. "O privilégio deve ser exterminado na nossa sociedade", proclamávamos. "As relações culturais devem ser de tal ordem que a comercialização se torne impossível e que sejam criadas condições para que estabelecimentos culturais e dedicados à criatividade sejam abertos a todos", exigíamos.

O que tínhamos em mente com esta última reivindicação era obter um centro cultural estudantil. O local desejado era um prédio na avenida Marechal Tito, onde os funcionários da polícia secreta costumava jogar xadrez e suas esposas, com suas echarpes de seda, iam bordar, fofocar e assistir a filmes. Era uma construção muito impressionante – semelhante a um castelo – com a estrela comunista no telhado e retratos enormes de Tito e Lenin no saguão.

Nós aguardávamos ansiosos pela resposta de Tito à nossa petição. Por fim, na manhã de 10 de junho, foi anunciado que ele se pronunciaria às três horas naquela tarde. Às dez da manhã, houve uma reunião de todos os representantes universitários. Compareci a essa reunião, achando que, se o governo não aceitasse todos os pontos da nossa petição, nós continuaríamos com as manifestações até o fim. Isso significaria barricadas, armas de fogo, sérios confrontos com a polícia e até mesmo a morte para alguns de nós. Em vez disso, todos os outros presentes só conseguiam falar na festa que daríamos depois do discurso de Tito! Eles estavam pensando em quem ia cantar e que comida íamos pedir. "Mas como podemos planejar uma festa se nem mesmo sabemos o que ele vai dizer?", perguntei. Todos olharam para mim como se eu fosse uma perfeita idiota. "Não seja tão ingênua", disseram. "Não faz diferença o que ele disser. Está tudo terminado." Perguntei, então: "O que vocês querem dizer?" Eu não conseguia acreditar. Eles estavam dispostos a aceitar o que Tito oferecesse, mesmo que ele não oferecesse nada. O que significava que aquela história toda tinha sido só uma simulação, um exercício vazio. Como me senti traída!

Voltei para a Academia de Belas-Artes e esperei. Às três da tarde, Tito fez um discurso emocionante e muito inteligente. Ele elogiou o engajamento político dos estudantes (que conseguiu associar à sua doutrina de autogestão). Dobrou o salário mínimo (do equivalente a 12 dólares para 24 dólares por mês). E aceitou quatro dos pontos da nossa petição – incluindo o centro cultural estudantil que queríamos.

As assembleias do governo estudantil, que já estavam dispostas a aceitar qualquer migalha que Tito lhes lançasse, ficaram encantadas. Os estudantes encerraram a ocupação dos prédios universitários e, enquanto fogos de artifício iluminavam o céu noturno, desfilaram em triunfo por toda a Belgrado. Com uma sensação que não tinha nada a ver com o triunfo, atirei meu cartão de membro do partido numa fogueira e fiquei olhando enquanto ele queimava e se retorcia.

Uma semana depois, avistei meu pai na rua, beijando a bela jovem loura que se tornaria sua segunda mulher. Ele fingiu que não me viu. Só fomos nos ver outra vez dez anos mais tarde.

Depois das manifestações, comecei a me reunir com cinco colegas meus, estudantes da Academia. Os encontros eram informais porém regulares, para falar sobre arte – e para nos queixarmos da arte que estavam nos ensinando. Todos eram rapazes, menos eu. Chamavam-se Era, Neša, Zoran, Raša e Gera. Nós nos reuníamos na Academia (apesar da concessão feita por Tito, o pessoal da polícia secreta e suas esposas relutaram em liberar o centro social de imediato) e bebíamos café, sem parar. Estimulados pela cafeína, falávamos sem parar, muitas vezes até de noite, com todo o ímpeto e veemência da juventude.

Esse foi um dos períodos da minha vida em que fui realmente feliz. Eu acordava de manhã, ia para meu ateliê e pintava; depois me reunia com esses caras e conversava; então voltava para casa – sempre antes das dez da noite – e me levantava no dia seguinte para fazer tudo de novo.

Grupo de 1970 no Centro Cultural Estudantil, Belgrado, 1970; *da esquerda*: Raša Todosijević, Zoran Popović, eu, Gera Urkom, Era Milivojević e Neša Paripović

O assunto que nós seis debatíamos, obsessivamente, era uma forma de ultrapassar a pintura: um modo de inserir a própria vida na arte.

Meus quadros de acidentes automobilísticos continuavam a me frustrar. Por um tempo, em telas quadradas muito grandes, com um metro e meio de largura, comecei a pintar nuvens. Não nuvens realistas, mas algo como símbolos de nuvens – como pesadas formas de amendoins pairando sobre campos monocromáticos. Às vezes, nessas nuvens, aparecia um corpo: o corpo nu de uma grande senhora de idade que costumava posar na Academia, sempre visto de trás. Às vezes, ela se transformava na paisagem. Isso acompanhava uma fantasia que eu tinha quando menina – a de que o universo inteiro, tudo o que conhecemos, não é nada além de uma pedrinha no salto do sapato de uma gorda senhora cósmica.

No Ocidente, lado a lado com as revoluções na política e na música popular, a arte estava apresentando mudanças impressionantes. Na década de 1960, uma nova vanguarda começava a rejeitar a velha ideia da arte como mercadoria, como quadros e esculturas que pudessem ser colecionados; e novas ideias da arte conceitual e performática passavam a ganhar espaço. Algumas dessas ideias se infiltraram na Iugoslávia. Meu pequeno grupo de seis falava sobre os conceitualistas dos Estados Unidos (onde gente como Lawrence Weiner e Joseph Kosuth estava fazendo peças em que as palavras eram tão importantes quanto os objetos); o movimento Arte Povera, na Itália, que transformava objetos do dia a dia em arte; e o movimento Fluxus, anticomercial e antiarte na Alemanha, cujos expoentes foram Joseph Beuys, Charlotte Moorman e Nam June Paik, artistas de *happening* e performances provocativas. Havia um grupo esloveno chamado OHO, que rejeitava a arte como uma atividade separada da vida: para eles, absolutamente qualquer parte da vida poderia ser arte. Já faziam arte performática em 1969: em Liubliana, um artista chamado David Nez fez uma peça intitulada *Cosmology* [Cosmologia], na qual ele ficava deitado dentro de um círculo no assoalho, com uma lâmpada suspensa logo acima do seu estômago, e tentava respirar em sintonia com o universo. Alguns membros do OHO vieram a Belgrado para falar sobre suas crenças. Levantei-me no auditório e os elogiei.

56

O exemplo deles me inspirou. Em 1969, propus ao Centro da Juventude de Belgrado minha primeira ideia para uma peça performática de minha autoria. Ela envolvia o público e era intitulada *Come Wash with Me* [Venha lavar comigo]. Minha ideia consistia em instalar tanques de lavanderia em torno da galeria no Centro da Juventude. Quando os visitantes entrassem, eles tirariam as roupas e eu as lavaria, secaria e passaria. Quando recebessem seus trajes de volta, os visitantes da galeria poderiam se vestir de novo e sair limpos, tanto literal quanto metaforicamente. O Centro da Juventude rejeitou minha ideia.

No ano seguinte, propus mais uma performance a eles. Eu me postaria diante de uma plateia com minhas roupas normais e, aos poucos, mudaria de roupa para usar o tipo de vestimenta que minha mãe sempre comprava para mim: saia comprida, meias grossas, sapatos ortopédicos, blusa feia de bolinhas. Então, levaria à minha cabeça uma pistola com uma bala no tambor e puxaria o gatilho. "Essa performance tem dois finais possíveis", dizia minha proposta. "E, se eu sobreviver, minha vida terá um novo início."

Mais uma vez, fui rejeitada.

No meu último ano na Academia, me apaixonei por um dos caras do meu grupo. Neša estava com 30 anos, tinha os cabelos finos de um louro-avermelhado, sobrancelhas expressivas e feições estranhas, marcantes, impressionantes. Ele me lembrava um personagem num filme de Ingmar Bergman. Era muito talentoso; sua cabeça funcionava de maneira inusitada. De algum modo, ele era diferente de qualquer outra pessoa que eu conhecia. Para um festival de artes na cidadezinha serrana de Groznjan, na Ístria, Neša içou uma lona vermelha monocromática de um lado ao outro da praça da cidade ao nascer do sol: chamou a peça de *Red Square* [Praça Vermelha]. Para mim, o que havia de mais sexy nele eram suas ideias. Começamos a passar mais tempo juntos, mas eu ainda precisava estar em casa todas as noites às dez – o que não era o ideal para um relacionamento.

Formei-me na Academia na primavera de 1970, com a nota de 9,25, sendo 10 a máxima. Meu diploma me conferia o grau de "profissional de pintura acadêmica e, desse modo, todos os direitos associados a esse título". Era uma distinção estranha e conflitante (e, até o fim da vida, minha mãe conseguia me tirar do sério ao endereçar suas cartas para mim com "Marina Abramović, Pintora Acadêmica"). Mesmo assim, ele era um incentivo para que eu continuasse a pintar, pelo menos por um tempinho.

Pouco depois de eu me formar, fui para Zagreb, na Croácia, para um curso de pós-graduação no ateliê principal do pintor Krsto Hegedušić. Foi uma honra imensa ser selecionada para ter essas aulas: ele nunca aceitava mais que oito alunos de uma vez. Hegedušić estava velho e era muito famoso por seus quadros de gênero, com camponeses e paisagens fortemente delineadas de campos de cultivo – uma espécie de Thomas Hart Benton iugoslavo. Não exatamente um parceiro natural para mim! Embora eu também me lembrasse de que Jackson Pollock havia estudado com Benton, e o resultado tinha sido ótimo. E eu gostei muito de Hegedušić. Ele disse duas coisas de que sempre me lembrei. A primeira: se você se tornar tão habilidoso no desenho com a mão direita a ponto de conseguir fazer um bonito esboço de olhos fechados, passe imediatamente a usar a mão esquerda para evitar a repetição de si mesmo. E a segunda: não se iluda achando que tem ideias. Se você for um bom pintor, disse Hegedušić, pode ser que tenha uma única boa ideia. Se você for um gênio, talvez chegue a ter duas, e só. E ele tinha razão.

Para mim, o melhor aspecto de Zagreb estava no fato de aquela ser a primeira vez que eu saía de casa. Era muito empolgante escapar do controle da minha mãe. Mas eu também fiquei longe de Neša, que começou a me escrever cartas, perguntando se nós ainda devíamos continuar juntos, mesmo estando em cidades diferentes. Meus sentimentos por ele eram muito ambíguos.

De qualquer forma, enquanto isso, eu estava livre. Aluguei um quarto minúsculo, com uma pequena cozinha compartilhada, do outro lado do corredor. Alguns amigos meus da Academia também estavam em Zagreb, entre eles uma garota croata que eu conhecia, Srebrenka, que estudava para ser crítica de arte. Ela era uma pessoa muito melancólica – tão melancólica que estava sempre nos dizendo que ia cometer suicídio. Dizia isso com tanta frequência que nós todos meio que ficamos fartos. "Vá em frente! Nos deixe em paz!", era o que lhe dizíamos.

Srebrenka morava no fim da minha rua. Numa manhã, eu tinha combinado de me encontrar com ela para tomar café, mas estava chovendo demais naquele dia, e não fui. E naquela tarde chuvosa ela realmente cumpriu o que ameaçava fazer: cometeu suicídio. Mas nós, eslavos, quando fazemos alguma coisa, vamos fundo! Ela não cometeu um suicídio simples, mas, sim, um quádruplo. Abriu o gás no forno, cortou os pulsos, tomou soníferos e se enforcou.

No enterro, todos os seus amigos compartilhavam o mesmo sentimento – estávamos com raiva. Todos nós vivíamos fartos de suas ameaças constantes de suicídio e ficamos furiosos com o desperdício da sua vida. Ela era tão nova, tão bonita. Mas havia também alguma culpa. Eu pensei: *Meu Deus, se eu tivesse me encontrado com ela naquela manhã, talvez ela não tivesse feito o que fez.*

O enterro foi às onze da manhã. Mais uma vez, chovia de modo intermitente. O tempo estava esquisito – às vezes o sol dava uma espiadinha por alguns segundos e então sumia. Quando cheguei em casa, chovia muito de novo. Por volta das cinco da tarde, deitei-me na cama, exausta por conta do longo dia. Meu quarto estava na penumbra. Fechei os olhos e, quando os abri, vi Srebrenka, com perfeita nitidez, sentada ao pé da minha cama, olhando para mim com um sorriso vitorioso no rosto, como se dissesse: "Finalmente consegui."

Quase tive um treco. Levantei da cama com um pulo, acendi as luzes. Srebrenka tinha desaparecido. Mas, durante alguns dias, sempre que eu atravessava o corredor até a cozinha, num instante antes de acender a luz, eu sentia uma mão se fechar sobre a minha, com muita delicadeza. E depois isso passou.

Na ocasião, eu não sabia e agora continuo sem saber quem ou o que cria esse mundo invisível; mas sei, sim, que ele pode ser perfeitamente visível. Convenci-me de que, quando morremos, o corpo físico morre, mas sua energia não desaparece – ela apenas assume formas diferentes. Passei a acreditar na ideia de realidades paralelas. Creio que a realidade que vemos agora é uma determinada frequência e que todos nós estamos na mesma frequência; por isso, somos visíveis uns aos outros, mas é possível mudar de frequência. Entrar numa realidade diferente. E, para mim, há centenas dessas realidades.

Eu já não me sentia bem no meu quarto em Zagreb. Um dia, pouco depois da morte de Srebrenka, houve uma tempestade, e uma das vidraças da janela quebrou e caiu em cima da minha cama. E eu estava tão deprimida, tão perdida, que nem me dei ao trabalho de recolher os cacos de vidro dos lençóis. Simplesmente me deitei e dormi profundamente. Quando acordei no dia seguinte, estava sangrando. Estava na hora de voltar para Belgrado.

Finalmente o pessoal da polícia secreta e suas esposas saíram, e nós conseguimos nosso centro cultural estudantil – o SKC. E o SKC ganhou uma diretora fantástica, uma jovem chamada Dunja Blažević. Dunja era historiadora da arte, e o pai dela era presidente do parlamento croata, o que significava que ela tinha o privilégio de percorrer o mundo apreciando a arte. Dunja tirava proveito total da sua posição – de fato, ela viajara muito e era extremamente informada e receptiva. Pouco antes da abertura do centro, Dunja tinha comparecido à primeira *documenta,* uma mostra de arte de vanguarda na Alemanha sob o comando de um brilhante curador suíço, Harald Szeemann. Szeemann realmente difundiu a arte conceitual e performática. Dunja absorveu tudo aquilo. Quando voltou para Belgrado, empolgada e cheia de inspiração, ela propôs a primeira mostra do SKC, que intitulou *Drangularium* – ao pé da letra, "*quinquilharium*", ou "Pequenas Coisas".

O objetivo da mostra era permitir que artistas plásticos exibissem objetos do dia a dia que, de algum modo, fossem significativos para eles, em vez de obras de arte propriamente ditas. A ideia tinha como origem a Arte Povera da Itália. Cerca de trinta artistas plásticos, entre os quais eu estava incluída, foram convidados a participar.

Foi uma exposição maravilhosa. Gera, um dos caras do meu grupo de seis, apresentou um velho cobertor verde, cheio de buracos, que ele usava no ateliê. Ele escreveu no catálogo que, em vez de ser significativo, aquele era o objeto mais desprovido de significado que conseguiu imaginar. Uma amiga minha, Evgenija, levou a porta do seu ateliê. "Um objeto prático com o qual entro em contato todos os dias através da maçaneta", escreveu ela. Raša, outro membro do meu grupo, levou sua bela namorada e a sentou numa cadeira ao lado de uma mesinha de cabeceira azul com uma garrafa em cima. "Não tenho nenhuma desculpa racional para os objetos que apresentei", escreveu ele. "Não desejo que eles sejam interpretados em termos simbólicos." Mas, para nós, ele admitiu o verdadeiro motivo para sua escolha: "Sempre faço sexo com minha namorada antes de ir trabalhar."

Minha peça estava relacionada aos quadros de nuvens que eu vinha pintando. Levei um amendoim ainda na casca e o prendi à parede por meio de uma haste reta de metal. O amendoim se projetava da parede apenas o suficiente para lançar uma sombra minúscula. Intitulei a peça de *Cloud With Its Shadow* [Nuvem com sua sombra]. Assim que vi aquela pequena sombra, percebi que a arte bidimensional era de fato uma coisa do passado para mim. Isso me revelou uma dimensão totalmente diferente. E aquela mostra abriu novos mundos para muita gente.

Quando estava em Zagreb, fui consultar um vidente famoso. Ele era um judeu russo, com a capacidade de olhar para a borra de uma xícara de café turco e prever o futuro. Havia uma fila de espera de seis meses só para vê-lo, mas eu realmente queria ir, porque tinha ouvido tantas histórias a respeito dele e porque queria conhecer meu destino. Por fim, houve algum cancelamento ou coisa parecida, recebi um telefonema e fui vê-lo.

Meu horário foi marcado para as seis da manhã! Não só isso, mas o vidente morava na parte nova de Zagreb – precisei pegar três ônibus para ir até lá. Finalmente, cheguei ao apartamento, toquei a campainha, e ele abriu a porta. Era um velho muito magro e alto, talvez com seus 50 ou 60 anos. Eu era tão jovem que qualquer um com mais de 45 anos me parecia velho. Muito silenciosamente, numa atitude profissional, ele me conduziu a uma mesa e serviu duas xícaras de café turco.

Bebi meu café. O vidente então pegou minha borra e a misturou com a dele. Na mesa, havia um jornal russo. Ele virou sua xícara em cima do jornal, e nós aguardamos, calados. Ele então endireitou a xícara e examinou a borra no jornal. Recostou-se na cadeira e revirou os olhos de modo que só as partes brancas eram visíveis.

O sujeito era uma figura... e meio assustador. Enquanto estava ali sentado, com os olhos virados para trás, ele me disse um monte de coisas. Disse que eu só faria sucesso tarde na vida; que moraria à beira de um grande oceano; que me mudaria de Belgrado. Disse-me que de início eu iria para um único país, que seria importante para mim no princípio da carreira; que eu receberia um convite inesperado para voltar a Belgrado; que me ofereceriam um emprego que eu deveria aceitar. Disse-me que uma pessoa ia me dar uma ajuda enorme, que essa pessoa teria passado por uma tragédia terrível na vida, e que seu nome seria Boris. Disse que eu precisava procurar um homem que me amasse mais do que eu a ele – que só então eu encontraria a felicidade. Mas também disse que de fato meu maior sucesso ocorreria quando eu estivesse sozinha, porque os homens criariam obstáculos na minha vida.

Uns dois anos mais tarde, depois de participar do Festival de Edimburgo na minha primeira viagem para fora da Iugoslávia como artista plástica, eu me descobri morando em Londres, aceitando empregos subalternos e necessitando desesperadamente de dinheiro. Um dia, minha mãe me telefonou de Belgrado para me dizer que tinha me inscrito para uma vaga de professora na Academia de Belas-Artes de Novi Sad. Normalmente, eu teria dito não à minha mãe – naquela época, eu vivia me rebelando, na tentativa constante de escapar da sua influência –, mas, dessa vez, eu realmente estava numa situação crítica. Ela me disse que havia algumas pessoas interessadas no emprego, que eu tinha passado por uma primeira seleção, mas que precisava voltar para uma entrevista.

Danica providenciou a passagem, e eu voltei para a Iugoslávia. Desci em Zagreb para trocar de aeronave e embarcar no curto voo de conexão até Belgrado. O avião de Zagreb a Belgrado estava quase vazio. Voar me deixava nervosa; e naquela época eu fumava, de modo que me sentei no setor de fumantes. Peguei um cigarro e percebi que não tinha um isqueiro. De repente, um cara apareceu e acendeu o cigarro para mim. (Eu segurava meu cigarro com o polegar e o indicador, com a palma virada para o alto, muito sofisticada.)

O cara sentou-se ao meu lado, e nós começamos a conversar – de início, nada de significativo. Disse-lhe que eu estava vindo de Londres para um compromisso em Belgrado. Ele respondeu que também estava a caminho de um compromisso em Belgrado. Depois, falou um pouco mais, e eu me dei conta de que ele participava da comissão de artes que supervisionava o emprego ao qual eu estava me candidatando. De repente, me lembrei da sessão com o vidente russo. O cara acendeu mais um cigarro para mim. "Obrigada, Boris", agradeci.

O homem empalideceu de imediato – nós não tínhamos nos apresentado. "Como você sabe meu nome?", perguntou ele.

"Também sei que você passou por uma tragédia pessoal terrível."

Ele começou a tremer. "Quem é você?", perguntou ele. "Como sabe dessas coisas?"

Não mencionei o fato de que estávamos nos dirigindo para o mesmo compromisso, mas lhe falei da minha sessão com o vidente; e ele me contou sua história. Boris fora casado com uma jovem que ele amava muito. Ela engravidou. Mas – isso ele só descobriu mais tarde – ela estava tendo um caso com o melhor amigo dele. E um dia sua mulher e o amigo estavam juntos num carro e os dois morreram num acidente.

Depois do nosso encontro no avião, compareci à entrevista com a comissão, e Boris ficou muito surpreso ao me ver entrar na sala! Consegui o emprego e nunca mais o vi.

Eu não podia me imaginar saindo da minha vidinha de liberdade em Zagreb e voltando para o apartamento da minha mãe, onde não havia autonomia alguma, onde eu não podia sair de casa depois das dez. Eu já estava farta daquilo. Todo o tempo em que estive fora, Neša não tinha parado de me escrever, com suas perguntas angustiadas, e eu acabei decidindo fazer alguma coisa a respeito. "Por que não nos casamos?", sugeri.

Foi como um pacto entre nós dois: vamos nos casar, para eu poder ser livre. Assim, nós nos casamos em outubro de 1971. Mas minha mãe não mudou de modo algum. Ela não só faltou à cerimônia, como também não permitiu que Neša se mudasse para o apartamento comigo. "Nenhum homem virá dormir nesta casa", disse ela, e Neša nunca dormiu lá. (Bem, de vez em quando, ele entrava sorrateiro no meio da noite, mas nessas ocasiões não era para dormir! E ele sempre se esgueirava de lá antes do amanhecer.) Nós não tínhamos dinheiro suficiente para conseguir um lugar para morar. Por isso, vivíamos separados, ele com os pais, eu com minha mãe e minha avó. Ainda com a obrigação de estar em casa todas as noites antes das dez. Um esquema muito estranho e nada agradável.

Os pais de Neša, que eram muito pobres, moravam num apartamento minúsculo em Belgrado: só um quarto para a mãe e o pai, um quartinho para Neša e uma cozinha. A mãe era muito religiosa, e o pai era algum tipo de operário. O pai adoeceu com uremia – sangue na urina – e passou muito tempo doente, com dores fortíssimas. A única posição que lhe proporcionava um mínimo de conforto era sentado na cama, encurvado para a frente, com um travesseiro apertado contra a barriga. No meio do quarto havia uma mesa, com uma vela acesa e uma Bíblia. Sempre que chegava alguma visita, a mãe de Neša dizia a mesma coisa: "Ah, vá se sentar com ele um pouquinho."

Um dia, eu estava visitando Neša, e sua mãe estava na cozinha, preparando o almoço. Como de costume, os dois disseram para eu ir me sentar com o pai um pouquinho. Entrei então no quarto, sentei-me na cadeira junto à mesa com a vela e comecei a ler a Bíblia. Não havia mais nada a fazer. O pai de Neša nunca olhava para ninguém. Com toda aquela dor, só ficava ali sentado, com o olhar perdido. Mas, a certa altura, ele se virou e olhou para mim por muito, muito tempo. Foi incrível. Nós nunca tínhamos tido esse tipo de contato. Ele olhou e olhou sem parar. Depois, muito devagar, soltou o travesseiro que estava segurando encostado na barriga e, com um movimento muito suave, recostou-se no travesseiro às suas costas, com um pequeno sorriso no rosto, como se tivesse visto alguma coisa que eu não podia ver. Então fechou os olhos lentamente e deu um longo suspiro. E, depois de um instante, percebi que ele tinha morrido.

Foi a primeira vez que vi alguém morrer, e foi uma das mortes mais belas que já presenciei. Aquele momento foi tão tranquilo e tão especial. Foi como se ele tivesse se sentido à vontade o suficiente para morrer na minha presença. Eu sabia que, se a mulher dele estivesse no quarto, teria sido um inferno. As mulheres eslavas fazem um escândalo enorme nessas circunstâncias. Ela teria berrado, teria batido no próprio peito. Acho que o pobre coitado só queria um pouco de paz.

Fiquei tão impressionada com esse momento que demorei muito para me afastar da mesa. Eu só queria lhe dar esse tempo. Depois, me levantei bem devagar e fui à cozinha. "Acho que seu pai está morrendo", disse eu. A mãe de Neša entrou correndo no quarto, viu que o marido já tinha falecido e ficou uma fera. Não parava de berrar comigo. "Por que você não me chamou? Como pôde?"

Seja como for, ela era uma mulher insuportável. Sempre que Neša ia a algum lugar, a mãe lhe dizia que morreria antes que ele voltasse... A chantagem emocional era constante. Nas raras ocasiões em que nós tínhamos poupado algum dinheiro para sair de férias, ela costumava dizer: "Ah, crianças, vão se divertir; mas, quando voltarem, eu não estarei aqui." E é claro que ela teve uma vida muito, muito longa.

Uma história estranha sobre mim e Neša. Havia uma forte atração entre nós, e eu sempre queria fazer amor, mas ele não conseguia consumar o ato. Era muito frustrante para nós dois. Mas aí, nem sei como, engravidei com essas transas precárias. É claro que abortei – foi o primeiro de três abortos que eu faria na minha vida. Eu nunca quis ter filhos. Esse ponto era uma certeza absoluta para mim, por um monte de motivos.

Em sentido horário a partir do alto à esquerda: Raša Dragoljub Todosijević, Zoran Popović, Neša Paripović, meu primeiro marido, e eu, Belgrado, 1967

Só que, no instante em que Neša soube que eu estava grávida, tudo mudou – de imediato ele se tornou potente. Foi ótimo! E ainda assim nós continuamos com nossa vida frustrante, juntos, mas não de fato juntos.

Eu não parava de pensar em me libertar – da minha mãe, de Belgrado, da arte bidimensional. Um caminho para a liberdade era o dinheiro. Nunca

tive dinheiro que fosse meu. Apesar de nunca me faltar nada, eu vivia sob o jugo de uma tirania do sustento. Desde a infância, livros didáticos eram comprados para mim. Roupas eram compradas para mim. Sapatos para o verão, sapatos para o inverno. Casacos. Tudo o que Danica escolhia era prático e durável; e eu detestava tudo aquilo.

Na Academia, os estudantes podiam se inscrever para trabalhar durante o verão, restaurando afrescos e mosaicos nas basílicas no litoral do Adriático. Fiz isso uns dois verões. Eu adorava estar à beira-mar, com o sol e o sal na minha pele. E havia também trabalhos menos agradáveis em Belgrado, limpeza de prédios de escritórios e montagem de feiras comerciais – construção de estandes, pintura de pisos e divisórias. Eu fazia tudo isso de bom grado. Como ainda estava morando com ela, podia guardar todo o dinheiro que ganhava e comprar as coisas que de fato me agradavam: livros, discos e até mesmo roupas.

Comprei mais uma coisa, também, no financiamento: um chalé de um único quarto em Grožnjan, a cidadezinha que é uma colônia de artistas na Ístria. Um lugar para ir durante o verão. Um minúsculo gesto de independência.

Mas, na maior parte do tempo, eu ficava no apartamento da minha mãe. Lá estava eu, com quase 25 anos, casada, morando separada do meu marido. Aquele apartamento era tão estranho: estava entulhado com toda a parafernália extravagante de uma senhora comunista muito materialista.

Eu vivia em constante rebelião contra tudo, e principalmente contra minha mãe. Um dia, para me proteger dela, besuntei o conteúdo de trezentas latas de graxa marrom de sapatos nas paredes, janelas e portas do meu quarto e do meu ateliê. Parecia que o recinto estava coberto de merda. O cheiro era insuportável. Meu plano funcionou perfeitamente. Ela abriu a porta, deu um berro e nunca mais entrou ali.

Quanto mais minha mãe enchia o apartamento com sua coleção insana de objetos, mais *spartak* eu mantinha em meus aposentos. Havia uma única exceção, minha contribuição para a bagunça geral da casa: minha caixa de correspondência. Construí uma caixa de correspondência enorme, de madeira, pintei-a de preto e pus nela uma placa (projetada pelo meu amigo Zoran). CENTRO DE ARTE AMPLIFICADA, dizia. Zoran também desenhou um timbre para mim, bem como um logotipo para os papéis do Centro de Arte Amplificada.

Não sei bem como cheguei a esse nome, mas ele tinha um significado profundo para mim. No apartamento da minha mãe, no centro de Belgrado, na Iugoslávia comunista, parecia muito importante entrar em contato com o mundo lá fora: o mundo das artes. Escrevi para galerias de toda parte – França, Alemanha, Inglaterra, Itália, Espanha, Estados Unidos –, pedindo catálogos e livros de arte. E eles começaram a chegar, aos montes, empilhando-se na minha gigantesca caixa de correspondência. Eu lia cada um deles, absorvendo vorazmente todos os desdobramentos no mundo da arte, sonhando com a hora em que faria parte deles.

Depois de *Drangularium*, houve muita empolgação, e logo uma nova mostra se realizou no SKC. Chamava-se "Objetos e Projetos". Para essa mostra, criei uma obra intitulada *Freeing the Horizon* [Libertando o horizonte]. Reproduzi cartões-postais comuns de várias ruas e monumentos de Belgrado, apagando por meios fotográficos os monumentos em si e a maioria das construções em volta. Por exemplo, num cartão-postal do imponente Antigo Palácio da dinastia Obrenović, excluí o próprio palácio, deixando apenas o gramado na frente, uns dois carros e algumas pessoas que passavam por ali.

O efeito foi sinistro, mas expressava meu forte anseio por me livrar da sensação sufocante de viver naquela cidade, sob o controle da minha mãe e do regime comunista. Por estranho que pareça, durante o conflito do Kosovo em fins da década de 1990, alguns daqueles mesmos prédios que apaguei por meios fotográficos foram destruídos por bombas americanas.

Quanto mais eu pensava nisso, mais percebia como a arte pode não ter limites. Mais ou menos nessa época, eu também estava me fascinando pelo som. E tive uma inspiração: queria levar a gravação dos efeitos sonoros do desmoronamento de uma ponte até uma ponte de verdade e reproduzir a gravação de três em três minutos – de três em três minutos, apesar de a estrutura estar obviamente intacta, as pessoas ouviriam o ruído estrondoso daquilo tudo desabando. Pelo visual, a ponte ainda existia; mas, em termos acústicos, ela estava desaparecendo. No entanto, eu precisava obter permissão das autoridades municipais para a montagem dessa peça; e a autorização não foi concedida. Disseram que a ponte poderia de fato desabar por conta das fortes vibrações sonoras.

Mas, apenas um mês depois de "Objetos e Projetos", houve outra mostra, ainda mais minimalista, no Centro Cultural Estudantil; para ela, eu criei minhas primeiras peças sonoras. Numa árvore fora da galeria, instalei um grande alto-falante que reproduzia uma sequência contínua de pássaros cantando, como se estivéssemos no meio de uma floresta tropical, e não na sombria Belgrado. E, no interior da galeria, dentro de três caixas de papelão, coloquei toca-fitas que reproduziam outros sons da natureza: o vento soprando, ondas arrebentando, ovelhas balindo.

Nessa mesma exposição, aconteceu algo totalmente espontâneo, que direcionaria meu futuro. Um dos caras mais talentosos do meu grupo de seis, Era, tinha criado uma peça para a exposição simplesmente cobrindo com fita adesiva transparente um grande espelho da galeria, subvertendo o uso normal dele ao forçar os visitantes a ver suas imagens refletidas com distorções. Um dia, no final da tarde, eu estava cansada e me deitei numa mesa de centro na galeria. De repente, Era teve uma inspiração. Ele decidiu me embrulhar com aquela sua fita. Eu aceitei, ficando ali deitada, com os braços de cada lado, meu corpo todo mumificado, com exceção da cabeça. Alguns dos visitantes ficaram fascinados; outros sentiram repulsa. Mas ninguém se entediou.

Era Milivojević me prendendo com fita adesiva a uma mesa no
Centro Cultural Estudantil, Belgrado, 1971

No ano seguinte, fiz mais algumas peças sonoras para outras exposições em Belgrado: numa delas (intitulada *War* [Guerra]), instalada na entrada do Museu de Arte Contemporânea, os visitantes passavam por um corredor estreito, construído com duas folhas de compensado, ao som ensurdecedor da gravação de tiros de metralhadora. Eu usava o som como se fosse uma vassoura, para limpar a mente dos visitantes antes que entrassem no museu. Uma vez que se encontrassem lá dentro, o silêncio total que se seguia permitia que eles apreciassem a arte ao seu redor de uma nova forma.

E finalmente consegui realizar minha peça da ponte que desabava, não numa ponte, mas bem ali ao lado do SKC, onde um alto-falante escondido numa árvore emitia os sons tonitruantes de uma demolição, provocando a ilusão inquietante de que aquela estrutura inteira estava desmoronando.

Dois meses depois, criei uma peça mais divertida no interior do saguão do SKC: uma gravação contínua, repetindo sem parar o mesmo aviso de aeroporto: "Por favor, todos os passageiros da empresa JAT, com destino a Nova York, Bangcoc, Honolulu, Tóquio e Hong Kong, queiram dirigir-se imediatamente ao Portão 265." (Naquela época, havia somente três portões de embarque no aeroporto de Belgrado.) Todos os que estavam sentados no saguão – quer estivessem tomando café, esperando para assistir a um filme, ou simplesmente lendo um jornal – tornavam-se os passageiros dessa viagem imaginária.

A ironia era que, àquela altura da minha vida, eu mal tinha saído de Belgrado.

Em fins de 1972, Richard Demarco, um curador da Escócia, visitou Belgrado em busca de novas ideias para o Festival de Edimburgo do ano seguinte. Nosso acompanhante do governo levou-o para ver todos os pintores oficialmente endossados. É claro que Demarco quase enlouqueceu de tédio. Na véspera de ele ir embora, porém, alguém lhe passou aos sussurros informações sobre o SKC e então avisou ao meu grupinho que Demarco queria nos conhecer. Fomos ao seu quarto no hotel para lhe falar do nosso trabalho e lhe mostrar fotografias. Ele ficou muito interessado em todos nós. Enviou então uma carta ao governo nos convidando para participar do próximo festival, mas o governo recusou o convite, alegando que esse tipo de arte não poderia representar a cultura iugoslava. Por fim, Demarco nos disse que, se conseguíssemos chegar à Escócia, ele nos alojaria. Fiquei feliz por ter poupado algum dinheiro.

No verão de 1973, nós todos fomos a Edimburgo – menos Era, o cara que tinha me enrolado com fita adesiva. Ele era estranho. Na minha opinião, era muito talentoso e interessante; me lembrava um Marcel Duchamp eslavo. Mas, quando lhe perguntei por que não vinha junto conosco, ele respondeu: "Eu vim de uma pequena aldeia para Belgrado – isso já foi um grande passo. Vocês estão indo de Belgrado a Edimburgo, mas eu já consegui meu Edimburgo ao vir para cá." Ele nunca viajou e nunca fez sucesso de verdade.

A arte tem um aspecto interessante. Algumas pessoas têm a capacidade – e a energia – não apenas para criar a obra, mas para se certificar de que ela seja colocada exatamente no lugar certo, no momento certo. Alguns artistas plásticos têm consciência de que precisam dedicar tanto tempo quanto levaram para ter uma ideia à tarefa de descobrir um jeito de exibir a obra e uma infraestrutura que lhe dê sustentação. E alguns artistas simplesmente não têm essa energia e precisam ter alguém que cuide disso, amantes da arte, colecionadores ou o sistema de galerias. Durante o início da carreira do controvertido artista performático Vito Acconci, por exemplo, a *marchand* Ileana Sonnabend pagava a ele 500 dólares por mês, o que cobria seu aluguel e tudo o mais. Acconci não vendia sua obra – não precisava. Esses pagamentos regulares simplesmente permitiam que ele mantivesse uma produção constante. Em Belgrado, no início da década de 1970, não tínhamos nenhum sistema de apoio dessa natureza, e, assim, o pobre Era simplesmente desistiu.

Chegamos a Edimburgo. Eu fiquei hospedada com uma família de amigos de Demarco, e planejei minha primeira performance. Joseph Beuys estava lá, o astro carismático do festival (em sua primeira viagem de arte fora da Alemanha), com sua característica camisa branca, colete e fedora cinza, dando palestras de seis ou sete horas sobre a performance como escultura social, com notas e diagramas num quadro-negro. Havia muitos artistas de renome internacional lá, entre eles o conceitual americano Tom Marioni, o diretor de teatro polonês Tadeusz Kantor, e também Hermann Nitsch e alguns outros membros do Wiener Aktionismus (Acionismo Vienense), um grupo famoso por suas performances desregradas. (Um deles, Günter Brus, foi condenado e preso depois de uma apresentação em que ao mesmo tempo se masturbava, espalhava fezes sobre o corpo e cantava o hino nacional austríaco.) Era um pessoal da pesada. De certa forma, eu estava apavorada. Aquela era minha primeira viagem ao Ocidente como artista. Eu me sentia como um peixinho muito pequeno num lago imenso.

Mas havia também uma parte de mim que não se importava com nada disso. Minha mãe e meu pai tinham uma série de defeitos; mas os dois eram pessoas muito corajosas e fortes, e me transmitiram muito dessas características. Boa parte de mim se empolga com o desconhecido, com a ideia de correr riscos. Quando se trata de fazer coisas arriscadas, eu não me importo. Simplesmente vou fundo.

Eu, Joseph Beuys e Dunja Blažević, a diretora do SKC, 1974

Isso não quer dizer que eu não sinta medo. Pelo contrário. A ideia da morte me apavora. Quando ocorre turbulência num avião, eu tremo de medo. Começo logo a compor meu testamento. Mas, quando se trata do meu trabalho, deixo de lado a cautela.

71

Era essa minha sensação acerca de *Rhythm 10* [Ritmo 10], a peça que eu planejava apresentar em Edimburgo. *Rhythm 10* era uma loucura total. Era baseada num jogo de bar, comum entre camponeses russos e iugoslavos. Você afasta bastante os dedos num balcão ou numa mesa de madeira e crava muito rapidamente uma faca afiada nos espaços entre os dedos. Cada vez que você errar e se cortar, será forçado a tomar outro drinque. Quanto mais bêbado você estiver, maior sua probabilidade de se cortar. Como a roleta russa, é uma brincadeira de coragem, insensatez, desespero e perversidade – o perfeito jogo eslavo.

Antes, eu estava tão nervosa que tive medo de ter uma das minhas enxaquecas incapacitantes, de corpo inteiro. Eu mal conseguia respirar só de pensar em seguir em frente com aquilo. Mas minha atitude também era de seriedade diante do que estava prestes a fazer, um compromisso total. Como eu era séria naquela época! Mesmo assim, acho que eu precisava disso. Muito tempo depois, li uma afirmação de Bruce Nauman: "A arte é uma questão de vida ou morte." Parece melodramática, mas é muito verdadeira. Era exatamente assim que era para mim, mesmo no início. A arte era a vida ou a morte. Não havia mais nada. Era uma coisa tão séria e tão necessária!

A variante que criei para o jogo envolvia não uma, mas dez facas, além de som e uma nova ideia: incorporar acidentes no projeto para uma peça de arte performática. No chão do ginásio de Melville College – um dos locais do festival –, desenrolei uma grande folha de papel branco encorpado. Nesse papel, dispus dez facas de tamanhos variados e dois gravadores de fita. Então, com uma grande plateia presente – que incluía Joseph Beuys na primeira fileira, com seu pequeno fedora cinza –, ajoelhei-me no papel e liguei um dos gravadores.

Antes, eu estava apavorada; mas, no instante em que comecei, meu medo sumiu. O espaço que eu ocupava era seguro.

Ra-ta-ta-ta-tá – eu fincava a faca entre os dedos da minha mão esquerda, à maior velocidade possível. E é claro que, como estava indo tão depressa, de vez em quando eu errava, só um pouquinho, e dava um pequeno talho em mim mesma. Cada vez que me cortava, eu gemia de dor – o gravador captava o som – e passava para a faca seguinte.

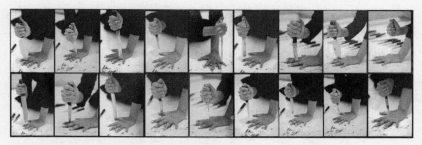

Rhythm 10 (performance, uma hora), Museo d'Arte Contemporanea, Villa Borghese, Roma, 1973

Logo eu tinha usado todas as dez facas, e o papel branco estava com manchas impressionantes do meu sangue. A plateia olhava espantada, num silêncio mortal. E uma sensação muito estranha me dominou, algo com que eu nunca tinha sonhado. Era como se uma eletricidade estivesse percorrendo meu corpo, e como se a plateia e eu tivéssemos nos tornado uma coisa só. Um único organismo. A noção de perigo no ambiente tinha unido os espectadores a mim naquele momento: o aqui e o agora, e nenhum outro lugar.

Aquela coisa com que cada um de nós convive, a ideia de que você é só o seu próprio eu, pequeno e particular — ao pisar no espaço de uma performance, passamos a atuar a partir de um eu superior, *já não se trata de si próprio*. Não se trata do você que você conhece. É alguma outra coisa. Ali no ginásio de Melville College, em Edimburgo, na Escócia, era como se eu tivesse me tornado, ao mesmo tempo, um receptor e um transmissor de uma enorme energia do tipo Tesla. Nada de medo. Nada de dor. Eu tinha me tornado uma Marina que ainda não conhecia.

No momento em que me cortei com a décima faca, peguei o primeiro gravador, interrompi a gravação e apertei o botão para reprodução. Então liguei a segunda máquina, para gravar, e comecei tudo de novo, com a faca número um. Só que dessa vez, enquanto o primeiro gravador tocava os sons das batidas cadenciadas da ponta da faca e dos meus gemidos de dor, eu tentei com muita determinação me cortar em exata sintonia com meus acidentes anteriores. O que acabou se revelando foi que eu era boa nisso —

só errei duas vezes. E o segundo gravador estava gravando tanto a reprodução da primeira máquina quanto minha segunda rodada do jogo das facas.

Nicolau Tesla, lendo um livro, com seu equipamento para produzir correntes alternadas de alta frequência, 1901

Quando terminei com as dez facas mais uma vez, rebobinei a fita do segundo gravador, reproduzi a trilha sonora das duas performances, levantei-me e saí. Ao ouvir o aplauso frenético da plateia, eu soube que tinha conseguido criar algo sem precedentes: uma unidade do tempo presente e do tempo passado, com erros aleatórios.

Eu havia vivenciado a liberdade absoluta – tinha sentido que meu corpo não possuía fronteiras, era sem limites. Que a dor não importava, que absolutamente nada importava. E isso foi empolgante. Fiquei inebriada com aquela energia avassaladora que eu tinha recebido. Foi nesse instante que soube que tinha descoberto meu meio de expressão. Nenhum quadro, nenhum objeto que eu pudesse fazer, jamais poderia me proporcionar aquele tipo de sensação. E era uma sensação que eu sabia que precisaria buscar, sempre, sempre, sempre.

ABRAMOVIĆ

3.

Era uma vez uma linda menininha loura, muito bonita e muito engraçadinha. Ela estava sentada olhando para a água de um laguinho quando viu um peixinho dourado. Ela enfiou a mão na água e o apanhou! E o peixe falou: "Solte-me e, se você fizer três pedidos, eu os realizarei." Então a menininha soltou o peixe.

"Qual é o seu primeiro pedido?", perguntou o peixe dourado. "Meu primeiro pedido é ter braços muito, muito compridos, que quase cheguem ao chão", disse a menina. "Sem problemas", respondeu o peixe. E num piscar de olhos a menininha estava com braços longuíssimos, que quase tocavam no chão. "Qual é o seu segundo pedido?", perguntou o peixinho dourado. "Meu segundo pedido", respondeu ela, "é que meu nariz seja tão grande que quase alcance meu peito." O peixe realizou o pedido e disse: "Moleza."

"Qual é seu terceiro pedido?", perguntou o peixinho dourado. "Quero orelhas grandes, como as de um elefante, que cubram metade do meu rosto", pediu a menina. "É pra já!", respondeu o peixe. E, ora, vejam só, a linda menininha estava transformada num monstro, de braços compridos, nariz gigantesco e enormes orelhas molengas.

"Sei que não é da minha conta", disse o peixe, antes de ir embora nadando, "mas você pode me dizer por que quis ficar assim?" E a menina respondeu: "A beleza é efêmera. A feiura é para sempre."

No passado, fui carteira. Mas não por muito tempo.

Nenhum de nós queria voltar para Belgrado quando o festival terminou; mas, para ficar em Edimburgo, precisávamos encontrar um trabalho. Por isso, arrumei um emprego como carteira. Eu estava muito animada com meu novo emprego, mas, depois de alguns dias exaustivos andando pela cidade, muitas vezes perdida e sem falar muito bem a língua, resolvi entregar somente os envelopes com endereços escritos com bela caligrafia e jogar fora todo o resto – em especial, as contas. Meu supervisor pediu que eu devolvesse o uniforme. Foi assim que se encerrou meu trabalho no serviço postal.

E então Demarco me perguntou se eu tinha algum conhecimento em design de interiores.

"Claro que tenho", respondi. Mas é claro que eu não tinha nenhum.

Ele me levou a um escritório de arquitetura e me apresentou a um dos chefes. "Estamos projetando um salão de jantar para um cruzeiro de luxo", disse o cara. "Você pode nos dar ideias?"

Apresentei-me para o trabalho na manhã seguinte. A primeira coisa que fiz foi pegar uma pilha de papéis brancos e desenhar quadrados de espaçamento pequeno em cada folha. Foi um trabalho meticuloso, com lápis e régua, que levei a semana inteira para fazer. Ao final da semana, o arquiteto me perguntou: "Você pode me mostrar o que tem em mente?"

Mostrei-lhe todas as folhas que eu tinha preparado com tanto cuidado. Ele olhou para mim e me levou ao almoxarifado. Lá, numa prateleira, havia resmas e mais resmas de papel quadriculado. Pelo menos ele achou graça em vez de ficar furioso com a menina eslava sem noção, vinda do fim do mundo; mas esse emprego também não durou muito.

Pouco depois, nós cinco nos mudamos para Londres, onde trabalhei na linha de montagem de uma fábrica de brinquedos, na produção do pêndulo de Newton — o brinquedo com as bolas de metal brilhante que balançam para lá e para cá. Eu era muito rápida como montadora e meu supervisor ficou tão, tão impressionado que não parava de me passar cantadas. Sentia-me muito entediada e frustrada com aquilo tudo: eu era uma artista, e parecia que não havia como fazer arte em Londres.

Pelo menos, pensei, eu podia *apreciar* a arte. E, assim, passei muitas tardes agradáveis visitando galerias londrinas. Minha preferida era a Lisson Gallery, que exibia peças contemporâneas de vanguarda, em vários meios de expressão. Tenho uma lembrança bem nítida da exposição de uma obra muito conceitual de um grupo que se intitulava Art & Language. E me lembro do rapaz sentado à recepção da galeria, a quem eu era tímida demais para dirigir a palavra ou mostrar meu trabalho. Acabei descobrindo que esse era o fundador da Lisson, Nicholas Logsdail – que, quarenta anos depois, veio a ser meu galerista em Londres.

Foi então que, mais uma vez, minha mãe conseguiu um emprego para mim sem me consultar; e mais uma vez Belgrado me puxou de volta. Eu tinha permanecido longe o tempo que pude; mas, para realmente sair de lá, eu primeiro precisava voltar.

Comecei a ensinar na Academia de Artes de Novi Sad, mas – graças à minha fama crescente e sem dúvida graças também à influência de Danica – minha carga horária era pequena (eu ensinava apenas um dia por semana) e meu salário era alto. Isso me dava liberdade para poupar meu dinheiro e me empenhar na arte da performance. Naquela época, nunca me ocorria que eu poderia me manter com minhas performances. Eu simplesmente tinha ideias e achava que devia concretizá-las, não importava o que acontecesse.

Em fins de 1973, fui a Roma participar de uma exposição chamada "Contemporanea", curada pelo crítico italiano Achille Bonito Oliva. Lá conheci artistas performáticos importantes, como Joan Jonas, Charlemagne Palestine, Simone Forti e Luigi Ontani, bem como as principais figuras da Arte Povera: Marisa e Mario Merz, Jannis Kounellis, Luciano Fabro, Giovanni Anselmo e Giuseppe Penone. Era uma companhia e tanto. Mas, à medida que meus horizontes se ampliavam e que eu compreendia como o conceitualismo estava se enraizando, eu ansiava por tornar minha própria arte mais visceral. Isso significava usar o corpo – meu corpo. Em Roma, apresentei *Rhythm 10* novamente, agora com vinte facas e até mais sangue do que antes. Mais uma vez, foi intensa a reação da plateia. Minha cabeça estava a mil – era como se as possibilidades da arte performática fossem infinitas.

Um dos artistas que conheci em Roma era um brasileiro, uns dois anos mais velho que eu, chamado Antonio Dias. Fiquei fascinada pelo trabalho dele, que se situava num território estranho e assombroso entre a pintura direta e a arte conceitual. Uma peça consistia simplesmente em um toca-discos, um disco de 45 rpm e uma banana. Enquanto o disco estava sendo tocado, o artista punha a banana nele, gerando uma interessante distorção de imagem e som.

Em 1974, Beuys foi a Belgrado para a reunião de abril do SKC, e passei muito tempo com ele. Minha cabeça estava pegando fogo; e o fogo não saía da minha cabeça, como parte de uma nova peça em que eu estava pensando. Mas, quando falei a Beuys sobre ela, a resposta dele foi cautelosa. "Tenha muito cuidado com o fogo", avisou-me. Mas *cuidado* não fazia parte do meu vocabulário naquela época. A peça que eu tinha em mente se chamaria *Rhythm 5* [Ritmo 5].

O "5" no título representava uma estrela de cinco pontas – de duas estrelas na realidade. Havia a grande estrela de madeira de cinco pontas que eu planejava montar no pátio do SKC, e havia as extremidades do meu corpo, como uma estrela-do-mar, quando eu me deitasse dentro dela: com a cabeça, as pernas e os braços esticados.

A estrela era, de fato, uma estrela dupla, feita com travessas de madeira, uma dentro da outra, sendo a externa com cerca de 4,5 metros de ponta a ponta, e a interna só um pouquinho maior que o meu corpo. Entre os contornos das duas estrelas, eu colocaria serragem ensopada com 100 litros de gasolina. Depois atearia fogo a esse material altamente inflamável e me deitaria dentro da estrela interna, com pernas e braços bem esticados.

Por que uma estrela? Era o símbolo do comunismo, a força repressora sob a qual eu tinha sido criada, a coisa da qual eu estava tentando escapar – mas ela era também tantas outras coisas: um pentagrama, um ícone adorado e envolto em mistério por seitas e religiões antigas, uma forma detentora de enorme poder simbólico. Ao utilizar esses símbolos no meu trabalho, eu estava tentando entender o significado mais profundo deles.

Junto com muitos outros, Beuys estava na plateia do SKC na noite em que apresentei *Rhythm 5*. Ateei fogo às lascas de madeira e dei algumas voltas pelo perímetro da estrela. Cortei minhas unhas e joguei as aparas no fogo. Depois peguei uma tesoura, levei-a ao meu cabelo – que na época vinha até os ombros – e cortei tudo. Também joguei meus cabelos no fogo. Então, deitei-me dentro da estrela interna, esticando os braços e pernas para me adequar ao seu formato.

O silêncio era profundo. Tudo o que se podia ouvir no pátio era o crepitar das chamas. Essa é a última coisa de que me lembro. Quando o fogo tocou na minha perna e não reagi, a plateia percebeu rapidamente que eu tinha perdido a consciência. As chamas tinham consumido todo o oxigênio em torno da minha cabeça. Alguém me pegou no colo e me carregou para um local seguro; mas, em vez de ser um fiasco, a peça foi estranhamente um sucesso. Não apenas pelo meu ato de coragem e insensatez: a plateia tinha ficado petrificada com o espetáculo simbólico da estrela em chamas e da mulher ali dentro.

Rhythm 5 (performance, uma hora e meia), Centro Cultural Estudantil, Belgrado, 1974

Fiquei com muita raiva por ter perdido o controle nessa apresentação! Nas minhas peças seguintes, eu me perguntei como usar meu corpo, nos momentos de consciência e fora deles, sem interromper a performance.

Para *Rhythm 2* [Ritmo 2], que apresentei no Museu de Arte Contemporânea de Zagreb alguns meses depois, peguei dois comprimidos no hospital: um que força um catatônico a se movimentar e um que acalma um esquizofrênico. Sentei-me a uma mesinha diante da plateia e tomei o primeiro comprimido. Em dois minutos, meu corpo estava apresentando espasmos involuntários, quase caindo da cadeira. Eu tinha consciência do que estava acontecendo comigo, mas não havia nada que eu pudesse fazer para interromper aquilo.

Então, quando o efeito do comprimido passou, tomei o segundo. Dessa vez, entrei numa espécie de transe passivo, sentada ali com um grande sorriso no rosto, sem consciência de nada. E o efeito desse comprimido durou cinco horas.

Na Iugoslávia e no resto da Europa, o mundo das artes já estava falando dessa jovem inconsequente. Mais tarde naquele ano, fui à Galleria Diagramma em Milão para apresentar *Rhythm 4* [Ritmo 4]. Nessa peça, eu estava nua, sozinha, num aposento branco, agachada diante de um forte ventilador industrial. Enquanto uma câmera de vídeo transmitia minha imagem para a plateia na sala ao lado, eu forçava meu rosto contra o furacão soprado pelo ventilador, tentando encher meus pulmões com o máximo de ar possível. Em poucos minutos, a enorme corrente de ar que me enchia por dentro fez com que eu perdesse a consciência. Eu tinha previsto isso, mas, como no caso de *Rhythm 2,* o objetivo da peça era me mostrar em dois estados diferentes, consciência e inconsciência. Eu sabia que estava experimentando novos meios de usar meu corpo como material. O problema foi que, como tinha ocorrido com *Rhythm 5,* houve a percepção de que eu estava em perigo. E, apesar de na peça anterior o perigo ter sido real e dessa vez ele ser somente uma percepção, a equipe da galeria de Milão ficou temerosa e invadiu o recinto para me "salvar". Não era necessário, não tinha sido intencional, mas tudo se tornou parte da peça.

Rhythm 4 (performance, 45 minutos), Galleria Diagramma, Milão, 1974

Eu queria chamar atenção para o meu trabalho, mas grande parte da atenção que eu recebia em Belgrado era negativa. Os jornais da minha cidade natal me ridicularizavam ferozmente. O que eu estava fazendo não tinha nada a ver com a arte e, segundo eles, eu não passava de uma exibicionista e de uma masoquista. Meu lugar era num hospício, alegavam.

As minhas fotografias nua na Galleria Diagramma provocaram um escândalo ainda maior.

Essa reação ao meu trabalho me levou a planejar minha obra mais ousada até então. E se, em vez de eu fazer alguma coisa a mim mesma, eu deixasse o público decidir o que fazer comigo?

O convite veio do Studio Morra, de Nápoles: Venha e apresente o que quiser. Foi no início de 1975. Com as reações escandalizadas da imprensa de Belgrado ainda vivas na minha mente, planejei uma peça na qual a plateia proporcionaria a ação. Eu seria apenas o objeto, o receptáculo.

Meu plano era ir à galeria e simplesmente ficar ali, de calça preta e camiseta preta, atrás de uma mesa sobre a qual haveria 72 objetos. Um martelo. Um serrote. Uma pena. Um garfo. Um vidro de perfume. Um chapéu-coco. Um machado. Uma rosa. Um sino. Umas tesouras. Umas agulhas. Uma caneta. Um pote de mel. Um osso de cordeiro. Uma faca de trinchar. Um espelho. Um jornal. Um xale. Uns alfinetes. Um batom. Um pote de açúcar. Uma câmera Polaroid. Vários outros objetos. E uma pistola, com uma bala ao lado dela.

Quando, às oito da noite, uma boa quantidade de espectadores tinha chegado, as pessoas encontraram as seguintes instruções em cima da mesa:

RHYTHM 0 [RITMO 0]
Instruções.
    Há 72 objetos sobre a mesa que podem ser usados
    em mim, como vocês quiserem.
Performance
    Eu sou o objeto.
    Durante esse período, assumo plena
    responsabilidade.
    Duração: 6 horas (20h00 – 02h00)
    1974
    Studio Morra, Nápoles.

Se alguém quisesse pôr a bala na pistola e usá-la, eu estava preparada para as consequências. Disse a mim mesma: *OK, vamos ver o que acontece.*

Durante as três primeiras horas, não aconteceu grande coisa. O público estava tímido diante de mim. Eu simplesmente fiquei ali em pé, com o olhar ao longe, sem focalizar em nada nem em ninguém. De vez em quando, alguém me entregava a rosa, cobria meus ombros com o xale ou me dava um beijo.

E então, a princípio aos poucos e depois mais rápido, começaram a acontecer coisas. Foi muito interessante: em sua maioria, as mulheres na galeria diziam aos homens o que fazer comigo, em vez de elas mesmas fazerem (se bem que, mais tarde, quando alguém fincou um alfinete em mim, uma mulher enxugou as lágrimas dos meus olhos). Em geral, tratava-se simplesmente de frequentadores normais de galerias, do mundo da arte italiana, com suas mulheres. Em última análise, creio que a presença das mulheres foi o motivo pelo qual não fui estuprada ali.

À medida que fomos chegando às altas horas da noite, um certo ar de sexualidade surgiu no recinto. Isso não partiu de mim, mas do público. Estávamos no sul da Itália, onde a Igreja Católica tinha um poder extraordinário, e havia essa forte dicotomia entre a madona e a prostituta nas atitudes para com as mulheres.

Depois de três horas, um homem cortou minha camisa com a tesoura e a tirou. As pessoas me manuseavam para eu assumir várias poses. Se viravam minha cabeça para baixo, eu a mantinha baixa. Se a viravam para cima, eu a mantinha naquela posição. Eu era uma marionete – totalmente passiva. Com os seios nus, continuei ali, em pé, e alguém pôs o chapéu-coco na minha cabeça. Com o batom, outra pessoa escreveu IO SONO LIBERO – "eu sou livre" – no espelho e prendeu o espelho na minha mão. Outra pessoa também pegou o batom e escreveu FIM na minha testa. Um cara tirou polaroides de mim e me fez segurá-las, como cartas de baralho.

As coisas foram ficando mais intensas. Duas pessoas me pegaram e me carregaram de um lado para outro. Eles me puseram em cima da mesa, abriram minhas pernas, cravaram a faca na mesa, perto da minha virilha.

Alguém fincou alfinetes em mim. Outra pessoa despejou lentamente um copo de água por cima da minha cabeça. Alguém fez um corte no meu pescoço com a faca e sugou o sangue. Ainda tenho a cicatriz.

Havia um homem – um homem muito pequeno – que simplesmente ficou bem perto de mim, com a respiração pesada. Esse homem me deu medo. Nenhuma outra pessoa, nenhuma outra coisa, me deu medo. Mas ele, sim. Depois de um tempo, ele colocou a bala na pistola e pôs a pistola na minha mão direita. Fez a pistola apontar para meu pescoço e tocou no gatilho. Houve um murmúrio na plateia, e alguém o agarrou. Teve início um tumulto.

Parte dos presentes obviamente queria me proteger. Outros queriam que a performance continuasse. Como aquilo ali era o sul da Itália, vozes se alteraram, a raiva se inflamou. O cara baixo foi retirado às pressas da galeria, e a peça prosseguiu. Na verdade, a plateia se tornou cada vez mais atuante, como que num transe.

E então, às duas da manhã, o galerista veio e me avisou que as seis horas tinham terminado. Parei com meu olhar vazio e olhei direto para o público. "A performance terminou", disse o galerista. "Obrigado."

Rhythm 0 (performance, seis horas), Studio Morra, Nápoles, 1974

Eu estava destruída e seminua e sangrando; meu cabelo estava molhado. E aconteceu uma coisa estranha: naquele instante, as pessoas que ainda permaneciam ali de repente ficaram com medo de mim. Quando caminhei na direção delas, saíram correndo da galeria.

O galerista me levou de carro ao meu hotel, e eu fui para o meu quarto sozinha – sentindo-me mais só do que tinha me sentido havia muito tempo. Eu estava exausta, mas minha mente não parava de girar, repassando as cenas daquela noite desregrada. A dor que não tinha se manifestado quando levei as alfinetadas e o corte no pescoço agora latejava. O medo daquele homenzinho não me deixava. Por fim, caí numa espécie de meio-sono. De manhã, olhei no espelho, e um bom punhado do meu cabelo tinha se tornado grisalho. Naquele instante, percebi que o público pode matar.

No dia seguinte, a galeria recebeu dezenas de telefonemas de pessoas que tinham participado da apresentação. Elas pediram muitas desculpas. Disseram que não entendiam direito o que tinha acontecido enquanto estavam lá... não sabiam o que tinha se apossado delas.

Rhythm 0 (performance, 6 horas), Studio Morra, Nápoles, 1974

Em termos bem simples, o que aconteceu foi uma performance. E a essência da performance reside no fato de que a plateia e o *performer* criam a peça juntos. Eu quis testar os limites até onde o público iria se eu não fizesse absolutamente nada. Esse era um conceito novíssimo para os espectadores que compareceram ao Studio Morra naquela noite, e era perfeitamente natural que os participantes se sentissem afetados por ele, tanto durante como depois.

Os seres humanos têm medo de coisas muito simples: nós tememos o sofrimento, nós tememos a mortalidade. O que eu estava fazendo em *Rhythm 0* – como em todas as minhas outras performances – era encenar esses medos para o público: usando a energia da audiência para forçar meu corpo a ir o mais longe possível. No processo, eu me liberava dos meus medos. E, quando isso acontecia, me tornava um espelho para o público. Se eu podia fazer aquilo, eles também podiam.

Outra piada iugoslava:

Por que as garotas de boa família vão para a cama às cinco da tarde?

Para poderem estar em casa às dez da noite.

No salão de primavera do Museu de Arte Contemporânea de Belgrado, exibi com orgulho fotografias de todas as minhas peças da série *Rhythm*, inclusive a *Rhythm 0*. Após a abertura do salão, um grupo de amigos meus saiu para jantar, mas eu sabia que não podia ir com eles se quisesse chegar em casa antes do meu toque de recolher das dez da noite. Portanto, como filha obediente que eu era, fui para casa. O apartamento estava escuro, o que me alegrou – isso significava que minha mãe já tinha ido dormir e que eu não precisaria lidar com ela. Liguei, então, a luz e a vi.

Minha mãe estava sentada à mesa de jantar, com seu uniforme de trabalho: um costume com paletó de abotoamento duplo e um broche na lapela, o cabelo preso num coque. Seu rosto estava deformado de raiva. Por quê? Durante a abertura da mostra, alguém tinha ligado para ela para lhe contar que a filha estava exposta nua no museu.

Ela berrou comigo. Como eu podia produzir coisas tão repugnantes? Como eu podia humilhar nossa família desse jeito? Eu não passava de uma prostituta, declarou ela, bufando. Então, pegou um pesado cinzeiro de vidro de cima da mesa de jantar. "Eu te dei a vida, e agora vou tirá-la!", vociferou, atirando o cinzeiro na minha cabeça.

Num milésimo de segundo, dois pensamentos atravessaram ao mesmo tempo minha mente. O primeiro, que a exclamação da minha mãe era uma citação direta do *Taras Bulba* de Gogol (*Só mesmo minha mãe para criar o suprassumo do dramalhão*, pensei); e o segundo, que, se o cinzeiro me matasse ou me ferisse gravemente, ela seria presa. Como isso seria maravilhoso!

Mas a verdade é que eu não tinha a menor vontade de me arriscar a morrer ou a sofrer alguma lesão cerebral. No último instante, desviei minha cabeça, e o cinzeiro espatifou a vidraça da porta atrás de mim.

Neša, por outro lado, sentia um orgulho discreto de mim, mas ficava nervoso demais para me assistir numa performance em Belgrado, e, de qualquer modo, não tinha dinheiro para me acompanhar nas minhas viagens. Nós ainda tentávamos aproveitar nossos momentos juntos – no cinema, no parque e, ainda, às vezes, no apartamento da minha mãe, no meio da noite –, mas estávamos nos afastando. Eu adorava o trabalho dele. Gostava do seu talento. Gostava de estar com ele. Mas, ao mesmo tempo, eu estava morrendo. Eu era jovem e extremamente ligada ao sexo. Sob esse aspecto, Neša e eu estávamos em sintonias diferentes. Eu me lembro de tomar longos banhos frios de chuveiro, só para me acalmar.

No verão de 1975, fui a Viena depois que uma galerista de lá, Ursula Krinzinger, me convidou para participar de uma peça de Hermann Nitsch. Nitsch era um austríaco barbudo e corpulento, um dos Acionistas Vienenses, mas também repleto de fascinações sinistras só dele: seu *Orgien Mysterien Theater* [Teatro de Mistérios Orgiásticos], iniciado nos primeiros anos da década de 1960, foi uma série de estranhos espetáculos sangrentos que envolviam muitos *performers*, com frequência nus. As performances, que tinham a aparência de rituais religiosos profanos, costumavam representar matança, sacrifício e crucificação.

Naquele verão, Nitsch encenou uma performance num castelo chamado Prinzendorf, nos arredores de Viena. A peça deveria durar 24 horas. Havia sessenta participantes, e eu incluída entre eles. A maioria era de homens. Alguns estavam nus; alguns vestidos totalmente de branco. Fui posta numa maca de madeira, nua e vendada, e a maca foi encostada em pé numa parede de concreto. Enquanto uma música lúgubre tocava, Nitsch despejou sangue e órgãos – olhos e fígado – de carneiro sobre meu ventre e entre minhas pernas. Mas as coisas ficariam ainda mais estranhas.

Depois que tinham se passado doze horas, tirei minha venda e saí dali. Não que eu não conseguisse aguentar em termos físicos. Eu simplesmente não quis mais participar – compreendi que aquilo não era a minha praia. Era a quantidade enorme de sangue de animais; o fato de que precisávamos bebê-lo e de isso estar acontecendo numa capela do castelo. A impressão era de um tipo de missa negra ou bacanal. Para mim, parecia algo muito negativo. Mas, no fundo, simplesmente não era do meu interesse. Nem em termos conceituais, nem sob nenhum outro aspecto.

Mesmo assim, fiquei por lá a noite inteira só para ver como tudo se desenrolaria. Na manhã do dia seguinte, o espetáculo que se viu foi de encher os olhos: todos os participantes, cobertos com sangue e sujeira, foram conduzidos a um prado, onde tinham sido dispostas mesas perfeitas com toalhas brancas e uma pequena orquestra tocava valsas vienenses, enquanto garçons uniformizados serviam sopa para o desjejum de todos. Devo admitir que a imagem foi bastante boa. Mas, de novo, aquela era a praia de Nitsch, não a minha.

Enquanto estive na Áustria, conheci um artista suíço chamado Thomas Lips. Era um homem muito esguio com o cabelo comprido e encaracolado, e muito bonito, de um jeito que era ao mesmo tempo masculino e feminino – sua androginia me fascinava. Embora eu nunca tenha sentido atração sexual por mulheres, senti por ele uma atração fortíssima, e nós tivemos um caso rápido. (Anos depois, deparei-me com ele na Suíça. Para minha enorme surpresa, ele tinha se tornado advogado.)

Viajar sempre provocou em mim uma espécie de efeito afrodisíaco. Mas esse último caso, tendo ocorrido logo após a sinistra peça fantástica de Nitsch, de algum modo se fundiu com aquela performance na minha cabeça e se enraizou em mim. Naquele outono, Ursula Krinzinger me convidou a voltar à Áustria, dessa vez à sua galeria em Innsbruck, onde encenei uma nova performance, que chamei de *Thomas Lips*. As instruções diziam o seguinte:

MARINA ABRAMOVIĆ

THOMAS LIPS

Performance.

Como lentamente 1 quilo de mel com uma colher de prata.

Bebo lentamente 1 litro de vinho tinto servido numa taça de cristal.

Quebro a taça com minha mão direita.

Faço uma estrela de cinco pontas na minha barriga, com uma gilete.

Me açoito com violência, até não sentir mais nenhuma dor.

Me deito numa cruz feita de blocos de gelo.

O calor de um aquecedor suspenso, direcionado para o meu ventre, faz com que o corte da estrela sangre.

O resto do meu corpo começa a congelar.

Permaneço trinta minutos na cruz de gelo até o público interromper a peça, removendo os blocos de gelo que estão por baixo de mim.

Duração: duas horas

1975

Galeria Krinzinger, Innsbruck.

Enquanto eu me açoitava, meu sangue espirrava por toda parte. De início, a dor era lancinante. Mas, depois, desapareceu. Era como uma parede que eu tivesse conseguido atravessar e saído do outro lado.

Alguns minutos depois, deitei-me de costas sobre blocos de gelo que tinham sido dispostos no piso na forma de uma cruz. Por meio de fios, um aquecedor desceu do teto. Ele ficou pendurado logo acima do meu ventre, aquecendo a estrela que eu tinha cortado para que ela continuasse a verter sangue. Enquanto isso, toda a parte de trás do meu corpo estava congelando em contato com a cruz de gelo. Quando deitei na cruz, senti minha pele se grudar à superfície do gelo. Procurei respirar o mais devagar possível e não fazer o menor movimento.

Fiquei deitada ali por meia hora. A Krinzinger era famosa por exibir obras radicais, apresentadas pelos Acionistas Vienenses e outros. Os frequentadores da galeria eram pessoas sofisticadas. Logo, porém, *Thomas Lips* revelou ser demais até mesmo para eles. Valie Export, uma artista performática austríaca que estava na plateia, levantou-se de um salto e, com mais dois espectadores, me cobriu com casacos e me arrancou de cima do gelo. Precisei ser levada para o hospital – não pelos ferimentos na barriga, mas por um corte profundo na mão que eu tinha sofrido quando quebrei a taça de vinho. Foram necessários seis pontos. Por conta de todas as outras sensações intensas despertadas em mim pela performance, eu nem percebi que esse corte tinha ocorrido.

No meu aniversário de 29 anos, em 30 de novembro de 1975, chegou uma carta à grande caixa de correspondência de madeira, no apartamento da minha mãe. Era o convite de uma galeria de Amsterdã chamada de Appel para que eu fizesse uma performance para um programa de televisão holandês, *Beeldspraak* [Linguagem Figurada]. Era a terceira vez que uma galeria me convidava a me apresentar, mas, naquela época, isso não era comum. Na ocasião, como agora, o dinheiro movia o mundo da arte, e a arte da performance não era algo que pudesse ser vendido. Mas a de Appel era comandada por uma mulher chamada Wies Smals, que era uma espécie de visionária. Ela foi a primeira galerista na Europa a convidar artistas como Vito Acconci, Gina Pane, Chris Burden e James Lee Byars a fazer performances. E ela (assim como o programa de televisão) recebia subsídios do governo holandês. De modo que dinheiro não era problema.

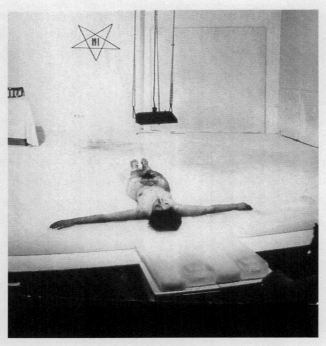

Thomas Lips (performance, duas horas), Galeria Krinzinger, Innsbruck, 1975

A galeria me enviou uma passagem aérea, e eu viajei para Amsterdã no início de dezembro. Wies foi me receber no aeroporto com um artista alemão que se chamava Ulay. Ele seria meu guia enquanto eu estivesse lá, disse ela; ele também me ajudaria com a instalação de *Thomas Lips*, que eu tinha decidido apresentar para as câmeras de TV. Fiquei olhando para Ulay: ele não era parecido com ninguém que eu já tivesse conhecido.

Ulay (descobri que seu nome verdadeiro era Frank Uwe Laysiepen, mas ele nunca o usava) estava com seus 30 e poucos anos; era alto e magro, com o cabelo comprido e ondulado que mantinha preso para trás com dois pauzinhos – fato que despertou de imediato meu interesse, porque era exatamente assim que eu prendia meu cabelo. Mas outra coisa interessante era que as duas metades do rosto dele eram diferentes. O lado esquerdo era barbeado, bem liso e empoado, com uma sobrancelha desenhada e um batom claro nos lábios. O lado direito estava com a barba por fazer e tinha a pele um pouco oleosa, com uma sobrancelha normal e nenhuma maquiagem. Se você visse qualquer um dos lados de perfil, teria uma impressão completamente diferente: masculina de um lado, feminina do outro.

Ele me contou que morava em Amsterdã desde o final da década de 1960. E tirava fotos, geralmente com uma câmera Polaroid, e com frequência de si mesmo. Para os autorretratos, ele dava ênfase ao lado feminino do seu rosto, com uma meia-peruca longa e maquiagem pesada, que incluía cílios postiços e batom vermelho-vivo. O lado masculino simplesmente deixava ao natural. Isso me fez pensar imediatamente em Thomas Lips.

Mas eu logo descobriria que as associações continuavam a partir daí.

Depois que apresentei *Thomas Lips* na de Appel, Ulay cuidou com muito carinho dos meus ferimentos, aplicando antisséptico e fazendo curativos. Nós sorríamos um para o outro. Depois, fomos a um restaurante turco com Wies, mais algumas pessoas da galeria e a equipe da televisão. Eu me sentia descontraída e à vontade com todos. Comentei como tinha sido legal que o convite de Wies tivesse chegado no dia do meu aniversário – praticamente a primeira vez, contei a todos eles, que alguma coisa boa tinha me acontecido naquele dia.

"Quando é seu aniversário?", perguntou Ulay.

"Trinta de novembro", respondi.

"Não pode ser", disse ele. "É o meu aniversário também."

"Está brincando?"

Ele pegou sua agenda de bolso e me mostrou que a página do dia 30 de novembro tinha sido arrancada. "Faço isso todos os anos no meu aniversário", contou-me.

Só fiquei olhando espantada para o caderninho. Por eu detestar meu aniversário, eu arrancava aquela página da minha agenda. Foi a minha vez de pegar a minha agenda de bolso e abri-la. A mesma página estava arrancada.

"Eu também", respondi.

Ulay ficou olhando espantado. Naquela noite, fomos para a casa dele e passamos os dez dias seguintes na cama.

Nossa forte química sexual foi apenas um começo. O fato de nosso aniversário ser no mesmo dia era mais do que uma coincidência. Desde o início, respirávamos o mesmo ar; meu coração e o dele batiam como se fossem um. Nós terminávamos as frases um do outro, cada um sabendo exatamente o que o outro tinha em mente, até mesmo durante o sono. Conversávamos em sonhos e em meios-sonhos; depois, acordávamos e continuávamos a conversa. Se eu feria meu dedo no lado esquerdo, ele feria o dele no lado direito.

Esse homem era tudo o que eu queria; e eu sabia que ele tinha o mesmo sentimento por mim.

Durante aqueles primeiros dias, nós fazíamos cartões um para o outro – sem nenhuma ocasião especial. O que era especial era que estávamos nos apaixonando profundamente. Meu cartão para ele dizia, em francês: *Pour mon cher chien Russe* [Para meu querido cão russo], porque, para mim, Ulay era parecidíssimo com um belo borzói, comprido, esbelto e elegante. Seu cartão para mim dizia, em alemão: *Für meine liebe kleine Teufel* [Para minha querida diabinha]. O que era espantoso: Ulay não tinha como saber que, quando eu era pequena, minha mãe costumava me vestir com uma fantasia de diabo para ir a festas infantis.

Eu, no alto à direita, fantasiada de diabo, Belgrado, 1950

É claro que a intenção dela não era nem de longe tão amorosa quanto a dele.

Logo no início, num museu de medicina, ele encontrou uma fotografia antiga e fúnebre dos esqueletos de irmãos siameses. Também transformamos isso num cartão, o símbolo perfeito da nossa fusão física e espiritual.

Mais ou menos quando recebi o convite para ir a Amsterdã, também fui convidada para participar de um festival de arte em Copenhague. Viajei por alguns dias, relutando em deixar meu novo amor, mas prometendo voltar logo. No Festival de Charlottenborg, apresentei uma nova peça. Nela, eu estava nua sentada diante da plateia, com uma escova de metal numa das mãos e um pente de metal na outra, e por uma hora inteira escovei meu cabelo com a maior força possível, a ponto de sentir dor, arrancar mechas, arranhar meu rosto, enquanto repetia incessantemente: "A arte deve ser bela; a artista deve ser bela." Um operador de vídeo registrou a performance: foi o primeiro vídeo da minha vida.

Art Must Be Beautiful, Artist Must Be Beautiful (performance, uma hora),
Festival de Arte de Charlottenborg, Copenhague, 1975

A peça era de uma ironia profunda. A Iugoslávia tinha me deixado farta da presunção estética de que a arte deve ser bela. Amigos da minha família costumavam ter quadros que combinavam com o tapete e com a mobília. Para mim, toda essa decoratividade era um disparate. Quando se tratava de arte, eu só me importava com o conteúdo: o que uma obra *significava*. Todo o objetivo de *Art Must Be Beautiful, Artist Must Be Beautiful* era destruir essa imagem da beleza, porque passei a acreditar que a arte deve ser perturbadora, a arte deve questionar, a arte deve prever o futuro. Se a arte for simplesmente política, ela passa a ser como um jornal. Pode ser usada uma vez, e no dia seguinte está obsoleta. Somente camadas de significado podem conferir uma longa vida à arte – desse modo, a sociedade, com a passagem do tempo, extrai da obra o que precisar extrair.

Retornei a Amsterdã para passar mais dias maravilhosos com Ulay, e depois voltei para Belgrado. Eu estava nas nuvens; tão apaixonada que nem conseguia respirar direito. Evitei Neša ao máximo: sempre que ele ligava, eu estava ocupada. Não lhe contei nada sobre Amsterdã. Tranquei-me no meu quarto, deitada na cama ao lado do telefone, como uma adolescente, fazendo ligações longuíssimas para Ulay na Holanda. Ele gravou todas as chamadas, com meu conhecimento. Creio que nós dois, desde o início, achávamos que havia alguma coisa de histórico no nosso relacionamento. Queríamos registrá-lo. Mesmo durante nosso curto período juntos em Amsterdã, já tínhamos começado a anotar tudo o que fazíamos, de um modo quase obsessivo. Tínhamos tirado dezenas de polaroides, um do outro. (Fazia uns dois anos que Ulay tinha um contrato com a Polaroid: eles lhe davam câmeras e filme; e, de vez em quando, dinheiro para despesas para viajar e fotografar o que via. Ele era realmente uma cria da Polaroid.)

Nós falávamos ao telefone sem parar. E, quando chegou a primeira conta, minha mãe ficou uma fera. Ela simplesmente trancou o telefone num armário. Daquele momento em diante, Ulay e eu tivemos de nos comunicar por carta.

Eu estava muito apaixonada, mas também me sentia confusa. Havia outro vidente que eu queria consultar, um sujeito muito famoso que se intitulava Aca Student, mas seus horários estavam tão tomados que não consegui vaga para vê-lo.

Eu me sentia mais isolada do que nunca em Belgrado, que me parecia cada vez mais uma cidade pequena. Uma cidade pequena num país pequeno. Algumas pessoas – o grupo minúsculo em torno do SKC – tinham ideias, mas ninguém fora do Centro Cultural queria dar ouvidos a elas. Nossas plateias nunca somavam mais de vinte ou trinta pessoas de cada vez. O Estado controlava a arte, e o único interesse do governo na arte consistia em decorar escritórios e apartamentos de membros do partido.

Quanto mais Ulay e eu nos correspondíamos, mais percebíamos como era impossível ficarmos separados. Planejamos então um encontro secreto em Praga, exatamente no meio do caminho entre Amsterdã e Belgrado. Disse à minha mãe e a Neša que ia participar de algumas reuniões na escola de cinema por lá e viajei, ofegante de empolgação.

Antes de partir, fui a um encadernador e mandei fazer um álbum de recortes especial, com páginas em branco e uma capa de lona marrom-avermelhada, com nossos nomes impressos em dourado, como um passaporte comunista. Durante nossa esplêndida semana em Praga (ficamos no Hotel Paris), enchemos o álbum com recordações: passagens de trem e ônibus, entradas de museus, cardápios, mapas e folhetos. Estávamos começando a construir uma história a dois. E, quando voltei para Belgrado, já tínhamos decidido morar juntos.

Naquela primavera, apresentei uma peça nova no SKC. Em *Freeing the Voice* [Libertando a voz], eu ficava deitada num colchão no chão, toda vestida de preto, com a cabeça caída da beira do colchão, gritando a plenos pulmões, expressando aos berros toda a minha frustração com tudo: Belgrado, Iugoslávia, minha mãe, a armadilha que me prendia. Gritei até ficar sem voz – três horas depois.

Libertar a mim mesma demoraria um pouco mais. Enquanto isso, eu continuava dando aulas e juntando dinheiro.

Mais ou menos nessa época, uma revista de arte italiana publicou uma fotografia minha na capa. Era uma imagem da performance que havia feito em Milão no ano anterior. Lá estava eu, nua, ajoelhada por cima do ventilador industrial, em *Rhythm 4*. Na Academia em Novi Sad, isso logo se tornou um escândalo de grandes proporções. Eu ouvia cochichos: o corpo docente estava planejando uma reunião secreta, durante a qual, depois de examinarem o orçamento e outras questões banais, eles votariam para me mandar embora. Mas, em vez de lhes dar essa satisfação, eu me demiti.

Freeing the Voice (performance, 3 horas), Centro Cultural Estudantil, Belgrado, 1975

Eu já estava decidida a deixar Belgrado para sempre. Minha saída teria de ser secreta – eu não conseguia contar para Neša, e minha mãe não podia descobrir, para não inventar algum jeito de me puxar de volta. Comprei uma passagem de trem, só de ida, de segunda classe, para Amsterdã, e enfiei numa bolsa a maior quantidade de documentação fotográfica do meu trabalho que coube. Se tivesse levado qualquer roupa a mais, Danica teria imaginado o que eu estava fazendo.

E foi estranhíssimo, mas, na noite da véspera da minha viagem, recebi um telefonema de Aca Student, o vidente. Ele por fim tinha um horário vago para mim.

Fui ao seu apartamento. Como o cara de Zagreb, ele tomou uma xícara de café turco, derramou a borra numa folha de jornal e a examinou. Depois de um minuto, fez que não e franziu a testa. "Você não deve ir de modo algum", disse-me ele. "Vai ser um desastre. Esse homem vai destruí-la. Você deve ficar aqui." Não era isso o que eu esperava ouvir. Ele estava me apavorando. "Não", respondi. "Não." Eu me levantei e recuei até sair pela porta. Desci correndo a escada. No dia seguinte de manhã, meu irmão e nosso amigo Tomislav Gotovac, um cineasta, me levaram até a estação ferroviária. Embarquei no trem para Amsterdã, com minha passagem de segunda classe, e não olhei para trás nem uma vez.

ABRAMOVIĆ

4.

Na minha adolescência, antes que meu pai nos deixasse, eu costumava almoçar com ele no Instituto Politécnico, onde ele dava aulas sobre tática e estratégia bélica. Um dia, sua aula estava demorando a terminar, e eu entrei no anfiteatro para esperar. Abri a porta nos fundos do auditório e fui descendo pela passagem entre as cadeiras. "E essa é a minha filha", declarou ele ao me ver. Quando disse isso, o anfiteatro inteiro, cheio de alunos, todos eles rapazes, olhou para mim e caiu na gargalhada.

Foi como um pesadelo: eu era tão tímida naquela época, tão insegura da minha aparência... Fiquei totalmente vermelha e fugi correndo. E nunca entendi por que isso tinha acontecido.

Muitos anos depois, um amigo meu me disse: "Eu me lembro da primeira vez que a vi. Eu estava assistindo a um curso do seu pai na universidade, você entrou no anfiteatro, e ele disse: 'Essa é a minha filha.' Foi naquele dia que a vi pela primeira vez." Perguntei: "Certo, dá para você me explicar por que todo mundo caiu na risada?" Ele respondeu: "Seu pai estava falando sobre ferimentos de guerra e disse que às vezes um ferimento pode parecer muito leve, mas ter consequências terríveis na vida. E às vezes ferimentos podem parecer catastróficos, mas, tudo bem, você consegue conviver com eles. Ele disse: 'Vejam só meu exemplo. Durante a guerra, uma granada explodiu perto de mim, e um fragmento destruiu um dos meus testículos. Mas vocês precisam ver a filha que consegui fazer.' Nesse instante, você entrou, e ele disse: 'Essa é a minha filha.'"

Eu nunca soube que meu pai só tinha um testículo.

Além da minha única mala, eu não tinha praticamente nada quando cheguei a Amsterdã, só alguns dinares quase sem valor que havia trazido da Iugoslávia. Ulay, por outro lado, tinha muita bagagem.

Se minha infância tinha sido confortável em termos materiais, mas desolada em termos emocionais, os primeiros anos de vida dele haviam sido ainda mais duros. Ele nasceu em Solingen, no meio da guerra. Pouco depois, quando Hitler, em desespero, mobilizou milhares de garotos e homens mais velhos, o pai de Ulay, que já tinha mais de 50 anos, foi convocado e despachado para lutar no cerco dos nazistas a Stalingrado. Muito tempo se passaria até ele voltar.

Enquanto isso, os aliados começavam a vencer a guerra no front ocidental, e os russos ameaçavam a Alemanha pelo leste. Em pânico, a mãe de Ulay pegou o bebê e fugiu na direção do que ela acreditava ser território não ocupado na Polônia. Mas foi parar numa aldeia cheia de soldados russos, onde sofreu um estupro coletivo. Enquanto isso acontecia, o bebê Ulay se afastou engatinhando e caiu numa latrina de campo, um buraco cheio de merda. Um russo, talvez até mesmo um dos soldados que estupraram a mãe dele, viu o bebê parcialmente submerso e o tirou dali.

Após a derrota alemã, o pai de Ulay voltou, muito doente. Antes da guerra, ele tinha uma fábrica de talheres, mas uma bomba americana a destruíra. Depois da guerra, os pais de Ulay lutaram para conseguir se sustentar, mas o pai nunca chegou a se recuperar de fato da doença. Ele morreu quando Ulay estava com 14 anos. Pouco antes de morrer, aconselhou o filho a nunca entrar para o Exército, se conseguisse escapar.

Ulay levou a sério o conselho do pai. Quando jovem, estudou engenharia e se casou com uma alemã, com quem teve um filho. Mas, quando chegou sua convocação para o serviço militar, ele fugiu do país, deixando para trás a esposa e o filho, indo parar em Amsterdã – onde engravidou outra mulher.

Ele me contou a maior parte dessa história. O restante eu descobriria aos poucos. E, embora eu fosse louca por aquele homem, respirasse quando ele respirava e sentisse suas dores, no fundo, eu sentia uma pontinha de ambiguidade. Eu achava que nunca poderia ter filhos com Ulay, porque ele sempre os abandonava. Mas, de algum modo, ao mesmo tempo, eu acreditava que nossa relação de trabalho duraria para sempre.

O apartamento de Ulay em Amsterdã era moderno e despojado, mas tinha alguma história. Em Nova York, uns dois anos antes, ele conhecera uma jovem nicaraguense deslumbrante, chamada Bianca, filha de um diplomata. Ele havia tirado centenas de fotos dela; e as polaroides da mulher que mais tarde se tornaria mulher de Mick Jagger estavam nas paredes do apartamento inteiro.

E ainda havia Paula.

Ela era comissária de bordo da KLM; seu marido era piloto. Os dois passavam muito tempo separados e pareciam ter um casamento aberto. Mais tarde, fiquei sabendo que Paula pagava o aluguel do apartamento moderno e confortável de Ulay no bairro de Nova Amsterdã. O nome no contrato era o dela. Também descobri que eles tinham tido um relacionamento muito apaixonado. É compreensível, creio eu, que ele nunca quisesse falar sobre ela. Acho também que eu não queria saber muito a respeito.

Parece, porém, que ele não foi muito hábil nesse rompimento. Quando cheguei, dois telegramas para Ulay estavam em cima do balcão da cozinha. Um era meu, de Belgrado: "Mal posso esperar para te ver." O outro era de Paula: "Nunca mais quero te ver."

Há casais que compram utensílios de cozinha quando vão morar juntos. Ulay e eu começamos a planejar como fazer arte juntos.

Havia certa semelhança no trabalho que realizávamos individualmente: solidão, dor, desafio a limites. As polaroides de Ulay daquele período costumavam mostrá-lo perfurando a própria carne de várias formas sangrentas. Num trabalho, ele tatuou no braço um dos seus aforismos: ULTIMA RATIO (se referindo a um argumento definitivo ou último recurso, em alusão à força). Ele então cortou do braço um naco quadrado de carne que continha a tatuagem, fazendo um talho tão fundo que ficaram visíveis o músculo e os tendões. Acondicionou e conservou em formol a carne tatuada. Em outra imagem, Ulay segurava uma toalha de papel manchada de sangue sobre um ferimento que ele mesmo tinha infligido na barriga. Uma série de fotos o mostrava cortando a ponta dos dedos com um estilete e pintando, com seu próprio sangue, os azulejos brancos de um banheiro. E ainda havia o pequeno broche com pedras preciosas, no formato de um avião, que ele prendeu na carne do peito. Mais tarde, percebi que isso simbolizava seu anseio por Paula. Na foto polaroide, ele posou com a cabeça inclinada, como

Jesus morrendo na cruz; um filete vermelho, como o sangue do ferimento de lança no flanco de Cristo, escorria do broche de avião pela pele de Ulay.

Eu tinha sido convidada para me apresentar na Bienal de Veneza naquele verão. E, quando cheguei a Amsterdã, disse a Ulay que queria que ele se apresentasse comigo. Mas, antes, precisávamos decidir o que fazer.

Desenrolamos um rolo grande de papel branco que tínhamos comprado e grudamos uma folha de 3 metros de comprimento na parede branca e limpa do apartamento. Nesse bloco de anotações gigante, começamos a escrever ideias sobre o tipo de performance que queríamos fazer: havia frases, esboços, rabiscos. No meio desse processo, a inspiração surgiu quando alguém deu a Ulay – logo o quê! – um pêndulo de Newton, o mesmo objeto em cuja montagem eu tinha trabalhado na fábrica em Londres. Ulay ficou fascinado com o balanço para lá e para cá das bolas de metal brilhante, o pequeno estalido que soava quando elas colidiam, a perfeita transferência de energia.

"E se nós fizéssemos isso?", sugeriu ele.

Entendi de imediato do que ele estava falando: uma performance em que nós dois colidiríamos e ricochetearíamos um no outro. Mas é óbvio que não éramos feitos de metal, e era impossível que uma colisão fosse nítida e perfeita.

E isso era maravilhoso.

Ulay/Marina Abramović, *Relation in Space* [Relação no espaço]
(performance, 58 minutos), XXXVIII Bienal, Giudecca, Veneza, 1976

Ficamos nus, em pé, a 20 metros de distância um do outro. Estávamos num armazém na ilha de Giudecca, e Veneza logo ali, do outro lado da lagoa. Umas duzentas pessoas estavam assistindo. Sem pressa no início, Ulay e eu começamos a correr um para o outro. Na primeira vez, nós apenas nos roçamos quando nos cruzamos. A cada corrida subsequente, porém, nos movíamos com velocidade cada vez maior, entrando em contato com mais força – até que, por fim, Ulay estava colidindo comigo com violência. Uma vez ou outra, ele me derrubou. Nós tínhamos instalado microfones perto do ponto de colisão, para captar os sons da carne batendo na carne.

Parte do motivo para estarmos nus era para produzir o simples som de dois corpos nus em colisão. Esse som tinha sua música, seu ritmo.

Mas havia outros motivos também. Por um lado, nós queríamos criar um trabalho que fosse o mais minimalista possível; e nada é mais minimalista que o corpo nu num espaço vazio. Nossa descrição para a peça dizia simplesmente: "Dois corpos se cruzam repetidamente, um tocando no outro. Depois de ganharem velocidade, eles colidem."

Por outro lado, porém, nós estávamos apaixonados, tínhamos uma relação forte – e o público não podia deixar de perceber essa química. Mas é claro que também havia muita coisa que o público não sabia, muita coisa que cada membro da plateia projetava sobre nós enquanto continuávamos essa performance. Quem éramos? Por que estávamos colidindo? Havia hostilidade na colisão? Havia amor ou compaixão?

Quando terminou, nosso sentimento foi de triunfo. (Nós dois sentíamos dores terríveis por conta das colisões corporais.) Decidimos tirar uns dias de folga no meu chalé em Grožnjan, que, em relação a Veneza, ficava logo ali, do outro lado do golfo de Trieste. Um dia de manhã, estávamos na cama quando ouvi o matraquear de chaves na porta da frente, lá embaixo.

"Ai, meu Deus", disse eu. "É Neša."

Àquela altura, meu marido, agora tão distante de mim, não me via havia meses. Tudo o que ele sabia era que eu estava viajando pela minha arte, para Amsterdã e Veneza. E não fazia a menor ideia da existência de Ulay.

Vesti qualquer coisa e desci para encontrá-lo. Fomos então a um café e, depois de já estar com meu novo amor havia oito meses, contei a verdade ao meu marido.

Nós nos divorciamos. Num país comunista, isso foi muito simples. Bastou irmos ao cartório e assinarmos duas folhas de papel. Não havia nada a partilhar. Nenhuma comunhão de bens. Nem uma colher, nem um garfo – nada.

Neša percebia que eu precisava seguir meu caminho e que, para isso, eu tinha de sair do país. Simplesmente não poderia mais ficar lá. E ele entendeu.

Era nosso aniversário, o dia que Ulay e eu compartilhávamos: 30 de novembro de 1976. Eu estava completando 30 anos; ele, 33. E decidimos fazer uma performance de aniversário para nossos vinte amigos de Amsterdã. Nós a chamamos *Talking About Similarity* [Falando de similaridade].

Estávamos morando juntos havia quase um ano e tínhamos chegado à sensação de que, sob muitos aspectos, éramos a mesma pessoa, tendo os mesmos pensamentos. Agora era a hora de pôr à prova essa hipótese.

Realizamos a performance no ateliê de um amigo, o fotógrafo Jaap de Graaf. Arrumamos as cadeiras como numa sala de aula. Ulay sentou-se na frente, olhando para o público. Havia um gravador para tocar sons e uma câmera de vídeo para registrar a performance. Assim que nossos amigos tinham se sentado, Ulay abriu muito a boca, e eu liguei o gravador, que reproduziu o som de uma bomba de sucção de dentista. Ele ficou sentado daquele jeito por vinte minutos. Então eu desliguei o gravador, e Ulay fechou a boca. Ele pegou uma agulha forte, do tipo usado para costurar couro, com uma linha grossa branca, e costurou os lábios para que não se abrissem.

Isso não foi rápido. Para começar, ele precisava furar a pele abaixo do lábio inferior – nada fácil – e então a pele acima do lábio superior. Também nada fácil. Depois, ele puxou a linha para apertá-la e deu um nó. Foi aí que nós trocamos de lugar: Ulay foi se sentar em meio à plateia, e eu me sentei na cadeira que ele tinha acabado de desocupar.

"Agora", eu disse a nossos amigos, "vocês me farão perguntas, e eu responderei como Ulay".

"Ele sente dor?", perguntou um cara.

"Como assim?", disse eu.

"Ele sente dor?", perguntou o cara novamente.

"Poderia repetir a pergunta?"

"Ele sente dor?"

Eu o estava fazendo repetir tantas vezes porque aquela pergunta estava errada sob mais de um aspecto. Para começar, eu tinha dito aos nossos amigos que responderia como Ulay. Logo, a pergunta correta teria sido: *Você sente dor?*

Mas também, e ainda mais importante, a dor não era a questão. A peça não dizia respeito à dor, eu disse ao cara. Ela dizia respeito à decisão: Ulay decidindo costurar a própria boca, e eu decidindo pensar por ele, falar por ele. Eu tinha aprendido em *Rhythm 10* e em *Thomas Lips* que a dor era como um portal sagrado que levava a outro estado de consciência. Quando se chegava àquela porta, um outro lado se abria. Ulay tinha aprendido isso também – mesmo antes de nos conhecermos.

"Por que você está falando se Ulay está calado?", questionou uma mulher.

Não importava qual de nós dois falasse e qual ficasse calado, respondi. O conceito era o que importava.

"A peça era sobre o amor?", perguntou alguém. Ou era sobre a confiança?

Eu disse que a peça era simplesmente sobre alguém que confiava em outra pessoa para falar por ele – era sobre amor *e* confiança.

E, com isso, Ulay desligou a câmera de vídeo. Houve uma pequena recepção depois da performance, com comes e bebes. Ulay manteve os lábios costurados e bebericou um pouco de vinho através de um canudo. Esse era seu nível de compromisso com a continuidade da nossa peça.

Estávamos morando juntos havia um ano e éramos muito unidos. Eu só queria fazer amor com Ulay o tempo todo – era uma necessidade física constante. Às vezes eu sentia que estava me consumindo com ela. Ao mesmo tempo, havia coisas que se interpunham entre nós. A própria Amsterdã, por exemplo. Ulay adorava a despreocupação da cidade, suas atitudes descontraídas para com o sexo e as drogas. Antes de nos unirmos, ele havia se envolvido com drogas; tinha sido frequentador assíduo da cena travesti da cidade, local prolífico para suas polaroides. E, embora já não se drogasse

107

mais, ele ainda bebia; tinha dezenas de amigos com quem adorava beber. Ele se levantava de manhã, ia a um dos seus bares preferidos, o Monaco, e simplesmente ficava por lá o dia inteiro. Eu tinha muito, muito ciúme dessa outra vida dele. Às vezes, por pura frustração e solidão, eu ia junto e tomava um *espresso* enquanto ele bebia sem parar. Era tão entediante.

Eu nunca tinha me interessado por drogas ou por álcool. Não se tratava de uma decisão moral: essas coisas simplesmente não me ajudavam em nada. Tudo que eu via e em que pensava no curso normal da minha vida já era bem estranho, sem que eu turvasse minha mente.

Mas o hábito de Ulay beber me preocupava, porque eu estava apaixonada e ele não realizava nada na vida quando ficava sentado nesses bares o dia inteiro. Eu sentia que também estava desperdiçando meu tempo. Já tínhamos feito peças juntos. Eu sabia que ainda havia muito mais que poderíamos fazer. Não parava de defender esse meu ponto de vista – não o azucrinando nem o criticando, mas lembrando-o, do jeito mais carinhoso, de que havia mundos que poderíamos conquistar juntos. Um dia, então, ele bateu com os dedos na mesa e olhou nos meus olhos. "Você está certa", disse.

A partir daquele momento, Ulay parou de beber. Afinal de contas, ele era capaz de fazer coisas espantosas com o próprio corpo. Agora, se dispunha a fazê-las junto comigo.

Resolvemos mudar nossa vida por completo. Não queríamos ficar amarrados a um apartamento, pagando aluguel. E Amsterdã em si não estava nos ajudando em nada. Por isso, com algum dinheiro da Polaroid e algum do governo holandês, compramos um furgão barato de segunda mão – um antigo camburão Citroën, com as laterais reforçadas e o teto alto – e pusemos o pé na estrada. Nós nos tornaríamos uma trupe itinerante de dois integrantes.

Não levamos muita coisa. Um colchão, um fogão, um móvel de arquivo, uma máquina de escrever e uma caixa para nossas roupas. Ulay pintou o furgão com um preto fosco – o que deu ao veículo um bonito ar utilitário, além de ligeiramente sinistro. E redigimos um manifesto para nossa nova vida na estrada:

108

ARTE VITAL

Sem moradia fixa.	Energia móvel.
Movimento permanente.	Sem ensaios.
Contato direto.	Sem fim previsto.
Relação local.	Sem repetição.
Autosseleção.	Ampliação da vulnerabilidade.
Superação de limitações.	Exposição ao acaso.
Aceitação de riscos.	Reações primárias.

Essa seria nossa vida ao longo dos três anos seguintes.

No início de 1977, fomos à Academia de Arte em Düsseldorf apresentar uma nova peça, que era um desdobramento de *Relation in Space*. Em *Interruption in Space* [Interrupção no Espaço], nós estávamos nus, correndo um na direção outro, novamente, mas, agora, em vez de nos esbarrarmos no meio, cada um de nós colidia com um lado de uma parede espessa de madeira. O público via a nós dois; cada um de nós somente via a parede que nos separava.

Quando éramos convidados para uma performance, sempre lidávamos com um tipo de espaço ou outro: o oferecido e o escolhido. Nesse caso, nos deram um espaço com uma parede no meio do recinto. Era com essa arquitetura que precisávamos lidar. Na nossa performance, estávamos investigando nossas diferentes atitudes para com o obstáculo entre nós. Como antes, nós corríamos a uma velocidade cada vez maior na direção do centro, colidindo com a parede sempre com mais violência. Um microfone no interior da barreira amplificava o som da carne batendo na madeira.

O público via a separação, mas, na nossa vida, nós estávamos mais unidos a cada dia que passava. Usávamos o cabelo exatamente no mesmo comprimento. Muitas vezes, nós o prendíamos para trás do mesmo jeito. Estávamos nos tornando uma espécie de personalidade combinada. Às vezes, nos chamávamos um ao outro de "Cola". Juntos, nós éramos "SuperCola".

Éramos felizes – tão felizes que é difícil descrever. Eu achava que de fato éramos as pessoas mais felizes do mundo. Não tínhamos quase nada, quase nenhum dinheiro, e íamos aonde quer que o vento nos levasse. A galeria de Appel havia pregado uma caixa de sapatos junto da janela para recolher nossa correspondência. Uma vez por semana, ligávamos para lá de algum telefone público, e eles abriam nossas cartas e nos diziam de onde tinha vindo um convite para nossa apresentação seguinte. E nos dirigíamos para lá. Em algumas semanas, não havia convite nenhum. Essa era nossa vida.

Estávamos tão pobres que às vezes havia comida, às vezes não. Lembro-me de ir a postos de combustível com uma garrafa de água mineral vazia para comprar gasolina para o furgão – nosso dinheiro só dava para isso. Às vezes, por pura compaixão, o cara do posto olhava para aquela nossa garrafinha e a enchia de graça. Na Suíça, naquele inverno, as portas do furgão congelaram, ficando trancadas com nós dois ali dentro. Tivemos de soprar na maçaneta das portas para aquecê-las. Loucura.

O furgão Citroën em que moramos durante cinco anos
Art Vital/Detour, 1977

Paramos em Belgrado para uma apresentação no encontro de abril do skc. Tivemos um grande público, graças à minha fama na Iugoslávia. Intitulamos a peça *Breathing In, Breathing Out* [Inspirando, Expirando]. Enfiamos filtros de cigarro nas nossas narinas para bloquear o ar, e, com fita adesiva, prendemos pequenos microfones no pescoço. Nós nos ajoelhamos, um diante do outro. Esvaziei meus pulmões ao máximo, e Ulay encheu os dele ao máximo. Então, nós grudamos as bocas, e ele soprou seu ar para dentro da minha boca. E eu soprei de volta o ar para ele.

Enquanto nossas bocas permaneciam grudadas, enquanto o som da nossa respiração (e depois dos nossos arquejos) era amplificado por todo o centro cultural, nós trocávamos repetidamente aquele primeiro pulmão cheio de ar – que naturalmente passou a ter cada vez menos oxigênio e cada vez mais dióxido de carbono através de cada expiração. Após dezenove minutos, não restava mais oxigênio. Nós paramos quando estávamos a ponto de perder a consciência.

Minha mãe não tinha comparecido à performance. Ela não pôde deixar de me abraçar quando fomos visitá-la, mas havia algo de reservado em seu comportamento: eu era a filha pródiga de volta. Eu tinha feito muitas coisas vergonhosas. Ela foi bastante simpática com Ulay, mas notei que o fato de ele ser alemão a apavorava. Não fazia diferença que ele tivesse sido um bebê durante a guerra: seu pai tinha lutado em Stalingrado. A certidão de nascimento dele tinha uma suástica. Danica disse a todos os amigos e vizinhos que Ulay era holandês.

Com meu pai, a história foi diferente. Eu não o via fazia quase dez anos, desde o dia em que o vi dando um beijo numa jovem mulher, Vesna, na rua. Aquele último instante em que ele me viu, mas sentiu tanta vergonha que fingiu não ter me visto, causou em mim uma dor profunda. E parecia que eu vinha sonhando com ele constantemente. No furgão, Ulay costumava me acordar no meio da noite e me dizer que eu chorava enquanto dormia e repetia sem parar o nome do meu pai: *Vojin, Vojin.*

"Por que você está chorando?", me perguntava Ulay. "Está sonhando com quê?"

Eu não sabia o que dizer a ele, só que estava sofrendo.

"Preste atenção", disse Ulay. "Você precisa escrever para ele. Escreva para seu pai. Sente-se e escreva a porcaria da carta."

Foi o que fiz. *Para mim, não faz diferença você amar Vesna*, escrevi. *A única coisa que importa para mim é que eu te amo. Estou feliz por você. Quero te ver.*

Enviei-lhe a carta, e ele nunca respondeu.

Isso tinha sido mais de um ano antes.

E, agora, estávamos em Belgrado, e eu estava louca para ver Vojin. Mas e se ele me rejeitasse de novo? Contei a Ulay como eu estava com medo.

"Não me importo", disse ele. "Quero que você veja seu pai. Nós vamos ver seu pai."

Eu era corajosa na minha arte; mas a verdade era (e ainda é) que vivia um inferno antes de cada uma das minhas performances. Puro pavor. Eu ia ao banheiro vinte vezes. E, então, no instante em que eu mergulhava no trabalho, a sensação era totalmente diferente.

Tratei de me lembrar disso, e Ulay e eu fomos à casa de Vojin, sem avisar.

Ele ainda morava com Vesna. Era de manhã, e nós simplesmente fomos à porta da frente e batemos. Ela abriu a porta e deu um sorriso enorme. "Ai, meu Deus!", disse. "É maravilhoso." Ela tocou no meu rosto. "Sabe? Aquela carta que você escreveu... Ele a lê todos os dias, com os olhos cheios de lágrimas. Ficou dilacerado com aquela carta."

"Então por que nunca me respondeu?"

"Você conhece seu pai", disse ela, com um gesto negativo.

E assim entramos, e ele ficou felicíssimo de me ver. De imediato, mandou alguém preparar um leitão. Todos os vizinhos vieram comemorar minha chegada. Houve um banquete, muitos brindes com *rakia*, o conhaque superforte dos Bálcãs. Todo o ambiente era como um dos filmes de Emir Kusturica sobre a Sérvia – sombrio e irônico, mas também caloroso e cheio de emoção.

E meu pai amou Ulay. Quando soube que o pai de Ulay tinha lutado em Stalingrado, isso só enalteceu o pai e o filho aos seus olhos. Vojin aceitou Ulay por inteiro. Naquela noite, ele chegou a lhe dar um presente: um binóculo que tinha pertencido a um general da SS, provavelmente alguém que ele próprio tinha matado. Ulay e meu pai criaram laços, e foi incrível ver isso.

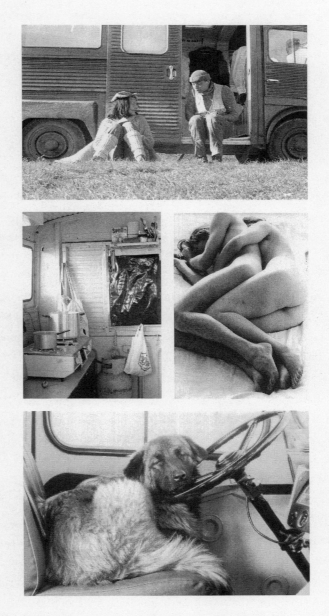

Vida doméstica no furgão com Ulay e nossa cachorra, Alba, 1977-78

Na manhã do dia seguinte, fomos ao abrigo de cães de Belgrado e apanhamos um filhote. Foi ideia de Ulay. Eu tinha abortado um filho dele no outono anterior, em Amsterdã, e não tinha a menor intenção de um dia formar uma família – eu simplesmente não conseguia conciliar minha dedicação total a ser uma artista com a missão de ser mãe também. Ali, no abrigo de Belgrado, havia uma cadela pastora-albanesa, amamentando a ninhada, e eu escolhi a menorzinha, a nanica. Era só uma bolinha de pelo.

"Como vou chamá-la?", perguntei a Ulay. "Ela tem nome?", perguntei ao atendente.

"Alba", disse ele.

Alba era linda. Eu a amava, e ela retribuía esse amor. Nada me dava mais prazer do que levá-la para caminhadas ao ar livre, compartilhando o encanto da natureza com ela. E, agora que tínhamos Alba, éramos como uma família.

Mais um telefone público, em algum lugar da Europa: um funcionário da de Appel disse que tinha chegado à nossa caixa um convite para participarmos da Semana Internacional de Performance, em Bolonha. Um monte de artistas importantes ia estar lá – Acconci, Beuys, Burden; Gina Pane, Charlemagne Palestine, Laurie Anderson; Ben d'Armagnac, Katharina Sieverding e Nam June Paik. Nós queríamos bolar uma peça nova e importante.

Era junho de 1977. Chegamos à Galleria Comunale d'Arte Moderna dez dias antes, com nossa última gota de gasolina. Estacionamos ali na frente e fomos falar com o diretor do museu sobre um lugar para ficar. (Sempre podíamos dormir no furgão, mas, às vezes, era legal ter as conveniências de um quarto.) Ele disse que podíamos nos instalar no quartinho do zelador. Perfeito. Começamos a trabalhar no planejamento da nossa performance. O resultado foi *Imponderabilia*.

Ao desenvolver o trabalho, pensamos num fato simples: se não houvesse artistas plásticos, não haveria museus. A partir dessa ideia, decidimos fazer um gesto poético – os artistas se tornariam literalmente a porta do museu.

Ulay construiu duas caixas verticais altas na entrada do museu, tornando-a substancialmente mais estreita. Nossa performance consistiria em nos postarmos em pé nessa abertura reduzida, nus, de frente um para o outro, como ombreiras de portas ou cariátides clássicas. Assim, todos os que entrassem seriam obrigados a se virar de lado para passar por nós, e todos precisariam tomar uma decisão enquanto passavam por ali: ficar de frente para o homem nu ou para a mulher nua?

Ulay/Marina Abramović, *Imponderabilia* (performance, uma hora e meia), Galleria Comunale d'Arte Moderna, Bolonha, 1977

Na parede da galeria, apresentamos um texto explicativo. "O imponderável. Fatores humanos tão imponderáveis como a sensibilidade estética de cada um. A importância suprema dos imponderáveis determinando a conduta humana."

Nós não tínhamos levado em consideração as consequências infelizmente muito ponderáveis da conduta humana quando se tratava de dinheiro.

Todos os artistas deveriam receber adiantadas, pela sua participação, 750 mil liras – o equivalente a cerca de 350 dólares. Para nós, isso era uma fortuna. Poderíamos viver semanas com esse valor. E nós literalmente não tínhamos um centavo. Por isso, todos os dias anteriores à performance, íamos ao escritório do museu e perguntávamos se podíamos receber nosso dinheiro. Todos os outros artistas também faziam isso. E todos os dias havia uma desculpa (estávamos na Itália). Houve uma greve. O primo do chefe do escritório estava internado no hospital. A secretária tinha acabado de sair. Alguém se esqueceu de trazer a chave do cofre.

Chegou o dia da performance. O público tinha formado uma fila do lado de fora, esperando para entrar. Nós estávamos nus, prontos para nos postarmos na entrada, e ainda não tínhamos recebido. Estávamos em desespero. Sabíamos que, se nos prometessem mandar o dinheiro pelo correio, nós nunca receberíamos nada. Por isso, Ulay, totalmente nu, entrou no elevador, subiu ao quarto andar, abriu a porta do escritório e perguntou: "Onde está o meu dinheiro?" Ele ficou parado em pé diante da secretária, que estava sentada à mesa, sozinha. Assim que conseguiu conter seu espanto, ela pegou a chave (que, por sinal, sempre tinha estado ali), foi ao cofre e entregou a Ulay uma pilha de cédulas.

Agora, ele estava com 750 mil liras, nu, e precisava ir se apresentar imediatamente. Onde ia pôr nosso precioso dinheiro? Ele teve uma ideia. Na lata de lixo, encontrou um saco plástico e um elástico. Pôs as cédulas no saco, fechou-o com o elástico e entrou no banheiro público. Na Itália, naquela época, os banheiros tinham caixas de descarga suspensas na parede. Ele abriu a tampa de uma delas e pôs o saco plástico ali dentro, flutuando na superfície. Então pegou o elevador, desceu ao térreo, postou-se no portal de frente para mim, e o público começou a entrar em fila.

Propositalmente, mantínhamos o olhar vazio, encarando um ao outro. Portanto, enquanto as pessoas passavam por nós, algumas de frente para Ulay, algumas de frente para mim, todas com expressões interessantes no rosto ao tomar sua difícil decisão, eu não fazia ideia de que Ulay estava o tempo todo preocupado com o que poderia acontecer com nosso pagamento se alguém desse a descarga no vaso sanitário!

A performance estava planejada para durar seis horas. Mas, após três horas, dois policiais bonitões entraram (ambos preferiram olhar para mim, em vez de para Ulay). Dois minutos depois, eles voltaram com dois membros da equipe do museu e pediram para ver nossos passaportes. Ulay e eu nos entreolhamos. "Eu não estou com o meu", disse ele.

Os policiais nos informaram que, segundo as leis municipais de Bolonha, nossa performance era considerada obscena. Teríamos de parar imediatamente.

Por sorte, nossas 750 mil liras ainda estavam boiando na caixa de descarga. Por sinal, fomos os únicos artistas que conseguiram receber.

Seguimos para Kassel, na Alemanha Ocidental, para participar da *documenta*, o festival de arte de vanguarda que é realizado de cinco em cinco anos. Quando chegamos, descobrimos que − não se sabe por que razão − não estávamos na lista de *performers*. Resolvemos nos apresentar assim mesmo. Nossa ideia mais recente, *Expansion in Space* [Expansão no Espaço], era mais uma variação sobre *Relation in Space* e *Interruption in Space* − só que, dessa vez, em vez de correr um na direção do outro, nós ficaríamos em pé, de costas um para o outro, nus, e sairíamos correndo em sentidos opostos, cada um colidindo com um obstáculo correspondente, uma pesada coluna de madeira com 4 metros de altura. Então voltávamos correndo de costas ao ponto de partida e começávamos tudo de novo.

Nossa apresentação ocorreu num estacionamento subterrâneo, e o público foi de longe o maior que já tínhamos tido, mais de mil pessoas. Além disso, *Expansion in Space* causava uma sensação forte, mítica, alguma coisa parecida com Sísifo empurrando a rocha morro acima. Ulay tinha construído as colunas, projetando-as para pesar exatamente o dobro do peso corporal de cada um de nós – no meu caso, duas vezes 75 quilos; no dele, duas vezes 82 quilos. Era possível movê-las quando colidíamos com elas, mas só ligeiramente. Às vezes, não se abalavam. Elas eram ocas, com microfones ligados a um sistema de amplificadores ali dentro, de modo que emitissem o som de um forte baque a cada colisão. A plateia assistia embevecida quando começamos ao mesmo tempo e colidimos com nossas respectivas colunas, repetidamente, com um impacto retumbante, mas com resultados muito limitados. Ainda assim, apesar do fato de Ulay ser mais pesado e mais forte do que eu, sua coluna não se mexia. Por mais violenta que fosse a colisão dele contra ela, a construção não saía do lugar.

Então, de modo inesperado, ele abandonou a *performance*.

De início, não percebi que Ulay tinha parado. Na realidade, isso não era tão importante àquela altura na nossa carreira. Na nossa peça anterior, *Interruption in Space*, eu tinha ido embora quando senti que já bastava – isso fazia parte da performance. Agora, (sem que eu soubesse) ele estava em pé perto do estacionamento, já vestindo algumas roupas e assistindo enquanto eu continuava.

E então minha coluna também parou de se mover.

Eu tomava cada vez mais distância para conseguir mais impulso na corrida e, talvez, uma força maior, suficiente para mover o obstáculo. E então, de repente, percebi que minhas costas já não entravam em contato com as de Ulay. Entendi que ele tinha saído. *Certo*, pensei, *se eu recuar toda a distância para ter meu ponto de partida dentro do espaço dele, pode ser que eu* realmente *ganhe impulso.*

E, de repente, funcionou. Corri aquela distância a mais, e minha coluna se mexeu. O público aplaudiu. Mas, à medida que eu continuava a recuar e a me lançar contra a coluna, repetidamente, a disposição de ânimo mudou.

Agora, eu estava num estado alterado: a performance tornou-se frenética. O espetáculo dessa mulher nua colidindo, sem parar, com aquele objeto pesado perturbou alguns dos espectadores.

"*Halt, halt!*", gritavam eles em alemão. "Pare, pare!"

Outros ainda me instigavam vigorosamente. Era como uma partida de futebol.

Ulay/Marina Abramović, *Expansion in Space* (performance, 32 minutos), documenta 6, Kassel, 1977

Bem nessa hora, lá atrás na multidão (como descobri mais tarde), a artista performática Charlotte Moorman, provavelmente exausta pela peça que tinha acabado de apresentar com Nam June Paik, desmaiou, caindo ao chão. Ulay estava ocupado tentando ajudá-la quando aconteceu uma coisa realmente louca. Um cara bêbado da plateia pulou para a frente da minha coluna, com uma garrafa de cerveja quebrada na mão, apontando a borda pontiaguda para mim e me desafiando a correr para colidir com ela. Eu já sabia que pessoas estranhas ou perturbadas eram de algum modo atraídas pela arte da performance. Felizmente, o artista Scott Burton, que estava assistindo, tirou o cara da minha frente com um empurrão, no último segundo, e eu continuei a correr para colidir com a minha coluna – tamanha era minha determinação –, até que de fato consegui movê-la mais alguns centímetros. O público em performances de arte não tem o costume de aplaudir, já que supostamente a performance não é ensaiada e está mais presa ao momento do que o teatro. Mas, depois de todo esse drama, quando por fim me afastei, mil pessoas aplaudiram.

Naquela noite, depois da apresentação, voltamos para o furgão para descobrir que tínhamos sido roubados: nosso gravador e a máquina fotográfica de Ulay, bem como algumas roupas e cobertores, tinham sumido. Alba, que supostamente deveria ser nosso cão de guarda, estava feliz brincando com uma camiseta minha no veículo vazio.

Na Feira de Arte de Colônia, naquele outono, apresentamos uma peça nova chamada *Light/Dark* [Claro/Escuro]. Dessa vez, vestidos com calças jeans e camisetas brancas idênticas, e os cabelos puxados para trás em coques idênticos, nós nos ajoelhamos de frente um para o outro e nos revezamos dando tapas no rosto do outro. Depois de cada golpe, quem estapeou batia com a mão no próprio joelho, dando à performance um ritmo regular, um-dois.

Ulay/Marina Abramović, *Light/Dark* (*performance*, vinte minutos), Internationale Kunstmesse, Colônia, 1977

Começamos devagar e fomos ganhando velocidade. Parecia muito pessoal, mas, na realidade, a peça não tinha nada a ver com nosso relacionamento ou com o significado habitual de dar tapas no rosto. Ela tratava de usar o corpo como um instrumento musical. Antes, nós tínhamos declarado que a performance terminaria quando um de nós se esquivasse. Mas isso não aconteceu. O que houve foi que simplesmente paramos, de modo espontâneo, após vinte minutos, quando não conseguíamos nos estapear mais rápido. A essa altura, estávamos tão unidos que era como se houvesse uma ligação psíquica entre nós.

No início de 1978, nossas viagens nos levaram à Sardenha. Ficamos dois meses por lá, trabalhando numa fazenda perto da aldeia de Orgosolo, ordenhando cabras e ovelhas. Era frio no planalto no centro da ilha: à noite, nós fazíamos amor para nos mantermos aquecidos. Era isso o que tínhamos no lugar da televisão. Todas as manhãs, às cinco horas, ordenhávamos duzentas ovelhas. Depois ajudávamos os donos da fazenda a fazer queijo pecorino (que, por sinal, ainda sei fazer). Em troca, eles nos davam pão, linguiças e queijo.

Também nos davam uma lã que fedia a esterco de ovelha. Mesmo assim, eu tricotava um pulôver atrás do outro. Eles sempre saíam grandes demais, quentes e com um aspecto esquisito. Também tinham uma tendência a provocar urticária se você os usasse direto sobre a pele.

Eu tricotando no nosso furgão, 1977

Nós não tínhamos dinheiro, mas, para mim, éramos ricos: o prazer de comer o queijo pecorino, alguns tomates plantados ali na horta e um litro de azeite de oliva; de fazer amor no carro, com Alba simplesmente dormindo tranquila no canto. Tudo isso superava qualquer dinheiro. Algumas coisas não têm preço. Era de uma beleza tão incrível – nós três respirando no mesmo ritmo, os dias passando...

Apesar da beleza, porém, havia um bicho na maçã.

ABRAMOVIĆ

5.

Um grande circo chegou a uma cidadezinha. Eles armaram uma lona na praça, e todos vieram assistir ao espetáculo. Havia leões, tigres, elefantes e acrobatas. A certa altura, um mágico apareceu no palco. Ele pediu um voluntário ao público. Uma mãe pegou seu filhinho pela mão, levou-o ao mágico no palco e voltou para seu lugar. O mágico pôs a criança num caixão e fechou a tampa. Ele agitou as mãos e disse a palavra mágica "abracadabra". Abriu a tampa, e o caixão estava vazio. O público prendeu a respiração. O mágico tampou o caixão de novo, disse a palavra mágica e voltou a abri-lo. A criança saiu e voltou feliz para sua mãe. Ninguém, nem mesmo a mãe, percebeu que não era a mesma criança.

Em Graz, na Áustria, na primavera de 1978, Ulay e eu apresentamos uma peça nova chamada *Incision – Incision in Space* [Incisão no Espaço] era o nome completo – na Galerie H-Humanic. Para nós, a peça foi um afastamento, sob mais de um aspecto. Nela, ele estava nu; e eu, vestida. Ele era ativo; eu, passiva. Em vez de ser uma participante, parecia que eu não passava de uma espectadora.

O funcionamento era o seguinte: um elástico gigantesco estava preso à parede da galeria em dois pontos, separados mais ou menos por uns 4,5 metros. Com o elástico o enlaçando pela cintura, Ulay corria para se afastar da parede, forçando a faixa elástica ao máximo, e era nesse ponto que o elástico o puxava de volta ao ponto de partida. Ele então tentava correr de novo, só para ser puxado de volta, repetidas vezes. Era como se estivesse tentando fugir de alguma coisa, mas o elástico ultrarresistente impossibilitasse essa fuga. Até mesmo a expressão no seu rosto era de agonia: com seu clássico físico nu, ele parecia um semideus grego lutando para romper as correntes de um destino cruel. Enquanto isso, eu ficava parada mais para o lado, usando uma camisa masculina e uma calça bege feia, com os ombros caídos, o olhar vazio, contemplando o nada, dando uma impressão de indiferença.

Sabíamos como a peça afetaria o público: seria enfurecedor. Enquanto Ulay estava nu, lutando e sofrendo, eu estava vestida, sem me importar.

Só que tínhamos planejado uma surpresa.

Cerca de quinze minutos depois do início, sem nenhum aviso, um homem num traje preto de ninja se destacou da plateia e, com um chute duplo de caratê, me derrubou no chão. A plateia reprimiu um grito, enquanto o agressor saía tranquilo e despreocupado da galeria. Eu simplesmente fiquei ali um instante, parecendo que tinha perdido o fôlego. Será que alguém viria me ajudar? Um minuto passou vagaroso, depois outro. Ninguém viria me socorrer – todos me odiavam por ficar ali parada, tão inútil. Por que eles deveriam fazer alguma coisa em minha defesa? Por fim, com todas as minhas forças, consegui me levantar e voltar à mesma posição, impassível novamente, enquanto Ulay continuava como se nada tivesse acontecido.

Ulay/Marina Abramović, *Incision* (performance, trinta minutos), Galerie H-Humanic, Graz, Áustria, 1978

Quando a performance terminou, fizemos um debate com a plateia sobre a peça. Ao tomarem conhecimento de que tínhamos planejado o ataque de caratê, eles de início não acreditaram, depois ficaram zangados e então furiosos. Acharam que tínhamos brincado com seus sentimentos – e estavam absolutamente certos. Nosso intuito era apenas testar a disposição – ou a falta de disposição – do público de participar. Mesmo assim, nunca superei o fato de ninguém ter mexido um dedo para me ajudar.

Nossas performances tinham muitos significados para as platéias que as presenciavam, mas é claro que também eram significativas para Ulay e para mim. Por vezes, esses significados iam além daquilo que entendíamos em termos conscientes. E agora, tantos anos depois, eu me faço perguntas. Em *Incision,* será que estávamos encenando um conflito que tinha começado a borbulhar entre nós? Em *Expansion in Space,* houve alguma coisa simbólica no fato de Ulay ter abandonado a performance enquanto eu continuava a tentar empurrar a coluna? Éramos uma equipe, éramos como uma só pessoa: UlayeMarina. Cola. Mas, ao mesmo tempo, as pessoas – galeristas, plateias – estavam cada vez mais me vendo como a estrela. Não foi um papel que procurei. Na realidade, era um papel que começava a causar muita infelicidade na minha vida pessoal.

Em 1978, o Brooklyn Museum nos convidou para participar de uma mostra coletiva, a Série de Performances Europeias, e acomodamos Alba numa caixa de transporte e voamos para Nova York. Era a primeira vez que eu visitava a cidade, e fiquei fascinada, especialmente com o bairro do Soho, no centro, onde ficamos.

Quando apresentamos *Imponderabilia* em Bolonha no ano anterior, tínhamos conhecido uma crítica e escritora americana chamada Edit DeAk. Edit era descendente de húngaros e era uma figura. Fiquei muito impressionada com ela. Para começar, seu nariz era maior que o meu. A mulher tinha o maior nariz que já vi na vida. Era enorme. E ela publicava uma revista de bairro chamada *Art-Rite,* que era de vanguarda. Com aparência artesanal e impressa em papel de jornal barato, a publicação era distribuída de graça nas ruas do Soho, que, em 1978, era um lugar muito diferente do que é hoje.

Naquela época, Nova York enfrentava problemas financeiros, e a cidade era muito menos refinada. O Soho era uma das partes menos luxuosas de Manhattan, totalmente livre da comercialização e cheia de gigantescos lofts de artistas, que não dispunham de calefação nem de água quente e eram alugados por quase nada. Edit morava num lugar desses, na Wooster Street, e Ulay e eu passamos umas duas semanas com ela. Foram dias maravilhosos.

Estávamos no apogeu do punk, nos tempos do Mudd Club, W, CBGB, dos Ramones, Blondie, Lydia Lunch e dos Talking Heads. O simples fato de ver e ouvir essas pessoas tocando me deixou embasbacada. Edit era amiga dos Ramones, e eles ficaram loucos por Alba – até a incluíram num vídeo!

Naquela época, havia agências que pagavam para você transportar um carro de Nova York até a Califórnia. Decidimos que essa seria uma boa forma de conhecer os Estados Unidos. Portanto, com Ulay ao volante e Alba no banco traseiro, nós rumamos para o oeste.

Chicago, Denver, Salt Lake City, Las Vegas – eu tinha a impressão de que esse país incrível era infinitamente grande e fascinante. Eram tantos motéis baratos e despersonalizados; tantas refeições gigantescas em restaurantes tão luminosos e brilhantes! Em Vegas, fazia tanto calor que conseguimos para Alba seu próprio quarto (barato) de motel com ar-condicionado! E então fomos jogar no cassino. Eu adorei os cassinos de Vegas, sem janelas nem relógios – fosse na roleta, fosse na máquina caça-níqueis, toda a sensação do tempo sumia, ou no mínimo se tornava algo totalmente diferente, da mesma forma que ocorria numa das nossas performances. Fiquei viciada na máquina caça-níqueis. Ulay precisou literalmente me arrastar de lá.

Entregamos o carro em San Diego e, por 900 dólares, compramos um Cadillac velho e grande para seguir viagem. Era o carro perfeito para ir ao México – e é claro que ele enguiçou no meio do deserto. Depois que o veículo foi rebocado de volta para San Diego, o cara de quem nós o tínhamos comprado mandou consertá-lo, e, então, refizemos a longa viagem de volta a Nova York, onde tentamos vendê-lo. Os Ramones e um sujeito que tinha uma oficina na Houston Street chegaram a se interessar, mas um pequeno detalhe atrapalhou: descobrimos que não tínhamos, de fato, os documentos do veículo. No final, nós apenas o estacionamos numa rua transversal no Soho, com a chave na ignição, e voltamos de avião para Amsterdã.

Alguns meses depois, Edit veio à Europa trazendo uma urna com as cinzas de um primo, que ela queria enterrar na Hungria. Antes, porém, ela se juntou a mim e a Ulay numa viagem de carro até uma feira de arte em Colônia. Algumas outras pessoas nos acompanhavam, entre elas o cineasta Jack Smith, que era muito excêntrico, muito alto, muito estranho, muito gay. A única música que ele ouvia era Andrews Sisters e era totalmente obcecado por Howard Hughes. E Bagdá. Além disso, viajava com um gorila de pelúcia numa mala vermelha. Um dia, ele discutiu com Edit por causa de dinheiro; na manhã do dia seguinte, quando acordamos, encontramos o gorila sentado diante do espelho, com uma faca cravada nas costas, e as malas vermelhas de Jack já arrumadas, ali ao lado. Mais tarde naquele dia, ele tentou estrangular seu assistente. Depois disso, passei a manter distância dele.

Naquele 30 de novembro, fizemos uma performance de aniversário chamada *Three* [Três], numa galeria em Wiesbaden. O terceiro elemento na peça era um píton de 1,20 metro de comprimento. A ideia era que Ulay e eu rastejássemos pelo piso da galeria, cada um tentando atrair a serpente. Era uma peça interessante para mim, porque desde o passeio no bosque com minha avó, quando eu tinha 4 anos, sempre tive pavor de cobras.

Uma vez que a performance começasse, porém, eu sempre transpunha aquele portal onde a dor e o medo se transformavam em alguma outra coisa. Dessa vez não foi diferente. À medida que cada um de nós dois fazia todos os tipos de coisa para tentar atrair o píton — tangia uma corda de piano vibrante, soprava sobre a boca de uma garrafa —, o réptil sempre rastejava mais para perto de mim. Ele projetou a língua. Eu também projetei a minha, a apenas 3 centímetros de distância. E lá estávamos nós, cara a cara, o píton e eu. Era como alguma coisa tirada da Bíblia. A peça

127

só terminou (depois de quatro horas e quinze minutos) quando a serpente decidiu ir embora.

Ulay/Marina Abramović, *Three* (performance, quatro horas e quinze minutos), Harlekin Art, Wiesbaden, 1978

Estava começando a se formar um padrão, e não vou negar minha participação nisso – ou talvez em permitir que isso acontecesse. Na nossa parceria artística, estávamos tentando deixar o ego para trás, deixar a masculinidade e a feminilidade para trás, para nos fundirmos numa terceira unidade, o que para mim parecia ser a forma mais elevada de arte. Ao mesmo tempo, na vida doméstica (se é que se pode chamar de doméstica a vida num furgão), Ulay assumia o clássico papel masculino: ele era o provedor, o caçador-coletor. Era ele que dirigia sempre, que lidava com o dinheiro. Eu cozinhava, lavava e tricotava os pulôveres.

Mas o que quer que tenha atraído a serpente para mim em *Three*, ou o que quer que tenha levado a maior parte do público a se virar para mim em *Imponderabilia*, ou ainda atraído a atenção da plateia (muito embora ela fosse negativa) na minha direção em *Incision*, também fazia a imprensa me destacar como a figura principal. Quando escreviam sobre nossas performances em revistas de arte, quase sempre eu era mencionada primeiro. Quando o respeitado crítico e filósofo italiano Gillo Dorfles escreveu um artigo sobre *Relation in Space,* deixou Ulay totalmente de fora. O artigo me perturbou tanto que o escondi de Ulay.

Pintando no meu estúdio, Belgrado, 1969.

Um antigo quadro de nuvem feito por mim, 1965.

Minha antiga pintura, *3 Secrets* [3 Segredos], 1962.

Marina Abramović/Ulay, *Gold Found by the Artists* [Ouro encontrado pelos artistas] (mais tarde nomeado *Nightsea Crossing* [Travessia do mar noturno]), Galeria de Nova Gales do Sul, 1981.

Marina Abramović/Ulay, mendigo se transforma em guerreiro (produção da imagem de *City of Angels* [Cidade dos anjos]), Bangcoc, 1983.

Eu no topo da Muralha da China, 1988.

The Artist Is Present [A artista está presente] (performance, três meses), reencontrando com Ulay, Nova York, 2010.

Cleaning the House [Limpando a casa], andando em *slow-motion* (oito horas), workshop com os alunos, Dinamarca, 1996.

Cleaning the House, caminhando por dez horas após quatro dias sem comer e conversar, workshop com os alunos, Academia de Belas-Artes, Paris, 1995.

Eu com os garimpeiros, durante uma viagem à Soledade, 1991.

Sleeping Under the Banyan Tree [Dormindo embaixo da Árvore Banyan], em colaboração com monges tibetanos, 2001, fotografada por Alessia Bulgari.

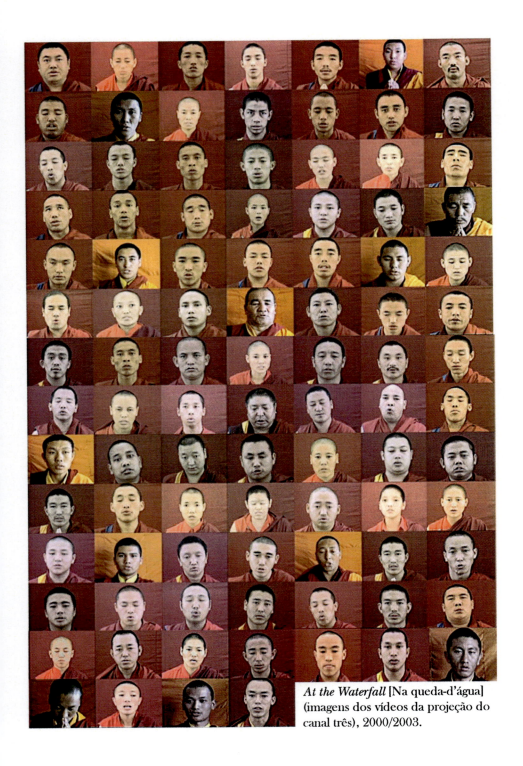

At the Waterfall [Na queda-d'água] (imagens dos vídeos da projeção do canal três), 2000/2003.

Thomas Lips (1975) reapresentada em *Seven Easy Pieces* [Sete peças fáceis], Museu Solomon R. Guggenheim, Nova York, 2005.

Balkan Baroque [Barroco dos Bálcãs] (performance, instalação de vídeo do canal três, quatro dias e seis horas), Veneza, 1997.

Eu o amava. Não queria que ele se sentisse magoado. Apesar de não dizer nada sobre tudo isso a princípio, ele não gostava nem um pouco daquilo.

Em 1979, recebi um convite para comparecer a uma conferência de artistas em Pohnpei, uma ilha minúscula no meio do Pacífico, parte da Micronésia. O convite foi enviado por Tom Marioni, um artista conceitual que trabalhava para a Crown Point Press, em Oakland, na Califórnia. Eu tinha conhecido Tom quando me apresentei em Edimburgo, e nos reencontramos mais tarde numa das reuniões de abril do SKC em Belgrado. Ele conheceu meus primeiros trabalhos, e, por isso, o convite foi feito a mim, em vez de a mim e Ulay juntos.

Eu me senti péssima com a situação. Àquela altura, eu realmente queria que fizéssemos coisas juntos. Por isso, menti para ele. Disse que tinham convidado a nós dois, mas, como seu orçamento era limitado, pediram para tirarmos a sorte. Em muitos momentos importantes da minha vida, quando há uma escolha a ser feita, eu jogo cara ou coroa. Dessa forma, minha energia já não está envolvida. A decisão passa a ser uma espécie de decisão cósmica, não minha. Quando se tratou desse cara ou coroa, eu estava perfeitamente preparada para perder. Na realidade, eu queria perder. Então Ulay lançou a moeda, eu pedi cara, e deu cara.

E eu fui a Pohnpei.

Aquela foi uma viagem importante para mim. Ao todo, doze artistas estavam lá, entre eles alguns que eu admirava − Laurie Anderson, John Cage, Chris Burden, Brice Marden, Joan Jonas e Pat Steir − e eu fiz novas amizades com John, Joan, Pat e, especialmente, com Laurie, que eu havia conhecido em Bolonha, quando Ulay e eu apresentamos *Imponderabilia*. Antes disso, eu já conhecia sua reputação. Lembro-me de ter lido a respeito de uma peça que ela apresentou usando patins para gelo, em Gênova, em pé sobre um bloco de gelo, tocando violino, enquanto o gelo ia derretendo lentamente abaixo dela. Achei isso incrível.

Laurie e eu fomos de canoa a uma ilhota. Lá havia uma choupana onde realizavam algum tipo de ritual. O rei da ilha, que usava jeans e uma cruz enorme numa corrente em volta do pescoço, nos convidou para a cerimônia com os outros membros da tribo, que estavam todos seminus, usando adereços de palha. O jantar foi carne de cachorro, servida em folhas de palmeira. Laurie e eu nos entreolhamos.

"Não, obrigada", dissemos.

"Talvez vocês queiram levar um pouco para os amigos de vocês", sugeriu o rei.

Achamos que não podíamos recusar. Eles nos deram duas porções de carne de cachorro, sangrenta e com cheiro forte, enrolada em folhas de palmeira, e nós a levamos de volta na canoa. Quando viram aquilo, todos ficaram horrorizados (em especial Cage, que era vegetariano). Os nativos também nos tinham dado um pouco de casca de árvore para mascar: a seiva, diziam eles, tinha poderes mágicos. Durante 24 horas depois de tê-la mascado, eu pude ouvir tudo: meu coração pulsando, meu sangue circulando, o capim crescendo. Quando voltamos para Nova York, Laurie compôs uma música sobre toda aquela experiência.

Cada artista no programa tinha 12 minutos para fazer uma apresentação e falar sobre qualquer tema que quisesse para os nativos da ilha: os organizadores pretendiam gravar todas as palestras para lançar um disco LP de 12 polegadas, chamado *Word of Mouth* [De Boca em Boca]. Comecei minha palestra recitando uma série de números aparentemente aleatórios: "8, 12, 1.975; 12, 12, 1.975; 17, 1, 1.976; 17, 3, 1.976..."

Falei então sobre a nova ideia que Ulay e eu tínhamos concebido, de mesclar nossa identidade masculina e feminina numa terceira entidade:

> Nosso interesse é a simetria entre o *princípio* masculino e o feminino. Com nosso trabalho de relação, causamos uma terceira existência que dispõe de energia vital. A existência dessa terceira energia causada por nós já não depende de nós, mas tem sua própria qualidade, o que chamamos de "aquele eu". Três, enquanto número, não significa nada além de "aquele eu". A energia transmitida de modo imaterial causa a energia como diálogo, a partir de nós até a sensibilidade e a mente

de uma testemunha ocular que se torna um cúmplice. Escolhemos o corpo como o único material que pode tornar possível esse tipo de diálogo de energia.

Para mim, isso fazia perfeito sentido.

"E, agora, uma coisa muito importante que quero dizer", continuei. E então comecei a fazer um discurso numa língua inventada. Alguns nativos aplaudiam espontaneamente porque alguns dos sons que eu emitia eram parecidos com palavras reais da sua própria língua. Ao terminar, pressionei a tecla de reprodução de um gravador e lá veio a voz de Ulay, com uma mensagem que tinha gravado antes da minha viagem. "Quem cria limites?"

Tratava-se de uma declaração muito importante sobre nossas performances – mas, agora que penso nisso, talvez fosse também seu protesto por ser deixado para trás.

Entre o que recebíamos por nossas performances e subsídios do governo holandês, tínhamos um pouco mais com que viver. Foi assim que nos mudamos do furgão para um novo lugar – um loft de pé-direito baixo num prédio de armazém, perto do porto de Amsterdã. Havia vários desses prédios junto às docas. No passado, eles eram usados para armazenar especiarias. Agora, eram alugados por artistas.

Com alguns novos amigos, alugamos todo o terceiro andar do Zoutkeetsgracht 116/118. Era um lugar único, ocupado por pessoas únicas. A planta consistia em quatro cômodos – que usávamos como quartos – em torno de um espaço central, que servia como área de estar/cozinha. Improvisamos um chuveiro prendendo uma mangueira na torneira da cozinha. Tomava-se banho em pé numa tina no meio do cômodo, molhando-se com a mangueira. O elevador do prédio passava direto pelo centro desse espaço. Às vezes, pessoas que estavam subindo para outro andar paravam no nosso por engano, enquanto alguém estava no meio do banho.

E isso era só o início das coisas estranhas.

Cerca de um ano antes, tínhamos passado pela de Appel e, ao dar uma olhada na nossa caixa de sapatos/correspondências, encontramos um vídeo identificado como MANIAC PRODUCTIONS, SUÉCIA. Só isso – sem o nome de ninguém, sem número de telefone nem endereço do remetente. Naquela época, vídeos eram muito raros, de modo que isso instigou de imediato nosso interesse. Nós assistimos ao vídeo. Ele era composto de peças curtas de performances, cada uma mais espantosa que a outra. Assistimos mais uma vez e então nos esquecemos dele.

Pouco depois de alugarmos o loft de especiarias, estávamos mais uma vez visitando a galeria quando a porta se abriu e o trio mais improvável entrou: um homenzinho de cabelo escuro, um sujeito muito alto e de nariz grande, com o cabelo comprido como o de um astro de rock, e uma garota de camisola branca com um assento sanitário no pescoço. Eram Edmondo Zanolini, Michael Laub e uma menina de 15 anos, chamada Brigitte – um italiano, um belga e uma sueca: e esse era o trio de artistas de performance que se denominava Maniac Productions.

Eles se atribuíram esse nome porque, entre outros motivos, costumavam convocar membros das próprias famílias para fazer coisas estranhas. Por exemplo, o avô de Edmondo era piromaníaco. E, como também estava um pouco senil, ele era muito perigoso. Já tinha posto fogo na casa uma série de vezes. A família tinha muito cuidado, mantendo fósforos longe do seu alcance o tempo todo, menos quando a Maniac Productions estava se apresentando. Nessas ocasiões, Edmondo convidava o avô para vir ao teatro e lhe dava uma grande caixa de fósforos. O avô perambulava pelo local ateando fogo enquanto o grupo se apresentava e fingia não tomar conhecimento dele. Esse era seu lado maníaco. Era um teatro muito original, e muito satisfatório para o avô de Edmondo. Como estava com sua caixa de fósforos, não fazia diferença se a plateia estava olhando para ele ou não.

Edmondo e Brigitte se mudaram para nosso apartamento. Michael era de uma família de comerciantes de diamantes de Bruxelas e se hospedava em hotéis de cinco estrelas. Ele se sentia culpado por ser o único de nós que tinha dinheiro. E, sempre que vinha nos visitar, trazia uma tonelada de comida requintada para fazermos um banquete. Ele também sustentava a Maniac Productions.

Outro morador era Piotr, um artista polonês com o cabelo incrivelmente engraçado: lisíssimo e cortado como um grande cogumelo. Ele se mudou para a sala de estar – só que, como ali fazia muito frio, dormia numa barraca no meio da sala.

Na última sexta-feira de cada mês, moradores dos melhores bairros de Amsterdã punham do lado de fora, na calçada, a mobília que já não queriam. E foi assim que mobiliamos nosso loft. Uma semana, encontramos um sofá e duas poltronas; em outra, uma mesinha de centro; e, numa outra, um abajur. E então, numa sexta-feira extraordinária, uma geladeira que funcionava.

Essa geladeira veio a ter outro uso além do costumeiro. Piotr tinha um livro de lógica – acho que era Wittgenstein, traduzido para o polonês – e, por motivos que ele conhecia melhor que qualquer um, guardava-o no congelador. Esse livro era seu objeto preferido no mundo. Todas as manhãs, ele acordava com um sorriso idiota no rosto, tirava o livro do congelador, esperava pacientemente até que a página que ele queria ler descongelasse, lia em voz alta para nós em polonês, então virava a página e punha o livro de volta no congelador, para o dia seguinte.

O loft de especiarias era nossa *La Bohème*. Foi a primeira vez na vida em que morei em qualquer tipo de comunidade; e todos eram tão excêntricos e diferentes – eu adorava. Eu estava sempre tentando cuidar de todos; e tudo vivia desmoronando.

Por exemplo, Edmondo (que tinha sido um talentoso ator shakespeariano antes de passar para a arte da performance) estava loucamente apaixonado por Brigitte, a garota de 15 anos com o assento de vaso no pescoço. O pai de Brigitte tinha iniciado a indústria pornográfica na Suécia – o que era muito importante; a revolução pornô começou de fato lá –, e ela odiava o pai. Odiava todo o mundo. Brigitte era uma pessoa profundamente deprimida: ela nunca dizia palavra alguma, literalmente. Todos nós, moradores do apartamento, fazíamos todas as refeições juntos; e ela simplesmente ficava ali sentada, em silêncio total. E então, no meio de uma noite, Edmondo bateu à nossa porta. Eu a abri. "O que houve?", perguntei. "Ela fala, ela fala!", disse ele. "E o que ela disse?", perguntei. "Ela disse 'Bu'."

"Não é grande coisa", comentei.

No dia seguinte de manhã, Brigitte fez as malas e foi embora. Só isso. Edmondo a forçara a dizer alguma coisa, e ela simplesmente foi embora. Ele não conseguia parar de chorar. Foi então que seu pai veio da Itália para consolá-lo. Ele era dentista e trouxe consigo todos os seus instrumentos, que arrumou com perfeição sobre uma folha de jornal em cima da mesa. E começou a trabalhar nos dentes de Edmondo enquanto também cozinhava massa italiana para todos nós. Ao mesmo tempo, Marinka (uma croata de beleza impressionante), namorada de Michael, mudou-se para lá e se tornou a terceira integrante da Maniac Productions.

E Piotr se apaixonou perdidamente por Marinka. Que estava profundamente apaixonada por Michael.

No final das contas, além do conforto, descobrimos que havia outra razão para Michael se hospedar em hotéis. Acabamos sabendo que ele tinha outra namorada. Ela se chamava Ulla. "Estou tão feliz", disse-nos ele um dia sobre suas duas namoradas. "Elas se complementam com perfeição." Marinka e Ulla se conheciam (e gostavam uma da outra) e estavam cientes (mas não gostavam) da situação. Então Ulla ficou grávida. Não apenas grávida, mas grávida de gêmeos. Quando Michael contou isso a Marinka, ela se mudou para a Austrália. E Piotr a acompanhou até lá e cometeu suicídio no dia do aniversário dela. Marinka seguiu em frente e teve uma carreira bem-sucedida em design e animações; acabou chegando a estabelecer uma relação amistosa com Michael. Não muito tempo depois, Marinka, ainda jovem, morreria de câncer.

Falando em morte. Dessa vez, de um grande. No dia 4 de maio de 1980, Tito morreu. Estava com 87 anos. A televisão holandesa cobriu todas as quatro horas de duração do funeral do chefe de Estado. E minha compatriota Marinka e eu preparamos um enorme banquete fúnebre e nos deitamos na cama para assistir a toda a cerimônia, comendo e chorando, para então comer um pouco mais e chorar um pouco mais. Ulay e Piotr olhavam para nós como se tivéssemos enlouquecido. Mas nós estávamos chorando por um motivo: sabíamos que, com essa única morte, tudo tinha

134

mudado. Sem a força daquele homem para manter a Iugoslávia unida, tudo no nosso país ia dar errado.

O funeral foi gigantesco, majestoso. Tito morreu na Eslovênia, e as câmeras mostraram a chegada a Belgrado do trem que transportava seu corpo. Havia uma enorme multidão, todos em trajes pretos e chorando. Camponesas rasgavam seus vestidos a ponto de seus seios caírem, e davam socos no peito, lamentando-se. "Por quê? Por que você o levou? Por que não me levou? Por que você não me levou?"

De quem elas estavam falando? Deus? O comunismo não acreditava em Deus. Mas era como se o povo iugoslavo acreditasse em Deus e em Tito juntos, como uma coisa só.

Eu entendia. Tito tinha feito coisas admiráveis. Em 1948, quando Stalin tentou dominar todo o Bloco Oriental − Polônia, Tchecoslováquia e Hungria −, Tito o impediu de invadir a Iugoslávia. Ele tinha encontrado um modo de dar ao país sua própria marca socialista de comunismo, de não manter-se alinhado nem com os Estados Unidos nem com a União Soviética, de liderar seu próprio bloco de países não alinhados.

E ele tinha feito tudo isso em grande estilo. É preciso que se diga. Tito tinha a disposição de espírito de um *bon-vivant*. Adorava Sophia Loren, Gina Lollobrigida, Elizabeth Taylor, e todas elas foram visitá-lo na sua propriedade de verão nas ilhas Brijuni, da mesma forma que Carlo Ponti e Richard Burton, para não mencionar todos os líderes mundiais de importância. Quando Sophia Loren o visitou, Tito lançou linguiças húngaras no mar para ela poder ver seus falcões mergulhando para pegá-las. Ele bebia uísque e assistia a filmes americanos de Lee Marvin. Além de caçar animais de grande porte: estava sempre posando para fotos com o pé direito em cima do urso que tinha acabado de abater a tiros. Talvez tudo isso indicasse uma decadência moral (muito americana), mas, para o povo iugoslavo, era mais assim: "Esse é o Tito. Ele pode fazer o que quiser."

Eu tinha essa mesma sensação. Meu pai me levara muitas vezes para assistir aos discursos de Tito na praça Marx e Engels. Nós ficávamos numa área especial para os espectadores, muito perto dele. Mal consigo descrever a experiência: o carisma dele era absoluto, avassalador. Eu sentia a eletricidade percorrendo todo o meu corpo quando ele falava; as lágrimas escorriam livremente. E não importava o que ele estivesse dizendo. Aquilo era hipnose coletiva – uma quantidade enorme de pessoas, naquele momento específico na história, acreditando em cada palavra que aquele homem dizia, sabendo que tudo fazia sentido.

E então Ulay e eu fizemos nosso próprio experimento com a hipnose.

Queríamos ter acesso ao inconsciente. Portanto, ao longo de um período de três meses, nós nos deixávamos hipnotizar, a intervalos, e gravávamos as sessões. Demos instruções ao médico para que nos fizesse perguntas específicas sobre nosso trabalho enquanto estivéssemos sob hipnose. Mais tarde, escutávamos essas sessões e colhíamos delas ideias e imagens que então traduzíamos em performances – quatro no todo, três em vídeo e uma para uma plateia.

A primeira peça foi intitulada *Point of Contact* [Ponto de Contato]. Nela, a câmera de vídeo nos gravou em pé, cara a cara, apontando o indicador um para o outro, uma distância ínfima separando a ponta dos dedos, enquanto olhávamos atentamente um para o outro por 60 minutos. A ideia era de fato sentir a energia do parceiro, sem contato, tudo através dos olhos.

A segunda performance – esta apresentada ao público na National Gallery of Ireland, em Dublin – foi *Rest Energy* [Energia em Repouso]. Essa peça, com um grande arco e flecha, foi a representação suprema da confiança. Nela, eu segurava o arco, e Ulay segurava a corda esticada, com a extremidade posterior da flecha entre as articulações dos dedos e a ponta voltada para o meu peito. Nós dois estávamos num estado de tensão constante, puxando de cada lado, com a ameaça permanente de que, se seus dedos escapulissem, eu levaria uma flechada no coração. E, enquanto isso, cada um de nós estava com um pequeno microfone preso ao peito, por baixo da camisa, de modo que a plateia pudesse ouvir o som amplificado dos corações pulsando.

E tanto o meu coração como o dele estavam batendo a uma velocidade cada vez maior! Essa peça teve a duração de quatro minutos e vinte segundos, o que pareceu uma eternidade. A tensão era insuportável.

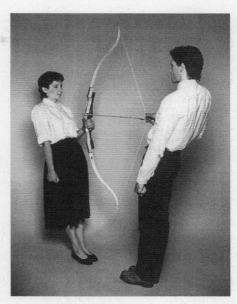

Ulay/Marina Abramović, *Rest Energy* (baseado na performance para vídeo, quatro minutos), ROSC '80, Dublin, 1980

Nós chamamos a terceira peça de *Nature of Mind* [Natureza da mente] – e essa nós de fato filmamos. Eu estava em pé junto de uma doca no porto de Amsterdã. Fora do ângulo de visão da câmera, e acima da minha cabeça, Ulay, de camisa vermelha, estava pendurado, segurando-se a um guindaste. No filme, eu só estou ali em pé, com as mãos para o alto, um minuto atrás do outro, sem que nada aconteça. E então, depois do que parece uma eternidade, surge um lampejo vermelho quando Ulay despenca e mergulha na água abaixo de mim. Tudo o que se vê é esse clarão luminoso, por talvez um quarto de segundo. Era como tantas coisas que nos acontecem na vida: um instante brilhante, que nunca será recapturado.

E a última performance foi *Timeless Point of View* [Ponto de vista atemporal]. Ao contrário das outras peças, que foram fruto de colaboração, essa foi uma ideia minha: era proveniente de uma visão que tive, numa das sessões de hipnose, de como eu queria morrer. Nós a filmamos num grande lago no centro da Holanda, chamado IJsselmeer: o texto do catálogo para a peça finalizada descrevia o que o espectador estava vendo.

Ao longe, no *background*, há um pequeno barco a remo, mas ele se destaca apenas como uma silhueta em contraste com o fundo monocromático. Nele, Abramović está sentada remando, enquanto Ulay está em pé na praia, escutando, por meio de fones de ouvido, os sons dos remos. A diferença entre a imagem e o som é irritante, pois o volume sempre igual do remo mergulhando na água não tem como ser conciliado com a visão do barco se tornando cada vez menor e então desaparecendo no horizonte.

Meu trabalho e minha vida são muito interligados. Ao longo de toda a minha carreira, produzi obras cujo significado inconsciente só se tornou claro para mim com o passar do tempo. Em *Point of Contact*, estávamos tão próximos; mesmo assim, aquele ínfimo espaço final entre nós, o vazio que no fundo impediu uma fusão das almas, era intransponível. Em *Rest Energy*, Ulay tinha o poder de me destruir e literalmente partir meu coração. Em *Nature of Mind*, ele foi uma passagem efêmera, mas muito importante na minha vida, uma que atravessou o ar como um raio, porque as emoções eram tão fortes – e depois, sem mais nem menos, desapareceu definitivamente.

Já *Timeless Point of View* está associada de modo inevitável à lembrança de meu pai me ensinando a nadar. Não importa que na vida real fosse ele que estivesse remando pelo Adriático afora, ameaçando desaparecer enquanto eu me debatia na água lutando para alcançá-lo. Na obra, eu corrigi o passado, transformando a mim mesma na pessoa poderosa e independente da situação. O papel de Ulay fica reduzido ao de um espectador impotente, enquanto meu destino me afasta dele.

Percebi que esse é um tema ao qual retorno constantemente. Estou sempre tentando provar a todos que posso seguir sozinha, que posso sobreviver, que não preciso de ninguém. E isso também é uma maldição, de certo modo, porque sempre estou me esforçando tanto – às vezes, até demais – e porque com tanta frequência fui deixada sozinha (como, de certo modo, eu desejava) e sem amor.

ABRAMOVIĆ

6.

Na noite de 15 de dezembro de 1980, no interior da Austrália Central, tenho o seguinte sonho:

Ulay está indo para a guerra, que está começando agora.

Estou chorando no ombro da minha avó, dizendo: "Por quê, por quê?" Estou desesperada porque sei que não é possível mudar nada, e que tudo isso tinha de acontecer.

Estão tentando me matar, lançando granadas em cima de mim.

Mas nem uma explode.

Eu as apanho do chão e as atiro de volta contra eles.

Mais tarde, dizem que eu venci.

Estão me mostrando a cama em que devo dormir.

A cama é pequena, militar, com lençóis azuis.

A partir de meados dos anos 1970 até o fim da década, a arte da performance tornou-se popular. Havia um monte de apresentações, e muitas delas eram ruins. Parecia que todo o mundo estava fazendo aquilo, e eram pouquíssimas as peças de boa qualidade. Chegou-se a um ponto em que eu quase tinha vergonha de dizer às pessoas o que fazia, porque era enorme a quantidade de apresentações péssimas – alguém cuspia no chão e dizia que aquilo era uma performance.

Ao mesmo tempo, os criadores desse meio de expressão já não eram tão jovens, e o trabalho exigia muito do corpo. O mercado, especialmente os *marchands*, cada vez mais pressionava os artistas para que fizessem algo que pudesse ser vendido, porque, no fundo, a performance não produzia nada comercializável. E, assim, na virada da década de 1970 para a de 1980, parecia que todos os *performers* ruins estavam se tornando pintores ruins. Até artistas importantes como Chris Burden e Vito Acconci se voltaram, respectivamente, para a criação de objetos e para a arquitetura.

Enquanto tudo isso acontecia, Ulay e eu estávamos procurando uma solução – novas formas de nos apresentar. Eu não tinha o menor desejo de voltar a pintar; e ele não tinha nenhuma vontade de voltar a fotografar. "Vamos recorrer à natureza", dissemos, então. "Por que não vamos ao deserto?" Nós sempre fazíamos piada dizendo que Moisés, Maomé, Jesus e Buda, todos, foram ao deserto como pessoas insignificantes e voltaram importantes, de modo que devia haver alguma coisa lá...

Em 1979, fomos convidados para a Bienal de Sydney, de Diálogo com a Europa, na Austrália. Foi um evento muito importante – a primeira vez que os australianos iriam ver novos artistas europeus. Muitos foram convidados, e nós fomos chamados para fazer uma performance de abertura: uma grande honra. Aceitamos, mas dissemos aos organizadores que teríamos de chegar com antecedência para ter uma noção do ambiente, porque nunca tínhamos ido àquela região do mundo. Queríamos que uma ideia surgisse de modo espontâneo e orgânico. Não queríamos simplesmente chegar lá com alguma coisa já pronta que não se encaixasse.

Eu também tinha um motivo secreto para aceitar o convite.

Quando eu tinha 14 anos, em Belgrado, descobri um homem surpreendente, um antropólogo maluco, maravilhoso, chamado Tibor Sekelj. Naquela época, ele estava beirando os 50 anos e já tinha estado nos quatro cantos do mundo e feito de tudo. Aprendia uma língua nova de quatro em quatro anos. E todos os anos fazia viagens extremamente exóticas – navegando pelo Amazonas no Brasil, pelo rio Sepik na Nova Guiné ou indo a uma dezena de outros lugares remotos. Nas suas viagens, ele se deparava com tribos quase extintas, canibais ou caçadores de cabeças. E então, ao fim de cada ano, vinha à universidade dar palestras sobre sua pesquisa. Todas as vezes, eu ficava na primeira fileira – aos 14, 15, 16, 17 anos. Devorava tudo o que ele dizia. Meu sonho era que um dia eu também fosse a esses lugares e passasse por experiências semelhantes.

Uma vez, ele contou uma história que nunca vou esquecer. Em algum lugar na Micronésia, havia dois grupos circulares de ilhas, um círculo menor no interior de um maior. Sekelj narrou uma história sobre um anel e um bracelete. Disse que os nativos de uma das ilhas no círculo menor

142

tinham um ritual: num dia específico do ano, todos os moradores da aldeia entravam em canoas e se dirigiam à ilha seguinte, levando um anel especial. Quando chegavam lá, porém, todos os moradores estariam trancados nas suas choupanas, fingindo que não estavam em casa. Com isso, os portadores do anel berravam, gritavam e dançavam para forçar as pessoas a saírem. Quando finalmente elas surgiam, os que tinham trazido o anel lhes contavam uma história sobre como fora difícil vir da sua ilha para aquela – que uma tempestade tinha caído; que uma baleia que comera o anel e que eles tiveram de lutar com o animal para obtê-lo de volta –, toda uma saga. Então, por fim, eles entregariam o anel e voltariam para sua ilha.

No ano seguinte, os nativos que tinham recebido o anel o levavam para a ilha seguinte, e o mesmo ritual se realizava – só que esse novo grupo de portadores do anel acrescentaria sua própria história à narrativa do grupo que lhes entregara o anel no ano anterior. E, assim, de ano em ano, o anel percorria o trajeto do círculo menor de ilhas. E o espantoso era que esse mesmo processo estava ocorrendo, com um bracelete, no sentido oposto no círculo maior! No sentido horário, com um anel, num círculo de ilhas. No sentido anti-horário, com um bracelete, no outro. E todas as histórias sendo acrescentadas. Para mim, era como um filme sem fim.

Assim, quando pensei em visitar a Austrália, o que me impeliu acima de tudo foi a ideia de ir ao interior, ao Grande Deserto de Vitória no centro do continente, e encontrar os aborígines australianos, exatamente como meu ídolo Sekelj teria feito. Eles sem dúvida teriam histórias surpreendentes. Ulay e eu começamos a ler tudo o que conseguíamos encontrar sobre os aborígines; e, quanto mais líamos, mais compreendíamos como a cultura deles era impressionante.

Descobrimos que cada traço da paisagem era sagrado para os Anangu, como eles se chamavam. (Como acontece com os indígenas americanos, o termo que os aborígines usam para designar a si mesmos significa simplesmente "pessoas" ou "seres humanos".) Nós aprendemos o que era o Tempo do Sonho, o conceito dos aborígines sobre a Criação, que existe no passado, no presente e no futuro, tudo ao mesmo tempo. Lemos que os criadores percorreram trilhas que atravessavam a terra, chamadas de "linhas dos cantos". A letra da canção numa linha dos cantos descreve os pontos de referência – os pontos sagrados, rochas, árvores, olhos-d'água, montanhas – que assinalam o percurso. E descobrimos que os criadores existiam por todo o espaço e por todo o tempo. Os aborígines estavam em contato com eles tanto acordados quanto dormindo, em sonhos.

Eu mal podia esperar para ver esse lugar com meus próprios olhos.

Os organizadores da Bienal concordaram com nosso plano de elaborar um projeto para a performance depois da nossa chegada. E, dez dias depois que aterrissamos na Austrália, uma ideia muito simples e bonita nos ocorreu. Afinal de contas, tínhamos viajado até o outro lado da Terra, onde as estações eram invertidas e a luz era diferente. E pensamos em fazer alguma coisa com a luz e a sombra. O resultado foi uma peça chamada *The Brink* [A beira]. Nela, Ulay andava lentamente para lá e para cá em cima de um muro alto, acima do pátio de esculturas da Galeria de Arte da Nova Gales do Sul. Do outro lado do muro, havia uma rodovia movimentada. Enquanto ele caminhava, correndo um perigo real de cair, eu caminhava pela beira da sombra do muro, no pátio, ali embaixo, correndo um risco metafórico. Enquanto isso, a sombra se movia, com a máxima lentidão, atravessando o pátio, até que, exatamente quatro horas e quinze minutos depois, quando não restava nenhuma luz do sol no espaço, a performance terminava.

Ulay/Marina Abramović, *The Brink*
(performance, quatro horas e quinze minutos), Bienal de Sydney, 1979

Depois de apresentarmos a peça, tínhamos dez dias livres antes de precisarmos voar de volta para casa. Estávamos obcecados pela ideia de passar esse tempo no interior da Austrália. Quando falamos dessa nossa obsessão com Nick Waterlow, o diretor da Bienal, ele disse que tinha um amigo chamado Phillip Toyne, que morava em Alice Springs, no coração do deserto, e conhecia o território muito bem. Segundo Nick, Toyne era um advogado ativista em questões referentes à terra e aos direitos dos aborígines. Era alguém determinado a devolver às tribos as terras sagradas que os colonizadores da Austrália lhes tinham tomado. Nick nos deu uma carta de apresentação a Phillip. "Ele é meio grosseirão", disse-nos, "mas pode ser que, se vocês lhe derem esta carta, ele lhes mostre o interior".

Naquela época, era mais fácil voar de Sydney para Paris ou Londres do que para Alice Springs. Compramos as passagens mais baratas que conseguimos, nos apresentamos na hora marcada e partimos.

Havia só umas três ruas em Alice Springs, e poucas pessoas à vista. Começamos a perguntar a todo o mundo que víamos onde podíamos encontrar Phillip Toyne. E, por fim, um cara nos encaminhou para uma espécie de motel em ruínas, no final de uma estrada de terra batida. Ali ficava a sede do movimento dos direitos dos aborígines à terra.

Entramos e encontramos um cara sujo, com a barba por fazer, berrando com alguém a um telefone de campanha. Por fim, ele desligou e olhou para mim e para Ulay, da cabeça aos pés. "E posso saber quem são vocês?", perguntou ele.

"Somos amigos de Nick Waterlow", dissemos. "Ele nos deu esta carta para lhe entregarmos."

Phillip leu a carta e começou a berrar conosco.

"Seus filhos da mãe, vocês ficaram loucos? Deem o fora do meu escritório! Por que ele me manda esses idiotas? Vocês não passam de turistas vampiros, como todos os outros! Querem tirar retratos dos aborígines e voltar para sua casinha confortável, contando tudo o que viram! Não quero saber de vocês. Fora daqui!" Ele se levantou nos ameaçando, e nós fomos recuando até sair do escritório.

Portanto, agora estávamos presos ali. Tínhamos comprado passagens baratíssimas para Alice Springs. Não havia possibilidade de voltar antes do prazo. Estávamos presos por dez dias naquela cidadezinha com três ruas.

Não se podia ir a parte alguma ali por perto sem permissão e, mesmo que se pudesse, nós não fazíamos ideia de aonde ir nem de como chegar a parte alguma.

Na cidadezinha, havia apenas três lugares para comer, e, aonde quer que fôssemos, não parávamos de topar com Phillip. Depois de alguns dias, ele começou a falar conosco.

"OK, o que vocês estão querendo?"

Da melhor forma que conseguimos, nós lhe dissemos quem éramos e o que fazíamos. Não éramos turistas; éramos artistas. Tínhamos ido a lugares remotos e sentíamos o maior respeito pelas populações indígenas. Éramos fascinados pelo interior da Austrália e por suas tribos. Só queríamos conhecê-las e deixar que o que aprendêssemos acabasse se infiltrando no nosso trabalho.

Phillip assentiu, quase com compaixão. "Desculpem, pessoal", disse ele. "Desta vez, não. A questão dos direitos dos aborígines à terra é muito delicada. Todos os grupos estão preocupados com a exploração das tribos, em especial por estrangeiros. Mas, se vocês realmente quiserem *fazer* alguma coisa pelos aborígines e me apresentarem uma proposta séria, podemos ver algo da próxima vez."

Foi assim que ficamos dez dias ali em Alice Springs. Voltamos para casa e redigimos uma proposta ao Conselho Australiano de Artes Visuais. Dissemos que queríamos morar no interior, em meio aos aborígines, por seis meses. Queríamos aprender quem eles eram e como viviam. E queríamos deixar que o que aprendêssemos acrescentasse algo novo a nossa arte. Em seguida, passaríamos seis meses viajando pela Austrália, apresentando quaisquer peças novas que nossas experiências inspirassem e dando palestras sobre o tempo que vivemos no deserto.

Os membros do Conselho tinham adorado *The Brink*. Eles aprovaram nossa proposta e nos deram um subsídio generoso para o ano seguinte.

Em outubro de 1980, vendemos o furgão, levamos Alba para ficar com nossa amiga Christine Koenig, em Amsterdã, e voamos para a Austrália.

Compramos um jipe usado em Sydney e nos equipamos com tudo o que achávamos que precisaríamos para seis meses no deserto. Depois, fizemos a longa viagem até Alice Springs – mais de 1.600 quilômetros –, que durou quase duas semanas. E lá estávamos novamente, diante de Phillip Toyne. "O quê? Já estão de volta?", perguntou ele.

Precisávamos de alguém que nos mostrasse o território e nos apresentasse às tribos. Ele conhecia o lugar e a população. Nós sabíamos que ele estava escrevendo um livro sobre os direitos dos aborígines à terra, para ser apresentado ao governo australiano, e perguntamos em que poderíamos ajudar.

"O que vocês sabem fazer?", perguntou ele.

Ulay era engenheiro e sabia fazer mapas. Também era fotógrafo. Eu sabia fazer projetos gráficos. Phillip precisava de mapas, fotografias e um projeto gráfico para seu livro. Ele concordou em nos ajudar.

Passamos o mês seguinte dirigindo para lá e para cá com Phillip, mapeando e fotografando a região. Todas as noites, voltávamos para Alice Springs e comíamos num dos três restaurantes com ele e seu amigo Dan Vachon, um antropólogo canadense. Ficamos no motel em ruínas que funcionava como escritório central para Toyne. Era um lugar totalmente fora do comum. Com frequência, apareciam no quarto cobras, bem como aranhas gigantescas. Não havia ar-condicionado, e como fazia calor! O outono no hemisfério norte corresponde à primavera abaixo do Equador, e a região central da Austrália estava começando a aquecer. As temperaturas diurnas lá no interior podem chegar aos 45 graus Celsius.

No Grande Deserto de Vitória, Austrália, 1980

Às vezes, passávamos o dia inteiro acompanhando a cerca contra dingos, a barreira de 5.600 quilômetros de extensão que protege os carneiros do sudeste do país dos cães selvagens do interior. Não conseguíamos acreditar que uma cerca pudesse ser tão longa ou que pudesse ser tão eficaz no isolamento de predadores. Ela lembrava tanto a Ulay como a mim outro exemplo, ainda mais longo e muito mais antigo, ao norte: a Grande Muralha da China.

Sob a orientação de Phillip, Ulay mapeou todas as árvores, rochas, olhos-d'água e montanhas sagrados para as tribos da vizinhança. Nós tínhamos lido sobre essas coisas, mas, aqui no deserto, naquele calor desnorteante e naquele vazio imenso, tudo o que ouvíamos e víamos adquiria um significado muito maior. Para os aborígines, tudo na terra e no céu contém um espírito. Isso me fez pensar nos seres do *plakar*, o closet escuro e fundo no nosso apartamento em Belgrado, com os quais eu costumava conversar quando era pequena. Conhecer os aborígines logo me daria provas de que eu não estava sozinha ao pensar assim, que esse mundo supostamente invisível de fato existia. Eu logo aprenderia que os aborígines viviam nele o tempo todo. Phillip, por fim, se convenceu de que nós não éramos turistas. É provável que tenha nos considerado malucos. Ou não tenha entendido direito o que estávamos fazendo. Mas acho que ele respeitou nossa intenção. E, assim, agora que tínhamos acabado de ajudá-lo, Phillip nos deu permissão de ir aos postos do sul − o território ao qual viajantes comuns não tinham acesso. Ele nos levaria e nos apresentaria a membros das tribos Pitjantjatjara e Pintupi. Depois disso, nos deixaria por nossa conta.

Antes de partir, depois de muitos meses sem comunicação, escrevi uma carta para Danica.

> Hoje é nosso último dia na civilização, e só vou voltar a lhe escrever no final do ano. Em todo caso, estou levando uma vida saudável, muito melhor do que na cidade. A natureza aqui é de uma beleza incrível. Comemos coelhos, cangurus, patos, formigas e larvas que moram em buracos de árvores. Isso é pura prote-

148

ína e muito saudável. Nos pés, uso botas de lona que são uma ótima proteção contra cobras e aranhas. Este ano, vamos celebrar nosso aniversário no deserto, em torno da fogueira. Vou fazer 34 anos; Ulay, 37. Nunca me senti tão jovem na minha vida, como me sinto agora. Viajar mantém a pessoa jovem, porque ela não tem tempo para envelhecer. [...] No momento, a temperatura está entre 40 e 45 graus Celsius. Estamos realmente sentindo essa temperatura. Dormimos ao ar livre, sob um céu cheio de estrelas. Temos a sensação de que somos as primeiras pessoas neste planeta.

Ulay bebendo água depois da chuva, Deserto Central da Austrália, 1980

Não foi só o calor que foi chocante. Nada nos prepara para a sujeira onipresente, para o cheiro avassalador, nem para os enxames de moscas implacáveis do deserto. E nada prepara os ocidentais – nem mesmo ocidentais habituados a experiências radicais – para o encontro com os primeiros habitantes da Austrália.

Os aborígines não são simplesmente a raça mais antiga da Austrália. Eles são a raça mais antiga do planeta. Deveriam ser tratados como tesouros vivos. Mas não são.

De início, a comunicação com eles foi nula. Os aborígines tribais não conversam com você, porque não se comunicam do mesmo jeito ao qual estamos habituados. Eu levaria três meses para descobrir que eles de fato estavam falando comigo – dentro da minha cabeça, por telepatia. Foi nesse momento que tudo começou a ficar claro para mim. Mas é preciso passar no mínimo três meses tentando escalar esse muro, o que a maioria dos australianos não faz. Eles preferem ir a Paris ou Londres a ir ao deserto.

Sem falar no cheiro.

Os Pitjantjatjara e os Pintupi não se lavam com água – por um lado, porque não há muita água no deserto, mas, por outro, porque eles não querem perturbar a Serpente do Arco-Íris, o deus criador todo-poderoso que vive em torno dos olhos-d'água. Em vez de água, eles usam as cinzas das fogueiras para se limpar, o que não elimina os odores. Para um ocidental, o cheiro é insuportável. Senti-lo é como pegar uma cebola crua e esfregá-la nos olhos.

Contudo, são inúmeros os aspectos dos aborígines que são fascinantes. Para começar, eles são uma cultura nômade, extremamente antiga e conectada com a energia da terra. A natureza é cheia de histórias: eles estão sempre viajando por essa paisagem mítica. Um aborígine pode lhe dizer: "Esse é um homem-serpente bem aqui briga com mulher-água", e tudo o que você vê são umas pedras grandes e arredondadas, talvez um arbusto semelhante a alguma forma estranha de peixe.

Você olha para essa paisagem e ouve essa história; não se trata de ela ter acontecido no passado nem de que seja algo no futuro. Ela está acontecendo agora. Sempre é agora. Ela nunca "aconteceu". *Está* acontecendo. Esse foi um conceito revolucionário para mim. Todas as minhas ideias sobre existir no presente provêm daí.

As cerimônias são o estilo de vida deles. Eles não cumprem esses rituais somente em certas épocas do ano: os rituais são constantes. Ao ver aqueles aborígines todos vestidos com penas e pintura no rosto, percorrendo o

150

deserto – no meio do nada, com a poeira voando para todos os lados e um calor insuportável –, você se pergunta aonde estão indo. E eles respondem, naquele inglês simplificado que usam: "Ah, a gente tem compromisso" – querendo dizer uma cerimônia. Você pergunta onde é o compromisso, e eles lhe mostram uma rocha e uma árvore ao longe. "Lá é o escritório", respondem.

O que me fascinou mais que tudo foi que eles não possuíam absolutamente nada. Isso está associado ao fato de não acreditarem no amanhã. Só existe o hoje. Por exemplo, é muito raro encontrar um canguru no deserto. Quando encontram um, os aborígenes têm o que comer, o que é muito importante. Mas, depois de matarem e prepararem o canguru, eles nunca conseguem terminar de comê-lo. Sempre sobra um monte de carne. Só que, como eles sempre estão em movimento de um lugar para outro, quando acordam no dia seguinte, não levam a carne junto. Simplesmente deixam tudo – o dia seguinte é o dia seguinte.

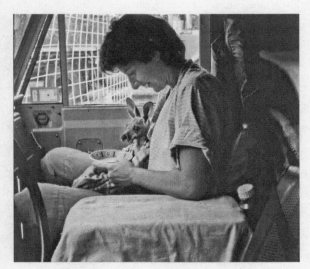

O canguru que salvei, Frederika, e eu, Grande Deserto de Vitória, Austrália, 1981

Ulay e eu fomos separados, porque, entre os aborígines, os homens ficam com os homens, e as mulheres, com as mulheres. Os dois sexos somente fazem amor em noites de lua cheia, para então se separarem de novo.

151

Isso cria uma perfeita harmonia – eles não têm oportunidade de incomodar uns aos outros! Quando as mulheres têm filhos, qualquer uma que tenha leite pode amamentar qualquer bebê por perto. As crianças ficam simplesmente correndo para lá e para cá, jogando futebol, param uns dois minutinhos para uma mamada e saem correndo para jogar mais.

Minha tarefa principal com as mulheres era assisti-las enquanto apresentavam seus sonhos. Todos os dias de manhã, nós íamos a um campo em algum lugar, e, seguindo a hierarquia, a partir das mais velhas até chegar às mais novas, usando um pauzinho para fazer desenhos na terra, elas nos mostravam com o que tinham sonhado na noite anterior. Cada mulher então designava papéis às demais para encenar o sonho, de acordo com sua interpretação. Todas tinham sonhos; todas tinham de mostrá-los – sonhos sendo apresentados o dia inteiro! Às vezes, elas não conseguiam terminar todos, e na manhã seguinte ainda restavam sonhos do dia anterior, junto com os novos a serem apresentados... Dava um trabalho.

Minha lembrança mais forte do deserto é a falta de mobilidade.

A temperatura era insuportável. À medida que a primavera avançava rumo ao verão, o calor chegava a 50 graus Celsius ou mais. Parecia uma fornalha. Se você simplesmente se levantar e der alguns passos, a impressão é que seu coração bate tão forte que vai sair direto pelo peito. Não dá para andar. Há pouquíssimas árvores; pouquíssima sombra de qualquer tipo. De modo que é preciso ficar literalmente imóvel por longos períodos. Você funciona antes do nascer do sol e depois do pôr do sol – essa é a solução.

Para permanecer imóvel durante o dia, você precisa desacelerar tudo: a respiração, até mesmo os batimentos cardíacos. Devo dizer também que os aborígines são o único povo que conheço que não usa drogas de nenhuma espécie. Até mesmo o chá é um estimulante forte demais para eles. É por isso que eles não têm nenhuma resistência ao álcool – a bebida apaga totalmente a memória deles.

No início, havia moscas por toda parte. Eu vivia coberta de moscas – no nariz, na boca, por todo o corpo. Era impossível espantá-las. Por isso, comecei a lhes dar nomes: Jane era a que ficava no céu da minha boca, George era a que gostava de pousar na minha orelha. E então, depois de três meses, acordei um dia sem uma única mosca em cima de mim. Foi aí que entendi que tinha atraído as moscas porque eu era uma coisa estranha e diferente. À medida que fui me incorporando ao ambiente, perdi essa atratividade.

Acho que não foi coincidência o fato de ao mesmo tempo eu ter parado de perceber o cheiro dos aborígines.

Uma noite, mais ou menos na ocasião em que as moscas foram embora, eu estava sentada com algumas mulheres da tribo em torno de uma fogueira quando percebi que elas falavam dentro da minha cabeça. Nós não estávamos falando, mas elas estavam dizendo alguma coisa. Eu pensava, e elas me respondiam.

Foi nessa hora que minha mente realmente começou a se abrir. Passei a perceber que podíamos ficar sentadas em silêncio total e ter uma conversa plena. Por exemplo, se eu quisesse me sentar em certo local, perto da fogueira, uma das aborígines me diria na minha cabeça que aquele lugar não era bom e que eu deveria sair dali. E eu mudaria de lugar, sem que ninguém tivesse dito uma palavra – tudo era entendido.

Vivendo num calor daqueles, num estado tranquilo e com pouquíssimo alimento ou água, me tornei um tipo de antena natural. Eu costumava captar as imagens mais espantosas com clareza, como se elas estivessem numa tela de TV. Anotava as imagens nos meus diários, e, por estranho que seja (como descobri mais tarde), parecia que muitas delas previam acontecimentos reais. Sonhei com um terremoto na Itália: 48 horas depois, houve um terremoto no sul da Itália. Tive uma visão de alguém dando um tiro no Papa – 48 horas depois, alguém tentou matar o Papa João Paulo II a tiros.

Isso também funcionava no nível mais simples e mais pessoal. Por exemplo, lá no loft do armazém de especiarias em Amsterdã, minha amiga Marinka posicionava a cama num canto escuro do quarto. E, sentada no meio do deserto em janeiro, eu tive uma visão do quarto dela diante de mim, em três dimensões. Nessa visão, a cama estava junto da janela, em vez de no canto, e Marinka não estava à vista – era só um quarto vazio, uma cama junto da janela. Fiz uma pequena anotação: "Imagem estranha – que maravilha ela ter posto a cama ao lado da janela." Só isso. E anotei a data.

Passou-se um ano e meio. Volto a Amsterdã. Vou ao quarto dela e vejo a cama no canto escuro, como sempre. "Marinka, é tão estranho. Lá na Austrália, no meio do deserto, tive uma visão de que sua cama estava ao lado da janela. Até anotei no meu caderno." "Posso ver a data?", pergunta ela. Marinka vê a data e continua. "Nessa época, eu voltei a Belgrado e aluguei meu quarto para um casal de suecos. E a primeira coisa que eles fizeram foi pôr a cama junto da janela. Quando voltei, devolvi a cama para o lugar dela."

No início, quando fiquei com as mulheres da tribo, eu tinha enxaquecas insuportáveis por causa do calor. E então Ulay me trouxe um curandeiro da sua tribo, que disse que podia cuidar desse mal-estar. O curandeiro me pediu um recipiente, de qualquer tipo. Eu lhe entreguei uma lata de sardinhas vazia que eu tinha. Ele disse para eu me deitar na terra batida e fechar os olhos. Pude sentir que ele encostou os lábios, com muita delicadeza, em dois pontos diferentes na minha testa. E, então, quando abri os olhos, a lata de sardinhas estava cheia de sangue. "Essa é a luta. Enterra ela", disse-me ele. Eu enterrei a lata. Depois, fui me olhar no espelho e, nos lugares da minha testa onde ele tinha me tocado, havia só dois pontos azuis. A pele estava intacta. Minha dor de cabeça desapareceu, e eu tinha uma extraordinária sensação de leveza. Assim que voltei para a cidade, a enxaqueca retornou.

Fui bem-aceita entre as mulheres, mas os homens da tribo aceitaram mais Ulay. Ele não se submeteu a uma iniciação, mas tornou-se muito amigo de um curandeiro Pintupi chamado Watuma. E Watuma deu a Ulay um nome tribal, Tjungarrayi, o que significava que ele estava no caminho da iniciação.

Depois de passar um tempo separados, Ulay e eu decidimos fazer uma pequena viagem sozinhos. Havia uma formação rochosa que queríamos visitar – uma paisagem estranha, em torno de um olho-d'água, que dava a impressão de ser o local de impacto de um meteorito. Por isso, pegamos nosso jipe, galões de água fervida, latas de feijão e partimos. Era a terceira semana de dezembro, e queríamos chegar ao tal olho-d'água em torno do Natal.

Visitando um pintor da tribo Pintupi, Deserto Central da Austrália, 1981

Uma noite, estávamos viajando pelo interior, quando uma enorme lua cheia nasceu acima do deserto, e começamos a falar sobre o fato de que, segundo os astronautas, as únicas construções humanas visíveis do espaço cósmico são as pirâmides e a Grande Muralha da China. No mesmo instante, nós dois pensamos num lindo verso de um poema chinês do século II, *Confissões da Grande Muralha*: "A terra é pequena e azul, e eu sou uma pequena fissura nela." De repente, nos arrepiamos: esse antigo poeta chinês tinha de algum modo previsto a visão que os astronautas, lá do espaço, tiveram da Grande Muralha. Foi nesse momento que concebemos nossa próxima grande ambição: percorreríamos a Muralha, partindo de extremidades opostas, e nos encontrando no meio. Tínhamos bastante certeza de que ninguém tinha feito isso antes.

Resolvemos que não só nos encontraríamos no meio, mas que nos casaríamos lá. Era incrivelmente romântico.

Chegamos à formação rochosa. Era um local realmente muito estranho – um olho-d'água cercado por pedras enormes e por terra vermelha. O sol estava se pondo. Era véspera do Natal. Por isso, comecei a fazer uma fogueira, uma preparação para cozinhar o jantar, porque fazia tanto calor que só se podia comer depois que o sol tivesse se posto. O fogo também era importante, porque produzia cinzas quentes que espalhávamos num círculo em torno da área em que dormíamos, como proteção contra aranhas e serpentes venenosas.

Nosso café da manhã flutuante, Deserto Central da Austrália, 1981

O sol se pôs, e eu comecei a cozinhar. Enquanto isso, de repente percebemos uma enorme águia-de-cauda-de-cunha circulando acima de nós na penumbra. Ela deu várias voltas e então pousou – bem à nossa frente, do outro lado da fogueira. Simplesmente ficou ali, olhando para nós. Era de fato uma ave gigantesca. Parei de cozinhar. Não conseguia me mexer. A imagem dessa ave enorme ali, parada, olhando fixamente para nós, era fascinante.

Não nos mexemos. Acabamos não comendo – simplesmente deixamos a comida. Ia escurecendo cada vez mais, e a águia continuava ali parada. Por fim, exaustos, adormecemos.

Acordamos com as primeiras luzes da manhã e vimos a águia ainda em pé no mesmo lugar, totalmente imóvel. E, então – nunca me esquecerei disto –, Ulay se aproximou da ave e a tocou. E ela tombou, morta. Tinha sido totalmente devorada por formigas. Fiquei arrepiada da cabeça aos pés. Arrumamos nossas coisas e saímos dali depressa.

Avancemos para uns dois meses depois. Tínhamos saído do deserto e voltado para Alice Springs. Estávamos jantando uma noite com Phillip Toyne e Dan Vachon, o antropólogo, contando todas as histórias: sobre os rituais, os sonhos, a cura da minha enxaqueca. "Ah", disse então Ulay, "Watuma, o curandeiro, me deu esse nome: Tjungarrayi". Dan, que tinha um dicionário da língua aborígine, disse que ia procurar o significado. Procurou e encontrou: "Significa 'águia que morre'", disse ele.

Em algum lugar a oeste do lago Disappointment, Austrália, 1980

O que aprendemos com o deserto e as pessoas que moravam lá? A não nos mexer, a não comer, a não falar. E, assim, quando voltamos para Sydney para dar início aos seis meses seguintes do nosso projeto, a parte da performance, decidimos fazer uma peça que era exatamente isso: não se mexer, não comer, não falar. Nós a chamamos de *Gold Found by the Artists* [Ouro encontrado pelos artistas].

O título era tanto literal como metafórico. Em termos literais, nós *tínhamos* de fato encontrado ouro, 250 gramas, com um detector de metais de uso militar que tínhamos comprado. Em termos metafóricos, nossas experiências com os aborígines tinham sido ouro puro. Nós havíamos descoberto a quietude e o silêncio. No deserto, tínhamos nos sentado, olhado e pensado, ou não pensado. Nós dois achávamos que tínhamos nos comunicado por telepatia com os aborígines. Como seria se nos sentássemos com o olhar fixo um no outro, pelo tempo que fosse humanamente possível, e depois por mais tempo ainda? Será que atingiríamos um novo estado de consciência? Será que leríamos o pensamento um do outro?

A nova peça seria da seguinte maneira: por oito horas, nós ficaríamos sentados cada um de um lado da mesa, em cadeiras que não fossem nem confortáveis demais nem desconfortáveis demais, e olharíamos nos olhos um do outro, sem nos levantarmos, sem nos mexermos de modo algum. Na mesa, nós colocamos um bumerangue folheado a ouro, as pepitas de ouro que tínhamos encontrado no deserto e, mais uma vez, uma cobra viva: um píton de 90 centímetros, com manchas em forma de losango, chamado Zen. A serpente simbolizava a vida e o mito da criação dos aborígines; os objetos representavam o período que passamos no deserto.

Ficar sentado sem se mexer o dia inteiro parece simples. Foi tudo, menos simples. Na primeira performance, descobrimos como aquilo seria difícil.

No primeiro dia, na Galeria de Arte de Nova Gales do Sul, em Sydney, tudo correu bem durante as três primeiras horas. Foi aí que os músculos maiores nas pernas, coxas e panturrilhas começaram a apresentar cãibras, e nossos ombros e pescoço começaram a latejar de dor. No entanto, nosso compromisso com a imobilidade significava que qualquer tipo de movimento para aliviar a dor era impossível.

A experiência é indescritível. A dor é um obstáculo imenso. Ela vem como uma tempestade. O cérebro lhe diz: *Bem, posso me mexer se eu realmente precisar*. Mas, se você não se mexer, se tiver a força de vontade para não ceder nem fazer qualquer concessão, a dor passa a ser tão forte que você acha que vai perder a consciência. E é nesse momento – e somente nesse momento – que a dor desaparece.

Nós apresentamos *Gold Found by the Artists* durante dezesseis dias seguidos em Sydney. Ao longo de todo esse período, fizemos jejum, consumindo apenas suco e água durante a noite, e não falávamos um com o outro.

Começamos em 4 de julho de 1981. E, depois de ficar olhando fixo para Ulay por duas horas, tentando não piscar, comecei a ver uma aura em torno dele – "uma cor clara e luminosa, de um amarelo brilhante", como escrevi no meu diário. A dor corporal já conhecida retornou: para me manter totalmente imóvel, eu imaginava que alguém na plateia estava com uma pistola apontada para mim e acionaria o gatilho se eu me mexesse.

Eu escrevia no diário depois de cada dia de performance. "Hoje tive a sensação de que ia perder a consciência", anotei no quarto dia, 7 de julho.

> Um calor estranho invadiu meu corpo. Consegui parar as dores na cabeça, no pescoço e na coluna. A esta altura, sei que nenhuma posição é mais confortável que outra. Mesmo a mais confortável de todas, após um período, passa a ser intolerável. Já sei que devo simplesmente aceitar o intolerável: encarar a dor e aceitá-la.
>
> Aconteceu de imediato: tudo paralisado – sem dor – só o coração batendo – tudo se transformou em luz. Como esse estado foi precioso para mim! Fora dali, havia dor e mudança. Ulay continuava a mudar. Em frações de segundo, ele se transformava em centenas de rostos e corpos. Isso durou até ele se tornar um espaço azul vazio, cercado de luz. Sinto que algo muito importante está acontecendo. Esse espaço vazio é real. Todos os outros rostos e corpos são apenas formas diferentes de projeção. Eu também sou esse espaço. Isso me ajuda a não me mexer.

Eu tinha descoberto uma nova versão de mim, na qual a dor não importava. Não é que minha atitude mental tivesse feito desaparecer a dor. Ela simplesmente tinha ido para outro lugar. Ela estava lá, mas não estava lá. E, enquanto eu encarava Ulay no quarto dia, ele desapareceu bem diante dos meus olhos. Só seu contorno estava ali. Dentro do contorno, havia uma pura luz azul, o azul mais azul imaginável, como o céu no meio de um dia nas ilhas gregas, sem nuvens – esse tipo de azul. Foi chocante. Eu vinha tentando não piscar. Agora, como não conseguia acreditar que não estava sofrendo uma alucinação, pisquei e continuei piscando. E nada mudou. Já não era Ulay que estava do outro lado da mesa, diante de mim. Era só uma luz azul.

Anos mais tarde, ocorreu-me uma comparação entre esse estado mental e algo que acontece em *O Idiota*, de Dostoievski. No romance, o príncipe Michkin descreve com uma precisão aguçada as sensações que o dominam antes de um ataque epiléptico: ele sente uma harmonia poderosíssima com tudo que o cerca e tem uma sensação tangível de leveza e luminosidade na natureza. Na descrição de Dostoievski, essas sensações são tão profundas que o sistema nervoso não aguenta, ocasionando então a convulsão epiléptica.

Essas sensações parecem muito semelhantes às que experimentei enquanto apresentava peças de longa duração. Essas peças são muito repetitivas, muito constantes: não há nenhuma surpresa para o corpo, e é como se o cérebro desligasse. É nesse momento que você entra num estado de harmonia com tudo o que está em volta: é nesse momento que aquilo que chamo de "conhecimento líquido" chega.

Acredito que o conhecimento universal está por toda parte, à nossa volta. A questão resume-se a saber como podemos alcançar esse tipo de entendimento. Muitas pessoas já passaram por momentos em que alguma coisa no seu cérebro diz: "Ai, meu Deus, agora eu estou entendendo." E esses momentos parecem tão raros, mas o conhecimento sempre está por aí, à disposição. Você só precisa se desprender de todo o ruído ao redor. Para fazer isso, tem de esgotar seu próprio sistema de pensamento, bem como sua própria energia. Isso é de extrema importância. É necessário de fato estar esgotado, ao ponto em que não lhe reste nada, em que você esteja tão extenuado que não consiga aguentar mais. Quando seu cérebro estiver tão exausto de trabalhar que já não consiga pensar – é nesse momento que o conhecimento líquido pode entrar.

Para mim, foi muito difícil conquistar isso, mas eu o conquistei. E a única forma de chegar a esse conhecimento líquido consiste em não desistir nunca, sob nenhuma circunstância.

"Hoje, o tempo custou a passar", registrei no dia 8 de julho. "No final, tive uma sensação intensa de mim mesma, em especial do olfato." Naquela noite, escrevi: "Sonhei com uma operação no meu cérebro. Eu tinha um tumor. Só me restavam alguns dias de vida. O nome do médico é estranho."

No dia seguinte, mais uma vez tive a sensação de que podia sentir o cheiro de todo o mundo e todas as coisas no recinto, como um cachorro. Depois, escrevi no meu diário,

uma sensação de amor por tudo e por todos. Havia um calor agradável que vinha de dentro e de fora ao mesmo tempo. Hoje, não me mexi. Passei cinco horas e superei a dor física e a vontade de me mexer. Nas três horas restantes, não havia dor. Eu só sentia a luz e o silêncio. Com a dor, eu estabelecia contato. Eu podia controlá-la se respirasse direito e parasse o fluxo dos meus pensamentos. Hoje, alguma coisa assustou a cobra. Ela teve uma contração violenta, transmitida primeiro para Ulay e depois para mim. Senti uma dor física, pura e nítida, na minha têmpora direita. Agora, consigo perceber as mudanças mais sutis na aura de Ulay. Encaro o tempo de modo diferente; eu me entrego a ele. Nada tem importância para mim. Sinto que, de tempos em tempos, um fluxo forte emana do meu corpo. Quando terminam as oito horas, eu me levanto da cadeira e vejo tudo como se fosse pela primeira vez – com um pouco de tontura –, não cansaço, mas com dor no corpo. O cansaço e a dor já não são a mesma coisa. Amo o *malog* ["pequeno"] Ulay.

À mesa, no dia 10 de julho, a dor nos meus ombros foi tão forte que fui forçada a descansar as mãos nos joelhos. "Fiquei irritada comigo mesma por causa desse movimento", escrevi.

Depois disso, tudo foi fácil. Hoje, o tempo passou mais rápido que nas outras vezes. Duas horas antes do final, o demônio em pessoa entrou ali, na forma de algum iugoslavo. Ele se aproximou de mim e disse: "Como vai, Marina?" Isso perturbou tanto minha condição que meu coração começou a bater descontroladamente.

Levei muito tempo para voltar a me tranquilizar. Depois disso, o mesmo homem me perturbou de muitas formas diferentes, tentando atrair minha atenção. Ele batia com o pé. Tossia e, por fim, se despediu. Eu não podia acreditar em como me deixei perturbar tanto com aquilo. Precisei fazer um esforço enorme para voltar a me tranquilizar. Amanhã, vou pedir um segurança à curadora-chefe, Bernice Murphy.

Esse homem que me perturbou era só algum frequentador de galerias que falou comigo em servo-croata, tentando obter alguma reação. Não deixei transparecer nada, embora, por dentro, meu pânico fosse total.

E, no dia seguinte, o homem voltou:

11 DE JULHO
Só dor na coluna. As pernas começam a tremer descontroladamente. Mas, depois de tudo isso, o tempo passa depressa. O mesmo iugoslavo veio e me perguntou duas vezes: "Como vai, Marina?" Dessa vez, me senti menos perturbada. Novamente, uma sensação de paz. Em casa, um prazer indescritível de beber suco de laranja... felicidade...

Os dois dias seguintes foram muito difíceis.

12 DE JULHO
Crise. Nenhuma concentração. O público é medíocre. Muito barulho e muitos cheiros. O tempo não passa.

Estou nervosa. Ulay está com uma dor na parte inferior do abdômen. Ainda faltam sete dias. Espero que consigamos terminar a sequência. Num dado momento, uma sensação de ter perdido meu corpo, mas volto rápido. O público serviu [ajudou] para eu não mexer meu corpo. Quem vai servir para eu parar de pensar?

13 DE JULHO

Dia difícil − vontade de chorar. Sinto dor no corpo inteiro. Não consigo me concentrar. Como chegar até o final?

E então, no dia 14, uma crise de verdade:

14 DE JULHO

Depois do meio-dia, Ulay se levantou de repente e foi embora. Pouco depois, alguém se aproximou de mim e pôs um bilhete dele na minha mão. Ulay dizia que eu devia decidir sozinha se continuaria. Que a dor no seu baixo ventre estava tão forte que ele não podia. Continuo sentada. A luz na cadeira dele permanece. Dois círculos e, no centro, um ponto brilhante. Depois de sete horas, em casa.

Depois que saí da galeria naquela noite, escrevi uma carta para ele:

Querido Ulay,
Nossas mentes racionais querem que paremos. Sua mente nunca antes recebeu esse tipo de tratamento. A concentração despenca, a temperatura despenca. Tudo isso é possível.
   Ulay, não estamos tendo uma experiência boa nem ruim. Estamos tendo uma experiência num período de 16 dias. Não importa o que aconteça − de bom ou de

ruim –, nós estamos nela. Também acredito que uma experiência ruim tem a mesma importância de uma boa. Tudo está dentro de você. Tudo está dentro de mim. Não concordo com você quanto a [se continuarmos] estarmos simplesmente cumprindo uma promessa quantitativa, e não qualitativa. Encaro dezesseis dias como uma condição, o jejum como uma condição, o não falar como uma condição. Quando o lama tibetano disse 21 dias em silêncio e jejuando: você acha que não é muito difícil? Mas ele disse 21 dias. Nós dissemos 16 dias. Também poderíamos ter dito 10 ou 7, mas dissemos 16 dias. Queremos dobrar o corpo físico. Queremos experimentar um estado mental diferente... Tenho meus dias bons. Tenho meus dias ruins. Sinto vontade de parar. Sinto vontade de não parar. Você terá boas experiências de novo. Tudo sobe, desce e sobe. Encaro esse trabalho e os 16 dias como uma disciplina.

Na manhã seguinte, fomos ao hospital. O baço de Ulay estava perigosamente inchado, e ele tinha perdido quase 12 quilos. Eu tinha perdido quase 10. O médico nos avisou que nossas funções corporais poderiam falhar se continuássemos. Olhamos um para o outro e decidimos seguir em frente.

CASAL DA COBRA CONTINUA, dizia a manchete do *Sydney Morning Herald*.

15 DE JULHO

Estou bem. Hoje, a cobra caiu quatro vezes no chão, junto com o bumerangue. Depois, voltou a ficar tranquila. Estou preocupada com Ulay. Será que estamos em condições de continuar? Isso ocupa tanto a minha mente que já me esqueci das minhas dores. Não consigo interromper o fluxo dos meus pensamentos.

No dia seguinte, continuaram as dores excruciantes e cãibras repentinas, mas um novo fenômeno surgiu com elas: visão de 360 graus. Eu de fato tive a sensação, como a de uma pessoa cega, de que podia ver o que estava acontecendo atrás de mim. Mas escrevi o seguinte no meu diário: "Cada vez tenho menos vontade de escrever sobre tudo isso."

E então Ulay precisou deixar a mesa mais uma vez. Também dessa vez eu permaneci.

"Consigo lidar com a dor com mais facilidade", escrevi naquela noite. "Ulay está de novo com dificuldades para continuar. Para mim, isso é incompreensível. Nós dissemos a nós mesmos 16 dias. Não há no que pensar. Devemos prosseguir. Torço para tudo dar certo."

Ele voltou, e nós concluímos os 16 dias. Em certo sentido, a diferença entre nós era apenas relacionada ao gênero, simplesmente anatômica: eu tinha mais carne no traseiro e não tinha testículos. A bunda de Ulay era tão magra que seus ossos quase ficavam em contato direto com a cadeira, através da pele.

Mas nós também tínhamos expectativas diferentes acerca de *Gold Found by the Artists*. Ulay acreditava que, quando se levantasse no meio da *performance*, eu também me levantaria – e não me levantei. Meu pensamento era simplesmente que ele tinha chegado ao seu limite, mas eu não tinha chegado ao meu. Para mim, o trabalho era sagrado, minha prioridade máxima.

Pode ser que outra diferença entre nós fosse minha herança de *partisans*, aquela determinação de atravessar paredes que meus pais tinham transmitido para mim. Havia ainda um eco de *Expansion in Space*, quando Ulay foi embora, e eu continuei a empurrar a coluna.

Fosse o que fosse, aquilo o atingiu e começou a supurar. Nós continuamos a apresentar *Gold Found by the Artists*, mas as coisas entre nós mudaram sutilmente. E depois não tão sutilmente.

Quando fizemos peças como *Relation in Space* ou *Light/Dark*, correndo para colidir um com o outro ou nos estapeando, ou AAA-AAA, em que berrávamos um com o outro até minha voz ou a de Ulay sumir, nós estávamos externando agressões, deixando escapar a pressão. Descarregando energia. No momento em que ficamos calados e meditativos juntos numa performance, acumulando energia, porém, alguma outra coisa começou a acontecer, e isso não foi bom.

165

Voltamos para Amsterdã reenergizados. Tínhamos decidido apresentar *Gold Found by the Artists* noventa vezes ao longo dos cinco anos seguintes, em museus e galerias do mundo inteiro. Só que com um nome novo para a peça: *Nightsea Crossing* [Travessia do mar noturno].

O título não era para ser interpretado ao pé da letra: a performance não era sobre uma travessia marítima durante a noite. Era sobre atravessar o inconsciente – o mar noturno significando algo desconhecido, aquilo que tínhamos descoberto quando nos embrenhamos com os aborígines, penetrando ainda mais no deserto. Era sobre a presença invisível.

De março a setembro de 1982, apresentamos *Nightsea Crossing* num total de 49 dias, em Amsterdã, Chicago, Nova York, Toronto, e diversas vezes na Alemanha (em Marl, Düsseldorf, Berlim, Colônia e na *documenta* em Kassel), além de Ghent, na Bélgica, terminando em Lyon, na França.

Ali houve uma explosão.

Mais uma vez, por conta de dores lancinantes nas nádegas e no abdômen (suponho que seu baço estivesse novamente aumentado), Ulay precisou se levantar e ir embora no meio das oito horas. E mais uma vez eu permaneci sentada.

Antes da performance seguinte, nós discutimos. Era a mesma briga de antes: ele achava que eu deveria ter me levantado e saído da galeria em solidariedade. Eu mantive minha opinião firme de que a integridade da peça suplantava quaisquer considerações pessoais. Era a mesma discussão, só que dessa vez ela se acirrou, em gritos, e, de repente, Ulay me deu um tapa forte no rosto.

Dessa vez não se tratava de um tapa numa performance. Aquilo ali era a vida real. Era a última coisa que eu esperava. O tapa doeu. Meus olhos ficaram marejados. Foi a última vez que ele me atingiu com raiva. Mais tarde, pediu desculpas. Mas uma fronteira tinha sido violada.

No nosso aniversário em 1982, Ulay recebeu um telefonema da Alemanha: sua mãe estava morrendo. Ele fez uma pequena mala e foi, de imediato,

166

ficar ao lado dela. Eu permaneci em Amsterdã, não por vontade minha, mas porque Ulay não quis que eu o acompanhasse.

Ele ficou com ela no hospital durante seus últimos dias de vida. Depois que ela morreu, ele me chamou, e eu fui para comparecer ao enterro. Naquela noite, Ulay me disse que queria ter um filho comigo. Eu me recusei, pelo mesmo motivo de antes: eu era e sempre seria uma artista, em termos absolutos. Ter um filho simplesmente atrapalharia minha vida. E agora o fato de eu não ter um filho era mais uma coisa a atrapalhar nosso relacionamento.

Decidimos tirar férias porque estávamos exaustos. No fim do ano, viajamos para o nordeste da Índia, para visitar Bodh Gaya, o lugar onde Buda recebeu sua iluminação.

Sidarta Gautama era um príncipe que morava num palácio com o rei. Tudo era feito para ele, e ele nunca soube como era a vida fora das muralhas, na Índia do mundo real. Um dia, seu criado, que também era seu amigo, propôs que os dois saíssem das muralhas, só para dar uma olhada lá fora. Foi assim que, pela primeira vez, eles abriram a porta do castelo e saíram.

Sidarta ficou chocado com o que viu: pobreza, fome, lepra, pessoas morrendo nas ruas. "Se o mundo é assim", disse ele, "não quero ser um príncipe num palácio". Assim, renunciou ao direito ao trono. Adotou os trajes de um intocável, usando somente retalhos e trapos sujos, e, com seu criado, começou a procurar pela verdade. Ele queria descobrir um caminho isento de sofrimento. Queria descobrir o significado da vida: por que havia pessoas pobres, doentes e moribundas; por que as pessoas envelheciam; o que era a morte em si. Queria experimentar a iluminação. Passou anos nessa busca.

Mas, a certa altura, ele praticamente desistiu de tudo. Tinha conversado com homens santos, tinha praticado ioga e os graus mais elevados de meditação. "Tudo isso é bobagem", constatou, então. Ele estava em Bodh Gaya, onde havia uma grande árvore *bodhi,* cujas folhas parecem uma chama, perto da margem de um riacho. Sidarta resolveu sentar-se à sombra da árvore, sem comer nem beber nada até atingir a iluminação.

Ficou sentado ali por muitos dias, meditando. Uma naja passou e o viu. O sol estava tão forte que a cobra se ergueu para criar uma sombra que o refrescasse. Sidarta permaneceu ainda muitos dias sentado, transformando-se em pele e osso. Logo, estava quase à morte.

Aconteceu que, ali por perto, uma jovem de uma família rica estava cuidando das 99 vacas da família. Quando viu esse rapaz tão magro, meditando, ela se espantou e disse a si mesma que ele ia morrer de fome. Pegou então um caldeirão enorme e ordenhou todas as 99 vacas. Depois, ferveu o leite até reduzi-lo à sua essência cremosa. Então, cozinhou arroz naquele leite concentrado e pôs a mistura numa cumbuca de ouro. Ela se aproximou de Sidarta e lhe entregou a cumbuca. Ele se sentiu culpado por interromper sua meditação, mas deu-se conta de que, se morresse de fome, a meditação se encerraria. Desse modo, comeu aquele arroz delicioso, e o alimento lhe devolveu sua energia. Ele retornou a cumbuca para a menina, mas ela não a aceitou. Simplesmente deu meia-volta e foi embora.

Agora Sidarta se sentia duplamente culpado. Tinha interrompido sua meditação e tinha ficado com a cumbuca de ouro da menina. Por isso, foi até o rio e disse a si mesmo: "Vou lançar esta cumbuca no rio. Se ela descer com as águas, nunca receberei a iluminação. Se seguir rio acima, talvez eu tenha uma oportunidade." Ele atirou a cumbuca de ouro na água, e ela boiou rio acima. Mas, a essa altura, ele estava tão exausto que voltou até a árvore *bodhi* e adormeceu num sono profundo. E acordou iluminado.

Esta é a minha interpretação da história: para realizar um objetivo, você precisa dar *tudo*, até não lhe restar nada. E ele acontecerá por si mesmo. É realmente importante. Esse é meu lema para cada performance. Eu dou até a última gota de energia, e depois as coisas acontecem ou não. É por isso que não me importo com críticas. Só me importo com críticas quando sei que não dei o máximo que podia. Mas, se eu der tudo – e ainda mais um pouco –, não faz diferença o que os outros digam.

Bodh Gaya é uma espécie de meca de todos os templos que você possa imaginar – birmanês, vietnamita, tailandês, japonês, chinês, sufi, cristão. Todas as religiões têm uma pequena sede ali, e as pessoas vêm para se sentar em meditação *samadhi* por um longo período. Esse é um extraordinário lugar de peregrinação, e a melhor época para se ir lá é por volta da fase da lua cheia, quando as energias estão mais fortes.

O templo sufi de lá é bem conhecido. Havia muito tempo que nos correspondíamos com um mestre e filósofo sufi, e marcamos uma hora para conhecê-lo em Bodh Gaya. Naquela época, eu não me interessava muito pelo Tibete, mas o sufismo tinha muita importância para mim. Eu lia a poesia de Rumi e estava fascinada pelas danças dos dervixes e tudo o mais.

Chegamos, portanto, a Bodh Gaya, e estávamos procurando um lugar para ficar. Não havia hotéis, só alguns quartos para alugar. Mas o templo chinês era imenso e tinha uns dormitórios muito espartanos – basicamente não mais que áreas com bancos de madeira, onde você podia desenrolar seu saco de dormir e ficar praticamente de graça, cerca 0,50 dólar por noite. Como já estava escuro, nós fomos para lá e encontramos dois bancos disponíveis.

Comemos alguma coisa e fomos dormir. No meio da noite, senti vontade de fazer xixi. Era preciso ir lá fora, porque não havia banheiro, só uma latrina a alguns metros de distância. Estava muito escuro, e eu não tinha uma lanterna. Eu praticamente tateava o caminho quando tropecei num degrau e caí, torcendo o tornozelo. Ao acordar no dia seguinte, meu tornozelo estava monstruosamente inchado, roxo e doendo demais. Eu simplesmente não podia andar com o pé daquele jeito.

No entanto, ao mesmo tempo, nós tínhamos um horário marcado com o mestre sufi às três da tarde. Isso era uma questão de vida ou morte – nós *precisávamos* vê-lo. Ulay tinha muitas dúvidas quanto ao meu tornozelo. "Pelo menos vamos ao templo", sugeri. "Pode ser que a gente consiga de algum modo."

Pegamos um bicitáxi e seguimos para o templo. E lá estava ele – no topo de um grande morro, trezentos degraus acima de nós. "Ai, meu Deus", exclamei, mas depois disse a Ulay. "Sabe o que vou fazer? Vou subir a escada me arrastando. Vou demorar o tempo que for necessário, mas vou estar lá às três." Compramos duas sombrinhas, porque o sol brilhava forte. Eram dez da manhã, e eu comecei a subir a escada me arrastando.

Ulay subiu direto, e eu fui subindo sentada – devagar, bem devagar. Eu tinha um pouco de comida, água e minha sombrinha. O sol estava implacável. A dor era terrível. Mas, às três horas, eu tinha chegado lá.

Às três em ponto, eles nos conduziram a um aposento especial no templo. Eu me sentei com meu pé para o alto numa cadeira, com uma toalha enrolada nele. O tornozelo estava com péssima aparência e doía mais do que nunca. Então o mestre sufi chegou e se sentou diante de nós. A primeira coisa que ele fez foi olhar para o meu tornozelo. "O que houve?", perguntou. Eu lhe contei a história. "Mas como você subiu a escadaria?" Eu lhe disse que tinha começado a subir me arrastando, às dez da manhã. Ele pareceu impressionado.

Depois nós conversamos. Foi muito interessante – falamos sobre a passagem entre a vida e a morte, sobre como a alma pode deixar o corpo através do centro da fontanela na cabeça. Todas essas eram questões em que eu estava interessada havia muito tempo.

No final, dois discípulos serviram chá. E, ao terminar o chá, o mestre falou: "Por favor, bebam seu chá com tranquilidade. Tenho outro compromisso. Foi um grande prazer conhecê-los." Ele saiu, e nós ficamos sentados ali, terminando nosso chá. Eu estava adiando o inevitável, pois sabia que logo teria de me levantar e descer os trezentos degraus. Então me levantei – e não senti nenhuma dor. Nada. Foi muito estranho, porque o tornozelo ainda estava inchado. Eu tinha ouvido dizer que essas pessoas tinham o poder de remover a dor, mas essa experiência era única. Simplesmente desci a escadaria. O tornozelo continuou inchado por mais três semanas, mas a dor nunca voltou.

Nós já estávamos lá havia alguns dias, e houve rumores de que o mestre do Dalai Lama estava chegando. Tratava-se de Ling Rinpoche, o maior mestre de todos. Dizia-se que ele viria ao templo tibetano. Eu nunca tinha estado num templo tibetano.

Alguém me disse que, se eu quisesse vê-lo e receber sua bênção, deveria comprar um xale branco especial. Quando eu parasse diante dele, deveria lhe entregar o xale. Ele então o abençoaria e o poria em volta do meu pescoço.

Fomos comprar nossos xales e entramos numa grande fila diante do templo. Ling Rinpoche estava lá dentro. Esperamos muito tempo, e então finalmente chegou a nossa vez. Ele era um velho, no mínimo com seus 80 anos, e estava sentado na posição de lótus. Por baixo das vestes vermelhas, tinha uma barriga avantajada. Dei-lhe o xale. E ele me devolveu, mas fez uma coisa que eu não o tinha visto fazer com outras pessoas. Ling Rinpoche me deu um piparote ínfimo no centro da minha testa – com muita delicadeza – e sorriu.

Ulay foi depois de mim, mas eu não vi sua interação com Ling Rinpoche. Só me encaminhei para os fundos do templo e me sentei. E, cerca de cinco minutos mais tarde, tive a sensação de que meu corpo estava pegando fogo. Fiquei vermelha como um morango e comecei a chorar descontroladamente – enormes soluços ruidosos, explodindo a partir do meu peito. Eu não conseguia parar. Fiquei com tanta vergonha que precisei deixar o templo, e continuei chorando pelas três horas seguintes. Meu rosto inteiro estava deformado.

Eu não parava de me perguntar por que estava chorando daquele jeito, o que estava acontecendo. Foi então que comecei a entender: havia alguma coisa naquele homem que tinha dado um piparote tão delicado na minha testa, alguma coisa incrivelmente humilde, inocente e pura. Acho que essa inocência fez meu coração se abrir. Se aquele homem tivesse me mandado abrir a janela e pular, por qualquer motivo que fosse, eu teria obedecido. Era uma coisa que eu nunca tinha vivenciado – a entrega total. O puro amor. Veio de modo tão inesperado, como uma onda.

Chegou, então, Sua Santidade, o Dalai Lama, e nós assistimos a sua palestra espiritual. Naquela época, era tão fácil conhecê-lo. Ele falava com todo mundo. Aprendi algo importantíssimo naquele encontro. Ele disse que é possível relatar as verdades mais terríveis se você antes abrir o coração do ser humano com o humor. De outro modo, o coração se fecha, e nada consegue entrar. Foi uma experiência incrível a de simplesmente estar na presença dele. Mas esse seria apenas nosso primeiro encontro. Haveria muitos outros.

Depois, fizemos um retiro de 21 dias praticando a meditação *Vipassana*. A *Vipassana* trata da atenção plena: à respiração, aos pensamentos, aos sentimentos, aos atos. Nós jejuávamos e fazíamos tudo – sentar, ficar em pé, deitar, caminhar, até mesmo comer – em câmera lenta, para entender melhor o que estávamos realmente fazendo. Mais tarde, a *Vipassana* se tornaria uma pedra angular do meu Método Abramović.

Estávamos de volta a Amsterdã, hospedados na casa de Christine Koenig. Depois do calor de Bodh Gaya, aquele foi um inverno muito rigoroso – fazia tanto frio, mesmo dentro de casa, que os vasos sanitários ficaram congelados. Há uma foto minha daquela época, fazendo xixi na pia da casa de Christine: não era para me exibir, mas porque aquele era o único lugar possível.

Um dia, Christine voltou do centro da cidade e me contou que tinha topado com uma amiga, que lhe disse: "Vi o filho de Ulay, ele está cada vez mais parecido com o pai."

"Que filho?", perguntei. O único filho de que eu tinha conhecimento estava na Alemanha. Quando perguntei a Ulay se era verdade, se tinha mais um filho em Amsterdã, ele negou, dizendo que as pessoas estavam fazendo fofocas para tentar nos separar.

No início de 1983, nosso amigo belga Michael Laub nos levou à Tailândia para ajudar a fazer um vídeo para o qual ele tinha sido contratado. Na realidade, nós acabamos concebendo nossa ideia pessoal de um vídeo, que Michael produziu para a televisão belga: ele se chamou *City of Angels* [Cidade dos anjos].

Michael Laub e eu, Bombaim, 1999

A peça foi realizada ao norte de Bangcoc, em Ayutthaya, as ruínas da antiga capital, destruída pelo exército birmanês numa guerra contra os siameses no século XVIII. Queríamos transmitir uma sensação profunda desse lugar estranho e maravilhoso, com seus numerosos templos arrasados, e tínhamos regras muito rígidas. Para começar, somente apareceriam no vídeo pessoas do local – um mendigo das ruas, um condutor de jinriquixá, vendedores de frutas na feira, rapazes que movimentavam barcos nos canais, uma garotinha. Ulay e eu não estaríamos diante das câmeras de modo algum. Não haveria narração: a única língua ouvida seria o tai, de forma que o que estaria em primeiro plano seria a música da fala das pessoas, em vez do sentido daquilo que diziam. E, para conferir uma beleza visual à peça, nós só filmamos bem cedo de manhã, logo depois do amanhecer, e, no final da tarde, por volta da hora do pôr do sol.

Essa era uma novidade total, a primeira vez que uma peça nossa era toda sobre pessoas que não éramos nós. Quisemos capturar, em imagem e som, a estranheza da vida em meio àquelas ruínas e às mortes no passado que elas assinalavam. Numa sequência especialmente fascinante, um mendigo estava em pé com um espelho numa mão e uma espada na outra: enquanto o espelho refletia os raios do sol poente, o mendigo foi baixando devagar a espada na direção da cabeça, transformando-se diante dos nossos olhos num herói mítico. Em outra cena, a câmera parece flutuar acima de uma longa fila de adultos e crianças deitados no chão, de mãos dadas, até parar na imagem de um cágado – que esticou a cabeça para fora da carapaça e se afastou, apressado.

Parecia importante trazer para o nosso trabalho as ricas culturas que estávamos conhecendo. Mais tarde naquele ano, concebemos uma forma de expandir *Nightsea Crossing* para fazer exatamente isso.

Dessa vez, a ideia era, usar uma mesa redonda, com quatro pessoas sentadas em volta, dois pares se encarando: Ulay e eu, e, representando dois lugares que tinham sido tão importantes para nós, um aborígine australiano e um monge tibetano. O título da peça seria *Nightsea Crossing Conjunction* [Travessia noturna em conjunção].

Quando penso nisso agora, além de ser uma expansão, talvez essa nova peça também tenha sido um modo de diluir a pressão intensa que se acumulava entre mim e Ulay todas as vezes que apresentávamos *Nightsea Crossing.*

O governo holandês e o Museu Fodor de Amsterdã concordaram em patrocinar *Conjunction.* Os curadores do museu tentaram trazer um monge do Tibete – só para descobrir que a maioria dos monges tibetanos não tem passaporte! Em vez disso, conseguiram de algum modo localizar um monge num mosteiro tibetano na Suíça. Nesse meio-tempo, Ulay voltou ao interior da Austrália e refez contato com o povo Pintupi. Quando perguntou a seu velho amigo Watuma, o curandeiro, se ele gostaria de ir à Europa para se apresentar conosco, Watuma riu e disse que não só gostaria. Ele adoraria.

Apresentamos *Nightsea Crossing Conjunction* durante quatro dias em abril, numa igreja luterana em Amsterdã. Dessa vez, em consideração aos nossos convidados, fizemos a peça por quatro horas seguidas, em vez de oito. Não foi uma tortura terrível; mas também não foi moleza. No primeiro dia, começamos ao amanhecer. No segundo, ao meio-dia; no terceiro, ao pôr do sol; e, no quarto, à meia-noite. A mesa redonda à qual nos sentamos – Ulay e eu, em cadeiras com braços, nos pontos leste e oeste do círculo; Watuma e o monge, Ngawang Soepa Lueyar, em almofadas, nos pontos norte e sul – tinha cerca de 2,40 metros de diâmetro e era revestida com um belo folheado a ouro. Ngawang estava sentado, sereno, na posição de lótus; Watuma, por outro lado, sentava com as pernas tensas, dobradas por baixo dele, como o caçador alerta que era. Se um coelho tivesse passado correndo por ali, juro que ele teria dado um salto e o capturado.

Essa foi uma peça pioneira. Aquelas duas culturas, a aborígine e a tibetana, nunca tinham se encontrado. Acho que nós ajudamos a abrir o resto do mundo para os outros mundos. Hoje, o pluriculturalismo é comum. Naquela época, ele era novidade; algo moderno que causou queixas na Holanda a respeito de dinheiro público ter sido gasto com um trabalho tão estranho e impalpável. Frank Lubbers, um dos curadores do Museu Fodor, deu uma resposta maravilhosa: "Com o mesmo dinheiro que se poderia comprar um carro de classe média, conseguiu-se um Rolls-Royce."

Anos mais tarde, aconteceu algo espantoso. Em meados da década de 1980, quando o falecido Bruce Chatwin estava no interior da Austrália pesquisando para *The Songlines* [O rastro dos cantos], seu grande livro sobre os aborígines australianos, ele entrevistou um membro de uma tribo a quem chamou de Joshua. Na descrição de Chatwin, Joshua era um homem de meia-idade, exuberante, "muita perna e pouco corpo, com a pele muito escura, usando um chapéu preto de caubói". O aborígine descreveu (e cantou) para o escritor uma série de "sonhos" ou rastros de cantos. Um descrevia o varano, um grande lagarto carnívoro, nativo do interior da Austrália. Outros falavam do fogo, do vento, do capim, da aranha, do porco-espinho. E então veio um rastro de canto que Joshua chamou de "O Grande Voo".

"Quando desenham um rastro de canto na areia, os aborígines fazem uma série de linhas com círculos entremeados", escreveu Chatwin.

> A linha representa uma etapa na viagem do Antepassado (geralmente um dia de marcha). Cada círculo é uma "parada", "olho-d'água" ou um dos acampamentos dos Antepassados. Mas a história do Grande Voo estava fora do meu alcance.
>
> Ela começou com alguns movimentos retos, que foram acabar num labirinto retangular e por fim terminaram numa série de cobrinhas. Enquanto riscava cada parte, Joshua não parava de repetir um refrão, em inglês, "Puxa! Eles têm dinheiro por lá".
>
> Eu devia estar muito lento naquela manhã. Levei séculos para perceber que esse era um rastro da Qantas. Joshua tinha ido a Londres antes. O "labirinto" era o aeroporto de Londres: o Portão de Desembarque, Controle de Saúde, Imigração, Alfândega, e depois a viagem de metrô para chegar à cidade. As "cobrinhas" eram as voltas e curvas do táxi, da estação do metrô até o hotel.

175

Em Londres, Joshua tinha visto os pontos turísticos de costume – a Torre de Londres, a Troca da Guarda e assim por diante –, mas seu destino final era Amsterdã. O ideograma para Amsterdã causou uma perplexidade ainda maior. Havia um círculo. Havia quatro círculos menores em torno dele. (...) Por fim, ocorreu-me que aquilo era algum tipo de mesa redonda, da qual Joshua tinha sido um de quatro participantes. Os outros, no sentido horário, eram "um branco, pai", "uma magra, vermelha", "um negro, gordo".

Revelou-se que Chatwin tinha mudado os nomes dos membros das tribos para o livro. Na realidade, "Joshua" não era nada menos que Watuma, e a cena muito estranha que ele estava descrevendo era *Nightsea Crossing Conjunction*. O "branco, pai" era Ulay, o "negro, gordo" era Ngawang, e a "magra, vermelha" era eu.

O que tornou aquilo tudo ainda mais estranho foi que nós de fato tínhamos passado a fazer parte da cultura aborígine – e do seu Tempo dos Sonhos.

De imediato fizemos o sucesso sublime de *Nightsea Crossing Conjunction* ser acompanhado por uma das piores peças que já fiz na vida.

Positive Zero [Zero positivo] era nossa primeira obra para o teatro e foi uma peça ambiciosa. Dessa vez, não haveria um lama tibetano, mas quatro (nós conseguimos encontrar monges que tinham passaporte), dois aborígines (mas não Watuma, que tinha voltado para a Austrália), Ulay e eu. O Festival da Holanda e a galeria de Appel patrocinaram a peça. A televisão pública holandesa deveria filmá-la. E o Goethe-Institut, o Conselho da Áustria e o Conselho de Artes da Índia a financiaram. Uma grande produção.

A performance deveria ser uma série de quadros vivos, baseados nas cartas do tarô, retratando conflitos entre a juventude e a velhice, o masculino e o feminino – tudo muito sério. Os lamas entoariam cânticos, os membros das tribos tocariam seus *didgeridoos*; e, enquanto ensaiávamos esses

176

quadros com pessoas que nunca tinham pisado num palco, comecei a me dar conta de que essa não era uma boa peça.

Talvez ela ganhasse consistência à medida que fôssemos avançando, pensei. Mas não ganhou.

E então chegou a noite da estreia, no Teatro Real Carré em Amsterdã. O público estava lá, e não havia como voltar atrás. Além disso, eu estava com uma virose, com uma febre de 40 graus. A noite inteira pareceu puro delírio de pesadelo. Numa cena, eu segurava Ulay no colo, num tipo de pose de *Pietà*: num registro extraído da gravação da performance, dá para ver que meus olhos estão vermelhos – não de chorar de tristeza, mas por causa da minha febre. Foi o único momento verdadeiro em toda a apresentação. O resto foi tão *kitsch*, deplorável, descritivo e incrivelmente ingênuo. Simplesmente ruim.

Os quatro lamas de *Positive Zero* ficaram na nossa casa durante os ensaios da peça e mais uns dois dias depois. Todas as manhãs, eles acordavam às quatro horas para meditar e depois faziam um chá tibetano. Era mais como uma sopa tibetana – espessa, substanciosa, cheia de manteiga, sal e leite. Lembro-me de ser acordada um dia, às cinco e meia da manhã, por risadas, e não por uns risinhos de nada. Eram gargalhadas altas e vigorosas, que não paravam, provenientes da cozinha. Fui lá ver o que estava acontecendo e descobri que os lamas eram a origem da risadaria. Perguntei ao intérprete o que estava acontecendo com os monges. "É que o leite borbulhando os deixou alegres", respondeu ele. Fiquei pasma.

Positive Zero pode ter sido terrível, mas pelo menos os *performers* foram bem-remunerados. Os lamas receberam 10 mil florins – para eles, essa quantia era tão enorme que um mosteiro inteiro com setecentos monges poderia viver quatro anos com ela! Depois da performance, na última noite que passaram na Holanda, eles saíram para fazer compras. As lojas em Amsterdã ficavam abertas até tarde nas noites de quinta-feira.

E, assim, os monges pegaram seus 10 mil florins e foram ao centro da cidade com seu intérprete, em suas belas vestes vermelhas. Todos eram parecidos com o Dalai Lama. E desapareceram por horas a fio: o relógio marcou sete, oito, nove, dez horas. Nós já estávamos dizendo: "Ai, meu

Deus, o dinheiro do mosteiro já era. Eles gastaram tudo." Finalmente, eles chegaram às dez e quinze, depois que as lojas já tinham fechado, e estavam muito contentes e extremamente empolgados.

Perguntei o que tinham comprado.

Eles abriram sorrisos satisfeitos e me mostraram dois guarda-chuvas.

Fracassos são muito importantes – eles significam muito para mim. Depois de um grande fracasso, entro numa depressão profunda e numa parte muito sombria de mim, mas logo depois volto à vida, despertando para alguma outra coisa. Eu sempre questiono artistas que fazem sucesso em tudo o que criam – acho que isso significa que eles estão se repetindo e não se arriscando o suficiente.

Se você experimentar coisas novas, terá de fracassar. Por definição, experimentar significa entrar em território onde nunca se esteve, onde o fracasso é muito possível. Como você pode saber que vai ter sucesso? Ter a coragem de encarar o desconhecido é muito importante. Adoro viver nos espaços intermediários, nos lugares onde foram deixados para trás os confortos da sua casa e dos seus hábitos, onde você se abre totalmente para o acaso.

É por isso que amo a história de Cristóvão Colombo – que foi enviado pela rainha da Espanha para descobrir uma forma diferente de chegar às Índias, a quem deram uma tripulação de condenados, porque todo o mundo acreditava que a Terra era plana e que se cairia da borda ao tentar atravessar o Atlântico. E então, ao sair para entrar no desconhecido, eles fizeram uma última parada em El Héro, nas ilhas Canárias, e jantaram. Sempre imagino esse jantar, na noite antes de partir sabe-se lá para onde, antes de correr esse risco incomensurável. Imagino Colombo sentado à mesa com os condenados, todos eles com a sensação de que essa talvez fosse sua última ceia juntos.

A meu ver, isso deve ter exigido mais coragem do que viajar até a Lua. Você acha que talvez possa cair da borda da Terra, e então descobre um novo continente.

Mas a verdade é que sempre há a possibilidade de realmente se cair da borda da Terra.

ABRAMOVIĆ

7.

Duas histórias que se transformam numa única.

Tive um amigo em Belgrado, um cara muito inteligente, que frequentou a escola de cinema com meu irmão. Ele se chamava Lazar Stojanovic. E, para sua tese, Lazar fez um espantoso filme de vanguarda, intitulado Plastic Jesus [Jesus de plástico]. O enredo era indescritível, mas basicamente o filme era uma alegoria sobre Tito. Tito era o Jesus de plástico, e foi interpretado pelo cineasta (e mais tarde artista performático) Tomislav Gotovac.

Hilariante e profundamente satírico, o filme tratava de Tito e da decadência do sistema político iugoslavo. Havia uma longa cena em que o líder debatia com seus comandantes se era melhor entrar em combate barbeado ou com a barba por fazer. Por fim, eles decidiram que era melhor estar com a barba por fazer durante as batalhas, mas, depois da vitória, deveriam estar barbeados.

O presidente da banca avaliadora da tese de Lazar deu ao filme a nota máxima. Mas, numa medida de repressão por parte do governo, o presidente da banca foi interrogado pela polícia secreta e demitido da escola; Stojanovic, por sua vez, foi condenado a quatro anos na prisão por seu filme contrário a Tito.

Agora vamos nos embrenhar nos rincões da Bósnia, onde, em meio a aldeias assoladas pela pobreza, à margem das florestas fechadas, havia um guarda-florestal que era odiado por todos. Esse guarda era muito rigoroso – se os aldeões matassem alguns coelhos fora da estação de caça, ele anotava o nome de todos e os entregava para a polícia.

Por isso, os camponeses resolveram se vingar. Eles sabiam que quase todos os dias o guarda-florestal ia a uma clareira na floresta, assoviava, dando um sinal que fazia uma ursa jovem sair do meio das árvores, e então trepava com ela.

Os aldeões relataram à polícia o que estava acontecendo e se esconderam no mato baixo, junto com os policiais. Eles viram quando o guarda-florestal entrou na clareira e assoviou. Logo, a ursa veio ao relvado, e o guarda-florestal trepou com ela. A polícia então prendeu o guarda. Por quê? Não por motivos de ordem moral, mas porque os ursos pertenciam à fauna protegida pelas leis nacionais. O guarda-florestal foi preso.

Voltemos agora ao meu amigo Stojanovic. Depois de quatro anos preso, ele finalmente saiu, e nós fizemos uma grande festa para recebê-lo. Muitos comes e bebes, muito riso. Quatro anos por ter feito um filme? Nós ainda não conseguíamos acreditar. Alguém perguntou a Lazar qual tinha sido a pior parte da vida na prisão. "Como intelectual", disse ele, "a pior coisa na prisão, para mim, foi ter de dividir uma cela com o guarda-florestal que trepava com a ursa".

Antes que os lamas retornassem para o Tibete, eles nos disseram que queriam fazer *puja,* uma grande cerimônia para remover obstáculos e garantir uma longa vida. A cerimônia devia começar às cinco da manhã, com preces, sinos e cânticos, bem como oferendas de alimentos, frutas e flores; e os monges queriam que todos os organizadores do Festival da Holanda estivessem presentes, junto com Ulay e comigo. A cerimônia de *puja* ia se realizar na nossa casa, de modo que tivemos de acordar de qualquer maneira; mas acabou acontecendo que as outras cinco pessoas, por motivos diferentes, não compareceram. Um não conseguiu acordar, um estava passando mal, outro se esqueceu – várias razões. Por isso, apenas com nós dois, os monges realizaram toda aquela cerimônia, para garantir uma vida longa e compensar a energia negativa de *Positive Zero.* Depois, foram embora.

Positive Zero tinha exigido tanto de nós e se revelado tão ruim, que estávamos exaustos. Decidimos sair de férias.

Lembra-se de Edmondo, o artista performático do nosso loft no armazém de especiarias, que era loucamente apaixonado pela adolescente sueca depressiva que nunca falava? Depois que ele a forçou a falar, ela se mudou de volta para a Suécia, e Edmondo ficou transtornado. Foi então que ela lhe escreveu uma carta, dizendo que o problema todo tinha sido com Amsterdã. Simplesmente detestava morar na cidade. Segundo ela, se ele morasse no campo, ela voltaria para ele.

No final das contas, o avô de Edmondo, o piromaníaco, tinha uma pequena fazenda na Toscana. E Edmondo falou com o avô. "Não quero esperar que você morra. Você pode me dar essa casinha e a terra, para eu me mudar com a minha namorada para lá e nós poderemos viver felizes juntos?" Foi assim que o avô lhe deu a casa. E a garota sueca voltou. Os dois foram para a Toscana, para viverem felizes para sempre – só que, depois de três meses, ela se apaixonou por um vizinho pastor e engravidou dele, abandonando Edmondo, que agora estava mais uma vez transtornado e desesperado por companhia. Será que nós – Ulay e eu, Michael Laub, Marinka e um novo amigo, Michael Klein, um agente artístico com quem tínhamos começado a trabalhar – poderíamos ir visitá-lo?

Férias de graça na Toscana pareciam a solução perfeita. Por isso, fomos de carro até lá, só para descobrir que a sede da fazenda de Edmondo estava totalmente em ruínas, só com metade do telhado e ratos correndo por toda parte. Percebemos que não havia como dormir ali. Então fomos à aldeia vizinha comprar uma barraca para podermos dormir na propriedade de Edmondo.

A paisagem da Toscana é belíssima, mas a fazenda de Edmondo estava totalmente fora de sintonia. Havia um embrião de rato no azeite de oliva. As galinhas tinham epilepsia – toda vez que você as alimentava, elas desmaiavam. Ele tinha uma porca chamada Rodolfina que tinha uma hérnia, e um burro que era apaixonado pela porca. Parecia que o burro não sabia que era um burro e dormia com Rodolfina. A única parte bem-sucedida da propriedade era a plantação de maconha de Edmondo, que ele regava com regularidade. Sempre andava por lá com um baseado na boca.

Foi assim que armamos nossa barraca e passamos ótimas férias por lá. Estávamos na Toscana havia mais ou menos uma semana quando Ulay foi à aldeia um dia de manhã ligar para a galeria de Appel em Amsterdã, para saber se algum convite para performances tinha aparecido na nossa caixa de sapatos. Quando voltou, seu rosto estava sem cor. Ele mal conseguia falar. "O que houve?", perguntei.

O que houve foi que todas as cinco pessoas que tinham sido fundamentais para o Festival da Holanda – as cinco que faltaram à cerimônia de *puja* naquela manhã – tinham morrido num desastre de avião na Suíça. Wies Smals estava entre elas, bem como seu filhinho de 6 meses. Eles tinham ido a Genebra ver uma instalação de Daniel Buren, o artista conceitual francês, e estavam voltando para Amsterdã. Era um jatinho. O piloto não tinha muita experiência com aquela aeronave. Eles foram apanhados por uma corrente descendente acima dos Alpes e colidiram com a montanha.

No fundo, era imprevisível – um pesadelo total. Fizemos as malas e voltamos direto para Amsterdã, uma viagem de dez horas de carro.

Quando chegamos, descobrimos que os corpos ainda estavam na Suíça. Eu me lembro de entrar na galeria, e tudo estava exatamente como antes: nossa caixa de sapatos, os óculos de Wies, três maçãs em cima da mesa... Pequenos detalhes, mas aquele tipo de coisa que carrega tanto significado. Lembro-me de ter pensado em como essas pequenas coisas são importantes.

Enquanto todos estavam ali parados, confusos, fui até a cozinha e enchi um balde com água quente. Depois peguei uns dois panos de chão e comecei a lavar o piso da galeria. Naquele momento, eu precisava fazer alguma coisa de verdade – alguma coisa muito simples.

E então aconteceu algo mais do que incrível. Os corpos foram trazidos de volta; um funeral precisava ser organizado. E, durante esse período, chegou uma carta dos monges que tinham se apresentado em *Positive Zero*. A data carimbada pelos correios no envelope era de um dia antes do acidente. E a carta dizia: "Nossos pêsames pela sua perda."

Wies Smals no Palácio Real, Amsterdã, 1979

Eu acreditava que a felicidade podia nos proteger. A meu ver, ela era um escudo invisível que nos resguardava de todas as desgraças. Wies estava tão feliz com seu bebê. Era louca por ele. Sem dúvida, nada de mal poderia atingi-los. Mas a morte deles extinguiu em mim essa crença.

De uma fissura na Terra para outra.

De início, como quase todo o mundo, nós achávamos que os chineses tinham construído a Grande Muralha para se protegerem de Gêngis Khan e das tribos mongóis. Mas, à medida que fomos lendo mais, descobrimos que essa não era a verdade. O que descobrimos foi que a Muralha tinha sido projetada na forma de um dragão gigantesco, como uma imagem espelhada da Via Láctea. Os antigos chineses tinham começado a Muralha, afundando 25 navios à beira do mar Amarelo, para criar as fundações para a cabeça do dragão. Então, à medida que o dragão ia se erguendo do mar, seu corpo atravessava sinuoso a paisagem e as montanhas, numa correspondência exata com o formato da Via Láctea, até chegar ao deserto de Gobi, onde a cauda estava enterrada.

Agora, nós apresentávamos uma proposta formal, mais uma vez aos curadores do Museu Fodor, que nos tinham ajudado a conseguir recursos do governo para *Nightsea Crossing Conjunction*.

Escrevemos o seguinte:

> A edificação que melhor exprime a noção da Terra como ser vivo é a Grande Muralha da China. No caso da Grande Muralha, trata-se de um dragão mítico que mora debaixo dessa longa estrutura semelhante a uma fortaleza... A cor do dragão é verde; e o dragão representa a unificação de dois elementos naturais, a terra e o ar. Embora viva no subsolo, ele simboliza a energia vital da superfície da Terra. A Grande Muralha assinala o movimento do dragão pela Terra e, assim, encarna a mesma "energia vital". Em termos científicos

modernos, a Muralha está sobre o que se chama de linhas geodésicas de força, ou linhas de Ley. Ela é uma ligação direta com as forças da Terra.

Nosso plano consistia em eu começar a caminhada na extremidade leste, feminina, da Muralha, no golfo de Bohai no mar Amarelo, e Ulay começar na extremidade oeste, masculina, da Muralha, o passo Jiayu no deserto de Gobi. Depois de andarmos um total de 2.500 quilômetros, cada um, nós nos encontraríamos no meio.

Sobre nosso plano original de nos casarmos quando nos encontrássemos lá, nós agora falávamos cada vez menos.

A verdade é que meu relacionamento com Ulay estava desmoronando. Desde a morte da sua mãe – especificamente desde que eu tinha me recusado, na noite do enterro, a conceber um filho –, estávamos furiosos um com o outro, mas sem dizer quase nada a respeito disso.

Na realidade, nossa transição de amantes frequentes e ardorosos para um casal vivendo num mero paralelo físico tinha começado com *Nightsea Crossing*. A performance exigia abstinência e distância durante nossas horas de folga. E Ulay queria muito fazer a peça até o fim, mas sempre precisava interrompê-la, o que acabava com ele e nos distanciava ainda mais. E nós ainda estávamos apresentando a peça num lugar e noutro, tentando atingir nossa meta de repeti-la noventa vezes.

Ele descontava sua humilhação em cima de mim. Flertava com garçonetes, comissárias de bordo, atendentes de galerias – qualquer uma – bem na minha frente. Pensando melhor agora, tenho certeza de que ele tinha casos.

Naquele verão, fomos à Sicília fazer mais uma peça de vídeo, inspirada até certo ponto em *City of Angels*. Nessa nova apresentação, como em *City of Angels*, nós não apareceríamos. Já tínhamos passado tempo lá, e a divisão entre os sexos nos fascinava: as mulheres estavam sempre dentro de casa, vestidas de preto, sentadas em grupo enquanto conversavam; os homens estavam sempre ao ar livre, conversando em seus próprios grupos. Queríamos basear nosso filme nesses fenômenos.

Estávamos em Trapani, que fica no meio do nada. Quando chegamos lá, redigimos um anúncio de jornal em que dizíamos que estávamos procurando mulheres de 70 a 100 anos de idade para aparecer em nosso filme e também quaisquer virgens de 80 a 90 anos de idade. Dizíamos que elas receberiam pelo tempo de trabalho. O anúncio foi publicado, e nós ficamos esperando no hotel por três dias, sem que ninguém se apresentasse. Absolutamente ninguém. Então, no quarto dia, veio uma senhora idosa muito correta, trajada como uma viúva elegante. Ela estava com uma amiga, com trajes semelhantes, mas só a primeira senhora falou. "O que vocês querem? Contem sua história."

E nós lhes falamos, com todo o entusiasmo, do filme que tínhamos em mente. Estávamos todos tomando café, em pequenas xícaras italianas. A senhora olhou para mim. "Nós vamos ajudá-los", disse ela. "Vamos falar com nosso irmão." E no dia seguinte a cidadezinha inteira estava mobilizada para nos ajudar. Eles nos deram uma velha mansão para fazer as filmagens, além de total permissão para gravar ao ar livre em qualquer lugar. Rapazes se materializaram para nos ajudar a carregar o equipamento, e o que era ainda mais importante: nosso equipamento estava em segurança. Ali, na Sicília, onde tudo era controlado pela máfia, eu tinha a impressão de que os pertences de qualquer um podiam desaparecer em três segundos se não fossem vigiados com olhos de águia. Agora, podíamos deixar nossas câmeras no carro destrancado e nada seria tocado – a máfia nos protegia. Acho que simplesmente gostaram de nós, porque éramos de uma estranheza tão louca. Eles se divertiam conosco. Conseguimos até mesmo descobrir duas virgens, gêmeas, de 86 anos. Foi uma graça como elas ficaram tímidas quando chegou a hora de se apresentarem diante da câmera.

Intitulamos o filme de *Terra degli Dea Madre* [Terra das matriarcas, numa tradução aproximada]. Nele, o ponto de vista da câmera flutua de uma forma perturbadora a partir de uma sala de jantar cheia de senhoras conversando (a trilha sonora sou eu falando em línguas) até sair para um cemitério, onde um grupo de homens de terno preto e camisa branca está parado, conversando, com as vozes ásperas. Para criar esse efeito de flutuação, usamos um Steadicam. Ulay, o apaixonado por câmeras, ficou fascinado por esse dispositivo e queria experimentá-lo. Era um aparelho grande e pesado, que precisava ser amarrado ao corpo. Quase no instante em que ele estava posicionado no lugar, Ulay sentiu alguma coisa estalar nas suas costas. Sem nenhuma dor, mas decididamente um estalo.

Naquela noite, depois de jantarmos num restaurante local, fomos tomar sorvete na praça do lugarejo. O garçom pôs a conta na mesa e, no instante em que Ulay estendeu a mão para pegá-la, uma súbita rajada de vento fez voar o papel. De brincadeira, ele tentou agarrá-lo e caiu no chão com uma dor agonizante. Suas costas tinham se transformado numa massa de espasmos musculares.

Ulay ficou tão apavorado; sentia uma dor avassaladora. E o hospital local não pôde ajudar em nada. Se você fosse ao banheiro, outro paciente vinha e ocupava seu leito. Familiares ficavam literalmente sentados nos leitos dos pacientes para guardar o lugar. Depois de duas noites ruins por lá, voltamos de avião para a Holanda, e Ulay se internou num hospital razoável. Foi diagnosticada uma hérnia de disco, e o médico queria operar de imediato. Ulay recusou a cirurgia.

Estava com medo de uma operação nas costas, mas creio que àquela altura ele estava com medo de muitas coisas – sentia medo, raiva e estava confuso. Encontramos um médico especialista em aiurvédica, Thomas, que começou a submetê-lo a tratamentos alternativos, uma associação de acupressão e aplicação de óleos medicinais, e o estado de Ulay melhorou um pouco. Mas nosso relacionamento continuou a definhar, ainda mais rápido do que antes.

É claro que, como as costas dele estavam num estado fragilizado, nossa vida sexual foi totalmente interrompida. Por quase um ano, fiquei reduzida a ser sua enfermeira, mas nada que eu fizesse por ele chegava a ser bom o suficiente. Se eu lhe trouxesse comida, ela sempre estava fria demais, salgada demais ou alguma coisa demais. Se eu fosse solidária, ele assumia uma atitude distante, de rejeição. Eu vivia magoada e zangada, mas ainda havia outros problemas. Eu agora estava com quase 40 anos, e me sentia gorda, desleixada, com uma visão negativa de mim mesma no geral.

188

Na primavera do ano seguinte, recebemos um convite para dar um curso de verão de dois meses no San Francisco Art Institute. Era um contrato muito bem-remunerado, e, àquela altura, Ulay já estava se sentindo muito melhor, mas não quis ir. "Acho que precisamos dar um tempo", disse ele. "Você vai, e eu fico." Então eu fui, e ele ficou.

A primeira coisa que fiz quando cheguei a São Francisco foi anunciar um jejum de cinco dias para os alunos na minha oficina de performance, um exercício para fortalecer a força de vontade e a concentração. Como sempre, participei do jejum.

A segunda coisa que fiz foi ter um romance enlouquecedor.

Foi a primeira vez que fui infiel a Ulay. Algo que vinha se acumulando dentro de mim havia muito tempo. No fundo, ele não vinha fazendo com que eu me sentisse querida ou desejável. E havia um simples fato biológico: eu podia estar me aproximando dos 40, mas ainda era uma mulher jovem. Enquanto Ulay se recuperava, ele alegou ter se interessado por certas práticas tântricas que liberariam sua energia vital *kundalini*. E a abstinência fazia parte do programa.

Mas esse não era o meu programa.

Robin Winters, um pintor que eu tinha conhecido anos antes em Amsterdã, também estava dando um curso de verão no Institute. E uma noite, depois de uma aula, nós nos descobrimos sozinhos e começamos a nos beijar. E foi o que bastou. Durante a semana seguinte, não fizemos quase nada além de sexo. Foi fantástico, mas aí comecei a sentir uma culpa terrível e simplesmente parei. Logo, chegou a hora de voltar para casa.

Eu tinha passado dois meses fora, o maior período que Ulay e eu tínhamos ficado separados. Naquela época, é claro que não havia e-mail, e ligações telefônicas internacionais eram absurdamente caras. Nós nos correspondíamos, mas só um pouco. Nas cartas, ele dizia apenas que estava bem, não muito mais do que isso. E minha culpa continuava a me corroer por dentro.

Ulay me esperava no aeroporto, em Amsterdã. Estava mais magro do que nunca, e, só de olhar para ele, pude ver que ainda estava sentindo dor física. Isso só aumentou minha culpa. No caminho para casa, falamos sobre coisas sem importância, mas a pressão estava se acumulando dentro de mim, e, de repente, ela simplesmente explodiu: rompi em lágrimas e lhe contei tudo. Tinha sido só uma semana, eu disse. Não significou nada. Eu estava muito arrependida mesmo.

A reação de Ulay me espantou. Estava calmo. Compreensivo. "Eu entendo", disse ele. "Não se preocupe. Está tudo bem." *Puxa. Parece que a disciplina tântrica fez milagres com ele*, pensei. *Esse é o homem mais admirável que conheci na vida. Como é inconcebível, como é lindo*, que ele realmente entenda.

Eu havia desembarcado de manhã. Tinha sido um longo voo de São Francisco até a Holanda, e adormeci assim que entrei em casa. Acordei finalmente por volta das seis da tarde, e Ulay não estava por ali. Fui então à praça tomar café com duas amigas. Contei a elas tudo o que tinha acontecido – o caso, minha confissão, a surpreendente reação de Ulay. Elas se entreolharam. E então me contaram que, três dias depois que parti para São Francisco, Ulay tinha se envolvido com uma garota do Suriname e tinha morado com ela, na nossa casa, literalmente até a manhã do meu retorno.

Voltei para casa e, quando Ulay chegou, perguntei-lhe se isso era verdade. Ele disse que tinha ido a algum tipo de inauguração, onde conheceu essa garota do Suriname. De lá, eles saíram para comer alguma coisa, e os dois tiveram alguma forma de intoxicação alimentar por conta do peixe que comeram. Por isso, foram ao hospital para uma lavagem estomacal, e então ele a convidou para ficar em casa, e ela ficou.

Ele realmente estava tentando se fazer de coitado!

Em vez disso, eu simplesmente enlouqueci. Destruí tudo o que havia na casa. E, quando não havia mais o que destruir, eu redestruí o que já tinha destruído. Teria sido diferente se ele tivesse confessado para mim quando eu me confessei para ele. Mas deixar tudo nos meus ombros e fingir que estava acima dessas coisas... a arrogância (ou covardia) era estarrecedora. Depois de destroçar o último prato, saí dali e fui ficar com alguns amigos.

Um dia depois, voltei para empacotar minhas coisas e me mudei definitivamente. E então fui à Índia.

Ulay foi atrás de mim na Índia, e nós recomeçamos. Todos os meus amigos me disseram que era uma péssima ideia. Infelizmente, eu não dei atenção a eles.

Os curadores do Museu Fodor concordaram em nos ajudar com nossa caminhada pela Grande Muralha. Junto com eles, nós criamos uma fundação, chamada Amphis, para levar o projeto adiante. Entramos em contato com a embaixada chinesa em Haia para pedir orientação. Um funcionário de lá nos disse, em particular, que o governo chinês seria mais receptivo a um filme sobre percorrer a Muralha a pé do que a uma performance que glorificasse as primeiras pessoas a fazer aquilo. E mais: eles não queriam que nós fôssemos os primeiros. Um homem da embaixada citou Confúcio: "É impossível trilhar um caminho que nunca tenha sido trilhado."

Teve início um longo dilema.

A embaixada nos pôs em contato com um grupo importante em Pequim, a Associação Chinesa para a Promoção da Amizade Internacional – CAAIF [na sigla em inglês]. Na realidade, é claro que eles eram simplesmente um braço do governo chinês. Nós lhes escrevemos acerca do nosso projeto – dessa vez mencionando que queríamos fazer um filme –, e eles responderam com muita cortesia, mas sem concordar com nada. Também acrescentaram que, embora o filme proposto parecesse interessante, a ideia de estrangeiros percorrerem a Muralha antes que um chinês tivesse realizado esse feito parecia exigir maior reflexão.

Ao longo dos dois anos seguintes, continuamos a escrever aos chineses e continuamos a receber respostas vagas e corteses sobre a amizade internacional. Depois de algum tempo, fomos consultar um amigo que estava fazendo negócios na China. "Por favor, o que estamos fazendo de errado?", perguntamos. "Não conseguimos levar esse projeto adiante." Mostramos a ele algumas das cartas. Ele olhou para mim e começou a rir. "O que é tão engraçado?", perguntamos.

"Pois é, na língua chinesa há 17 formas de dizer não. E, nessa correspondência, eles usaram todas as 17."

"O que devemos fazer então?"

"Vocês devem falar com o ministro da Cultura da Holanda", disse nosso amigo. O governo tinha uma enorme fundação cultural, ele me relembrou. Por que não pensamos nisso primeiro? Assim, enviamos nossa proposta à fundação e recebemos uma resposta imediata. Um projeto muito interessante, dizia o governo. Eles queriam conversar conosco. Ficamos empolgadíssimos.

O cenário de tudo isso era que, exatamente naquele momento, o governo holandês e a empresa de aparelhos eletrônicos Philips estavam erguendo uma grande fábrica na China – mas, ao mesmo tempo, o governo holandês tinha assinado um contrato para construir um submarino em Taiwan. Por causa desse contrato, o embaixador chinês tinha deixado o país, em protesto, e a China havia cortado todos os laços com os Países Baixos.

Por estranho que pareça, o governo holandês encarou nosso projeto como uma forma de restaurar as relações com a China. Eles cancelaram o contrato do submarino com Taiwan e propuseram à China essa maravilhosa caminhada da amizade na Grande Muralha. E os chineses também se interessaram, porque eles queriam a fábrica da Philips. Teve início uma longa série de negociações.

Por fim, os chineses disseram que endossariam nosso projeto, mas pediram 1 milhão de florins holandeses – cerca de 300 mil dólares – pela segurança, acomodações, alimentos e guias. E acabou que o governo holandês concordou com essa quantia; era o preço de retomar as boas relações com a China. E nós estávamos no meio dessa história toda.

Fomos informados, então, de que deveríamos adiar nosso projeto por mais um ano. Não fazíamos ideia do motivo.

E então, como que por milagre, um chinês percorreu a Muralha.

Em 1984, pouquíssimo tempo depois de o governo chinês concordar com nossa proposta, um ferroviário do oeste da China chamado Liu Yutian partiu numa caminhada solo pela Grande Muralha. A informação oficial dos chineses dizia que, em 1982, Liu tinha lido em "um artigo num jornal que alguns estrangeiros estavam planejando explorar toda a extensão da Grande Muralha. (...) Ele não ficou feliz com essa notícia. Para ele, a Grande Muralha pertence à nação chinesa, e, se alguém ia explorá-la, esse alguém deveria ser um chinês".

Uma história interessante. E uma noção fascinante de oportunidade.

Um ano depois, fomos convidados para ir à China pela primeira vez – não para iniciar nosso projeto, mas para conhecer o heroico Liu Yutian, o primeiro homem a percorrer a Grande Muralha, e estudar melhor nossa caminhada. Houve uma grande cerimônia para celebrar nosso encontro com Liu. Foram tiradas muitas fotografias. Toda a publicidade deixava claro o fato de que o chinês tinha sido primeiro, e Ulay e eu seríamos os segundos.

Ulay com o primeiro chinês a percorrer a Muralha, 1988

Pequim me assustou. Nós nos sentíamos sob vigilância constante. Praticamente não havia carros, simplesmente milhares de bicicletas. Só autoridades do governo tinham carros. Ficamos alojados num prédio de apartamentos de concreto, sem vasos sanitários. Era preciso ir ao banheiro público no fim da rua. Mas a água era encanada – e nós percebemos que aquilo era um luxo. Infelizmente, tudo isso me lembrava muito o desmazelo de Belgrado, típico do Bloco Oriental, mas muito pior: ali havia o comunismo associado ao fanatismo. Nós comparecíamos a uma reunião atrás da outra,

193

e eu nunca fazia a menor ideia do que realmente estava acontecendo, ou se algum progresso estava sendo feito. E nessa atmosfera desanimadora, Ulay e eu estávamos nos afastando cada vez mais um do outro.

Graças à sua relação de longa data com a Polaroid, Ulay teve acesso à câmera gigante, do tamanho de uma sala, que a empresa tinha em Boston. Essa câmera tirava fotografias tremendas, literalmente em tamanho natural (de 2,03 metros por 2,23 metros). Fizemos algumas séries dessas polaroides grandes. Ulay e eu aparecíamos em um grupo da série *Modus Vivendi*, cada um posando como uma figura encurvada, abatida, carregando uma caixa. A dele estava vazia; a minha, cheia. As imagens tinham um aspecto grave, atemporal.

Nosso amigo Michael Klein, o agente de artistas plásticos, começou a vender essas fotografias gigantescas – para museus, bancos, empresas de grande porte –, e, pela primeira vez no nosso relacionamento, não estávamos paupérrimos. Como sempre, eu não prestava atenção ao dinheiro: Ulay se encarregava de tudo isso.

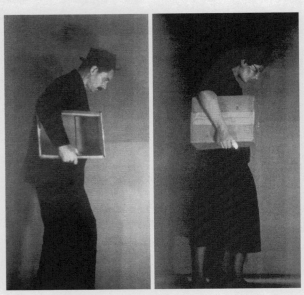

Marina Abramović/Ulay, *Modus Vivendi*, Polaroids, 1985

Na primavera de 1986, fizemos uma mostra de algumas polaroides gigantes, também intitulada *Modus Vivendi*, na Burnett Miller Gallery, em Los Angeles. Na noite da abertura, o lugar estava lotado. Ulay ficou por ali um pouco, mas então me disse que eu sabia lidar com as pessoas, que ia dar uma volta. E saiu.

Ele passou umas duas horas fora. Uma vez ou outra, durante a abertura, ocorreu-me que estava demorando muito para voltar... De alguma forma, será que eu sabia o que de fato estava acontecendo? Eu suspeitava? Lá estava eu, sorrindo e conversando superficialmente com pessoas com as quais não tinha nenhum interesse em conversar, trabalhando no nosso negócio, enquanto ele sumia para trepar em algum canto com a secretária da galeria, uma jovem asiática bonitinha. Foi o que eu soube depois, por amigos. Preferia que nunca tivessem me contado.

Foi aí que minha relação de trabalho com Ulay começou a fracassar.

Durante os três últimos anos que passamos juntos, eu escondia, até mesmo dos nossos amigos mais íntimos, o fato de que nosso relacionamento tinha desmoronado. Escondia isso de todo o mundo porque não conseguia tolerar a ideia desse fracasso. (E estava apavorada – sem parar de pensar: *É nesse momento que você fica com câncer, quando as emoções que você esconde começam a virar um tormento.*) Em nome de um ideal que considerava superior, eu tinha parado de trabalhar sozinha: fazer arte juntos e criar esse terceiro elemento que chamávamos de *aquele eu* – uma energia não contaminada pelo ego, uma mescla de macho e fêmea, que para mim era a mais sublime obra de arte. Eu não conseguia suportar a ideia de que aquilo, de fato, não funcionasse.

E nós termos fracassado pelo motivo mais mesquinho, mais tosco – o fracasso da nossa vida doméstica –, era o mais triste de tudo. Para mim, a vida pessoal também fazia parte do trabalho. Para mim, nossa colaboração sempre esteve ligada a sacrificar tudo pela causa maior, pela ideia maior. Mas, no final, fracassamos por causa de coisas pequenas...

Fizemos a performance final de *Nightsea Crossing*, pela nonagésima vez, em outubro de 1986, no Musée des Beaux-Arts em Lyon. Ulay estava de preto;

eu, de branco. Para celebrar o encerramento, o museu também fez uma mostra de objetos que documentavam os cinco anos anteriores do nosso trabalho: havia fotografias dos trajes de várias cores que tínhamos usado para cada performance, segmentos da grande mesa redonda que tínhamos usado para *Nightsea Crossing Conjunction*. O museu adquiriu para seu acervo toda a instalação de *Nightsea Crossing*, bem como o furgão Citroën no qual tínhamos morado por tanto tempo enquanto cruzávamos a Europa de um lado para outro, apresentando nosso trabalho.

Não muito tempo depois, para o Kunstmuseum Bern, fizemos uma peça intitulada *Die Mond, Der Sonne* [A lua, o sol], que consistia simplesmente em dois enormes vasos pretos que tínhamos feito, no tamanho exato do nosso corpo: um tinha a superfície lisa e brilhante; o outro era fosco, absorvendo totalmente a luz. Os vasos representavam a nós mesmos e à nossa incapacidade de voltarmos a nos apresentar juntos. E essa peça foi um nítido desfecho da nossa relação pessoal.

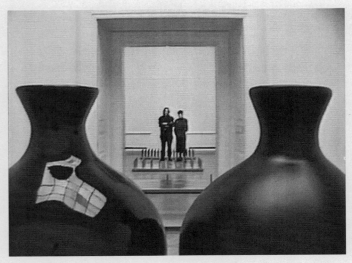

Marina Abramović/Ulay, *Die Mond, Der Sonne* [A lua, o sol], vasos gêmeos laqueados, Kunstmuseum Bern, Suíça, 1987

Talvez eu devesse ter visto algo que aconteceu no meu aniversário de 40 anos como um presságio. Nosso amigo Tony Korner, proprietário da *Artfo-*

rum, deu uma festa para Ulay e para mim no dia 30 de novembro, inclusive com um bolo enorme no formato da Grande Muralha – ele se estendia de uma ponta à outra de uma mesa de jantar comprida, com um bonequinho de Ulay numa extremidade e um meu na outra. Havia 83 velas ao todo, já que ele completava 43 anos e eu, 40. Quando todas aquelas velas foram acesas, elas se uniram, formando uma chama que derreteu o bolo e quase incendiou a casa. Que engraçado: um bolo desmoronado, para festejar um relacionamento desmoronado.

No início de 1987, Ulay fez mais uma viagem à China para continuar as negociações para nossa caminhada na Muralha. Os chineses mudavam os termos constantemente. Era de enlouquecer. Mas aí houve um avanço real, e nós finalmente recebemos uma data definitiva: a caminhada se realizaria naquele verão. Eu devia me encontrar com ele na Tailândia para os planos finais para a peça.

Devo admitir que, àquela altura, eu me sentia um fracasso. Ulay tinha me traído repetidas vezes, tanto pelas minhas costas quanto abertamente. Por isso, quando cheguei a Bangcoc, eu estava desesperada. Mesmo morrendo de ciúme e querendo saber com quem ele estava tendo um caso agora, eu estava determinada a representar um papel: a mulher feliz que não se importa. Eu estava tendo um romance quente com um escritor francês, foi o que eu lhe disse. O sexo era fantástico. Tudo não passava de total invenção.

Mas consegui alcançar o meu objetivo: no mesmo instante, Ulay me disse o que andava aprontando. Era uma americana rica, da elite branca, protestante, de origem anglo-saxã, cujo marido, um músico, estava na cadeia na Tailândia por uma acusação referente a drogas.

"Ótimo!", respondi, ainda me fazendo de mulher feliz e liberal. "Por que não fazemos um ménage à trois?"

Esse era o ponto ao qual eu tinha me rebaixado. E a excitação sexual não tinha nada a ver com minha ideia.

Mas é claro que Ulay se interessou – surpreso e encantado por eu ter me transformado numa mulher diferente. Nada de ciúme enlouquecido, nada de cenas de destruição de objetos. Ele sorriu. "Vou perguntar para ela", disse.

E no dia seguinte, sorrindo de novo, ele trouxe a resposta: a mulher havia topado.

Naquela noite, fomos à casa onde Ulay estava ficando com ela, uma mulher vinda diretamente do mundo do rock and roll; os dois se embriagaram de verdade e usaram muita cocaína. Não toquei em nada, mas logo nós três estávamos nus. Seria impossível estar menos excitada do que eu me sentia. É difícil explicar o terrível estado mental em que me encontrava: *eu precisava ver.*

Enquanto eu viver, nunca vou me esquecer daquela noite. Primeiro, Ulay e eu fizemos sexo, muito rápido, e depois eles dois transaram na minha frente. E era como se eu não existisse – até eu mesma de algum modo me esqueci de que existia.

Mais tarde, por volta das cinco da manhã, eu estava deitada na cama ao lado deles, bem acordada, enquanto os dois dormiam, exaustos. Eu estava simplesmente deitada ali, enquanto a lenta luminosidade do novo dia ia se insinuando e os galos começavam a cantar lá fora... E então ouvi uma velha tailandesa na cozinha, lavando a louça enquanto preparava o café da manhã. Lembro-me de tudo: do cheiro, do sossego, daqueles dois ao meu lado na cama...

Eu tinha me feito passar por tanta dor que já não sentia mais nada. Era como uma das minhas performances, só que não – isso era a vida real. Mas eu não queria que fosse real. Não sentia nada. Quando são atingidas por um ônibus e perdem uma perna, as pessoas sempre dizem que não sentem dor: que os nervos simplesmente não conseguem transmitir tanta dor para o cérebro. É uma sobrecarga total. No entanto, eu tinha feito aquilo de propósito. Eu precisava fazer aquilo. Precisei me colocar naquela situação, me fazer sentir toda aquela dor emocional, para poder me livrar de tudo, para poder exorcizar Ulay da minha vida. E foi o que fiz. Mas o custo foi altíssimo.

Eu sentia uma quietude total, absolutamente nada. Estava entorpecida. Levantei-me, então, tomei um banho de chuveiro e fui embora. Foi naquele momento que parei de gostar do cheiro dele. E, no instante em que parei de gostar do cheiro dele, tudo estava terminado.

Mais tarde naquele dia, peguei um voo de volta para Amsterdã.

Os chineses tinham recebido seu pagamento, e a data estava marcada. Mas, de repente, eles queriam mais dinheiro. Era como uma história da máfia. O governo chinês nos mandou um telegrama exigindo mais 250 mil florins, cerca de 80 mil dólares, para "segurança e refrigerantes". A essa altura, o governo holandês já havia pago um valor enorme a eles. Não restava nada no orçamento. Mas tampouco restava escolha – já tinham sido investidos tempo e dinheiro demais. Era necessário levantar mais fundos. E nossa data de partida no verão foi adiada.

A ideia de passar mais um inverno em Amsterdã com Ulay era inaceitável. Eu queria me afastar o máximo possível, em termos geográficos e espirituais. Por isso, decidi ir ao mosteiro Tushita, nos contrafortes dos Himalaias, fazer o retiro de Tara Verde. Eu tinha ouvido falar pela primeira vez sobre Tara Verde, a deusa tibetana que remove obstáculos da sua vida, quando visitei Bodh Gaya.

Agora, eu tinha muitos obstáculos. Havia os problemas com os chineses; havia todas as questões com Ulay. Eu estava me sentindo péssima. Tinha a sensação de que esse longo retiro ajudaria a me purificar para percorrer a Muralha.

O retiro era muito rigoroso. Em total isolamento, sem ver ninguém, sem falar com ninguém, você repetiria um determinado mantra, 1.111.111 vezes – o tempo todo imaginando *ser* Tara Verde. O processo inteiro durava cerca de três meses. Eu estava ansiosa para começar.

Voei de Amsterdã para Délhi e fiz uma longa viagem de trem rumo ao norte até Dharamsala, lar do Dalai Lama, um belo lugarejo de montanha, com uma vista magnífica dos picos nevosos do Himalaia. O mosteiro Tushita ficava situado nas montanhas, acima da cidadezinha. Cheguei por volta das três da tarde e fui ao centro de informações, onde um homem me disse que eu devia passar a noite na cidadezinha e ir ao mosteiro na manhã do dia seguinte, quando um jinriquixá poderia me levar. "Não, não, não", respondi. "Por favor, não estou interessada em passar a noite aqui. Quero ir de imediato para o mosteiro. Posso ir andando." Quanto a isso, eu estava decidida. "Mas aqui escurece por volta das cinco e meia", disse o sujeito. "Me informaram que é uma caminhada de uns 4 quilômetros, talvez uns 45 minutos. Chego lá entre quatro e quatro e meia", argumentei. "Há muitos macacos na floresta. Você realmente não deveria ir sozinha", insistiu o cara. "Só me diga qual é o caminho", respondi.

Ele me mostrou num mapa, e o caminho parecia muito simples – só três bifurcações. Portanto, com minha mochila nas costas, parti.

Realmente havia macacos na floresta, uns bichinhos desagradáveis que não paravam de pular em cima de mim enquanto eu ia andando. Eu precisava gritar com eles e enxotá-los o tempo todo. Andei e andei por mais de uma hora. Eu tinha certeza de que havia seguido pelo caminho certo em cada bifurcação, só que agora estava escurecendo, e não existia o menor sinal do mosteiro. Não existia nenhum sinal de nada. Eu estava num fim de mundo, totalmente perdida, sem ideia do que fazer.

Foi quando vi uma luzinha, ao longe entre as árvores.

Caminhei na direção da luz e logo vi que ela vinha de uma pequena casa na floresta. Um velho monge estava em pé diante da casa, lavando suas cumbucas de arroz. "Mosteiro Tushita, mosteiro Tushita", disse eu – e ele riu muito. "Entre, entre", convidou. "Chá, chá." A hospitalidade é muito importante por lá, e sempre se serve chá.

"Não, não", recusei. "Hora, hora, escuro. Andar até mosteiro."

"Não, não, não", insistiu ele. "Entre." O monge não disse nada sobre o mosteiro. Percebi que não tinha escolha. Era a casa dele, afinal de contas.

Entrei e acompanhei o monge à sala de estar. E lá, no meio da sala, estava o corpo mumificado de Ling Rinpoche, o mestre do Dalai Lama, o homem que tinha tocado com tanta delicadeza na minha testa e me feito chorar descontroladamente em Bodh Gaya cinco anos antes. O corpo tinha sido conservado em sal. Era assustador como ele parecia vivo.

O monge trouxe meu chá, colocou-o sobre a mesa e saiu, fechando a porta em silêncio ao passar.

Eu ouvira falar da morte de Ling Rinpoche três anos depois que o conheci. Tinha achado que nunca mais o veria. Agora, ali estava ele, e eu tinha precisado me perder na floresta para encontrá-lo.

As mesmas sensações avassaladoras de amor e ternura caíram sobre mim mais uma vez, como uma onda. Eu me prostrei diante dele, chorando sem parar. Depois de um tempo, sentei-me e tomei meu chá, só olhando para Ling Rinpoche e abanando a cabeça.

Acho que fiquei ali cerca de uma hora. Depois saí, e o velho monge estava simplesmente sentado lá fora. "Mosteiro Tushita?", perguntei.

"O mosteiro Tushita é logo ali", disse ele.

E pegou minha mão e me levou por entre as árvores até o mosteiro, que ficava a cerca de 100 metros de distância.

Os monges Tushita me acolheram, e eu comecei. Espalhadas pelo terreno do mosteiro, embrenhadas na floresta, havia pequenas celas de retiro: cabanas minúsculas, sobre plataformas elevadas, com espaço para apenas um saco de dormir e um altar. Deram-me uma cabana própria e minhas instruções.

Era para eu repetir a oração de Tara 1.111.111 vezes. Usando um cordão de contas, eu deveria contar cada oração que completasse, e não havia possibilidade de relaxar. Eu deveria orar e contar por três horas, dormir por três horas, acordar para orar e contar por mais três horas, repetidamente, tentando imaginar o tempo todo que eu era Tara Verde. Logo descobri, porém, que era muito difícil fazer isso. Eu não conseguia parar de pensar em como eu pareceria pouco saudável se fosse verde.

Todos os dias de manhã, haveria uma batida leve na porta da cabana, o que significava que um dos monges tinha deixado comida para mim. Não havia nenhum diálogo com eles, nenhuma comunicação de qualquer espécie – a comida seria simplesmente deixada ali, o monge iria embora, eu abriria a porta e comeria. Era apenas uma refeição vegetariana por dia. Muito sem graça – consideravam o sal e os temperos estimulantes de emoções. E uma garrafa de água. A pessoa deveria comer antes do meio-dia.

Tive alguns momentos ruins durante os três meses, algumas depressões profundas. Mas a repetição constante do mantra tem um efeito estabilizador na mente e no corpo: os estados do sono e da vigília tornam-se um único; os sonhos se incorporam à realidade. E, no momento em que se entra nesse outro estado mental, uma energia ilimitada é acessada, uma situação na qual se pode fazer qualquer coisa que se queira. Você deixa de ser aquela pequena versão de você mesma com todas as suas limitações – "a coitadinha da Marina", a pessoa que chora como um bebê quando se corta ao fatiar uma cebola. Quando esse tipo de liberdade acontece, é como se a pessoa estivesse conectada a uma consciência cósmica. Como eu logo descobriria, é a mesma coisa que parece acontecer em todas as boas performances: você se encontra numa escala maior; já não há limites.

Foi uma lição muito importante que aprendi.

Depois de três meses contando orações, pus uma mensagem do lado de fora da porta, dizendo que eu tinha terminado. Os monges vieram, então, e me levaram para o mosteiro, onde eu deveria queimar todos os meus pertences, tornando-me recém-nascida. Os monges eram muito práticos – não se devia queimar dinheiro nem passaportes. Se não fosse assim, eles nunca mais conseguiriam se livrar de você. Mas era preciso renunciar a qualquer coisa que fosse importante para você. E o que era importante para mim era meu saco de dormir. Era um saco caríssimo, muito quentinho. Era como uma parte do meu corpo. Eu o amava. E o queimei. E então fiquei livre.

Quando o retiro terminou, desci a Dharamsala. Era um pequeno povoado, só com três ruas; mas, após quinze minutos ali, eu me senti no meio da Times Square e tive uma forte enxaqueca. Precisei fugir de volta para o mosteiro por dez dias para me reequilibrar.

Depois, resolvi tirar uma folga. Peguei um trem para ir ao lago Dal, na Caxemira, onde se pode ficar em incríveis casas-barcos. Era muito agradável, mas um pouco enfadonho. Após alguns dias flutuando e sorrindo, resolvi ir a Ladakh para ver a dança dos lamas.

Todos os anos em Ladakh realizam-se alguns festivais nos quais esses monges budistas, usando fantasias elaboradas e máscaras com o rosto dos deuses, dançam e cantam o dia inteiro por dias a fio, acompanhados por

202

tremendas e intermináveis batidas de tambores. Essa dança e cânticos incessantes exigem uma força física quase sobrenatural: as máscaras e fantasias são muito pesadas. Do ponto de vista da performance, fiquei fascinada, querendo saber como os lamas se preparavam para esse festival.

Visitando o festival de dança de lamas em Ladakh, Índia, 1987

A viagem de ônibus da Caxemira a Ladakh, através da cordilheira do Himalaia logo depois que a neve derreteu, foi mais ou menos suicida. As estradas eram estreitas; os penhascos, assustadores. Quando o ônibus fazia uma curva, dava para ver as rodas praticamente saindo pela beira da estrada. Fiquei sabendo que, um ano antes, uma frota de ônibus tinha sido atingida por uma avalanche. Cinco veículos caíram direto no nada. Todos morreram. Depois descobri também que o irmão do nosso motorista havia dirigido um daqueles ônibus. Quando chegamos ao local do acidente, nosso motorista parou, saltou do ônibus e desceu pelo precipício para procurar o corpo do irmão. A neve estava derretendo, e essa era a chance que ele tinha de encontrá-lo. O homem simplesmente nos deixou no ônibus, e tivemos de dormir ali naquela noite. No dia seguinte, outro veículo veio nos apanhar, e nós finalmente chegamos a Ladakh.

Ladakh está situada a uma altitude de 4 mil metros. Basta dar três passos para qualquer um ficar tonto. Demora dias para você se acostumar com a altitude. Por fim, consegui me aclimatar e contratei um guia para me levar ao mosteiro. Chegando lá eles tinham um quarto para mim. Eu estava em pé diante do mosteiro – bem na hora em que o sol estava se pondo, o que é muito cedo, como sempre nas montanhas –, quando vi uma mulher loura, com aparência de maluca, usando vestes tibetanas, com flores no cabelo e uma mochila nas costas, descendo o morro, cantando. Aquilo me pareceu bem interessante! Fui lá conversar com ela.

Era uma arquiteta paisagista de Chicago, que falava três dialetos tibetanos e tinha sido designada pelo Dalai Lama para reconstruir o jardim de Buda em Bodh Gaya na época da sua iluminação. "Ah, não vá dormir no mosteiro", disse-me ela. "Durma comigo na barraca. É muito melhor." Fiquei um pouco preocupada. Uma vez que o sol se ponha, o frio é de congelar. E eu tinha queimado meu caríssimo e maravilhoso saco de dormir, que me mantinha aquecida em qualquer clima, e comprado um novo e barato. Mas achei que devia aceitar, porque aquela mulher era meio deslumbrante.

Caiu a noite. Fui à sua barraca, que estava armada bem diante do mosteiro. Ela estava ali dentro, nua, com apenas um cobertorzinho para se cobrir. "Como você consegue dormir desse jeito?", perguntei. Ela me contou que tinha aprendido a meditação *Tummo* com os tibetanos, um exercício muito especial que levava quatro anos para ser dominado. Ao visualizar uma lareira acima do seu plexo solar, é possível elevar a temperatura do corpo a um ponto em que você é capaz de sentir calor no meio da neve. Para praticar, monges tibetanos ficam sentados na neve, nus, na posição de lótus, enquanto discípulos põem toalhas molhadas nos seus ombros. Vence quem conseguir secar suas toalhas primeiro. Essa mulher de Chicago dominava essa técnica. Fiquei impressionada.

O mosteiro tinha doze monges, homens de todas as idades, tamanhos e formatos. Dois eram muito jovens e muito altos; um era de meia-idade e bem baixo e gordo – de fato, quase quadrado. Passei dez dias com eles, fazendo refeições, assistindo enquanto se preparavam para o festival no pátio onde a dança dos lamas se realizaria.

Gostei muito desses lamas. Nós ríamos muito. Mas seus exercícios não chegaram a me impressionar de modo algum. Um pouquinho de toques de tambor – tum, tum, tum – e um pouco de dança, mas nada que enchesse os olhos. Comecei a pensar que estava no lugar errado, com as pessoas erradas.

Chegou o grande dia. Quatro mil pessoas vieram de toda a cordilheira do Himalaia. Elas se sentaram em volta desse grande pátio pouco antes do amanhecer. Os tambores estavam prontos para tocar; os lamas, a postos para dançar. Tudo se inicia no instante em que o sol nasce. O silêncio era total. O monge baixo e gordo estava parado no centro do pátio, com pesadas vestes vermelhas, uma grande máscara dourada de caprino, escondendo seu rosto. Esperando, esperando pelo sol. Silêncio, hipnotizante. Então o primeiro raio do sol apareceu no horizonte, e os tambores começaram.

Eram ensurdecedores. O mesmo ritmo, repetido de modo incessante, e tão alto que fazia o corpo da gente vibrar. E o pequeno monge quadrado, baixo e gordo, sobrecarregado com o peso da sua máscara e fantasia, saltou direto para o ar e deu três saltos mortais – *pá-pá-pá* –, simplesmente indo parar de pé, sem esforço. Ele nem mesmo estava respirando fundo. E repetiu o mesmo número todos os dias, por dez dias.

Mais tarde, perguntei-lhe como isso era possível. Eu tinha visto os ensaios: nada tinha me preparado para a apresentação real.

"É que quem pula não somos nós", explicou ele. "No instante em que você veste o rosto e os trajes da Entidade Divina, você já não é você mesmo. Você é Ela, e sua energia é ilimitada."

ABRAMOVIĆ

8.

O incidente mais famoso na história da luta da Iugoslávia contra os nazistas durante a Segunda Guerra Mundial é a Marcha Igman. Em janeiro de 1942, nos montes ao norte de Sarajevo, os alemães tinham cercado a 1ª Brigada Proletária e estavam prestes a fechar o cerco e matar todos eles. Para os partisans, *a única saída para um lugar seguro era atravessar o monte Igman. Estava claro que isso era impossível. Era o auge do inverno; a neve era espessa, um rio largo e só parcialmente congelado estava no caminho, e a temperatura na montanha estava em 25 graus negativos. Mas os* partisans *cruzaram a montanha de qualquer modo. Muitos morreram de frio. Meu pai foi um dos poucos que sobreviveram e atravessaram a tal montanha.*

Quando liguei para meu pai e lhe contei que ia percorrer a Grande Muralha, ele me perguntou por que eu ia fazer isso.

"Bem, você sobreviveu à Marcha Igman", respondi. "Eu posso atravessar a Grande Muralha."

"Quanto tempo vai levar essa caminhada pela Grande Muralha?", perguntou ele.

"Três meses", respondi. "Dez horas por dia, andando."

"Você sabe quanto tempo levou a Marcha Igman?", indagou ele.

Eu não fazia ideia. Para mim, sempre tinha parecido uma eternidade.

"Uma noite."

Nós havíamos concebido nossa grandiosa ideia romântica de percorrer a Grande Muralha da China oito anos antes, sob uma lua cheia no deserto da Austrália. A noção tinha surgido, poderosa, na imaginação que compartilhávamos. Pensávamos, naquela época, que a Muralha ainda era uma estrutura contínua, intacta, pela qual nós simplesmente caminharíamos; que cada um de nós seguiria sozinho; que acamparíamos na Muralha todas as noites. Que, depois de partir de extremidades opostas (a cabeça no leste,

209

a cauda no oeste) e de nos encontrarmos no centro, nós nos casaríamos. Por anos, nosso título provisório para a peça tinha sido *The Lovers* [Os amantes].

Agora, já não éramos amantes. E, como sempre parece ser o destino dos românticos, nada era como tínhamos imaginado. Mesmo assim, não queríamos desistir da caminhada.

Em vez de andarmos sozinhos, cada um de nós teria uma comitiva composta por uma pequena companhia de seguranças e um guia/tradutor. Supostamente, a presença dos guardas era para nos proteger, mas os chineses também estavam paranoicos diante da possibilidade de nós irmos a lugares indevidos e vermos coisas indevidas. Havia trechos inteiros da Muralha que se situavam em áreas militares de acesso restrito. Em vez de atravessar esses trechos andando, cada um de nós teria de fazer um desvio para evitá-los, transportados num jipe com motorista. E acampar na Muralha estava fora de cogitação, porque, na China, ninguém que tivesse passado pela Revolução Cultural se dispunha a se submeter a qualquer desconforto por vontade própria, em especial os soldados designados para nos acompanhar. Em vez disso, nos hospedamos em estalagens ou em aldeias pelo caminho.

Quanto à Muralha em si, essa colossal estrutura em forma de dragão, visível do espaço cósmico, estava em grande parte em ruínas, especialmente no oeste, onde vastos setores dela tinham simplesmente desaparecido, cobertos pelas areias do deserto. No leste, onde ela percorria a crista de uma cadeia de montanhas, os invernos e o próprio tempo tinham realizado sua obra destrutiva. Em certos locais, a Muralha não era mais que uma traiçoeira pilha de rochas.

E, quanto à nossa motivação inicial, ela já havia passado. *Nós* já havíamos passado. Eis o que eu disse a Cynthia Carr, crítica de performances do *Village Voice*, que recorreu às economias de toda a vida para viajar à China e registrar nossa caminhada:

> Antes, havia esse forte laço emocional, de modo que um caminhar na direção do outro tinha um certo impacto... [era uma] história quase épica de dois amantes se reunindo depois do sofrimento. E então esse fato desapareceu.

Fui enfrentar apenas a Muralha nua e a mim mesma. Precisei reorganizar minha motivação. Além disso, eu sempre me lembro de uma frase de John Cage que dizia, "quando jogo I Ching, as respostas de que gosto menos são aquelas [com as quais] eu mais aprendo".

Fico muito feliz por não termos cancelado a peça, porque nós precisávamos de algum tipo de encerramento. Realmente, essa distância enorme que caminhamos um na direção do outro, em que na realidade não temos um encontro feliz, mas simplesmente terminamos, é de certo modo muito típica do ser humano. É de fato mais dramática do que aquela simples história romântica dos amantes. Porque, no fim de tudo, sempre se está realmente só, não importa o que se faça.

Caminhando num trecho destruído da Grande Muralha da China, 1988

O nome do meu guia era Dahai Han. Ele tinha 27 anos (e, por sinal, era virgem, como me contou mais tarde). Falava um inglês perfeito e me detestava.

Depois eu descobriria o motivo. Seu inglês era tão bom que ele tinha sido intérprete para todas as altas autoridades chinesas, tendo viajado pelo mundo inteiro com elas. Ele levava uma vida muito privilegiada até o ano anterior, quando foi aos Estados Unidos com uma delegação do governo e, pela primeira vez na vida, viu pessoas dançando break. Ele adorou a dança e ficou obcecado por ela. Tirou muitas fotografias de pessoas dançando break e, ao voltar para a China, publicou em fotocópias um livreto clandestino sobre o break nos Estados Unidos.

As autoridades descobriram o que Dahai Han tinha feito. E ele foi removido do posto de intérprete do governo e mandado para ser meu guia e intérprete enquanto eu percorresse a Grande Muralha. Eu fui seu castigo.

Ele chegou usando um traje chinês cinza e sapatos sociais pretos. Depois de três dias andando, ele adoeceu com febre, e seus sapatos estavam aos pedaços. Precisei lhe dar meu par de calçados reserva. Seus pés eram tão pequenos que ele teve de preenchê-los com jornal. Cheguei a lhe dar metade das minhas roupas – não fazia diferença, Dahai Han ainda me odiava. Eu me lembro de ele ter falado de como foi bom que a China tivesse invadido o Tibete, porque, afinal de contas, o Tibete era chinês. *"Como assim?"*, perguntei. Ele realmente sabia me atingir. Eu também o odiava.

Mais tarde, fiquei sabendo que Ulay também não conseguia tolerar as mudanças que os chineses nos tinham imposto: a quantidade de soldados e funcionários que acompanhavam constantemente cada um de nós, as estalagens sujas onde precisávamos nos hospedar em vez de acampar, as áreas restritas que tínhamos de evitar. Para ele, a pureza do nosso conceito inicial tinha sido prejudicada.

Eu sempre fui uma pessoa que aceita as coisas como se apresentam, embora isso não signifique – de modo algum – que estivesse feliz com todos os aspectos da minha caminhada. Houve muitas, muitas dificuldades. E eu não tinha esperado menos que isso.

Aquela era a China anterior à praça Tiananmen, uma China que pouquíssimos ocidentais tinham visto. Precisei passar por doze províncias que eram proibidas a estrangeiros. Havia áreas que estavam contaminadas com radioatividade. Vi pessoas amarradas a árvores, abandonadas para morrer, como forma de punição. Vi lobos comendo cadáveres. Essa era uma China que ninguém *queria* ver.

O terreno no leste era extremamente íngreme e rochoso, e as rochas podiam ser muito escorregadias. Uma vez, caí e feri meu joelho, o que me obrigou a parar e repousar por alguns dias. Nas montanhas, os precipícios de cada lado da Muralha eram apavorantes. Às vezes, os ventos naquela altitude eram tão fortes que nós todos tínhamos de nos deitar no chão para não sermos carregados.

Eu ficava furiosa com a companhia constante de sete soldados do Exército Vermelho – e ficava ainda mais furiosa quando eles queriam andar adiante de mim. Eu não queria olhar para as costas deles! Tenho certeza de que essa era uma manifestação da minha natureza voluntariosa, por ser filha de *partisans* calejados: *eu* queria ir na frente – muito embora fosse dificílimo. Todas as noites, meus joelhos doíam demais. Eu podia sentir dor, mas não ligava a mínima: era eu quem ia seguir na frente.

Existiam sempre sete guardas comigo, mas meu distanciamento mudava à medida que eu passava de uma província para outra. Numa área, havia um major do Exército Vermelho que ficou tão fascinado por mim, essa mulher que percorria a Grande Muralha, que levou alguns dos seus soldados para me acompanhar. Um dia, chegamos a um monte muito íngreme, quase vertical, e, quando comecei a escalá-lo – ainda indo na frente –, os soldados começaram todos a berrar.

"O que estão dizendo?", perguntei a Dahai Han.

"Dizem que temos de dar a volta neste monte, que não é possível escalá-lo", traduziu ele.

"Por quê?", perguntei.

"Ele se chama monte Jamais Conquistado", disse o intérprete. "Ninguém nunca se postou no seu cume. Não é possível escalá-lo."

"Mas quem disse isso?", perguntei.

Ele olhou para mim como se eu fosse a pessoa mais burra do mundo. "Simplesmente é assim que é. Sempre foi assim. Temos de dar a volta."

A essa altura, o major e seus soldados tinham se sentado e começado a almoçar. "Tudo bem", respondi, olhando para Dahai Han. E comecei a subir o monte. Subi direto, não fazia diferença como. Fui subindo, enquanto eles todos ficaram lá sentados, comendo. Por fim, cheguei ao topo e olhei lá para baixo. E então o major começou a gritar com os soldados, e eles todos começaram a subir o monte. Naquela noite, no povoado onde paramos, o major fez um discurso me elogiando. *Não se pode aceitar os obstáculos,* disse ele. *É preciso encará-los e então ver se é possível superá-los. Essa estrangeira ensinou a todos a lição da coragem,* disse ele. Fiquei toda orgulhosa.

Um dia, após semanas de caminhada, percebi que meu intérprete estava sempre andando por último, atrás de mim e dos soldados. Perguntei-lhe por que sempre ia lá atrás.

Ele olhou para mim e respondeu: "Sabe, existe um ditado chinês que diz: 'Os pássaros fracos voam primeiro.'"

Comecei a deixar minha guarda ir na frente algumas vezes.

Fiquei fascinada pela relação entre a Muralha e as linhas de Ley, as linhas de energia da Terra. Mas eu também estava me dando conta das alterações na minha própria energia, à medida que eu percorria tipos diferentes de terreno. Às vezes, havia barro debaixo dos meus pés; às vezes, minério de ferro; às vezes, quartzo ou cobre. Eu queria tentar entender as ligações entre a energia humana e a Terra em si. Em cada povoado onde parei, sempre pedi para conhecer as pessoas mais velhas do lugar. Algumas estavam com 105, 110 anos. E, quando eu lhes pedia que me contassem histórias sobre a Muralha, elas sempre falavam de dragões, um dragão negro que lutava contra um dragão verde. Percebi que essas narrativas épicas tratavam literalmente da configuração do solo: o dragão negro era o ferro; o verde era o cobre. Era como as histórias do Tempo dos Sonhos, do deserto australiano – cada centímetro da terra estava cheio de histórias, e todas elas estavam relacionadas à mente humana e ao corpo humano. A terra e as pessoas tinham uma ligação íntima.

Eu entendia por que os soldados não queriam acampar, mas detestava ter de sair da Muralha todas as noites e andar duas horas até o povoado mais próximo. E então, todos os dias de manhã, andar de novo duas horas de volta e subir outra vez na Muralha. A essa altura, eu estava exausta antes mesmo de dar início à caminhada do dia. Numa manhã, fiquei tão fora de mim que comecei a seguir para a esquerda, em vez de para a direita, e andei quatro horas no sentido errado! Só me dei conta quando cheguei a um ponto em que tinha fotografado a paisagem no dia anterior. Tivemos de dar meia-volta e refazer o percurso. Os soldados não se importavam – aquilo tudo não passava de uma tarefa para eles.

Até mesmo as hospedagens maiores eram deprimentes – prédios de concreto sem revestimento, sem instalações sanitárias na parte interna. A iluminação era péssima. Onde as paredes eram pintadas, era com aquele verde hospitalar do qual eu infelizmente me lembrava muito bem. Era como Belgrado ao quadrado. E os povoados eram um pesadelo. Todos tinham esses dormitórios muito típicos do comunismo, compostos de três cômodos. A câmara central era a cozinha. De um lado ficava o alojamento masculino; do outro, o feminino. Canos de aquecimento saíam do fogão da cozinha para a direita e para a esquerda, passando por baixo das plataformas de dormir nas áreas masculina e feminina.

Mulheres de todas as idades, incluindo velhinhas e menininhas, dormiam todas amontoadas no alojamento feminino. Eu abria um espaço para mim entre elas. Todas tinham penicos ao lado da cabeça, porque fazia frio demais para ir lá fora urinar no meio da noite. O cheiro era insuportável.

Eu tentava acordar cedo para poder ir à latrina sozinha, mas era impossível. No instante em que me punha de pé, elas também estavam de pé. Havia sempre dez mulheres correndo ao meu lado, todas tentando segurar minha mão ao mesmo tempo, porque, para elas, eu era uma enorme novidade. Para elas, uma mulher sem marido, sem filhos, uma estrangeira percorrendo a Grande Muralha, era inconcebível. Elas estavam sempre querendo segurar meu nariz. Quando perguntei ao meu intérprete por que faziam isso, ele disse que elas achavam que o nariz era um promotor da fertilidade, por ser tão grande que, para elas, parecia um falo.

As latrinas eram indescritíveis – não passavam de locais onde se defecava no chão. Montes de merda, milhões de moscas. Nós todas nos agachávamos juntas, de mãos dadas, cantando canções de amizade. Era esse o costume chinês. No início, tive uma terrível prisão de ventre. Eu simplesmente não conseguia fazer nada. Depois de um tempo, cheguei a um ponto em que não me importava mais – eu estava me agachando e celebrando a amizade com todas as outras.

Quando Cynthia Carr apareceu para andar comigo por um tempo, fiquei muito feliz. No dia em que chegou, no fim da tarde, quando estava na hora de deixar a Muralha e descer para o povoado seguinte, eu lhe perguntei se ela estava precisando fazer xixi. Ela disse que sim. Eu perguntei: "Posso segurar sua mão?"

Cynthia achou que eu tinha pirado. "Não!", respondeu.

"Tudo bem", disse eu. "Só estava tentando te preparar."

Na manhã do dia seguinte, lá estava ela, de cócoras, de mãos dadas com dez mulheres. "Agora entendi o que você quis dizer."

Nos povoados, de manhã, eles lhe davam uma boa panela com sangue de porco fervente para pôr no seu tofu. Supostamente, o leite fazia mal. O sangue de porco fervido deveria limpar o sistema. Era difícil encarar um café da manhã desses.

Certo dia de manhã, num povoado qualquer, acordei cedo para tentar ir à latrina sem ser incomodada; um velho saiu de uma casa e começou a correr atrás de mim, aos berros, como se quisesse me matar. Eu não fazia ideia do motivo pelo qual ele estava berrando; e é claro que eu estava em melhor forma física do que ele. Por isso, fiquei dando voltas, correndo em torno da praça, tentando cansá-lo, sem parar de gritar para acordar meu guia. O velho não conseguia me alcançar, mas não parava de correr feito um louco. Foi apavorante. Por fim, meu guia acordou, foi correndo até o velho e disse alguma coisa. E o velho simplesmente foi embora, andando.

"Desculpe, o que foi isso?", perguntei ao meu guia.

"Ele estava dizendo: 'Fora daqui, japonesa maldita. Eu te mato!'", explicou Dahai Han. O velho nunca tinha visto um estrangeiro e achou que eu era uma japonesa que estava invadindo seu povoado.

Dei-me conta de que eu também era uma espécie de invasora para Dahai Han. E, muito aos poucos, nós nos tornamos menos odiosos um para o outro. Às vezes, quando comíamos juntos, nós conversávamos. Foi assim que acabou vindo à tona a história de como ele tinha sido rebaixado de intérprete do governo para ser meu guia. Seu entusiasmo era radiante quando falava sobre suas fotografias do break.

Por isso, decidi fotografá-lo. Fiz uma peça chamada *Le Guide Chinois* [O guia chinês]. Arrumei seu cabelo com água e açúcar, e ele posou na Muralha, sem camisa, fazendo mudrás, gestos tântricos. As fotografias saíram muito bonitas.

Dahai Han e eu ficamos amigos. Depois que terminei minha caminhada, como sua punição se encerrou, ele voltou para o governo. E, na primeira vez em que retornou aos Estados Unidos, desertou da delegação. Acabou indo parar em Kissimmee, na Flórida, perto do parque Disney World, vendendo hambúrgueres, casado com uma americana. Foi um desastre total. E ele se divorciou.

Quando a China se tornou mais aberta, Dahai Han voltou. Agora, é um ilustre jornalista internacional em Washington, correspondente da agência de notícias Xinhua. Esse era seu destino.

Dahai Han, meu guia, 1988

Um dia, quando eu estava na metade do percurso, um mensageiro me trouxe um bilhete de Ulay, ainda muito distante no oeste da China. "Percorrer a Grande Muralha é a coisa mais fácil deste mundo", estava escrito. Era só isso o que o bilhete dizia.

Eu poderia tê-lo matado. É claro que a caminhada estava sendo fácil para ele – ele estava atravessando o deserto, onde o terreno era plano. Enquanto eu estava subindo e descendo encostas de montanhas. Por outro lado, essa assimetria não era sua culpa. Como o fogo é o princípio masculino e a água simboliza o feminino, o plano sempre tinha sido que Ulay começasse sua caminhada pelo deserto, enquanto eu partiria da beira-mar.

E também devo confessar que, apesar de tudo, a essa altura eu ainda tinha esperança de resgatar nosso relacionamento.

Finalmente, três meses depois que começamos, nós nos encontramos no dia 27 de junho de 1988, em Erlang Shen, Shennu, na província de Shaanxi. Só que nosso encontro não foi, de modo algum, como tínhamos planejado. Em vez de me deparar com Ulay andando na minha direção, vindo do sentido oposto, eu o encontrei à minha espera num local pitoresco entre dois templos, um confuciano e um taoista. Ele estava ali havia três dias.

E por que ele tinha parado? Porque esse ponto pitoresco era a perfeita oportunidade para uma fotografia do nosso encontro. Eu não me importava com a oportunidade de fazer uma fotografia. Ulay tinha desrespeitado nosso conceito, por motivos estéticos.

O aperto de mãos que assinalou o fim do nosso relacionamento pessoal e profissional, 1988

Um pequeno grupo de espectadores estava ali para assistir ao nosso encontro. Chorei quando ele me abraçou. Foi o abraço de um colega, não de um amante. Totalmente isento de calor humano. Eu logo descobriria que ele tinha engravidado sua intérprete, Ding Xiao Song. Os dois se casariam em dezembro, em Pequim.

Eu estava com o coração partido. Mas minhas lágrimas não eram apenas por conta do fim do nosso relacionamento. Nós tínhamos realizado uma obra monumental – separados. Minha parte parecia uma epopeia, uma longa tortura que afinal tinha se encerrado. Eu praticamente sentia tanto alívio quanto tristeza. Voltei de avião para Pequim de imediato e passei uma noite lá, no único hotel ocidental da cidade naquela época. Peguei então um voo de volta para Amsterdã. Sozinha.

Ulay e eu tínhamos estado juntos, como colaboradores e amantes, por doze anos. Eu disse a meus amigos que sofreria por causa dele, no mínimo, por metade desse tempo.

Ulay sempre tinha se encarregado do nosso dinheiro. Eu não fazia ideia do que acontecia. Quando nos separamos, ele me deu 10 mil florins, cerca de 6 mil dólares naquela época, dizendo-me que aquela quantia era a metade exata de todo o dinheiro que tínhamos. Não o questionei.

Fazia muito tempo que tínhamos desistido do nosso loft no armazém em Zoutkeetsgracht. Eu estava hospedada na casa dos meus amigos Pat Steir e Joost Elffers. Um dia, quando fui à praça tomar café, passei por uma casa em ruínas, com um pedaço de pau pregado de um lado a outro da porta da frente. Na tábua estava rabiscado à VENDA, com um número de telefone.

Anotei o número. De início, não soube ao certo por quê. Mas, depois de tomar o café, liguei, e um cara me disse que a casa era um caso de falência: o proprietário era o banco. Perguntei se poderia dar uma olhada nela naquela tarde. "Claro", disse ele.

Fui ver a casa. Na realidade, eram duas casas: a dos fundos era do século XVII; a da frente era do século XVIII. As duas tinham seis andares, e ambas as construções eram ligadas por um pátio. O espaço interno era de 1.150 metros quadrados.

O lugar tinha sido invadido – 35 viciados em heroína estavam morando ali. O caos era palpável. O cheiro era de merda de cachorro, merda de gato, mijo. Um grupo de caras totalmente chapados estava atirando facas na porta de madeira entalhada do século XVII. Um andar estava literalmente queimado – não passava de tábuas de assoalho calcinadas, com um vaso sanitário bem no meio. O lugar estava horrível. Mas, por baixo daquilo tudo, ele era lindo, com o acabamento elegante em estuque e lareiras de mármore. Tive uma visão.

"Quanto?", perguntei.

Quarenta mil florins foi o que me disseram. Estava claro que queriam se livrar da casa. Mas, se você a comprasse, também ficaria com os drogados que a ocupavam; e, em conformidade com a lei holandesa, era praticamente impossível tirá-los dali. Qualquer ser humano normal que comprasse aquele imóvel estaria jogando dinheiro fora. Por isso, respondi: "Certo, estou interessada."

Conversei sobre o imóvel com meus amigos.

"Você enlouqueceu?", questionaram eles. "Não é uma quantia que você tenha... no que está se metendo?"

No dia seguinte fui ao banco. Eles me disseram que eu precisava dar, no mínimo, um sinal de dez por cento, e eu teria três meses para conseguir um financiamento. Se não conseguisse um no prazo de 45 dias, poderia dizer ao banco que já não estava interessada e receberia o sinal de volta. Mas, se decidisse continuar a tentar depois daquele prazo e acabasse não conseguindo um financiamento, perderia o sinal.

A casa que mudou minha vida, Amsterdã, 1991

Dei a eles 4 mil florins – quase metade de tudo o que eu tinha no mundo. Realmente, foi uma loucura. E então comecei a visitar bancos.

Meu passaporte ainda era iugoslavo, e eu não tinha visto para permanecer na Holanda. Eu estava ilegal no país desde sempre. Nas minhas idas e vindas, o Ministério da Cultura sempre tinha me dado um salvo-conduto. Eu nunca tinha tido problema algum. Também nunca tinha tido uma conta bancária. Abri minha primeira conta com o dinheiro que Ulay me deu. E cada banco que procurei para obter um financiamento, no instante em que o funcionário entrava pela porta da casa, antes mesmo de chegar ao fim do corredor, já dizia que não estava interessado. A casa valia alguma coisa, mas eu nunca ia conseguir um financiamento enquanto seus ocupantes estivessem ali dentro, e era impossível tirá-los de lá. Por isso o preço era tão baixo.

Passaram-se 45 dias. O banco ligou. "Conseguiu o financiamento?", perguntaram.

"Não", respondi.

"Vai desistir do contrato?"

"Não", respondi. Eu simplesmente não conseguia deixar para lá, mesmo que perdesse todo o sinal. A essa altura, eu estava obcecada... meio irracional. Foi quando comecei a fumar.

Desliguei o telefone e disse a mim mesma: *OK, Marina, agora você tem de experimentar uma abordagem diferente. Você precisa conseguir informações sobre essa casa.*

Por isso, procurei os vizinhos dos dois lados, batendo à porta das casas. As pessoas foram bem simpáticas: elas me contaram a história da casa. O proprietário mais antigo de que conseguiam lembrar era um cantor de ópera. Depois, mudou-se para ali uma velha família de judeus. E então, depois de mais um proprietário ou dois, um traficante de drogas comprou o imóvel. Mas não pagou o financiamento. E continuou não pagando. Por fim, ele estava numa situação financeira tão ruim que decidiu incendiar a casa para ficar com o seguro. Só que o incêndio foi contido a tempo, e apenas um único andar foi atingido. E então o investigador da companhia de seguros descobriu que o traficante tinha ateado o fogo de propósito, e o banco tirou a casa dele. Foi assim que ela se tornou um imóvel ocupado por dependentes de heroína.

"Mas onde está esse cara?", perguntei.

"Ele ainda mora na casa", contou-me o vizinho.

A residência tinha duas entradas. Uma levava ao térreo. A outra, ao segundo andar. A porta com a tábua atravessada era a entrada do térreo, onde eu já tinha estado. O traficante morava no segundo andar. Fui até lá, então, e bati à porta. Ele atendeu. "Quero falar com você", eu disse.

Ele me deixou entrar. Havia uma mesa no meio do andar, coberta com Ecstasy, cocaína, haxixe, tudo pronto para ser embalado. Também havia uma pistola em cima da mesa. O cara estava inchado – sua aparência era péssima. Ele olhou para mim, e, de repente, eu abri meu coração.

Contei tudo – sobre Ulay, a caminhada pela Grande Muralha, a gravidez da intérprete chinesa, a quantia que ele me deu. Tudo. Eu disse que essa casa era o que eu queria – tudo o que eu queria –, a única que eu poderia comprar com o pouco dinheiro que tinha. Eu estava chorando. E o sujeito ficou ali, parado diante de mim, boquiaberto. Devia estar pensando que eu tinha vindo de outro planeta.

Ele continuou olhando para mim. "OK", disse, então. "Vou te ajudar, mas tenho uma condição."

O traficante me contou que havia dois anos que estava ocupando a casa que antes lhe pertencera, morando ali de graça porque o banco não conseguia vendê-la. Ele alugava vagas para dormir para dependentes de heroína por 5 florins por noite. Era assim que vivia.

"Odeio esses filhos da mãe dos bancos. Odeio o governo", disse ele. "Mas você é diferente. Esta é minha proposta. Eu tiro todo mundo daqui. Você consegue seu financiamento. Mas, no instante em que assinar o contrato e conseguir comprar a casa, você vai assinar um contrato comigo, estipulando que posso morar neste andar pelo resto da minha vida, pelo aluguel mais baixo possível. Esse é o trato. Se você não cumprir sua parte..." Ele me mostrou a pistola.

"Preciso de duas semanas para botar todo o mundo para fora", acrescentou.

Àquela altura, só me restava talvez um mês para assinar o contrato. Voltei duas semanas depois, e todos os drogados tinham saído da casa. O traficante estava totalmente só no seu apartamento. Mas o lugar ainda estava com uma aparência medonha.

Consegui uma caçamba de lixo, pedi a todos os meus amigos de Amsterdã que viessem, e nós jogamos fora tudo o que havia ali. Tudo. Podíamos ter aberto um supermercado de drogas com toda a porcaria que encontramos. Jogamos tudo fora. Jogamos fora todos os tapetes que estavam molhados com mijo. Depois, pulverizei o imóvel todo com enormes quantidades de fragrância de alfazema, instalei lâmpadas industriais para acabar com todos os cantos escuros, dei um passo atrás e olhei o que meus amigos e eu tínhamos feito.

E o que eu via então era uma casa com um incrível potencial. Ela estava localizada num bom bairro, onde um imóvel comparável custaria entre quarenta e cinquenta vezes aquele preço. E estava vazia – não havia um drogado à vista. Por isso, entrei em contato com três bancos. O primeiro olhou para a casa e disse que tinha interesse. Eles entrariam em contato. O segundo também olhou e também disse que entraria em contato. E o terceiro concordou de imediato. Consegui um financiamento em menos de uma semana.

Mas, agora, como meu banco sabia que a casa estava vazia, a lei holandesa dava a eles o direito de comprar a casa. Por isso, voltei ao traficante.

"Será que podemos conseguir que alguns drogados voltem para a casa?", perguntei. "Porque ela agora ficou boa demais."

"Quantos você quer?", perguntou ele.

"Uns doze", respondi.

"Sem problema", disse ele. Ele trouxe de volta doze drogados. Peguei umas cortinas que tinha encontrado numa caçamba de lixo e as pendurei nas janelas. Depois espalhei mais um pouco de lixo pelo imóvel.

Agora só me restava esperar. Faltavam duas semanas para a assinatura do meu contrato – foram as duas semanas mais demoradas de toda a minha vida. Finalmente chegou o dia. Usei o vestido mais formal que eu tinha, peguei uma caneta-tinteiro Mont Blanc caríssima que meu pai – não minha mãe – me dera de presente de aniversário, e entrei no banco.

O ambiente estava muito sério. Um funcionário olhou para mim. "Ouvi dizer que os moradores indesejados deixaram a casa."

Meu estômago se revirava. Só olhei para ele, tranquila, e respondi: "É, alguns saíram. Mas ainda há alguns por lá."

"Assine aqui", orientou ele, depois de pigarrear. Eu assinei. "Parabéns", disse o funcionário do banco. "Você é a proprietária da casa."

Então eu olhei para ele e falei: "Sabe de uma coisa? Na verdade, todos eles foram embora."

O sujeito me encarou e disse: "Minha cara, se isso for verdade, você simplesmente acaba de fechar o melhor negócio imobiliário de que ouvi falar nos meus 25 anos de carreira."

A casa era minha. De imediato fui a um advogado para que ele redigisse um contrato para o apartamento do traficante. Isso foi de manhã. De tarde, com o contrato e uma garrafa de champanhe, bati à sua porta. Eu não queria perder tempo. O traficante abriu a porta. "Aqui está seu contrato, e aqui uma garrafa de champanhe", disse eu. "Está pronto?"

"Puxa, pelo visto você cumpre o que promete" respondeu ele. E assinou.

Assim que abrimos o champanhe, ele começou a chorar. Contou-me que sua mulher estava hospitalizada em algum lugar, morrendo por overdose de heroína. Ele tinha dois filhos, um de 12 e outro de 14 anos, que eram delinquentes e estavam em algum tipo de instituição especial. "Queria tanto ter meus filhos comigo", desabafou, soluçando. "Todo mundo se foi da minha vida. É terrível." Fiquei ali sentada, escutando-o. Agora, nossas situações estavam mais ou menos invertidas. E o lugar ainda estava com uma aparência péssima.

Comecei a morar na casa. Em Amsterdã, chove o tempo todo, e ali chovia dentro de casa. Eu costumava pôr panelas por toda parte para recolher a água. Eu tinha um armário muito grande, do tamanho de um closet (outro *plakar*), que era onde eu dormia. Era o único lugar em que não chovia. O andar queimado continuava queimado. Tudo estava errado, e eu não tinha dinheiro para consertar. Além disso, de cinco em cinco minutos, algum dependente de heroína tocava a campainha para saber se podia dormir ali

224

ou usar o banheiro. (Por sinal, apenas um banheiro estava em condições de uso.) As pessoas usavam heroína na escada da minha entrada: todos os dias de manhã os degraus apareciam manchados de sangue. Meus amigos insistiam: "Você é louca de ter de passar por tudo isso por uma porcaria de casa."

Ulay também tinha voltado para Amsterdã e estava morando numa casa a não mais que dois quarteirões de distância. Um dia, eu estava sentada no meu casarão – para variar estava chovendo, e a chuva escorria pelos buracos no telhado e gotejava em todas as panelas –, olhando pela janela para o canal na chuva. E lá, em pé numa ponte, estava Ulay, beijando sua esposa chinesa grávida.

Hora de sair da cidade, disse a mim mesma.

Quando Ulay e eu nos separamos, eu me sentia gorda, feia e nada desejável. Teria sido muito fácil deitar na minha cama, debaixo das cobertas, e comer caixas inteiras de bombons. Mas eu sempre fui de fazer as coisas acontecerem, e foi o que fiz. Além de comprar a casa, logo fiz outras duas mudanças importantes na minha vida – uma muito ruim e outra muito boa.

A mudança ruim foi um jovem espanhol – embora, naturalmente, ele não parecesse ruim de início. Ele trabalhava para a agência de Michael Klein; tinha 30 anos, para os meus 42, e era muito bonito. Também era muito narcisista. Passava horas na academia todos os dias. Mas ele gravitou na minha direção num momento em que eu precisava muito de alguém. E não fiz perguntas. Deveria ter feito.

Bem no início, ele me levou de carona na sua bicicleta, e nós sofremos um acidente. Eu caí e me machuquei seriamente. *Se minha avó pudesse me ver agora*, pensei comigo mesma, *ela me avisaria: "Pare logo de uma vez, porque isso vai acabar mal."*

Na China, eu tinha tido uma sensação muito forte da relação entre os minerais debaixo dos meus pés e o corpo humano. Os idosos com quem eu conversava nos povoados reforçavam essa ideia, com suas histórias de batalhas entre dragões de várias cores. E eu havia trazido comigo alguns desses belos minérios que encontrei lá: quartzo rosa, quartzo cristalino, ametista e obsidiana. Na cinzenta cidade de Amsterdã, nas profundezas do meu desespero, tive uma inspiração. Eu construiria objetos que expressariam a relação entre minérios e o corpo – objetos que transmitiriam a energia desses minérios às pessoas que entrassem em contato com eles. Também era importante apresentar ao público a caminhada pela Grande Muralha, pois essa era a primeira performance nossa na qual o público estava ausente.

Naquela primavera, montei uma série dessas peças – que chamei de objetos transitórios. Eles pareciam camas espartanas: tábuas compridas, revestidas com cobre oxidado, com travesseiros minerais de quartzo rosa ou de obsidiana. Cada objeto deveria ser fixado a uma parede, na horizontal ou vertical, para uso do público em três posições básicas do corpo: sentado, em pé e deitado. Eu os nomeei *Green Dragon* [Dragão Verde], *Red Dragon* [Dragão vermelho] e *White Dragon* [Dragão branco], e eles representavam uma nítida inversão do meu relacionamento habitual com o público. Dessa vez, o público estava na parede, e eu estava livre no espaço da galeria, olhando para eles. Naquele verão, o Centro Pompidou em Paris adquiriu todos os três e agendou uma mostra para mim no outono.

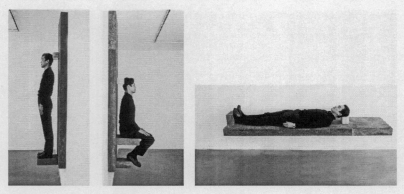

White Dragon, Red Dragon, Green Dragon, da série "Transitory Objects for Human Use" [Objetos transitórios para uso humano], cobre oxidado, obsidiana preta, quartzo-róseo, instalação em 1989, Victoria Miro Gallery, Londres, 1991

Ao mesmo tempo, o Pompidou me concedeu uma bolsa para produzir mais obras, e eu assinei um contrato de três anos para ensinar a arte da performance na École Nationale Supérieure des Beaux-Arts. Por isso, resolvi alugar um apartamento em Paris, e o espanhol se mudou para lá comigo.

Agora, eu tinha dinheiro para reformar minha nova casa, mas não queria morar lá por enquanto. Àquela altura, eu estava farta de Amsterdã.

Era a primeira vez na vida que eu tinha dinheiro de verdade, e um dos objetivos principais do espanhol era me ajudar a gastá-lo. Ele costumava me dizer que faria um bebê para mim se eu lhe comprasse um carro e um barco. Sempre sorria quando dizia isso, e nós dois ríamos, mas ele só estava brincando em parte.

Quando não estava pensando em si mesmo, parecia que ele estava pensando em mim. Pensando em mim, quer dizer, da maneira mais superficial possível. Ele me dizia que ia me ajudar a me sentir melhor comigo mesma. Isso significava imitar seu narcisismo: ir à academia e ao cabeleireiro, bem como comprar roupas de alta-costura. Não fiquei imune a esse aperfeiçoamento físico, de modo algum. E belas roupas passaram a compor toda uma nova fase na minha vida. Fui à loja de Yamamoto e comprei um terno incrível: calça preta, um paletó assimétrico e uma camisa branca com apenas uma ponta do colarinho saliente. Ainda tenho esse conjunto e posso usá-lo a qualquer hora – é um clássico.

Minha primeira foto de moda, vestida num Yohji Yamamoto, Paris, 1989

Esse terno foi uma surpresa: ele era tão confortável e elegante. Simplesmente parecia o traje certo. Eu não conseguia acreditar em como uma roupa mudou meu jeito de me sentir, até quando só estava andando na rua. E já não me sentia constrangida. Eu me sentia linda.

Em preparação para a mostra no Pompidou, dei um monte de entrevistas. Já tinha dado muitas antes, mas os franceses eram bem diferentes. A entrevista principal era para uma revista de moda, e eles queriam uma lista dos estilistas que eu usava! De início, pensei: "Como é que é?" E então respondi: "Yamamoto."

Eles me mandaram uma arara inteira de roupas para eu experimentar. Mandaram maquiadores. Passei três horas sendo arrumada e fotografada; e então a entrevista durou vinte minutos. Mas, quando a reportagem saiu, tenho de admitir que eu estava deslumbrante. De repente, Paris era um mundo totalmente novo para mim. Eu tinha a sensação de que precisava me arrumar só para ir comprar uma baguete para o café da manhã.

As roupas novas fizeram com que eu me sentisse melhor comigo mesma, mas meu namorado espanhol, não.

Antes da mostra no Pompidou, haveria uma exposição em Bruxelas. Eu tinha transformado partes do filme da Grande Muralha numa instalação de vídeo; também criei novas peças para parede, feitas com minérios: trípticos verticais nos quais o público poderia pressionar a cabeça, o coração e o sexo para uma troca de energia. Na ocasião, escrevi o seguinte sobre essas peças:

> Todos os objetos transitórios têm um aspecto em comum: eles não possuem existência autônoma. O público precisa interagir com eles. Alguns objetos estão ali para esvaziar o observador, alguns para dar energia, e alguns para tornar possível um afastamento mental.
>
> O indivíduo nunca deveria causar uma interrupção no circuito da natureza. Ele nunca deveria usar energia sem voltar a restaurá-la.
>
> Quando a transformação ocorre, o objeto recebe a força para funcionar.

O espanhol ajudou a construir alguns objetos e a instalar a mostra – e, enquanto estava lá, começou um caso com uma jovem galerista. Eu logo tomei conhecimento.

Minha melhor amiga na época, a artista plástica alemã Rebecca Horn – que era três anos mais velha que eu e com quem tudo o que estava acontecendo comigo já tinha acontecido, tanto que eu a chamava de Dra. Horn – deu sua opinião:

"Marina, chegou a sua hora! Que sorte ele estar tendo esse caso! Livre-se dele agora."

Por isso, liguei para ele. "Sei que você está envolvido com fulana e entendo perfeitamente", falei. "Ela é mais nova, mais bonita, muito melhor do que eu." Fui muito convincente. E ele foi embora.

Danica tinha ouvido falar que eu estava morando em Paris e me ligou, muito empolgada. Para ela, Paris representava o máximo no que dizia respeito à arte, bem como a tudo o que era requintado e elegante. A cidade lhe trazia lembranças incríveis dos seus anos como delegada da Unesco. Eu lhe disse, toda orgulhosa, que ia fazer uma mostra no Pompidou e que seria maravilhoso se ela pudesse vir para a abertura.

"Você vai estar nua?", perguntou ela.

Eu lhe disse que não, que eu ia apresentar meus objetos transitórios. Quando lhe expliquei do que eles se tratavam, ela realmente pareceu curiosa. "Eu vou", disse.

Você deve se lembrar da obsessão da minha mãe por higiene. Ela estava hospedada no George V, mas queria ver meu apartamento. Por isso, limpei a casa como se estivesse esterilizando uma sala cirúrgica. Quer dizer, tudo estava cintilante. Danica chegou e olhou de relance para o ambiente. Fez um pequeno sinal de aprovação, sem dar sua opinião de imediato. E, então, passou pelo apartamento revistando-o meticulosamente, roçando a mão em todas as superfícies. Finalmente, fez outro sinal de aprovação. "Relativamente limpo", determinou.

No dia da abertura, eu não quis chegar ao Pompidou exatamente na hora marcada, mas com meia hora de atraso. Quando cheguei, olhei pela vidraça e vi minha mãe em pé na galeria, com seu indefectível tailleur azul, com um broche, cercada por um pequeno grupo. As pessoas estavam tirando fotos dela. Entrei. Danica dissertava (num francês perfeito, *naturellement*) sobre o meu trabalho para um punhado de críticos. Tinha assumido o comando – minha presença não era necessária, de modo algum.

Com minha mãe na abertura da minha exposição na
Galerie Charles Cartwright, Paris, 1990

Peguei um segundo financiamento para a casa de Amsterdã e mandei fazer um novo telhado – chega de panelas com água de chuva –, mas não fiz nenhuma obra nos meus aposentos. Preferi reformar o apartamento do traficante.

Mais uma vez, todo mundo me disse: "Você não sabe o que estava fazendo, você perdeu o juízo." E, mais uma vez, eu estava seguindo minha intuição.

Os operários chegaram e deixaram lindo o apartamento do traficante. Ele ainda estava preso ao seu estilo de vida, de usuário de drogas, mas também continuava obcecado com a ideia de reaver a guarda dos filhos. E agora tinha uma boa casa para a qual eles poderiam voltar. Foi assim que ele se dirigiu à instituição onde as crianças estavam e falou com o pessoal sobre isso. A assistente social, uma inglesa, disse que antes precisava checar a casa.

Ela foi e verificou, e o apartamento dele estava uma perfeição. A instituição decidiu lhe devolver a guarda dos filhos – com a condição de que a assistente social comparecesse ali todas as semanas para verificar se tudo estava certo.

Com os filhos por lá, ele começou a tomar jeito. Passou a usar menos drogas. Preparava comida decente para os três comerem. Quando os dependentes de heroína batiam à porta, ele os mandava embora. Aos poucos, foi mudando. E, aos poucos, a assistente social, que era de uma boa família da aristocracia britânica, se apaixonou por ele.

Em 1991, o galerista parisiense Enrico Navarra ficou fascinado pelos meus objetos transitórios. Ele me deu um bom adiantamento para produzir novas obras, dinheiro que me permitiu viajar ao Brasil para procurar cristais e minérios. Para ter acesso às minas, eu precisaria de autorização dos proprietários – permissão que eu não tinha quando saí de Paris. Felizmente, ao chegar a São Paulo, amigos me apresentaram a Kim Esteve, um colecionador e amante das artes que me convidou para ficar hospedada com a família dele na Chácara Flora. Foi lá que Kim me apresentou a alguns proprietários de minas, e eu consegui a autorização de que precisava.

Um dos primeiros lugares que visitei foi Serra Pelada.

Serra Pelada era uma enorme mina de ouro a céu aberto, perto da foz do Amazonas. O grande fotógrafo brasileiro Sebastião Salgado a tinha tornado tristemente famosa com suas memoráveis fotos de dezenas de milhares de homens concentrados, seminus e imundos com a lama, desesperados, arranhando as encostas em busca de lascas de ouro.

Serra Pelada foi chamada de lugar abandonado pelos deuses. Ali era o inferno na Terra. Era um lugar totalmente sem leis e incrivelmente perigoso – havia dezenas de assassinatos todos os meses, todos sem solução, porque não existia ninguém para investigá-los. As únicas mulheres por lá eram prostitutas. Qualquer outra mulher seria louca de ir lá: seria estuprada e morta.

A única forma de chegar a Serra Pelada era de barco ou avião – não havia estradas. Fui num avião sem assentos, com um burro no meio da cabine, amarrado com uma corda. Ao lado do burro havia um vidro com soníferos e uma espingarda. Ele tinha sido tranquilizado com a substância. Nos disseram que, se ele acordasse, teríamos de matá-lo a tiros, porque ele ficaria louco e faria o avião cair.

Fui sozinha, só com uma mochila e três engradados de Coca-Cola. Não levei câmeras. Eu tinha ouvido dizer que, apenas algumas semanas antes, Steven Spielberg havia tentado filmar lá uma sequência para um dos seus filmes da série Indiana Jones. Algumas pessoas se irritaram com seu operador de câmera por estar tirando fotografias, e o mataram a tiros. Eu não queria irritar ninguém. A Coca-Cola era para eu fazer amigos.

Fiquei num lugar chamado Hotel dos Cachorros, que merecia esse nome. Até mesmo Alba teria detestado o lugar. (A essa altura, Alba já estava com quase 15 anos, velhíssima para uma cadela. Seu focinho estava grisalho; seus olhos escuros tinham um tom azulado – cataratas. Ela mal conseguia subir a escada na minha casa de Amsterdã. Eu a levei para Majorca, para a bela residência do meu amigo Toni, e nós dois construímos para ela uma pequena casa de cachorro à sombra de uma árvore, com vista para o oceano. Ela morreu ali tranquilamente um dia de manhã, e nós a enterramos à sombra da árvore.) O Hotel dos Cachorros era imundo, e os únicos outros hóspedes eram velhas prostitutas. As ruas eram pura lama. E os garimpeiros andavam para lá e para cá em roupas esfarrapadas, cobertas de barro vermelho. Seus dentes tinham sido substituídos por ouro. Vi um homem com uma prótese dourada no lugar do dedo que faltava.

Tudo era pago com ouro, até mesmo tomates e bananas. E, para conseguir esse ouro, essas hordas de homens seminus desciam para aquela cratera, que era de barro, instável. Os desmoronamentos eram frequentes; havia muitas mortes, todos os dias.

Por que fui lá? Não foi pelo ouro. Na realidade, eu tinha uma ideia ainda mais irracional: criar um vídeo intitulado *How to Die* [Como morrer]. (Eu achava que, com o tempo, descobriria um jeito de trazer para ali uma câmera sem sofrer agressões físicas.)

A ideia era a seguinte: quando você vê a morte de verdade na televisão, ou cenas de alguma catástrofe terrível, talvez fique olhando por um instante, mas logo não consegue suportar mais e simplesmente muda de canal. Quando assiste a uma ópera, a uma peça teatral ou a um filme, e vê a heroína morrer, se identifica com esse tipo de morte estética, organizada. Você assiste, sente-se tocado em termos emocionais e chora.

Por isso, minha ideia era fazer uma justaposição em vídeo de alguns minutos de morte operística (na minha cabeça, sempre era Maria Callas — eu tinha ficado obcecada por Callas, com quem me identificava de modo extraordinário) e alguns minutos de mortes reais: para reunir os dois tipos numa cena. A morte mais real em que eu conseguia pensar era em Serra Pelada. Por isso, fui até lá ver a situação com os meus próprios olhos.

No papel, minha ideia era instigante. Eu a tinha proposto ao ministro da Cultura da França, tendo recebido uma resposta animadora. Mas, quando cheguei a Serra Pelada, nada era como eu tinha imaginado.

Eu queria conversar com esses garimpeiros com a maior franqueza e abertura, sem nenhuma câmera, sem nenhum roteiro. A Coca-Cola que tinha levado era um bom início de conversa. Eu me sentava com eles, entregava duas Cocas e começava a falar sobre óperas: *La Traviata, Otelo*. Um cara com quem falei, negro como a noite, tinha todos os dentes de ouro. O sol brilhava, ele estava sorrindo, e os dentes refletiam o sol. Eu disse a mim mesma: *Esse aí é o perfeito Otelo*. Outro, um italiano, conhecia a *Traviata* e a cantou para mim. Os caras que conheci gostaram de mim. Parecia que queriam me proteger. E não era só que eles quisessem me proteger, uns dois deles, que tinham suas próprias câmeras, começaram a tirar fotografias para mim. E me deram as fotos, algumas imagens maravilhosas. Eu as incluí no meu livro *Public Body* [Corpo público].

233

Passei três dias lá, absolutamente convencida, quanto mais pensava no assunto, de que *How to Die* seria uma peça poderosa. A ideia foi se desenvolvendo na minha cabeça. Eu contrataria sete estilistas diferentes para criar o figurino para os segmentos de ópera. Pediria (por exemplo) a Azzedine Alaïa para criar o vestido de *Carmen*, com 50 metros de seda vermelha. José apunhalaria Carmen, e a câmera mostraria uma morte de verdade em Serra Pelada. Então Karl Lagerfeld desenharia outro traje para *La Traviata*, e eu dirigiria essa morte também. Tudo poderia ser editado junto e apresentado como uma instalação de vídeo.

Mas, no final, tudo saiu caro demais e eu nunca fiz a peça, apesar de a ideia ter permanecido comigo e eu nunca ter desistido de um dia realizá-la.

Um ano mais tarde, voltei ao Brasil, dessa vez com mais 26 artistas plásticos, numa viagem até a Amazônia patrocinada pelo Goethe-Institut e pelo Museu de Arte Moderna do Rio de Janeiro. Nossa única missão era criar uma obra com materiais indígenas que promovesse a ecologia — foi uma viagem pitoresca, descontraída e divertida. Um dos artistas era um velho amigo meu, o pintor português Julião Sarmento, de modo que eu tinha alguém com quem podia rir. Uma noite, em Belém, havia um concurso de beleza, o concurso da Miss Bumbum, para escolher a bunda mais magnífica do Brasil! Julião e eu chegamos a ser convidados para sermos jurados.

Uma equipe de filmagem de uma rede televisiva de artes da Alemanha, a ZDF, nos acompanhou nessa viagem, e o diretor, Michael Stefanowski, ficou fascinado por mim. Isso foi muito bom para o meu ego, especialmente depois do meu caso autodestrutivo com o tal espanhol. Michael era o oposto do espanhol sob quase todos os aspectos. Era baixo e inteligente, tinha rugas no rosto e não ligava a mínima para o corpo. Sua solução para os estresses da atividade televisiva consistia em fumar um cigarro atrás do outro e beber muita vodca.

Começamos um relacionamento. Ele tinha acabado de se separar da mulher. Era um cara tão carinhoso, tão afetuoso... Eu me sentia perfeitamente à vontade com ele. Nunca precisei fingir nada. Quando me sentia insegura, ele me incentivava. Quando eu estava ansiosa, ele me dizia para não me preocupar, e eu lhe dava ouvidos. Durante os anos seguintes, sempre que nós dois estávamos na Europa, descobríamos um jeito de nos encontrarmos. Nós também viajamos juntos: para a Tailândia e para as Maldivas. Enquanto estávamos nas ilhas, ele tirou uma foto instantânea de mim, uma das minhas fotografias preferidas de mim mesma, sorrindo num maiô antiquado, segurando uma bola de praia. Pareço feliz. Eu estava feliz. Na verdade, eu não estava apaixonada por Stefanowski, mas me afeiçoei tanto a ele que, a certa altura, achei que queria me casar. "Casar para quê?", perguntou ele, e eu realmente não tinha uma boa resposta para dar.

Em 1992, ganhei uma bolsa substancial de uma organização alemã, DAAD, para ir para Berlim e trabalhar lá por um ano. Eles me deram um ateliê fantástico, uma remuneração generosa e um ótimo apartamento no bairro de Charlottenburg. Eu me encontrava com frequência com minha amiga Rebecca, que também tinha um ateliê em Berlim, e fiz amizade com Klaus Biesenbach, um jovem curador que tinha aberto o novo instituto de arte berlinense, o Kunst-Werke. Klaus era fascinante: muito inteligente, muito interessado no meu trabalho, distante e afetuoso ao mesmo tempo. Por um tempo riquíssimo, fomos mais do que amigos – éramos mais como almas gêmeas, cuja intuição e intimidade compartilhadas nos levavam a desafiar um ao outro. Porém, com o passar dos anos, nós dois vimos que uma relação de trabalho era o melhor tipo de relação que podíamos ter.

Klaus Biesenbach e eu, 1995

Com Charles Atlas, durante ensaios de *Biography*, no Kunsthalle, Viena, 1992

Esse novo ateliê foi muito importante para mim – o primeiro ateliê que era só meu, desde Belgrado –, e eu comecei imediatamente a trabalhar numa performance prolongada, muito ambiciosa, uma vigorosa peça teatral chamada *Biography* [Biografia]. Meu colaborador era Charles Atlas, um americano, artista de vídeo, que eu tinha conhecido em Londres uns dois anos antes. O tema deveria ser nada menos do que minha vida e obra, encenadas como uma peça de teatro.

De certo modo, *Biography* foi minha declaração definitiva de independência em relação a Ulay. Ela até mesmo tinha uma sequência de despedida – que eu chamava de cena do *bye-bye*. Ao som de Callas cantando a comovente ária de Bellini "Casta Diva", eu recitava:

> BYE-BYE
> EXTREMOS
>
> BYE-BYE
> PUREZA
>
> BYE-BYE
> ESTAR JUNTOS
>
> BYE-BYE
> INTENSIDADE

BYE-BYE

CIÚME

BYE-BYE

ESTRUTURA

BYE-BYE

TIBETANOS

BYE-BYE

PERIGO

BYE-BYE

SOLIDÃO

BYE-BYE

INFELICIDADE

BYE-BYE

LÁGRIMAS

BYE-BYE

ULAY

Depois da caminhada na Muralha, a mostra sobre nosso projeto tinha percorrido museus em Amsterdã, Estocolmo e Copenhague; mas, como meu ex-parceiro e eu já não nos falávamos, havia a necessidade de duas coletivas de imprensa e dois jantares para cada abertura. Sei que isso era difícil para mim; suspeito que fosse ainda mais difícil para os curadores.

Por volta dessa época, um programa cultural de televisão em Munique queria fazer um documentário sobre nós. Eles planejavam chamar o filme de *Uma flecha no coração*, numa alusão à nossa peça *Rest Energy*, mas também fazendo referência à dor da nossa separação. O único problema era que nós não estávamos dispostos a ser entrevistados juntos. Os alemães concordaram em nos filmar separados, com a condição de que nos fariam as mesmas perguntas.

Eles vieram à minha casa em Amsterdã, que agora estava linda, e eu me arrumei para a filmagem com roupas elegantes e sapatos de salto alto, apresentando-me como a feliz sobrevivente. Achei que a entrevista saiu muito bem. Dois meses depois, quando o documentário foi ao ar, fui a Berlim para vê-lo com Rebecca Horn, que traduziu para mim. Meus segmentos estavam bons, mas, quando vi os de Ulay, eu quase tive um infarto. Em vez de ser entrevistado na casa dele, Ulay tinha preferido ser filmado numa sala de aula abandonada, com o assoalho arrancado, apresentando-se como um pobre artista, sem-teto. Havia uma pequena fogueira acesa numa cesta de lixo no meio da sala. Eles lhe perguntaram por que a flecha não estava apontada para ele. "Porque o coração dela era o meu", respondeu Ulay, e então chamou: "Luna, Luna." Nesse instante, uma linda menininha meio chinesa veio correndo para os seus braços. Foi a primeira vez que a vi. Depois disso, fiquei três dias de cama, com enxaqueca.

Biography foi uma peça que exigiu muito de mim: repeti performances de antigos trabalhos solo, como *Rhythm 10* e *Thomas Lips*, completas, com lâminas de verdade e meu próprio sangue. Havia projeções, em telas divididas, de peças que eu tinha feito com Ulay – as telas divididas, um dramático símbolo físico da nossa separação real. Havia a gravação de uma narrativa cronológica:

> 1948: Recuso-me a andar...
>
> 1958: Pai compra televisão...
>
> 1963: Minha mãe escreve "Minha queridinha, seu quadro tem uma bela moldura"...
>
> 1964: Bebendo vodca, dormindo na neve. Primeiro beijo...
>
> 1969: Não me lembro...
>
> 1973: Escutando Maria Callas. Percebendo que a cozinha da minha avó é o centro do meu mundo...

E havia humor. No palco, eu recitava uma lista de palavras que se aplicavam a mim: "Harmonia, simetria, barroca, neoclássica, pura, luminosa, brilhante, sapatos de salto alto, erótica, disposta a recomeçar, narigão, bundão, *et voilà*: Abramović!"

ABRAMOVIĆ

9.

Eu estava de novo na Tailândia, mas, dessa vez, sozinha. Uma tarde, fui dar uma olhada numas ruínas, e o calor era sufocante. Ali perto havia uma estradinha cheia de caminhões, que levantavam poeira ao passar. De repente, percebi que estava com fome. Em toda a minha volta, havia pequenas barracas onde era possível comprar coisas para comer. E eu estava tentando decidir em qual eu compraria. Acabei escolhendo uma em que uma velha atendia. A mulher tinha uma wok *gigante e seis ou sete mesinhas frágeis. Seu restaurante se resumia a isso. Tudo o que preparava era com frango. Asas de frango, fígado de frango, peito de frango, sei lá o quê de frango. E ao seu redor havia dezenas de cestas de frangos em vários estágios. Uma cesta grande estava cheia de frangos vivos. Outra só tinha fígados. Outra, só coxas e pés. Havia uma repleta de frangos mortos, mas ainda com as penas. E uma ainda estava lotada de cadáveres de frangos depenados, prontos para serem cozidos.*

Sentei-me a uma das mesinhas, e a velha me serviu asas de frango picantes. Estavam deliciosas. Enquanto eu comia, ela continuava preparando mais para mim. Então, ainda enquanto comia, olhei debaixo da mesa e vi algo de que nunca vou me esquecer.

Bem no instante em que baixei os olhos, um raio de sol saiu das nuvens e iluminou essa pequena cena debaixo da mesa – uma cena de vida: uma galinha-mãe e seus pintinhos. Um grupo de pintinhos bem pequenos, amarelos e fofos, ali em volta da mãe, naquele raio de sol, piando alto, tão felizes. A mãe parecia muito orgulhosa.

Para mim, essa foi como uma espécie de revelação espiritual. Aquele momento de felicidade, sob aquele raio de sol, no meio de cadáveres, cestas com todos os tipos de cortes de frango... Essa galinha-mãe ia ser a próxima a parar na panela. Eu pensei: é isso. Assim somos nós. Mesmo que tenhamos um breve instante de felicidade, logo nós, também, vamos parar na panela.

Deixei a agência de Michael Klein pouco depois de me separar de Ulay. Michael ainda representava Ulay; além disso, ele ainda empregava o espanhol. Eu precisava seguir em frente. Também precisava ganhar meu sustento. Sempre quis viver para o meu trabalho, o que eu sabia fazer melhor, e também viver *do* meu trabalho.

Contudo, por mais estranho que seja para alguém tão confiante com as próprias performances, eu me sentia insegura em exibir minhas outras obras. Além das performances, eu estava produzindo objetos transitórios, instalações de vídeo e trabalhos fotográficos. Mas será que as galerias realmente se interessariam por mim? Eu tinha me encontrado com a grande Ileana Sonnabend algumas vezes em Roma, mas ficava intimidada com a ideia de abordá-la. Tinha a mesma sensação a respeito de Nicholas Logsdail, da excelente Lisson Gallery, de Londres.

Foi quando meu amigo Julião Sarmento veio me ajudar. Seu representante em Nova York era um britânico chamado Sean Kelly, e Julião o adorava.

"Acho que Sean é a única pessoa que realmente consegue entender seu trabalho", disse-me ele, "e descobrir de que modo você pode vender alguma coisa, de fato".

Eu poderia ter pedido ao meu amigo que me apresentasse, mas também me sentia insegura quanto a isso. Não queria que houvesse o menor tipo de pressão pessoal sobre Julião ou sobre Sean Kelly. Na minha cabeça, a única forma certa para eu atrair a atenção de Kelly era um encontro espontâneo.

Estava claro que um encontro espontâneo precisaria ser organizado.

Julião ia a Nova York para se reunir com Sean, e eu resolvi ir junto.

Elaboramos um plano. Julião e Sean iam almoçar num certo dia no Jerry's, um pequeno restaurante na Spring Street, no Soho. "É só você passar pelo restaurante algumas vezes", disse-me Julião. "Quando vir pela vidraça que nós terminamos a refeição e que vamos tomar café, você simplesmente entra e diz: 'Oi, Julião, que bom vê-lo aqui', e eu digo: 'Sente-se, por favor, venha tomar um café com a gente.'" Parecia uma ideia infalível.

Chegou o dia. Eu passei pelo Jerry's, tipo, umas cinco vezes, porque naquela época não havia celulares para facilitar nosso plano. Sempre que eu olhava pela vidraça, eles ainda não tinham terminado a droga do almoço. *Paciência,* eu não parava de dizer a mim mesma. Afinal, vi que os pratos do

242

almoço tinham sido tirados da mesa, e que o café estava a caminho. Entrei e fui até a mesa deles. "Ei, olá!", cumprimentei.

"Marina, que bom te ver", disse Julião. "Sente-se, por favor. Esse é o Sean." Começamos a conversar, e eu por fim tomei coragem.

"Eu realmente ia adorar trabalhar com você", disse a Sean.

"Sabe de uma coisa?", respondeu Sean. "Você escolheu o pior dia da minha vida para dizer isso. Acabei de perder meu emprego." Ele era o diretor da L.A. Louver Gallery no Soho, cujo proprietário era da Califórnia. Naquele dia, o proprietário tinha dito a Sean que queria fazer uma mostra com alguns artistas californianos. E, quando viu o conjunto do trabalho, Sean simplesmente o detestou. "É cafona, é horrível", disse ele. E o proprietário disse: "Quem paga seu salário sou eu. Esta galeria é minha. Quero fazer uma mostra com esses artistas." Sean se negou. Só lhe restou pedir demissão.

Com Sean Kelly, fazendo objetos de poder, Alicante, 1998

Sean precisava pagar a hipoteca do seu apartamento. Ele tinha dois filhos, um de 4 e um de 6 anos. Estava em Nova York, sem emprego, e ainda sem passaporte americano. "Você quer trabalhar comigo?", perguntou ele. "Acabei de perder minha galeria. Não tenho nada a oferecer."

"Excelente", respondi. "Não quero um galerista com uma galeria. Quero um sem galeria. Você vai poder me dedicar muito mais tempo."

243

E foi assim que funcionou. Sean começou a trabalhar de casa no Soho, onde morava com a mulher, Mary, e seus dois filhos, Thomas e Lauren. E ele começou a fazer sucesso sozinho. Mary foi importantíssima nesse processo – sem ela, não vejo como Sean teria conseguido superar a situação. Além da casa, ela precisava cuidar de toda a intensa vida social do casal, com uma rotina constante de jantares e eventos, bem como visitas frequentes de colecionadores que vinham olhar obras. Por muitos anos, meus melhores Natais seriam com os Kelly – tornei-me fã do molho de pão de Mary, uma receita britânica, que eu repetia algumas vezes, comendo-o com uma colher de sopa.

Sean foi a Amsterdã e examinou as fotografias das minhas primeiras performances solo, começando com *Rhythm 10*. Havia muitas. Ele examinou todas elas, separando uma ou duas de cada peça. *Thomas Lips* forneceu imagens especialmente fortes (e sangrentas): eu me flagelando, a estrela cortada no meu ventre. "Muito bem", disse ele, por fim, "vamos fazer uma pequena edição nessas imagens. Você escreve um texto sobre cada uma, e nós vamos oferecê-las e ver o que acontece."

E foi assim que começamos.

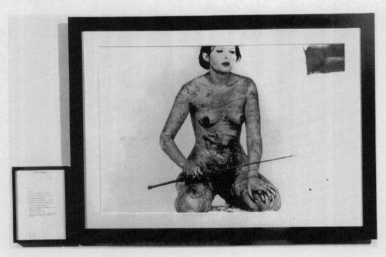

Thomas Lips, fotografia em preto e branco, com painel de texto em baixo-relevo, Galeria Krinzinger, Innsbruck, 1975

Tito tinha mantido a Iugoslávia unida pela mera força da personalidade – bem como pelas quantias enormes que ele pegou emprestados com a Rússia, a China e os Estados Unidos (por meio de manobras brilhantes em que lançava uns contra os outros). No momento em que ele morreu, tudo desmoronou. A Rússia, a China e os Estados Unidos queriam, todos, seu dinheiro de volta. E as seis repúblicas do país, antes unidas pelo pulso de ferro do líder, agora se tornavam entidades separadas. Enquanto no passado elas tinham sido interdependentes – minas de cobre no sul, por exemplo, enviando minério de cobre para ser processado em fábricas no norte –, agora só havia desavença entre elas.

No seu testamento, Tito tinha estipulado que, após sua morte, cada república deveria ser governada por um presidente, cujo mandato duraria um ano. Isso foi um desastre total. Cada presidente governava sem a menor consideração pelo que aconteceria depois que saísse – e, enquanto estava no posto, se apoderava do dinheiro que conseguisse, para si mesmo e para sua república.

A Iugoslávia não existia mais.

Tudo chegou ao fim no início de 1992, com a deflagração da guerra da Bósnia. Os grupos étnicos que tinham coexistido com dificuldade, os sérvios, os croatas e os muçulmanos bósnios, de repente se lembraram de que todos se odiavam. Foi um conflito desastroso e cruel, a guerra mais estúpida das que foram travadas no século XX.

Embora os combates – e os massacres –, em sua maioria, estivessem ocorrendo na Bósnia e Herzegovina, deixando Belgrado ilesa, eu me preocupava com meus pais. Eles agora já tinham mais de 70 anos e não podiam sair daquele país conflagrado.

Meu pai, em especial, estava sofrendo. Apesar de ele nunca ter me escrito nem mesmo um cartão-postal, nós conversávamos por telefone de vez em quando, e de repente ele me pareceu velho e triste. Tinha se casado com sua linda namorada loura, tão sexy com sua saia curta e saltos altos. Ela se tornou juíza, a juíza mais jovem do país. Tudo bem. E tinha se divorciado do seu bonito marido, que era da mesma idade dela, para se casar com meu pai, também muito bonito e um revolucionário, porém

245

35 anos mais velho. E, agora, a diferença de idade estava realmente começando a aparecer.

Vojin não podia sair de Belgrado, estava pobre e sofria. Todos os voos comerciais, de chegada e de partida, tinham sido suspensos. A cidade estava assolada pela falta de todos os tipos de mercadoria. Minha mãe nunca se queixou, mas eu sabia que ela estava sofrendo também. Resolvi ir e fazer o que fosse possível para ajudar. Também decidi levar Charles Atlas comigo e fazer entrevistas gravadas em vídeo com Danica e Vojin. Agora, eu tinha uma nova peça em mente que os incluiria – o Theater am Turm, de Frankfurt, me deu recursos para a produção –, mas eu também queria registrar meus pais enquanto essa oportunidade ainda era viável.

A escassez causada pela guerra era absurda. Vi uma reportagem que dizia que os cidadãos de Belgrado agora podiam comprar porcos abatidos, inteiros, a crédito – as pessoas estavam comprando esses animais em prestações facilitadas e os levavam para casa para serem transformados em embutidos. Os banheiros das casas estavam repletos de carne de porco pendurada. Sempre que chegava um caminhão carregado com qualquer coisa – papel higiênico, latas de tomates –, turbas se abatiam sobre ele para comprar a mercadoria a preços inflacionados e levá-la para casa para fazer estoque. Apartamentos inteiros estavam lotados de papel higiênico.

Perguntei aos meus pais do que eles estavam precisando. Suas respostas foram típicas: minha mãe queria creme hidratante, perfume e batom da Chanel; meu pai queria penicilina, lâmpadas elétricas e pilhas. Charles e eu fomos de avião até Budapeste, onde comprei tudo o que pudemos carregar, e pegamos um ônibus para entrar na Sérvia.

Depois de uma viagem longa e exasperante – fomos parados por soldados em várias barreiras no caminho –, chegamos a Belgrado tarde da noite. Vojo estava lá para nos receber, e eu fiquei chocada com o tanto que ele parecia ter envelhecido. Também vi de imediato que meu pai estava com o rosto molhado de lágrimas. Nunca tinha visto meu pai chorar. Com um ar severo, ele nos mostrou que estava armado, com uma pistola. "Foi a este ponto que chegamos", disse. Alguns dias antes, um jovem tinha cuspido nele na rua. "Seu comunista!", dissera o rapaz. "Você e Tito é que nos deixaram nesta merda."

Quando chegamos à sua casa – ele andava mancando de leve, por estar com problemas no quadril –, Vojo nos mostrou as velhas fotografias dele com Tito, que ele tinha cortado ao meio. Agora, estava chorando descontroladamente. "Não foi por isso que lutei", disse ele. "Minha vida foi totalmente desperdiçada." Meu pai realmente parecia um homem destruído.

Quando eu estava com quase 30 anos e ainda morava no apartamento espaçoso da minha mãe, em Belgrado, tive uma ideia. "Por que não dividimos esse apartamento em três?", perguntei-lhe. Ela poderia ficar com um apartamento, sugeri. Eu ficaria com outro; e meu irmão, com o terceiro. "Todos poderiam ser independentes. Seria uma boa solução."

Isso não chegou a ser uma possibilidade para ela – minha mãe precisava controlar tudo. Foi assim que simplesmente fugi de casa, aos 29 anos. Então, depois que eu tinha passado um ano fora e Danica por fim entendeu que eu não ia voltar, ela fez exatamente o que eu tinha sugerido e transformou o imóvel em três apartamentos. O que destinou a si mesma era limitado; o do meu irmão era imenso; e o espaço que dedicou a mim também era meio pequeno, como o dela. Três anos depois, meu irmão vendeu o dele e gastou o dinheiro. Foi então que Danica me ligou. "O que vamos fazer com o seu apartamento? Como você quer pintar a cozinha? Tenho algumas boas ideias para organizar tudo..."

Eu lhe disse que para mim não fazia diferença e que ela podia fazer o que quisesse com o lugar.

Minha avó foi morar lá, então, para mantê-lo para mim, até sua morte. Ela morreu nesse apartamento. Quando finalmente recuperei o imóvel, tratei de vendê-lo. Eu não queria ter nada a ver com ele. Vendi inclusive toda a mobília. Minha mãe acabou se mudando dali para um desses prédios de apartamentos novos, socialistas. E foi onde a encontrei quando fui a Belgrado no início da guerra.

Perguntei se poderia levar a equipe de filmagem ao seu apartamento para eu entrevistá-la. "Com fiação elétrica e sapatos sujos?", perguntou ela. "Pessoas que eu não conheço? Nem pensar."

247

Por isso, aluguei um teatro para ela. Danica chegou como Callas. Vestido preto, colar de pérolas, coque perfeito. Coloquei uma cadeira bem no centro do palco e preparei a iluminação de um modo que a favorecesse. No instante em que a câmera começou a filmar, era como se ela tivesse passado a vida inteira no palco. Estava tão à vontade, tão falante!

Eu fiquei por trás da câmera, no escuro. Só queria que ela falasse sobre a sua vida, apesar de às vezes eu ter perguntas específicas. "Por que você nunca me beijou?", questionei, lá da minha escuridão.

Um ar de espanto dominou seu rosto. "Ora, porque eu não queria que você ficasse mimada, é claro", disse ela. "Minha mãe também nunca me beijou."

Essa informação foi muito interessante para mim, pois minha avó me beijava com frequência. Mas a verdade, como eu já disse, é que a relação entre minha avó e minha mãe não era boa. Era pior do que isso. Ali havia mais ódio que amor, porque, depois da Segunda Guerra Mundial, minha mãe, a boa comunista, tinha feito com que todos os bens da minha avó fossem tomados pelo partido.

Contudo, minha mãe, a boa comunista, tinha muitas recordações românticas surpreendentes. Ela se lembrou de que, quando menina, adorava perambular pelo palácio do tio, o Patriarca Ortodoxo. Falou sobre o fato de ter entrado às escondidas num cinema, quando estava com 14 anos, para ver Greta Garbo em *Camille*. Mas seu filme preferido, revelou ela com um suspiro, era *E o vento levou...* Danica o tinha visto pela primeira vez aos 17 anos. Ficou apaixonada por Rhett Butler! Ou talvez Clark Gable fosse o verdadeiro alvo de sua paixonite.

Vieram então algumas lembranças não tão românticas da luta na resistência. Uma vez, contou ela, um dos seus camaradas tinha apanhado uma granada italiana, que explodiu antes que ele pudesse jogá-la de volta. Ela ajudou na amputação da mão do homem. Deram-lhe um gole de grapa antes de o deixarem inconsciente com uma coronhada de pistola − essa foi a anestesia. A expressão dela endureceu. "Quanto à dor, posso suportá-la", disse ela. "Quando uma mulher está em trabalho de parto, é raro que o hospital inteiro não ouça seus berros. Eu nunca deixei escapar um único som. Quando me levaram para o hospital, me disseram que iam esperar até eu começar a gritar. E eu respondi que ninguém jamais tinha me ouvido gritar, e ninguém nunca haveria de me ouvir gritar."

De lá da escuridão, perguntei se ela temia a morte.

Danica sorriu. "Não tenho medo da morte. Nossa presença neste mundo é somente temporária. Considero bonito morrer de pé, fora da cama, sem adoecer."

Infelizmente seu desejo não se realizaria – a morte dela acabaria sendo terrível.

Depois, entrevistei meu pai no seu apartamento. Ele falou quase exclusivamente das suas experiências do tempo da guerra e dos horrores que tinha presenciado: homens catando larvas dos ferimentos uns dos outros com gravetos; pessoas infectadas com tifo, comendo entranhas de cavalos. Pessoas procurando abrigo dentro de carcaças de vacas no auge do inverno. Pessoas morrendo de fome, sendo diláceradas por lobos. Ele contou que tinha sobrevivido graças à sua obstinação, sacando a pistola e a exibindo para a câmera.

Imagens dos vídeos dos meus pais em *Balkan Baroque* [Barroco dos Bálcãs] (*performance*, quatro dias, seis horas), XLVII Bienal, Veneza, 1997

Enquanto estava em Belgrado, também fiz uma terceira entrevista: com um homem que tinha capturado ratos para a cidade por um período de 35 anos. As histórias do caçador de ratos estavam muito presentes no meu pensamento quando criei *Delusional* [Delirante], a peça teatral em cinco atos que Charles Atlas e eu encenamos em Frankfurt na primavera de 1994, a convite de Tom Stromberg – o diretor artístico do Theater am Turm, um dos teatros de vanguarda da Europa. Foi uma peça grande e complicada – na realidade, complicada demais, mas ela continha as sementes de trabalhos que eu realizaria com maior sucesso mais adiante.

Delusional se desenrolava num palco de Plexiglas, coberto com lona. No meio do palco, eu estava deitada numa cama de gelo, usando um vestido preto de festa. Espalhados pelo piso, havia 150 ratos de plástico preto, parecendo mortos, deitados de lado. Enquanto isso, o vídeo da entrevista que fiz com minha mãe passava numa tela no pano de fundo. Depois de algum tempo, eu me levantava e saía dançando com vigor ao som de uma rápida canção folclórica húngara. Quando me sentia exausta, eu voltava a me deitar na cama de gelo.

Enquanto eu descansava ali, ainda respirando com dificuldade, um novo vídeo era projetado: nele, eu estava usando um jaleco branco e dava uma aula sobre ratos. Na cidade de Nova York, eu dizia, havia de seis a oito ratos por pessoa. Em Belgrado, havia 25. Em seguida, continuava falando sobre a espantosa capacidade reprodutiva dos ratos – e então, enquanto o vídeo mudava para a entrevista com Vojin, eu trocava de roupa.

Esse traje, o traje da Rainha dos Ratos, tinha sido criado para mim por Leigh Bowery, artista performático e figura cult de Londres. Bowery era um homem enorme, muito alto e gordo – ele foi uma espécie de musa nua para o pintor Lucian Freud –, além de ser um personagem radical, que se apresentava em trajes radicais que expunham sua carne sob aspectos estranhos e distorcidos. Assistindo às apresentações de Bowery, era impossível deixar de sentir vergonha por ele, e era exatamente isso o que ele queria. A vergonha é uma emoção muito forte, e *Delusional*, na realidade, tratava de todas as coisas das quais eu sentia vergonha: a infelicidade do relacionamento entre minha mãe e meu pai, minha sensação de não ser amada, o fato de minha mãe me espancar, as mútuas agressões físicas entre meus pais.

O traje da Rainha dos Ratos era de plástico transparente. Eu não usava nada por baixo. Ele estava bem grudado ao meu corpo inteiro; ao meu rosto, inclusive. Para o público, parecia que eu estava sufocando, e era essa a intenção: eu estava sufocando, de vergonha.

Quando Vojo agitava sua pistola na tela atrás de mim, eu arrancava a lona do palco de Plexiglas, revelando quatrocentos ratos vivos que corriam de um lado para outro ali embaixo. Minha ideia original tinha sido a de construir um palco de ferro com quatrocentos ratos usando sapatos com ímãs, fazendo o possível para correr por ele. Descobri alguém na Bélgica que me disse que poderia fazer esses sapatos. Mas, depois de três meses, essa pessoa disse que os pés dos ratos eram de tantos tamanhos diferentes que o processo de ajustá-los seria caríssimo e interminável.

Eu tinha passado muito tempo estudando o comportamento dos ratos. Aprendi que eles tinham o ciclo de reprodução mais rápido do que o de qualquer outro animal do planeta. Quinze minutos depois de parir uma ninhada, uma rata poderia estar prenhe de novo. Para essa produção teatral, nós compramos de início doze ratos e os levamos a um laboratório. Em menos de dois meses, tínhamos quatrocentos.

Em pé no palco de Plexiglas, tirei a fantasia de Rainha dos Ratos e, nua, abri um alçapão e desci para me juntar aos ratos — pelo menos era isso o que parecia que eu estava fazendo, apesar de estar protegida por uma cela espelhada. No clímax da peça, eu voltava ao palco e, ainda nua, comia uma cebola crua inteira (a casca inclusive) enquanto chorava. Depois, me deitava no palco, com a cabeça inclinada para trás e, encarando a plateia, contava a história da minha "Imagem da Felicidade": estou grávida, sentada numa cadeira de balanço, bordando, junto da lareira, quando meu marido, um mineiro coberto de pó de carvão e suor, entra pela porta. Vou à geladeira, pego uma garrafa de leite e lhe sirvo um copo de leite gelado. Com a mão direita, ele pega o copo; com a esquerda, ele toca na minha barriga: muito delicadamente. Era esse o destino que meus pais teriam desejado para mim?

Delusional estava tão impregnado com minha vergonha que Rebecca Horn considerou a peça profundamente perturbadora. Depois da performance, ela veio ao meu camarim. "Você tem de processar Charles Atlas", disse ela. "Posso conseguir para você o melhor advogado."

Eu disse a ela que a peça tinha sido a expressão exata do que eu queria transmitir.

Delusional (performance teatral), Theater am Turm, Frankfurt, 1994

A essa altura, eu tinha me mudado de Berlim de volta para Amsterdã. O mercado de arte estava em crise no início da década de 1990, mas Sean ainda conseguia vender minhas fotos de vez em quando. Para obter o resto do dinheiro de que precisava, eu lecionava.

Minhas aulas e as oficinas nas quais elas se baseavam foram uma parte extremamente importante da minha carreira, sem contar que foram minha principal fonte de renda por mais de 25 anos. Ensinei em tantos lugares: Paris, Hamburgo, Berlim, Kitakyushu, Copenhague, Milão, Roma, Berna e (o período mais longo de todos – oito anos) em Braunschweig (no norte da Alemanha).

Em cada lugar onde dei aulas, sempre comecei com uma oficina para os alunos. As oficinas ensinavam resistência, concentração, percepção, autocontrole, força de vontade e enfrentamento dos limites mentais e físicos. Esse era o âmago do meu ensino.

Para cada oficina, eu levaria entre 12 e 25 alunos a um lugar ao ar livre, sempre um local que fosse frio demais ou quente demais, nunca confortável; e, enquanto jejuávamos por um período de três a cinco dias, bebendo apenas água e chás de ervas e nos abstendo de falar, nós praticávamos vários exercícios. Alguns exemplos:

> RESPIRAÇÃO. Deite-se no chão, comprima o corpo contra o chão com a maior força possível, sem respirar; mantenha essa posição pelo tempo que conseguir; então, respire fundo e relaxe.

> DE OLHOS VENDADOS. Saia de casa e vá a um bosque, onde você terá os olhos vendados. Tente então encontrar o caminho de volta para casa. Como um cego, um artista precisa aprender a ver seu corpo por inteiro.

> OLHANDO PARA A COR. Sentado numa cadeira, olhe por uma hora para uma folha de papel, impressa com uma das cores primárias. Repita com as duas outras cores.

> LONGA CAMINHADA NA NATUREZA. Comece a caminhar a partir de um ponto determinado, seguindo em linha reta pela natureza, por quatro horas. Descanse e volte pelo mesmo percurso.

> ANDANDO PARA TRÁS. Ande para trás por quatro horas, sempre segurando um espelho na mão. Observe a realidade como um reflexo.

SENTINDO A ENERGIA. De olhos fechados, estenda as mãos para a frente na direção de outro participante. Sem nunca tocar na outra pessoa, passe suas mãos em torno de áreas diferentes do corpo, por uma hora, sentindo a energia do outro.

INTERROMPENDO A RAIVA. Se você ficar com raiva, pare de respirar e prenda a respiração até não conseguir aguentar mais. Então respire o ar renovado.

LEMBRANDO-SE. Tente se lembrar do exato momento entre estar acordado e adormecer.

QUEIXANDO-SE A UMA ÁRVORE. Abrace uma árvore e queixe-se a ela, por quinze minutos no mínimo.

EXERCÍCIO EM CÂMERA LENTA. Durante o dia inteiro, faça tudo muito devagar: andar, beber água, tomar banho de chuveiro. Fazer xixi em câmera lenta é muito difícil, mas tente.

ABRINDO A PORTA. Por três horas, abra muito devagar uma porta, sem entrar nem sair. Depois de três horas, a porta já não é uma porta.

Alunos já me perguntaram o que eu espero que eles extraiam dessas oficinas; e o que eu extraio delas. Eu respondo que, depois das oficinas, os participantes obtêm uma onda de energia positiva e um fluxo de novas ideias. Seu trabalho torna-se claro. A sensação geral é que valeu a pena passar pela provação. E uma forte sensação de unidade é criada entre mim e os participantes. É então que vamos para a sala de aula trabalhar.

Durante os três primeiros meses, coloco cada aluno sentado a uma mesa com mil pedaços de papel branco e uma lata de lixo embaixo. Todos os dias, eles têm de se sentar à mesa por algumas horas e escrever ideias. Eles põem as ideias que apreciam no lado direito da mesa; aquelas que os desagradam, colocam na lata de lixo. Mas nós não jogamos fora o lixo.

Depois de três meses, eu só pego as ideias da lata de lixo. Nem mesmo olho para as ideias de que os alunos gostaram. Porque a lata de lixo é um tesouro; são as coisas que eles têm medo de fazer.

Então, pelo restante do ano, eles têm de criar quatro ou cinco performances. E eu os acompanho o tempo todo. Repito constantemente para eles algo que Brancusi disse: o que vocês estão fazendo não é importante. O que é realmente importante é o estado mental a partir do qual estão agindo. A performance tem tudo a ver com o estado de espírito. Por isso, para chegar ao estado de espírito certo, você precisa estar preparado em termos físicos e mentais.

Lembro-me de que, em Braunschweig, os alunos eram tranquilos demais. Eles pareciam muito letárgicos, desmotivados. Por isso, fui ao Kunsthalle, o museu de arte de Hannover, e perguntei ao diretor se, depois do encerramento de uma mostra, ele esperava algum tempo antes de iniciar a mostra seguinte. Ele disse que sim, geralmente três a quatro dias. "Pode me dar esses três ou quatro dias para uma performance dos alunos?", perguntei.

"Dou-lhe 24 horas", disse ele.

Eu aceitei. Mas também negociei para usar toda a infraestrutura do museu – telefones, secretárias, tudo – durante o período. Os alunos se motivaram rapidinho. Na verdade, eles simplesmente enlouqueceram, criando uma série de performances para as 24 horas. Nós chamamos a série de *Finally* [Finalmente]. Fornecemos sacos de dormir, sanduíches e água para o público que compareceu ao evento.

Como um desdobramento dessa experiência, nós formamos uma associação chamada Grupo de Performance Independente (IPG, na sigla em inglês). À medida que começaram a chover convites, nós criamos eventos em todos os museus da Europa que se dispuseram a nos dar espaço. Fomos uma vez à *documenta*, duas vezes à Bienal de Veneza.

Alguns artistas performáticos respeitados surgiram mais tarde, a partir desse grupo. Eu lhes ensinei tudo o que sabia. O que é performance?

Qual é o processo do início ao fim? Como ela fica documentada? Como se redigem propostas? Uma vez por mês, eu dava uma aula aberta. Muitos alunos vinham de toda parte – Coreia, China, Inglaterra – para expor seus trabalhos. Na época, eu era a única pessoa na Europa especializada em ensinar performance.

A princípio, meu campo de atuação ficou restrito a academias de arte. Mas logo eu descobriria um modo de ensinar meus métodos a todos.

A Holanda era realmente pequena demais para eu ganhar meu sustento – Ulay e eu já tínhamos mostrado nosso trabalho nos principais museus do país. Por isso, viajei muito pela Europa durante esses anos, não apenas ensinando, mas também apresentando performances e instalações. Eu chamava minha casa em Binnenkant, 21, de "temporária para sempre". Cada vez que ganhava dinheiro, eu investia nela. E aos poucos, peça a peça, o lugar que tinha sido tão medonho se transformou no lar dos meus sonhos.

Eu tinha tanto espaço naqueles seis andares. Pensava na casa como uma extensão do meu corpo. Tinha um quarto para pensar, um quarto só para beber água. Tinha um quarto com apenas uma cadeira diante de uma lareira, para eu me sentar e ficar olhando o fogo. Todos os espaços de estar eram *clean*, despojados, com assoalhos perfeitos de madeira. No porão, havia uma sala de ginástica com uma sauna. No térreo, uma cozinha moderna e uma sala de jantar. Acima, um ateliê espaçoso e quartos de hóspedes, que meu amigo Michael Laub alugava de mim. Um jardim no terraço. E logo abaixo dele, no andar mais alto, meu quarto.

"O quarto é muito importante", declarei a uma revista francesa que publicou um artigo sobre a casa.

> Ele é uma espécie de concentração de sono, sonhos e
> erotismo. Se você não tiver paixão na vida, não poderá
> ter paixão na arte. Se você tiver essa energia sexual ou
> erótica numa forma muito forte e condensada, proje-
> tará essa energia no seu trabalho. (...) Fazer amor é

uma parte importante da minha vida – o erotismo, os desejos sexuais, a paixão –, o quarto tem de ser um espaço em que essas coisas acontecem.

E a parte realmente bonita da história da casa foi que tudo brotou do núcleo que eu tinha estabelecido ao renovar o apartamento do traficante em primeiro lugar.

Agora, o traficante já não era traficante. Enquanto eu estava em Paris, ele me ligou para dizer que ele e a bonita assistente social inglesa iam se casar e queriam que eu fosse a madrinha. Peguei então um voo de Paris para assistir à cerimônia. Foi um verdadeiro contraste – aquelas eram duas famílias que nunca se poderia imaginar que fossem se unir na vida real. Os parentes do noivo eram das classes mais baixas: amantes das bebidas, tatuados, de aparência inacreditável. Os parentes da noiva eram sofisticados e aristocráticos. Mas essas duas pessoas tinham se apaixonado e criado uma nova família. E estavam morando no coração da minha casa.

Conheci a curadora inglesa Chrissie Iles em Amsterdã, em meados da década de 1980; de imediato nós nos tornamos amigas. Um bom motivo para isso era o fato de ela também ter nascido no dia 30 de novembro (embora, até mesmo hoje, eu ainda não saiba sua idade – ela sempre fez enorme questão de esconder isso de mim), mas, ainda mais importante, era porque ela entendia meu trabalho em termos profundos, me ajudando a ver nele coisas que eu mesma não tinha visto. Em 1990, Chrissie me convidou para me apresentar no Museum of Modern Art de Oxford, onde fiz uma peça, *Dragon Heads* [Cabeças de dragões], na qual quatro grandes pítons e uma jiboia se arrastavam pela minha cabeça e ombros.

Agora Chrissie estava prestes a organizar uma retrospectiva da minha obra, novamente em Oxford. Quando nos separamos, Ulay tinha levado toda a documentação das peças que fizemos juntos, de modo que essa mostra poderia incluir somente minhas primeiras performances e meus trabalhos recentes. Para reforçar a exibição, criei uma trilogia de performances em vídeo chamada *Cleaning the Mirror* [Limpando o espelho].

Isso foi no ano antes de eu completar 50 anos, e a mortalidade ocupava meus pensamentos. Eu também tinha lido um livro sobre o ritual tibetano de *rolang*, no qual um monge é levado a se acostumar à ideia da morte ao dormir num cemitério com corpos em vários estágios de decomposição.

Numa das peças de *Cleaning the Mirror*, eu ficava deitada, nua, com um modelo de esqueleto (muito realista) em cima de mim por uma hora e meia, respirando tranquilamente, com o esqueleto subindo e descendo levemente a cada vez que eu respirava. Em outra peça, eu estava sentada com o esqueleto no colo e, usando uma escova dura e um balde cheio de água com sabão, passei três horas esfregando furiosamente todos os seus ângulos e cantos.

Cleaning the Mirror III envolvia alguns objetos antigos e espantosos do museu antropológico Pitt Rivers de Oxford: uma ave íbis mumificada do Egito antigo; uma caixa de remédios mágicos da Nigéria; sapatos *kadachi*, feitos de penas de emu, de aborígines da Austrália; um frasco cheio de mercúrio de Sussex, Inglaterra, que supostamente continha uma bruxa medieval. Enquanto eu permanecia sentada a uma mesa numa sala escurecida do museu, um curador da coleção traria com todo o cuidado cada objeto numa bandeja, usando luvas brancas, e o colocava no tampo da mesa diante de mim. Eu mantinha minhas mãos abertas acima do objeto, sem tocá-lo nunca, apenas sentindo sua energia.

Esquerda: *Cleaning the Mirror II* (performance para vídeo, uma hora e trinta minutos), Oxford University, 1995; *direita*: *Cleaning the Mirror III* (performance para vídeo, cinco horas), Museu Pitt Rivers, Oxford, 1995

Se a energia podia transcender ao tempo, eu me perguntava: por que o corpo humano não poderia?

E por que o espírito humano não poderia transcender à raiva? Naquele ano, dei um grande almoço de Natal em Binnenkant, 21. E, seguindo o conselho do meu maravilhoso Stefanowski, convidei Ulay e sua mulher, Song, com a filhinha, Luna.

Os três vieram, e muitos dos sorrisos em volta da grande mesa foram sinceros. Os seis anos que eu tinha previsto que levaria para me recuperar de Ulay tinham se passado. Ao mesmo tempo, ele ainda controlava os registros do trabalho que tínhamos realizado juntos, um fato que me irritava sempre que eu pensava no assunto. Por outro lado, uma reconciliação parcial parecia melhor do que absolutamente nenhuma.

Pouco depois, durante uma residência de três meses na University of Texas, fiz uma peça de vídeo chamada *The Onion* [A cebola]. Foram três meses estranhos: eu estava com uma percepção aguçada da minha idade e também me sentia muito só. A universidade me alojou num motel, a quilômetros do campus. E, como eu ainda não dirigia, precisava chamar um táxi sempre que queria ir a qualquer lugar.

Elaborei *The Onion* com muito cuidado. Fui filmada tendo como cenário um céu azul luminoso, usando batom e esmalte vermelho-vivo, enquanto comia uma cebola inteira (exatamente como em *Delusional*) e me queixava da minha vida. Enquanto fazia minhas queixas, levantava os olhos para o céu, como Nossa Senhora em sofrimento. E, como eu estava comendo uma cebola crua, com casca e tudo, as lágrimas escorriam abundantes pelo meu rosto.

Sofri de verdade para realizar essa peça. Precisei de fato comer três cebolas. Para a primeira, o som não estava certo. Para a segunda, houve algum problema de iluminação. Quando terminei a terceira cebola, toda a minha boca e a garganta pareciam estar queimadas. Mas conseguimos o vídeo! Meu lamento enquanto eu mastigava a cebola:

Estou cansada de trocar de aviões tantas vezes. De aguardar nas salas de espera, em rodoviárias, estações ferroviárias, aeroportos. Estou cansada da espera interminável no setor de controle de passaportes. De fazer compras às pressas em shopping centers. Estou cansada de mais decisões sobre a carreira, de inaugurações em museus e galerias, de recepções incessantes, de ficar em pé com um copo de água mineral, fingindo que estou interessada na conversa. Estou cansada das minhas enxaquecas, da solidão de quartos de hotel, de serviços de quarto, de telefonemas interurbanos e internacionais, de filmes ruins na televisão. Estou cansada de sempre me apaixonar pelo homem errado. Estou cansada de sentir vergonha de meu nariz ser comprido demais, de meu traseiro ser grande demais; de sentir vergonha da guerra na Iugoslávia. Quero ir embora, para algum lugar tão remoto que não seja possível o contato comigo por fax ou por telefone. Quero ficar velha, velha de verdade, para que nada mais tenha importância. Quero entender e ver com clareza o que existe por trás de tudo isso. Quero não mais querer.

Esse vídeo ainda é muito importante para mim. Os vídeos são a documentação mais imediata de uma performance, já que retêm a energia da peça muito melhor do que a fotografia estática jamais conseguiria. E esse vídeo é como uma cápsula do tempo – tanto da década de 1990, como da minha vida naquele período. Ele é ao mesmo tempo egocêntrico (perceba que ponho em terceiro lugar minha vergonha da guerra na Iugoslávia, depois da vergonha do meu narigão e do meu traseiro) e universal. Ele fala da superficialidade do mundo da arte e de todos os temores que eu sentia sobre estar sozinha ao completar 50 anos.

Mais tarde naquele verão, o Museu Nacional de Montenegro me convidou para dar uma palestra. Enquanto eu estava lá, fui visitar o povoado onde meu pai tinha nascido, perto de Cetinje. Sua velha casa estava em ruínas, só um amontoado de pedras. Mas, no meio dessa ruína, crescendo direto por entre as pedras, havia um enorme carvalho. E, enquanto eu estava sentada ali, no que teria sido provavelmente a sala de estar da casa do meu pai, pensando na vitalidade daquela árvore e nos altos e baixos da minha vida, dois cavalos se aproximaram, um preto e um branco, e começaram a fazer amor, bem diante de mim! Foi como um filme de Tarkovski. *Se eu um dia contasse isso para alguém, ninguém ia acreditar*, pensei.

Mas não foi só isso.

Perto da ruína da antiga casa do meu pai, havia uma casinha em que alguém ainda morava. Com cabras em toda a volta. Enquanto eu estava ali sentada, olhando para os cavalos, um velho pastor com um grande nariz balcânico saiu cambaleando da casinha, bêbado. Eram onze da manhã. "Você é Abramović? Meu sobrenome é Abramović também", disse ele.

Apertei sua mão. Dava para sentir o álcool no seu hálito. Perguntei pela família do meu pai, e ele me contou umas duas histórias sobre o povoado na época em que era menino. E indicou os velhos pontos de referência. "Abramović", disse ele, e então: "Pode me emprestar 4 mil dinares? Acabei de perder um monte de dinheiro, jogando cartas."

Para meu aniversário de 50 anos, eu quis fazer alguma coisa realmente grande. Ao mesmo tempo, ia inaugurar uma mostra no s.m.a.k., o museu de arte contemporânea em Ghent. Por isso, convidei 150 pessoas, todos os meus amigos do mundo inteiro, para virem celebrar comigo, num grande jantar.

E mais uma vez, no espírito da reconciliação, convidei Ulay, com a mulher e a filha. Afinal de contas, era aniversário dele também. Na ocasião, pareceu a atitude certa a se tomar.

Quase como num sonho, ocorreu-me um tema para o evento: resolvi chamar a festa de *The Urgent Dance* [A dança premente]. O que poderia ser mais premente, pensei, do que dançar diante do envelhecimento? E que dança poderia ser mais premente e sexy do que a dança que havia me fascinado a vida inteira – o tango argentino? Eu sempre tive vontade de aprender a dançar tango, então fui fazer aula e consegui me sair bastante bem.

Começamos a festa no ritmo argentino. Meu par foi meu professor de tango. Foi uma noite memorável – comida incrível, música incrível e algumas surpresas incríveis. Antes, quando pedi a Jan Hoet, o diretor do museu, se ele podia encomendar um bolo de aniversário especial para mim, ele pareceu ficar indignado. "Gastamos dinheiro com uma orquestra, gastamos dinheiro com sua mostra, gastamos dinheiro com tudo!", disse ele. "Você ficou louca? Não temos como gastar em mais nada. E um bolo... que coisa mais burguesa!"

Mas, em segredo, ele tinha levado uma foto minha, nua, da apresentação de *Thomas Lips*, à melhor confeitaria da Bélgica. E eles fizeram um bolo de marzipã, de mim em tamanho natural, cheio de tiras de chocolate no ventre, como os cortes que eu tinha feito no meu corpo na peça. Faltando quinze minutos para a meia-noite, uma porta se abriu e por ela entraram cinco caras carregando esse bolo espantoso. Todos bateram palmas quando os rapazes puseram o doce na mesa; e todos queriam um pedaço de mim, cortando meus seios, pés, cabeça, de marzipã.

Em seguida, logo antes da meia-noite, a mesma porta se abriu, e os mesmos caras entraram carregando outra bandeja enorme – com Jan Hoet deitado nela, nu, com exceção de uma gravata-borboleta.

Imaginem qualquer outro diretor de museu neste mundo fazendo uma coisa dessas.

Para tornar meu grande aniversário completo, outro diretor de museu, Petar Cuković, do Museu Nacional de Montenegro, me deu um presente muito especial: um convite para representar a Sérvia e Montenegro na Bienal de Veneza, no verão seguinte.

Mas a noite ainda teve mais um clímax: Ulay e eu nos apresentamos juntos novamente.

Esquerda: Urgent Dance, 1996; *direita, acima:* Meu bolo de aniversário de 50 anos, feito de marzipã com cicatrizes de chocolate; *direita, abaixo:* Jan Hoet, o diretor do S.M.A.K., oferece seu corpo como presente de aniversário, Stedelijk Museum voor Actuele Kunst, Ghent, 1996

Repetimos uma peça que tínhamos apresentado na Austrália quinze anos antes, *A Similar Illusion* [Uma ilusão semelhante]. Nela, ficávamos colados juntos por três horas, num abraço de parceiros de dança, com a mão dele segurando a minha no alto. Ao som da melodia do tango *Jalousie*, que tocava sem parar, nossas mãos unidas iam baixando com uma lentidão infinita. Em Melbourne, em 1981, a peça tinha durado três horas. Nessa noite do meu aniversário de 50 anos, ela durou só vinte minutos, mas, para todos os presentes, ainda assim a experiência provocou uma emoção vigorosa. Para mim, entretanto, a eletricidade que eu um dia tinha sentido quando meu corpo tocava o dele tinha desaparecido para sempre.

Pensei muito no convite de Cuković e no que eu poderia fazer para a Bienal. Quanto mais eu pensava, mais certeza tinha de que precisava reagir de algum modo à catástrofe da guerra nos Bálcãs. Uma série de artistas internacionais – Jenny Holzer, por exemplo – tinha criado peças a respeito da guerra. Mas, para mim, ela era próxima demais: eu sentia uma vergonha profunda do papel da Sérvia naquela luta.

Ainda por cima, Sean Kelly não parava de me dizer que eu não deveria aceitar o convite, que representar a Sérvia e Montenegro na Bienal equivaleria a me alinhar com aquele filho da mãe do Milosevic. Mas eu rechacei essa ideia. Todos os lados na guerra tinham culpa, na minha opinião. Eu queria lamentar todas as guerras, em todos os cantos, não apresentar uma peça de propaganda relacionada àquele conflito específico.

Esquerda: Marina Abramović/Ulay, *A Similar Illusion* (performance, 96 minutos), Trienal de Escultura, National Gallery of Victoria, Melbourne, 1981; *direita*: Ulay e eu nos reunimos para reapresentar a peça no meu aniversário de 50 anos

Foi assim que elaborei uma proposta e a enviei ao Ministério da Cultura de Montenegro. Eu disse que a peça que tinha em mente era estranha e perturbadora, mas nada era mais perturbador que a guerra. A performance que propus compartilharia igualmente o tema dos ratos, vídeos dos meus pais de *Delusional*, bem como a limpeza de ossos de boi com escova, de uma peça anterior intitulada *Cleaning the House* [Limpando a casa]. Eu ia precisar de três projetores de alta resolução e 2.500 ossos de bois recém-abatidos, além de equipamento frigorífico para conservar os ossos até a performance começar. Disse que o custo total seria em torno de 120 mil euros. Muito dinheiro. Mas, na realidade, era menos caro comprar o equipamento de uma vez do que alugar por todo o período da Bienal (depois que eu completasse minha performance, a instalação e os vídeos permaneceriam na mostra pelos quatro meses restantes do evento). Eu também estava propondo doar a peça, com o equipamento e tudo o mais, para o Museu Nacional de Montenegro, pois eles ainda não tinham nenhuma obra minha no acervo.

Mesmo assim, o ministro da Cultura de Montenegro, Goran Rakoce-vic, atribuiu um significado totalmente equivocado à minha proposta. Embora tivesse aprovado o convite de Cuković, ele agora demitia Cuković e se voltava contra mim. Disse que não só o enorme custo daquela monstruosidade seria tirado das pensões dos montenegrinos idosos, mas também que a peça de que eu estava falando no fundo não tinha nada a ver com a arte, sendo só um feioso e fedorento monte de ossos. Num artigo no jornal montenegrino *Podgorica*, intitulado "Montenegro não é uma colônia cultural", ele escreveu o seguinte:

> Essa oportunidade extraordinária deveria ser aproveitada para representar a arte autêntica de Montenegro, livre de qualquer complexo de inferioridade, para o qual não existe a menor razão em nossa primorosa tradição e espiritualidade. (...) Montenegro não fica à margem da cultura e não deveria ser simplesmente uma colônia natal para performances megalomaníacas. Na minha opinião, deveríamos ser representados no mundo por pintores impregnados de Montenegro e da sua poética, já que temos a sorte e a honra de possuir artistas plásticos brilhantes, de dimensões universais, que vivem entre nós.

Em outras palavras, pintores seguidores do realismo socialista ou pintores abstratos de produção comercial. Rakocevic estava dizendo não só que eu não era uma artista de verdade, mas que eu não era uma iugoslava de verdade.

Fiquei uma fera.

Dois dias depois, enviei uma declaração aos jornais da Sérvia e Montenegro, na qual eu afirmava estar encerrando "toda e qualquer comunicação com o Ministério da Cultura de Montenegro e todas as outras instituições iugoslavas responsáveis pela exibição no Pavilhão Iugoslavo". Escrevi que Rakocevic tinha "de modo incompetente (...) tentado deturpar minha obra artística e minha reputação, com algum propósito estranho, muito provavelmente de natureza política". Afirmei ainda que a "má intenção" dele não era "tolerável".

Ao ouvir falar da controvérsia, o crítico e historiador da arte italiano Germano Celant, que era o curador da Bienal, me convidou para participar no setor internacional. Entretanto, ele me informou: "Só resta um lugar, porque você está muito atrasada. É uma pena, é o pior de todos." O espaço era o porão do pavilhão italiano em Giardini: escuro, úmido e de pé-direito baixo.

"O pior é o melhor", respondi a Germano.

Com Germano e Argento Celant, Paris, 2000

Um mês antes da Bienal, uma galerista de Roma, Stefania Miscetti, me convidou para dar uma palestra sobre a caminhada pela Grande Muralha. Depois do evento, que ocorreu num sábado de manhã, Stefania me apresentou a um amigo e artista da sua galeria, Paolo Canevari. Cabelo preto, liso, penteado para trás, olhos escuros, cheios de emoção: uma bela aparência de artista de cinema. Enquanto segurava minhas mãos nas suas, ele me disse que minha fala o tinha levado às lágrimas – que ele não podia acreditar que uma palestra pudesse ser tão incrível e que queria me conhecer melhor.

Será que tive minhas dúvidas sobre seu tranquilo charme romano? Não muitas. Ele realmente parecia comovido. E não soltava minhas mãos. E – não há como dizer de outro modo, porque foi o que de fato aconteceu – o tempo parou enquanto olhávamos nos olhos um do outro. De repente, Stefania quebrou o encanto. "Precisamos ir almoçar", disse ela, secamente.

"Posso ir junto?", perguntou Paolo.

"Não, não dá. Marina e eu temos coisas a tratar", respondeu Stefania.

Isso me surpreendeu porque, até onde eu tinha entendido, nós duas íamos só ter um almoço de amigas. Também fiquei decepcionada. Mas, no almoço, Stefania me contou o que estava acontecendo. Sua melhor amiga, Maura, era namorada de Paolo. E a química instantânea entre mim e Paolo tinha infelizmente ficado clara demais para Stefania, que queria ser leal à amiga. Aos 41 anos, ela era sete mais velha que o namorado.

Alguns dias mais tarde, compareci à inauguração de uma instalação minha num *palazzo* na periferia de Roma. Paolo apareceu por lá, sozinho. De moto.

Era um dia chuvoso. Depois da recepção, ele me perguntou se eu queria ir a uma feira ao ar livre numa cidadezinha ali perto. Claro, respondi. E então lá fomos nós, eu na garupa da moto, na chuva. Paramos na feira e andamos muito. Havia estandes de venda de comida, protegidos por toldos, e os aromas dos alimentos sendo preparados eram estonteantes, naquele ar fresco e úmido, em especial num estande que vendia *porchetta,* uma carne de porco assada lentamente e cortada em fatias muito finas. "Ai, meu Deus", disse eu. "Vamos comer um pouco."

Paolo pareceu inseguro. "Sou vegetariano", explicou.

"Ah, tudo bem. Vamos comer alguma outra coisa."

Ele fez que não. "Não, eu como com você."

Foi assim que comemos, andamos mais um pouco, falando sem parar. Depois, ele precisou voltar para Roma e me deixou no meu hotel, onde, no instante em que fechei a porta do meu quarto, eu me deixei cair na cama e, imaginando suas mãos no meu corpo, cheguei a um orgasmo impressionante.

Nós não trocamos telefones. Mas, ao longo dos dias seguintes, em Roma, eu não parava de procurá-lo aonde quer que eu fosse, como uma adolescente apaixonada – com a esperança de vê-lo quando eu estivesse andando pela rua, mas isso nunca acontecia.

Então dei uma entrevista para a televisão na galeria de Stefania, e depois ela ofereceu um jantar num restaurante próximo. E lá estava ele, à outra extremidade de uma mesa enorme. Com a namorada. Durante todo o jantar, fiquei o encarando, mas seus olhos nunca encontravam os meus. Ao final da refeição, Paolo e Maura se levantaram para sair. Quando passaram por mim, ele me deu um "oi" rápido e frio.

E eu achei que esse era o ponto final.

O título da minha peça, *Balkan Baroque,* não se referia ao estilo de arte barroca, mas, sim, ao barroquismo e à mente balcânica. Na realidade, só dá para entender a mentalidade balcânica se você for de lá ou se passar muito tempo lá. Compreendê-la em termos intelectuais é impossível – essas emoções turbulentas são irracionais, vulcânicas. Além disso, sempre há guerras em algum ponto no planeta, e eu queria criar uma imagem universal que pudesse representar a guerra em qualquer lugar.

Em *Balkan Baroque,* eu estava sentada no piso do porão do pavilhão italiano, sobre uma pilha enorme de ossos de boi: por baixo, quinhentos ossos limpos; em cima, 2 mil ossos sangrentos, com vestígios de carne e cartilagem. Durante quatro dias, seis horas por dia, fiquei ali sentada esfregando os ossos sangrentos enquanto, em duas telas atrás de mim, apareciam imagens estáticas, mudas, das minhas entrevistas com minha mãe e meu pai – Danica, cruzando as mãos sobre o coração e então cobrindo os olhos com as mãos; Vojin, agitando a pistola no ar. No porão sem ar-condicionado, no verão úmido de Veneza, os ossos sangrentos, com restos de carne e cartilagem, entravam em decomposição e se enchiam de larvas enquanto eu os esfregava. O fedor era medonho, como o de corpos no campo de batalha. O público fazia fila e olhava com espanto, sentindo repugnância pelo cheiro, mas petrificado pelo espetáculo. Enquanto esfregava os ossos, eu chorava e cantava canções folclóricas iugoslavas da minha infância.

E na terceira tela passava um vídeo de mim mesma, de óculos, usando jaleco branco e sapatos pesados de couro, com uma aparência muito científica num estilo eslavo, contando a história do Rato Lobo.

A história provinha do caçador de ratos que entrevistei em Belgrado. Ele me contou que os ratos nunca matam ninguém da própria família. Eles se protegem muito e, ao mesmo tempo, são de uma inteligência extraordinária. Einstein disse que, se os ratos fossem maiores, poderiam dominar o mundo.

É muito difícil matar ratos. Se você tentar lhes dar comida envenenada, eles primeiro mandam ratos doentes prová-la; e, se os ratos doentes morrerem, os ratos saudáveis não encostarão na isca. O único jeito de matá-los (pelo que me disse o caçador de ratos) consiste em criar um Rato Lobo.

Fotografias de cenas do vídeo de *Balkan Baroque*
(performance, 4 dias, seis horas), Veneza, 1997

Os ratos vivem em colônias com muitas tocas, uma toca por família. E o caçador de ratos enchia com água todas as tocas, menos uma, de tal modo que os animais teriam de fugir por aquela única saída. Quando fugiam, o caçador os pegava numa armadilha e punha de trinta a quarenta deles, somente machos, numa gaiola. Sem nenhum alimento, somente água para beber.

Os ratos têm uma anatomia incomum: seus dentes nunca param de crescer. Se eles não estiverem sempre mastigando alguma coisa, roendo alguma coisa, os dentes crescem tanto que podem morrer sufocados. Portanto, o caçador está agora com uma gaiola cheia de ratos machos da mesma família, só bebendo água, sem alimento. Eles não matam membros da mesma família, mas seus dentes estão crescendo. Por fim, acabam sendo forçados a matar o mais fraco; depois o mais fraco dos que restam; e assim por diante. O caçador espera até sobrar apenas um.

É muito importante aproveitar a hora certa. O caçador de ratos espera até que os dentes do último rato tenham crescido quase até o ponto de sufocá-lo. Ele então abre a gaiola, arranca os olhos do rato com uma faca e o solta. Esse rato cego e desesperado entra correndo na toca da sua família, matando todos no seu caminho, parentes ou não, até que um rato maior e mais forte o mate. O caçador de ratos repete então o processo.

E é assim que ele cria o Rato Lobo.

Eu contava toda essa história no vídeo que passava atrás de mim, enquanto esfregava os ossos em decomposição, cheios de larvas. Depois, no vídeo, eu olhava para a câmera, com ar sedutor, e tirava meus óculos e meu jaleco de aparência científica, além do vestido, usando apenas com uma espécie de combinação preta para apresentar uma dança sexy e frenética, com um lenço vermelho de seda, ao som de uma canção folclórica da Sérvia, muito acelerada – o tipo de dança que se vê em bistrôs na Iugoslávia, onde homens bigodudos entornam *rakia*, espatifam os copos no chão e põem dinheiro no sutiã das cantoras.

Eis a essência de *Balkan Baroque:* uma carnificina medonha e uma história extremamente perturbadora, seguidas de uma dança sensual – e então um retorno ao horror sangrento.

Quatro dias, seis horas por dia. Todas as manhãs, eu tinha de voltar e me dedicar a essa pilha de ossos cheios de larvas. O calor naquele porão era de arrasar. O cheiro era insuportável. Mas essa era a obra. Para mim, aquilo era a essência do barroquismo dos Bálcãs.

Todos os dias, ao final da performance, eu voltava para o apartamento que estava alugando e tomava um longuíssimo banho de chuveiro, tentando me livrar do cheiro de carne podre que estava impregnado nos meus poros. Ao fim do terceiro dia, não conseguia mais me sentir limpa.

Foi nesse dia que Sean Kelly bateu à porta, com um largo sorriso, e me disse que eu tinha sido agraciada com o Leão de Ouro, como melhor artista na Bienal. Caí aos prantos.

E é claro que ainda havia mais um dia de performance a cumprir, mais seis horas daquele fedor avassalador.

Foi um prêmio indescritivelmente gratificante: eu tinha posto minha alma inteira nessa peça. No discurso de agradecimento, disse: "Só sinto interesse pela arte que possa mudar a ideologia da sociedade. (...) A arte que só se dedica a valores estéticos é incompleta."

Durante a cerimônia, o ministro da Cultura de Montenegro estava sentado duas fileiras atrás de mim e nem chegou a se levantar para me dar parabéns.

Eu depois de receber o Leão de Ouro de melhor artista na Bienal de Veneza de 1997, por minha performance *Balkan Baroque*

Depois, o novo curador do pavilhão da Iugoslávia (onde eu tinha sido substituída por um pintor de paisagens) se aproximou de mim e me convidou para sua recepção. "Você tem um grande coração e há de perdoar", disse ele.

"Meu coração é grande, mas eu sou de Montenegro", respondi. "E não se fere o orgulho de um montenegrino."

Mais tarde naquele dia, fui caminhar pela praça San Marco com Sean Kelly e sua mulher, Mary. Como de costume, a praça estava apinhada de turistas — mas parecia que cada um deles tinha assistido a *Balkan Baroque*. Eu não conseguia dar cinco passos sem que alguém me fizesse parar e me dissesse como tinha ficado comovido com a peça, como era grato a mim por tê-la feito. Ulay e eu, juntos, tínhamos sido capazes de nos conectar a um público maior, mas essa era a primeira vez que eu conseguia isso sozinha.

Naquela noite, fui com Germano Celant a uma festa no pavilhão de Portugal, para Julião Sarmento. E, apesar de eu adorar Julião e sua obra, e de nós termos tido uma conversa interessante (ele foi muito amável quanto ao meu prêmio), mais adiante a noite começou a se transformar numa daquelas recepções de galerias, sobre as quais eu tinha me queixado em *The Onion,* em que eu ficava em pé à toa, com um copo de água mineral, fingindo estar interessada no papo furado no qual era forçada a me envolver com vários desconhecidos. Acho que as pessoas que bebem vinho têm uma vantagem em relação a mim nessas recepções — provavelmente essas conversas vazias ficam mais divertidas com vinho.

Foi quando vi Paolo.

Dessa vez, ele estava sozinho — nada de Maura à vista. Só que, agora, quem não estava sozinha era eu: Michael Stefanowski estava comigo na Bienal. Naquele momento, ele se encontrava do outro lado do salão lotado; mas, à medida que Paolo vinha na minha direção, com um grande sorriso, fiquei muito tensa, com a possibilidade de que, a qualquer momento, Michael pudesse se virar e nos ver.

E o que ele veria, exatamente?

Também dessa vez Paolo segurou minhas mãos nas dele e ficou olhando para mim, com assombro. "Sua peça foi incrível", disse. "Estive lá todos os quatro dias. Não consegui deixar de ir. Parabéns pelo prêmio. Você mereceu."

Agradeci, procurando ver a mensagem por trás da mensagem.

E ela veio. "Preciso falar com você."

"Mas nós estamos falando agora", respondi.

"Quero sentar com você para conversar."

A festa estava realmente concorrida. Havia algumas cadeiras, e elas estavam ocupadas. Foi então que Paolo avistou uma poltrona vazia num canto do jardim. Ele me levou até ela e fez um gesto para eu me sentar. Nesse instante, um cara se aproximou e disse: "Desculpe, mas essa poltrona está ocupada."

"Eu lhe pago", disse Paolo. "Quanto você quer? Estou falando sério."

O cara abanou a cabeça e se afastou. Paolo então me puxou para a poltrona com ele.

"Quero te abraçar", disse ele. "Quero te beijar, inteira."

Michael ainda não tinha nos visto, mas não se podia dizer que eu era exatamente uma figura discreta nessa festa. "Eu não posso mesmo fazer isso agora", respondi, me levantando.

Ele ouviu a aflição na minha voz e concordou em silêncio. Mas, pouco tempo depois, entrou numa fila de pessoas que estavam me cumprimentando, e, quando chegou sua vez de apertar minha mão, eu senti um pedaço de papel na palma da mão. Era o número do seu telefone. E assim começamos a ligar um para o outro. Minha nossa, como começamos a ligar um para o outro!

Uns dois meses depois, eu estava em Nova York, debatendo estratégias para o futuro com Sean Kelly. Eu estava hospedada no apartamento de Sean e Mary. E Paolo, que tinha conseguido uma bolsa de arte, também veio a Nova York.

Nós nos encontramos no Fanelli, o velho café na esquina de Prince e Mercer no Soho, na hora do almoço. Tomamos café – quem estava com fome? – e ficamos olhando nos olhos um do outro. Fomos então ao apartamento que Paolo estava usando, por empréstimo de seu amigo John McEvers, e fizemos amor por muito, muito tempo.

Durante os dias seguintes, nosso menu era exatamente o mesmo: café no Fanelli's, de mãos dadas, olhos nos olhos, e depois o apartamento. Tudo em segredo – o que fazia parte do barato. Todos os dias de manhã, quando eu saía do apartamento dos Kelly, Sean e Mary me perguntavam: "Aonde você vai?" E eu respondia: "Ah, é que eu tenho uns amigos refugiados da antiga Iugoslávia, e vou almoçar com eles. E eles querem me apresentar a alguns refugiados amigos deles."

Depois de uns dois dias, Sean disse: "Posso conhecer alguns desses refugiados?"

Stefanowski estava na Alemanha. Tínhamos planejado que, após meu retorno a Amsterdã, viajaríamos de férias às Maldivas. Voltei a Amsterdã, e Michael e eu fomos para as Maldivas. Foi um desastre.

Estávamos numa ilhota minúscula chamada Cocoa Island, tão pequena que se podia dar a volta a pé na ilha inteira em doze minutos. O lugar era famoso porque Leni Riefenstahl tinha mergulhado lá. A paisagem era absolutamente fascinante, e eu estava péssima. Quando Stefanowski ia mergulhar, eu corria para o único telefone fixo da ilha para ligar para Paolo. Em outras horas, eu simplesmente andava em círculos pela praia, sentindo uma falta desesperadora dele.

Percebi uma coisa estranha. Como os turistas tinham levado todas as conchas da ilha, os caranguejos usavam como moradia, no lugar das conchas, embalagens plásticas de protetor solar que tinham sido descartadas. Fiquei tão triste por eles (e por mim mesma) que fiz uma viagem de barco de duas horas a uma ilha próxima e comprei sacos e mais sacos de conchas na feira, para levar de volta para os caranguejos. Quando cheguei, espalhei as conchas pela praia e esperei dez dias para ver se mudariam de casa, mas eles gostavam mais do plástico.

Das Maldivas, Michael e eu fomos ao Sri Lanka, para um retiro aiurvédico. O Sri Lanka era lindo. Eu disse a Stefanowski que queria ficar mais duas semanas. Mas ele precisava voltar ao trabalho na Alemanha. No instante em que ele viajou, liguei para Paolo.

A essa altura, Paolo ainda estava com Maura e inventou uma desculpa. Ele disse que queria pensar na vida, que iria simplesmente sair de motocicleta, sem destino, por uns dias, para desanuviar a cabeça. O que ele realmente fez foi seguir de moto até o aeroporto e pegar um voo para o Sri Lanka, onde passou três dias maravilhosos comigo.

Quando Paolo voltou para casa, seu coração já não estava com Maura. O relacionamento dos dois foi rapidamente por água abaixo. Um dia, ele recortou seu horóscopo do jornal – o texto dizia que deveria romper velhos laços e encontrar a si mesmo – e o deixou na mesa da cozinha. Então, fez as malas e veio para Amsterdã.

ABRAMOVIĆ

10.

É pouco depois da guerra da Bósnia, em Sarajevo. Não há comida, nem gasolina, nem eletricidade. As pessoas estão sentadas num café, passando fome, só bebendo água e conversando. De repente, para um cara bósnio num Mercedes conversível, último modelo, e sai do carro, deixando o motor ligado. Ele está com um terno Armani e um grande Rolex. Entra no café e diz: "Bebida para todos. Eu pago." Todos ficam impressionados e lhe perguntam: "Onde você conseguiu toda essa grana?" Ele responde: "O melhor negócio para se ter durante uma guerra é um bordel." E alguém questiona: "Mas quantas meninas trabalham para você?" E ele diz: "No momento, estou mantendo a empresa pequena... só eu."

À Bienal seguiu-se um período de viagens contínuas: oficinas e aulas na Europa e no Japão; apresentações de retrospectivas em museus em Munique, Groningen, Hannover e Ghent, entre outros lugares. Na segunda metade da década de 1990, elaborei e produzi uma série de objetos transitórios diferentes. Na época, escrevi que desejava que minha obra funcionasse como um espelho constante para os usuários dos meus objetos – de tal modo que eles não vissem a mim na obra, mas, sim, a si mesmos.

Sob esse aspecto, senti um orgulho especial de meus dois primeiros trabalhos contratados no Japão. *Black Dragon* [Dragão negro] foi uma peça que instalei num bairro comercial de Tóquio, que era composta de cinco conjuntos de blocos de quartzo rosa no formato de travesseiros, montados em grupos verticais de três num muro de concreto nu. Uma placa convidava visitantes – homens, mulheres e crianças; famílias eram incentivadas a participar – a deixar de lado a rua movimentada e encostar a cabeça, o coração e os quadris contra os blocos rosados, aparentemente macios, "e esperar". Pelo quê? As instruções no muro diziam que os participantes deveriam ficar nessa posição pelo tempo que quisessem, a fim de esvaziar a mente. De longe, os participantes davam a impressão de estar simplesmente ali olhando para o muro.

Black Dragon, projeto específico para o local, quartzo rosa, monumento Tachikawa, Tóquio, 1994

E, no Museu da Paisagem Mental de Okazaki, uma instituição dedicada a examinar tudo o que a mente humana não consegue explicar – a origem da vida, buracos negros etc. (tratava-se de uma construção à prova de terremotos, totalmente feita de vidro) –, instalei duas cadeiras de cobre: uma de tamanho normal para seres humanos, com um pedaço de turmalina negra no encosto; e uma sem assento, altíssima (com mais de 15 metros de altura), para o espírito.

Mesmo assim, apesar de todas as minhas explorações espirituais, eu ainda tinha lições importantes a aprender.

Em 1999, o lama Doboom Tulku, diretor da Casa do Tibete em Nova Délhi, o centro mundial para os ensinamentos de Sua Santidade, o Dalai Lama, me convidou para participar de um festival de música sacra em Bangalore. Esse deveria ser um grande evento, que abrangeria cinco tradições budistas diferentes – teravada, maaiana, vajraiana, hinaiana e bön –, bem como muitas outras culturas: a judaica, a palestina, a zulu, a cristã, a sufi.

O Dalai Lama, que acreditava que a música une a todos, queria que eu coreografasse uma peça com muitos monges dessas cinco tradições budistas, todos cantando juntos uma única canção. Fui levada ao mosteiro Gaden Jangtse Thoesam Norling, na cidade de Mundgod, no sul da Índia, e me deram 120 monges com quem trabalhar: vinte de cada tradição, com a inclusão – revolucionária e inédita – de vinte monjas da tradição maaiana.

Como música, escolhi o Sutra do Coração, uma prece comum a todas as tradições budistas. Para a coreografia, decidi dispor os monges em bancos móveis de alturas variadas, para que eles formassem uma pirâmide humana. E, para que os 120 monges estivessem prontos para cantar no instante em que a cortina fosse levantada, precisei treiná-los para cada um ocupar sua posição em menos de trinta segundos.

Trabalhamos por um mês, e eles eram impossíveis. Não conseguiam se lembrar das posições; estavam sempre rindo e gargalhando. Mas finalmente – finalmente – conseguimos ensaiar tudo com perfeição. Para isso, o mosteiro até construiu bancos especiais, com rodinhas. Tudo estava pronto.

Era hora de ir para Bangalore, uma viagem na estrada de cinco horas, para organizar a montagem da apresentação. Doboom Tulku e eu estávamos andando para o carro quando o abade do mosteiro saiu para se despedir. "Como foi bom você ter vindo aqui!", disse ele. "Nós realmente apreciamos sua colaboração, mas temos um problema."

"Qual é o problema?", perguntei.

"Não podemos fazer a pirâmide", respondeu ele.

"Como assim?"

Meu Deus. Balbuciei alguma coisa sobre o mês inteiro de ensaios, os bancos especiais com rodinhas...

"Pois é", disse o abade. "Mas, veja bem, essa ideia de uma pirâmide humana não vai funcionar para nós. No budismo tibetano, ninguém pode estar no alto."

Consegui me recompor um pouco.

"Peço que me desculpe, mas estou aqui há um mês. Nós nos esforçamos muito todos os dias. Criamos essa coisa toda. Por que vocês não me disseram isso no primeiro dia?"

"Ah", respondeu ele. "Você é nossa convidada, e nós nunca iríamos ofendê-la."

E foi isso.

Na viagem a Bangalore com Doboom Tulku, eu chorava de frustração, raiva, exaustão, enquanto o lama ria. Os tibetanos adoram rir. Através das lágrimas, olhei espantada para ele e disse: "O que é tão engraçado?"

"Ah", respondeu Doboom Tulku. "Agora você está aprendendo o desapego."

"Mas eu trabalhei esse tempo todo", retruquei.

"Você deu o melhor de si. Agora, trate de desapegar", disse ele. "As coisas vão acontecer como acontecem de qualquer maneira. Lembre-se da história do Buda: ele recebeu a iluminação, mas só depois que tinha desistido por completo. Às vezes, você faz tudo o que pode para atingir um objetivo; e então ele não acontece, porque as leis cósmicas escolhem uma forma diferente."

Foi assim que cheguei a Bangalore. Não tinha meus bancos com rodinhas; não tinha nada a fazer. Organizei a iluminação no palco, e então chegaram os ônibus com os 120 monges. E a apresentação começou. Os monges sentaram onde quiseram. Cantaram o Sutra do Coração. A cortina se fechou. E Sua Santidade, o Dalai Lama, se aproximou de mim e me deu um abraço. "O que você fez foi maravilhoso", disse-me ele. "Como estamos felizes! Todos estão felizes."

Enquanto estava em Mundgod, eu também tinha começado a fazer vídeos de monges e monjas para uma grande peça nova que eu tinha em mente. Meu plano era filmar 120 monges e monjas cantando isoladamente, depois reunir todos os vídeos separados numa enorme grade, avassaladora em termos visuais e sônicos, mostrando todos eles cantando ao mesmo tempo. Essa peça enorme, que acabaria levando cinco anos para ser montada, seria chamada de *At the Waterfall* [Na queda-d'água]. Um ano depois do festival de Bangalore, voltei à Índia para terminar minha gravação em vários outros mosteiros.

Após meu retorno a Amsterdã, dez dos monges com quem eu tinha trabalhado vieram junto para visitar a Holanda; e, em reconhecimento por sua hospitalidade para comigo na Índia, convidei-os para ficar em Binnenkant, 21. Agora, minha casa estava mais linda do que nunca, e eu fiquei feliz por hospedá-los. Todos eles dormiam em sacos de dormir no piso do meu espaçoso ateliê, e foi maravilhoso esse tempo que passamos juntos. A essa altura, eu já tinha aprendido o que esperar quando monges tibetanos se hospedavam na minha casa: eles acordavam todos os dias às quatro da manhã, meditavam por uma hora e preparavam aquele repugnante chá de iaque que os deixava tão felizes. Todas as manhãs, bem cedinho, o cheiro da bebida vinha subindo até meu quarto, acompanhado do som do riso deles – o puro prazer com o borbulhar do leite.

Eles visitaram a cidade, foram a alguns simpósios, e então chegou a hora de voltarem para a Índia. No dia anterior à partida, me disseram que gostariam de fazer um *puja* especial, para expurgar da minha casa todos os espíritos malignos. Os preparativos foram elaborados. Eles fizeram bolos, acenderam incenso por toda parte, fizeram soar sinos, recitaram orações por quatro horas sem parar. Foram embora cedo na manhã do dia seguinte, agradecendo muito e com sorrisos felizes de todas as partes.

Uma hora depois, literalmente, minha campainha soou. Era o ex-traficante com a mulher. "Podemos tomar um café com você?", perguntou ele. "Temos uma coisa para lhe dizer." Respondi que sim, claro. Nós nos sentamos e tomamos café. Depois de uma rápida troca de amenidades, sua mulher olhou para mim. "Nós decidimos sair da casa", disse ela. Por mais que o lugar fosse incrível, ela explicou que o apartamento simplesmente despertava muitas recordações do passado do marido. Eles queriam mudar tudo. Tinham algum dinheiro e planejavam comprar um barco para morar nele. Por isso, estavam me devolvendo o contrato que tínhamos assinado. Agora, a casa inteira era minha. Eu poderia facilmente alugar o andar em que eles moravam – que era separado do resto da casa – por um valor suficiente para pagar meu financiamento todos os meses. Foi exatamente o que fiz.

Tudo isso uma hora depois que os monges foram embora.

O acordo de Dayton tinha encerrado a guerra da Bósnia alguns anos antes, mas o que um dia tinha sido a Iugoslávia estava em frangalhos. A vida em Belgrado ainda era difícil. E meu pai, que estava farto do país que tinha amado, queria sair de lá.

A mulher de Vojin, Vesna, a juíza loura, tinha um filho com seu primeiro marido. E o ex-marido e o filho tinham se mudado para o Canadá. Agora (era o início de 1998), meu pai e a mulher também queriam ir para lá. Vesna, a fantástica loura de minissaia que eu um dia tinha visto beijando meu pai numa rua de Belgrado, estava com um câncer de estômago em estágio terminal e queria ver o filho antes de morrer. Vojin também não estava bem de saúde. Sempre tinha sido magro, mas agora havia perdido peso num grau preocupante. E meu pai, que nunca tinha me pedido dinheiro, perguntou se podia pegar 10 mil euros emprestados. Esse era um valor enorme para mim, mas consegui reuni-lo e o enviei para eles. Ele nunca disse uma palavra em agradecimento. Os dois foram ao Canadá, passaram duas semanas lá... e voltaram. Nunca vou entender por quê.

Deveriam ter ficado por lá. Pouco depois, começaram as hostilidades entre a Sérvia/Montenegro e o Kosovo; e, na primavera de 1999, a OTAN já estava bombardeando Belgrado, onde minha mãe, meu pai e meu irmão ainda moravam.

Velimir era seis anos mais novo que eu, e nós sempre tínhamos levado vidas paralelas, que raramente se cruzavam. Ele era de uma inteligência e talento incomuns: escreveu seu primeiro livro, um volume de poesia intitulado *Emsep* (o título era a palavra "poesia" em servo-croata, escrita de trás para a frente), aos 14 anos, e o livro foi publicado pela Nolit, uma grande editora da Sérvia. Um poema do livro, na íntegra:

Construir o abismo por baixo da ponte
é a tarefa dos construtores mais avançados

Ele frequentou a escola de cinema em Belgrado e obteve um doutorado em Filosofia, com especialização nos estudos do espaço-tempo de Leibniz.

Velimir era brilhante e culto, mas era um homem muito complexo e difícil. Embora tivesse recebido da minha mãe todo o amor que ela nunca me deu, ele a odiava. Casou-se com uma mulher chamada Maria, física nuclear e diretora do Museu Nikola Tesla, em Belgrado. Eles tiveram uma filha linda, Ivana. E então Maria foi diagnosticada com um câncer de mama.

Quando começaram a bombardear Belgrado, Maria disse a Velimir que ele precisava levar a filha e se mudar para Amsterdã – para morar comigo – até as hostilidades terminarem. Ela disse que precisava ficar para continuar com seu tratamento de quimioterapia. Não me perguntaram nada sobre isso tudo. Eu só fui informada. E o caso era ainda mais complicado, porque agora eu estava vivendo com Paolo.

Eu estava apaixonada. Não era só por ele ser inteligente (e dezessete anos mais novo que eu!); ele também era um artista talentoso, embora trabalhasse bem mais devagar que eu. Seu amor pela motocicleta estava de algum modo ligado ao seu desejo de fazer esculturas sobre pneus e outras formas de borracha.

Mas nem a minha arte nem a dele eram o foco do relacionamento. Paolo estava interessado em mim como mulher – como *sua* mulher, como ele me chamava. Ele me dizia que queria estar comigo pelo resto da vida. E adorava cozinhar. Sua comida era tão boa que parecia um sonho. Ele queria me alimentar. Eu achava que esse era um homem que de fato poderia cuidar de mim.

Ao contrário do meu irmão, que precisava que cuidassem *dele*.

Em Roma, conheci Bruna e Alberto, amigos de Paolo, e gostei muito deles. Com frequência, quando eu estava por lá, passava algum tempo com as irmãs de Paolo, Angela e Barbara; mas de quem eu mais gostava era do seu pai, Angelo. Eu podia passar horas conversando com ele. Como conhecia bem a arquitetura, a arte, a história da Itália! Apenas uma semana antes do seu falecimento, nós nos falamos ao telefone. Uma vez, eu lhe dei um relógio de aniversário; e descobri, quando ele morreu, que tinha pedido à mulher que fosse enterrado com o relógio.

Naquela época, quando a guerra do Kosovo começou, eu estava no Japão, trabalhando em mais uma obra encomendada, *Dream House* [Casa dos sonhos], para a Trienal de Arte Echigo-Tsumari de 2000. Num povoado de montanha ao norte de Tóquio (Uwayu, em Matsunoyama, Tokamachi City, província de Niigata), eu estava reformando uma casa tradicional de madeira, com mais de 100 anos de construção, para transformá-la numa espécie de pousada, com grandes banheiras de cobre e camas com travesseiros de quartzo. Deveria haver quatro quartos diferentes, um vermelho, um azul, um verde e um roxo. Os visitantes se lavariam nas banheiras, vestiriam trajes especiais para dormir e dormiriam nas camas. Os trajes de dormir, que também seriam em quatro cores, para combinar com os quartos, conteriam ímãs em bolsinhos, para fazer o sangue circular mais rápido e facilitar os sonhos. Depois, os visitantes anotariam o que sonhassem no livro de sonhos da casa. Eu tinha a convicção de que os minérios nas banheiras e nas camas exerceriam seus poderes, fazendo a conexão da energia da Terra com a energia do corpo humano, e criando sonhos profundos.

A peça surgiu da pergunta que sempre fiz, e que ainda estou fazendo: o que é a arte? Para mim, se encararmos a arte como alguma coisa isolada, alguma coisa sagrada e separada de tudo o mais, isso significa que ela não é a vida. A arte deve fazer parte da vida. A arte tem de pertencer a todos.

E a vida – mesmo em 1999 – estava acelerada demais para o espírito humano absorver. "Quero que vocês sonhem", eu tinha escrito na minha proposta para a *Dream House*. "Vocês precisam sonhar para encarar a si mesmos."

Os moradores do povoado cuidavam da Casa dos Sonhos, que, entre julho de 2000 e novembro de 2010, seria visitada por cerca de 42 mil pessoas. Cerca de 2.200 pessoas dormiriam ali durante o mesmo período. No dia 12 de março de 2011, um terremoto fortíssimo, com seu centro na região norte da província de Nagano, provocou graves danos na casa, o que levou a seu fechamento. Após um projeto de restauração em larga escala, foi decidido reabrir a estrutura na ocasião da Trienal de Arte Echigo-Tsumari de 2012, e, em comemoração, publicamos ao mesmo tempo o *Dream Book* [Livro dos sonhos]. Um dos muitos sonhos registrados no volume:

284

AZUL-8

A passagem do tempo vacila, e eu estou vivendo dez minutos na frente em relação a todos os outros. Fico esperando e esperando que todos percorram esses dez minutos que estão desperdiçando. (6 de agosto de 2008)

Terminei a reforma da *Dream House* e voltei para Amsterdã para encarar meu irmão.

Velimir chegou com apenas uma mala para a filha e para si mesmo. Um tempo depois, percebi que tanto ele como a pequena Ivana estavam sempre com as mesmas roupas. Perguntei ao meu irmão o que ele tinha trazido. Ele olhou para mim e respondeu: "Só livros."

Saí e comprei para Ivana tudo de que ela precisava, bem como cinco ternos para Velimir. Não muito tempo depois, Paolo e eu oferecemos um jantar para celebrar o Ano-Novo. Pouco antes da chegada dos convidados, meu irmão entrou, usando uma calça manchada e a mesma camiseta suja com a qual tinha chegado. "Por favor", pedi, "algumas pessoas estão vindo aqui. Você poderia usar um dos ternos novos que lhe comprei?". Ele voltou usando um dos ternos novos, com uma grande etiqueta pendurada que dizia DESCONTO DE 30%.

A relação de Velimir comigo era, na melhor das hipóteses, incômoda. Aceitar a hospitalidade da irmã famosa, na sua linda casa em Amsterdã, era simplesmente difícil demais para ele. Da mesma forma que era difícil ser o marido ausente de uma mulher enferma e o pai de uma menininha. Uma menina incrível. Aos 10 anos, Ivana era realmente uma adulta, uma alma velha e sábia no corpo de uma criança. Quando voltei do Japão para Binnenkant, 21, encontrei pequenos brinquedos e quinquilharias que minha sobrinha tinha comprado na rua, espalhados por todo o interior árido e branco da minha casa espaçosa. Pedi-lhe que guardasse todos os brinquedos no seu próprio quarto. Ela então olhou nos meus olhos e falou com uma voz muito séria: "Você não sabe que as crianças têm medo de espaços vazios?"

Uau!

Minha sobrinha era espantosa. Ela aprendeu holandês em menos de três meses e frequentou uma escola holandesa sem nenhum problema. Eu sabia que a transição era muito difícil para ela: país novo, língua nova, sem amigos, sem a mãe. Mas eu nunca a vi chorar, com exceção de uma vez, na privacidade do seu quarto, para ninguém ver.

Cartão-postal do meu irmão, 1999

Meu irmão, por outro lado, estava se esforçando ao máximo para representar o papel do típico macho dos Bálcãs. A questão não era apenas a dificuldade de ser hóspede na minha casa. Ele também tinha sido criado numa cultura em que as mulheres serviam aos homens como escravas. Literalmente. Minha mãe costumava levar a comida para ele na cama quando era pequeno, e até mesmo quando já não era tão pequeno. É de surpreender que, no início da sua estada em Amsterdã, Velimir não ajudasse em nada? Eu lhe servia o jantar e então, enquanto Paolo, Ivana e eu tirávamos a mesa, esperava em vão que meu irmão fizesse alguma coisa para ajudar. "Você não precisa lavar a louça", eu lhe disse, "mas será que não pode levar o prato para a cozinha e deixá-lo ao lado da pia?". Ele só olhava para mim.

Velimir uma vez me mandou um cartão-postal de um montenegrino saindo de férias com a mãe e a irmã. Era uma piada que não era uma piada. (Hoje em dia, a irmã e a mãe iriam na frente, por causa dos campos minados.) Essa era realmente a visão de Velimir do papel das mulheres no mundo. Eu me sentia feliz por ter escapado desse destino.

A imagem principal que guardo dos primeiros dias da estada dele e da minha sobrinha – e eles moraram na minha casa, de modo intermitente, por três anos – é de Velimir sentado numa poltrona, assistindo constantemente à cobertura da guerra na CNN e gemendo, "Estão bombardeando Belgrado, e minha mulher está morrendo."

Meu irmão, Velimir, e minha sobrinha, Ivana, na minha casa em Amsterdã após os bombardeios em Belgrado, 1999

Também associo esses tempos a outra recordação desagradável: a mulher do meu pai tinha morrido, e Velimir me informou que Vojin o tinha chamado para uma conversa, antes que Velimir deixasse Belgrado. Nessa conversa, nosso pai lhe mostrou que tinha falsificado a assinatura do meu irmão e a minha no seu testamento, para ele poder nos deserdar e deixar o restante de seu bens e dinheiro para o enteado – que morava no Canadá com o pai. É possível que sua falecida esposa o tivesse convencido a fa-

287

zer isso. Velimir não disse nada, simplesmente saiu do apartamento. Tudo aquilo me dava uma tristeza terrível.

Minha casa era grande, mas não o suficiente para impedir que Velimir e eu entrássemos em conflito. Muitas vezes Ivana estava envolvida. Quando fiz uma festa de aniversário para a menina – como ela não tinha amigos em Amsterdã, convidei todas as crianças da vizinhança –, meu irmão me acusou de fazer isso só por relações públicas, para mostrar que eu estava "sendo legal com os pobres refugiados". E, quando fiz planos para construir um quarto permanente para Ivana, ele me culpou de tentar passar por cima de sua autoridade.

Essa era uma coisa que ele era perfeitamente capaz de fazer por si mesmo. Uma vez, cheguei de uma viagem a trabalho e encontrei Ivana sozinha na minha casa. Uma menina de 10 anos, sozinha, por duas semanas, numa casa de seis andares em Amsterdã. Liguei para sua mulher enferma, e ela veio de Belgrado apanhar a filha.

Eu adorava Ivana, mas não podia cuidar dela. Eu precisava trabalhar. E, durante os três anos que morou na minha casa, meu irmão meio que enlouqueceu. Por fim, sua mulher ligou para falar comigo. "Tenho quatro meses de vida. Por favor, cuide dela." Isso foi há muitos anos, e eu desde então dei o melhor de mim para me manter próxima da garota, agora uma jovem e brilhante física teórica do Instituto Max Planck de Física do Plasma. Seu estudo sobre um "dispositivo de fusão nuclear por confinamento magnético toroidal", chamado Wendelstein 7-X – basicamente um sol artificial produtor de energia, criado num laboratório – é nada menos do que fenomenal.

A voz reproduzida pela minha secretária eletrônica era fraca, quase inaudível. Era meu pai, ligando de Belgrado.

Queria pegar dinheiro emprestado. De novo.

A morte da mulher o deixara devastado. Eu realmente acredito que ela foi o amor da vida dele. Agora, estava morando sozinho, e sua mente estava

Acima: *The Family A* [A família A] (impressão cromogênica colorida da série Eight Lessons on Emptiness with a Happy End [Oito lições sobre o vazio com um final feliz]), 2008; abaixo: *The Family III* [A família III] (impressão cromogênica colorida da série Eight Lessons on Emptiness with a Happy End), 2008.

The Life and Death of Marina Abramović [A vida e morte de Marina Abramović] por Bob Wilson (performance teatral), Teatro Basel, Suíça, 2012.

Da esquerda para a direita: Christopher Nell, Anohni, Robert Wilson, Rainha Beatriz da Holanda, eu, Willem Dafoe e Svetlana Spajic, após a performance *The Life and Death of Marina Abramović*, Amsterdam, 2012.

Da esquerda para a direita: Thomas Kelly, Mary Kelly, eu, Lauren Kelly e Sean Kelly, na abertura de *Generator* [Gerador], Nova York, 2014.

Cartão de final de ano do MAI e do Abramović LLC, 2013.

Cartão de final de ano do Abramović LLC, 2014.

Primeira página do *The Australian*, 12 de junho de 2015.

Hans-Ulrich Obrist e eu durante uma reunião de planejamento para *512 Hours* [512 Horas], Nova York, 2013.

Lynsey e eu no set de *512 Hours* (performance, 512 horas), Galeria Serpentine, Londres, 2014.

Woman Massaging Breasts II [Mulher massageando os seios II] (impressão cromogênica colorida da série Balkan Erotic Epic [Epopeia erótica dos Bálcãs]), 2005.

Quando contei para Annie Leibovitz que o primeiro destaque da *Playboy* na ex-Iugoslávia foi um trator vermelho sem nenhuma garota, ela disse: "Vamos colocar uma garota nele", 2015.

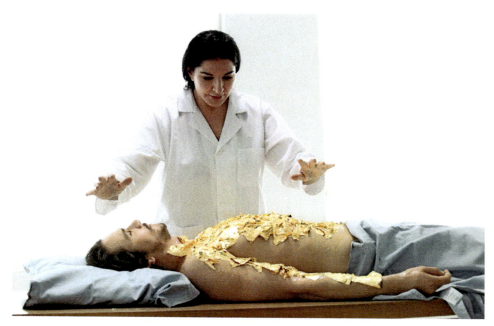

Acima: Com James Franco durante *Iconoclasts* [Iconoclastas]; abaixo: Brigitte Lefevre, diretora do Paris Opera Ballet, encarregada da nova produção *Boléro*, em 2013. O conceito e a cenografia foram criados em colaboração com os coreógrafos Sidi Larbi Cherkaoui e Damien Jalet e eu, com *lighting design* de Urs Schoenebaum e figurino de Riccardo Tisci.

Maria Stamenkovic Herranz atuando durante o primeiro desfile da Givenchy no Nova York Fashion Week, 11 de setembro de 2015.

Marina Abramović e Igor Levit, *Goldberg*, Park Avenue Armory, Nova York, dezembro de 2015.

começando a fraquejar, junto com o corpo. Recentemente, tinha caído e fraturado o quadril.

Ouvir a voz fragilizada desse homem que tinha sido tão forte, que tinha lutado contra os nazistas nas montanhas e sobrevivido à marcha Igman, me deu uma pontada de tristeza. Mas minha sensação principal era a raiva. Ele nunca havia agradecido o dinheiro que eu tinha lhe emprestado – *dado*, na verdade. Além disso, falsificou minha assinatura e me deserdou. Agora estava me pedindo mais dinheiro?

Que se foda. Não liguei de volta para ele.

Isso foi na noite de 29 de agosto de 2000. Na manhã do dia seguinte, viajei para a Índia com Michael Laub, para começar uma nova produção de teatro. Cheguei à noite e fui dormir, exausta. Às quatro da manhã, um lampejo me fez dar um pulo da cama. Não era um relâmpago – uma luz estranha tinha passado através de mim, como eletricidade. Sentei-me na cama, confusa, e fiquei ali sentada, sem conseguir voltar a dormir. De manhã, recebi um telefonema em que me disseram que meu pai tinha morrido, exatamente naquele momento.

Nunca vou me perdoar por não ter ligado de volta para ele. Mas nem eu nem meu irmão comparecemos ao funeral.

Algum tempo depois, um velho general sérvio, outro ex-*partisan*, me entregou uma valise antiga de pele de porco, uma pequena valise que, segundo ele, continha as coisas que meu pai mais valorizava no mundo. Só olhar para aquela mala velha era de partir o coração. Fiquei um ano inteiro com ela antes de conseguir suportar a ideia de abri-la.

Por fim, eu a abri.

Não havia muita coisa ali dentro. Encontrei as fotografias do meu pai e Tito que Vojin havia cortado ao meio. Um instantâneo do meu irmão e de mim quando crianças. Todas as suas condecorações. E então enfiei a mão num bolsinho interno e tirei...

Um pequeno apontador de madeira.

Esse foi o objeto mais comovente entre todos os que encontrei nessa valise.

O que é a vida?, pensei. *Ela vem e vai sem aviso, e fim de papo. E o que resta? Um apontador de lápis.*

E assim fiz uma peça em homenagem ao meu pai, um vídeo chamado *The Hero* [O herói]. Como cenário, escolhi uma região campestre no sul da Espanha e pedi à minha amiga e diretora da Fundação NMAC, Jimena Blázquez Abascal, que o produzisse. Nesse vídeo, estou montada num cavalo branco, como meu pai fez tantas vezes, e seguro uma grande bandeira branca que esvoaça ao vento. Fico ali montada por um período indefinido, com o olhar fixo ao longe, enquanto uma mulher canta em gravação o hino nacional da Iugoslávia dos tempos de Tito. Esse hino, por sinal, está proibido nas antigas nações iugoslavas. Tito passou de herói nacional a inimigo nacional. O vídeo é em preto e branco, para realçar o passado e a lembrança. Ao ser reproduzido na tela de uma galeria ou de um museu, à frente da tela há um expositor que contém a bolsa de pele de porco, com suas fotografias, condecorações e o apontador de lápis dentro.

Por que uma bandeira branca? Meu pai nunca se rendeu a nada. Mas ele morreu, e o branco também é a cor da morte. Nós todos devemos nos render à mudança; e a morte é a maior de todas elas.

The Hero, impressão em gelatina de prata, 2001/2008

Antes da morte do meu pai, eu também passei por uma mudança – no meu relacionamento com Ulay. Apesar de agora já estarmos separados quase pelo mesmo tempo que tínhamos estado juntos, a reconciliação nos escapava, para dizer o mínimo. Eu tinha concordado em deixar que ele controlasse nossos arquivos – centenas de fotografias e negativos, além de centenas de horas de gravação de vídeos – e frequentemente me arrependia dessa decisão. Ele vendia nosso trabalho, às vezes para pessoas que não me agradavam, às vezes dando um desconto que não tinha sido combinado comigo; e minha parte do faturamento misteriosamente nunca aparecia. Ele exibia nossa obra em galerias inexpressivas. Eu me ressentia profundamente de tudo isso.

Um dia, Ulay ligou e marcou uma hora para falar de negócios comigo. Ele veio e disse que queria me vender tudo, porque precisava do dinheiro para garantir o futuro da filha.

Ele de fato precisava do dinheiro. Àquela altura, estava produzindo muito pouco trabalho próprio, e tinha uma mulher e filha para sustentar. Mas onde eu ia conseguir o dinheiro para comprar nossos arquivos? Sean Kelly teve uma ideia.

No início da década de 1990, ele havia me apresentado a um colecionador sueco, muito rico, Willem Peppler, que se tornou meu amigo e grande admirador do meu trabalho. Peppler tinha, inclusive, ajudado a financiar *Balkan Baroque* na Bienal, depois que Montenegro rejeitou minha proposta. Agora, seguindo o conselho de Sean, perguntei ao sueco se ele me emprestaria o dinheiro para adquirir os arquivos, e ele concordou rapidamente em me emprestar a quantia total, sem juros, se eu lhe desse uma obra de graça.

Era muito dinheiro – 300 mil marcos alemães –, mas a transação me dava o controle sobre todos os aspectos do trabalho: reprodução, exibição e venda. Além de receber esse pagamento direto, Ulay ainda receberia 20 por cento da minha cota sempre que qualquer peça do arquivo Abramović–Ulay fosse vendida.

Minha liberdade valia isso.

Após o fiasco no festival de Bangalore, eu tinha certeza de que nunca mais seria convidada para trabalhar com monges tibetanos. Porém, dois anos depois, Doboom Tulku me escreveu dizendo que todos tinham ficado tão satisfeitos com minha primeira colaboração que ele e todos os demais na Casa do Tibete queriam que eu voltasse a trabalhar com os monges. O mundo é cheio de surpresas.

Dessa vez, eles me pediram que coreografasse um programa com apenas doze monges, cantando, dançando e usando trajes cerimoniais, para um festival étnico na Kulturen der Welt, o grande centro cultural em Berlim. Num mosteiro, a cerimônia que queriam que eu encenasse costuma se estender por um período de dez a quinze dias; a apresentação no festival deveria durar 55 minutos. Por isso, eu precisava ensinar esses doze monges a trocar de roupa com a máxima rapidez possível, a se colocar corretamente à luz dos refletores, a reproduzir sua cerimônia num espaço reduzido no palco e a fazer em 55 minutos tudo o que normalmente fazem em duas semanas.

Com Paolo, Doboom Tulku e dois amigos, Alessia Bulgari e Giulio di Gropello, fui ao *ashram* Krishnamurti, no sul da Índia, onde me deram doze monges com quem trabalhar e todos os recursos de que precisasse. Nós ensaiamos exaustivamente até conseguir chegar à perfeição; e então fizemos um ensaio geral diante de uma plateia no povoado próximo. Foi tudo lindo. E tudo correu muito bem.

Agora, faltavam três semanas para o festival; mas eu disse ao meu intérprete que queria que os monges chegassem a Berlim no mínimo com cinco dias de antecedência, para ensaiar, porque eu sabia que, durante um período de três semanas, eles esqueceriam grande parte do treinamento. E a coordenação exata era crucial para essa peça. Os monges concordaram.

Voltei para Berlim e, no dia marcado, fui ao aeroporto esperar os monges. Doboom Tulku e meu intérprete estavam comigo. O avião pousou, e doze monges desembarcaram. Só que eles eram doze monges que eu nunca tinha visto na vida. "Quem são esses caras? Onde estão meus monges?", perguntei.

292

"Ah, é que seus monges não tinham passaporte", disse o acompanhante deles. "Por isso, arrumaram outros monges."

Doboom Tulku não parava de rir. "Mais uma lição de desapego", disse ele. "Vai acontecer de qualquer maneira."

Falar é fácil! Durante os cinco dias seguintes, fiquei maluca ensaiando esses caras, a partir do estágio de não saberem absolutamente nada sobre se apresentarem até o de mais ou menos conseguirem fazer a performance. No final das contas, tudo saiu bem no festival, e eu acabei ganhando mais alguns cabelos brancos.

Dirigindo um grupo de monges budistas para a performance na Haus der Kulturen der Welt, Berlim, 2000

Eu adorava minha casa em Amsterdã, mas a verdade é que tinha me cansado da cidade. E Paolo, que passava parte do tempo em Roma, onde morava com a irmã, e o restante do tempo na Holanda comigo, detestava Amsterdã. Todas as vezes que ia para lá, ele não se sentia bem – dizia que a cidade fazia baixar sua pressão sanguínea, por estar abaixo do nível do mar. E, além disso, estava sempre chovendo, o que ele não suportava. Afinal de contas, era um romano.

Pensamos em nos mudar para Roma. Para mim, Roma é interessante como um lugar para passar férias. Mas, sempre que estou lá, tenho a sensação de estar andando sobre os cadáveres de muitas civilizações – de algum modo, simplesmente me parece sufocante. E nós conversamos e conversamos sem parar, e o que acabou se revelando foi que Paolo, mais do que qualquer outra coisa, queria fazer uma mudança maior. "Vamos para os Estados Unidos", sugeriu ele, com veemência. "Vamos tentar uma vida nova. Vamos mudar seu lugar, vamos mudar meu lugar. Vamos *fazer* alguma coisa." E eu estava apaixonada. Decidi, então, pôr em prática parte do desapego budista que eu tinha aprendido: vender minha casa e me mudar para Nova York.

Eu morria de medo de ir para lá, o que me parecia a razão mais imperiosa de todas para eu me mudar. Já tinha visitado a cidade muitas vezes. Tinha feito performances e meu trabalho lá. Mas eu tinha construído minha carreira na Europa. E me perguntava se minha trajetória poderia dar um salto por cima do Atlântico e prosperar na cidade mais exigente do mundo.

Embora sentisse medo, eu tinha um plano a propor a Sean Kelly sobre uma nova performance em Nova York.

Desde nosso encontro não tão acidental, as atividades profissionais de Sean tinham crescido, bem como nossa amizade. E, nesse meio-tempo, ele tinha aberto uma bela nova galeria em Chelsea. Sean disse que tinha encontrado um lugar maravilhoso para Paolo e para mim, na Grand Street no Soho, bem do outro lado da rua do loft onde ele morava. Tratava-se de um local de propriedade cooperativa, espaçoso e arejado, com muitas janelas. Confiei implicitamente no bom gosto de Sean. Eu lhe disse para fazer uma oferta e pus à venda a casa de Amsterdã.

A casa em Binnenkant, 21, tinha progredido muito nos treze anos em que me pertenceu. Eu a transformara no tipo de casa que fazia com que todos os que entrassem nela se sentissem bem no instante em que passavam pela soleira da porta. As palavras do funcionário do banco que tinha me concedido o primeiro financiamento em 1989 se revelaram proféticas. Transformar um investimento de 40 mil florins em 4 milhões de dólares acabou sendo de fato uma fantástica transação imobiliária. O único ponto negativo em toda essa mudança empolgante seria a perda do meu assistente, Declan Rooney. Ex-aluno meu, ele quis se mudar para Nova York, mas me acompanhou e permaneceu até comigo eu estar instalada. Ele voltou para sua vida na Irlanda e acabou indo trabalhar com meu amigo Michael Laub.

Em 2000, antes que Paolo e eu nos mudássemos para Nova York, eu estava de visita à cidade e fui convidada para a festa de aniversário de Klaus

Biesenbach – que tinha feito sua mudança de Berlim para Nova York em 1996, para ser um curador do MoMA PS1.[1] Ele morava num lugar minúsculo, de um único cômodo, e convidou quatro pessoas: Matthew Barney, Björk, sua querida amiga Susan Sontag e eu. Nós todos nos sentamos na cama e assistimos a meu filme favorito, *Teorema*, de Pier Paolo Pasolini.

Eu era obcecada por esse filme desde a primeira vez que o vi na década de 1970. Nele, Terence Stamp faz o papel de um homem misterioso chamado O Visitante, que chega ao lar de uma família italiana da alta burguesia e seduz a todos na casa – a mãe, o pai, o filho, a filha e a empregada – fazendo com que saiam da sua depressão e complacência para entrar num estado de revelação religiosa. É uma história complicada, que toca em muitos temas importantes: não apenas o sexo e a religião, mas a política e a própria arte. Por um tempo, Klaus e eu conversamos sobre fazer um *remake* do filme.

Foi nessa ocasião que conheci Björk, que estava grávida e me pareceu muito excêntrica. Ela trazia consigo uma espécie de bolsa de papelão com um telefone vermelho dentro. (Em outro momento, eu a vi em alguma festa usando no pescoço uma gaiola de passarinho, sem nenhum passarinho dentro.) Depois que o filme terminou, ela, Matthew e Klaus começaram a conversar num lado da cama; e, no meu lado, comecei a conversar com Susan. Falamos sem parar. Gostei muito dela. Ela conhecia bem meu país, tendo morado em Sarajevo durante a guerra da Bósnia, quando dirigiu uma produção de *Esperando Godot*, de Beckett, num teatro iluminado por velas. A peça conquistou o afeto e a gratidão de muitos naquela cidade sitiada. E ela mesma tinha tanto da alma russa!

Depois da festa, dividimos um táxi, trocamos números de telefone e só. Eu era tímida demais para ligar para ela; e ela nunca me ligou. Dois anos se passaram.

Agora, no outono de 2002, Paolo e eu estávamos morando na cidade. E em novembro, na galeria de Sean Kelly em Chelsea, apresentei a nova peça que eu vinha planejando, *The House with the Ocean View* [A casa com vista para o oceano].

---

[1] MoMA PS1 é uma instituição afiliada ao Museum of Modern Art de Nova York. *(N. da T.)*

De muitas formas, foi a obra mais ambiciosa que já fiz na vida. Comecei a partir de uma ideia totalmente diferente. Na Índia, eu havia conhecido um guru chamado Pilot Baba, que tinha esse apelido por ter pertencido à Força Aérea Indiana e ter sido o piloto escolhido a dedo pelo primeiro-ministro Nehru. Uma vez, segundo a história, Pilot Baba estava levando Nehru de avião ao Paquistão, quando teve uma experiência espiritual: viu na cabine uma mão gigante que o empurrava para trás. Ele fez o avião dar meia-volta e retornou a Délhi. Todos os outros aviões que os acompanhavam foram derrubados pelos paquistaneses. Pilot Baba tinha capacidades incríveis. Em especial, ele conseguia desacelerar sua respiração a um ponto que lhe permitia ficar enterrado ou permanecer debaixo da água por dias seguidos.

Minha ideia era trazer Pilot Baba para um armazém na cidade de Nova York, onde eu ficaria deitada nua numa cama de gelo, e ele, sentado dentro de um reservatório cheio de água. Depois de mais ou menos meia hora, meu corpo de ocidental chegaria aos seus limites, e eu teria de me levantar, mas Pilot Baba permaneceria submerso muito mais tempo, talvez doze horas. Eu convidaria cem dos seres humanos mais influentes do planeta – pessoas que dão as maiores contribuições para a ciência, a tecnologia e a arte – para assistir à peça. Não seria permitido fotografar. Essas pessoas importantes somente seriam testemunhas do evento; e é claro que ficariam chocadas com ele, já que não havia nenhuma explicação racional. Elas então retornariam ao mundo com a lembrança dessa peça na cabeça, e veriam como ela influenciava sua vida e seu trabalho.

Mas Pilot Baba não quis vir a Nova York. Não tinha nenhum interesse em impressionar o mundo ocidental. Gurus e mestres perdem seus poderes se fizerem seus milagres por qualquer outro motivo que não seja o espiritual. De modo que precisei bolar uma ideia alternativa. Àquela altura, eu havia feito vários retiros na Índia e tinha aprendido lições importantes. Será que poderia incluir algumas delas na minha arte? Eu queria incorporar na nova peça minha própria mente atenta, mas também queria envolver o público.

Projetei a instalação. Três grandes plataformas com paredes seriam montadas, lado a lado, na parede da galeria de Sean, a cerca de 1,5 metro do piso. A quarta parede de cada plataforma, a parede voltada para o público, estaria aberta. Eu passaria doze dias nessas plataformas, consumindo apenas água filtrada e desempenhando todas as funções corporais − tomar banho, fazer xixi, ficar sentada, dormir −, diante dos olhos do público. Uma plataforma conteria um vaso sanitário e um chuveiro, uma teria uma cadeira e uma mesa, e em outra haveria uma cama. Cada plataforma seria ligada ao chão por uma escada de mão − só que as escadas, em vez de degraus, teriam facas de trinchar, afiadas, com as lâminas viradas para cima. Eu poderia passar de uma plataforma para a outra através de aberturas nas paredes laterais.

O texto do catálogo da peça explicava melhor:

A IDEIA

Essa performance surgiu do meu desejo de ver se é possível usar simples regras, restrições e disciplina diárias para me purificar.

Será que posso mudar meu campo de energia?

Será que esse campo de energia pode mudar o campo de energia da plateia e do espaço?

Condições para a Instalação ao Vivo: Artista

Duração da peça	doze dias
Alimento	nenhum
Água	grande quantidade de água mineral
Fala	nenhuma
Canto	possível, mas imprevisível
Escrita	nenhuma
Leitura	nenhuma
Sono	sete horas por dia
Postura em pé	tempo ilimitado
Sentada	tempo ilimitado
Deitada	tempo ilimitado
Chuveiro	três vezes por dia

Condições para a Instalação ao Vivo: Público
   usar telescópio
   permanecer em silêncio
   estabelecer diálogo de energia com a artista

Roupas
   As roupas para *The House with the Ocean View* foram inspiradas em Alexander Rodchenko.
   A cor das roupas foi selecionada em conformidade com os princípios do quadrado védico do hinduísmo.
   As botas foram as que usei para percorrer a Grande Muralha da China, em 1988.

The House with the Ocean View (performance, doze dias), Nova York, 2002

Foi pouco depois do 11 de setembro. As pessoas estavam com uma disposição de espírito suscetível, e os grupos que vieram ver a peça permaneciam ali muito tempo, sentados no piso da galeria, assistindo, pensando no que estavam vivenciando, imersos na obra. Meus espectadores e eu sentíamos intensamente a presença um dos outros. Havia uma energia compartilhada no salão – e um silêncio pesado, interrompido somente pelo som do tique-taque de um metrônomo que eu mantinha na mesa da sala de estar.

Uma das espectadoras era Susan Sontag, que começou a vir ali todos os dias. Mas eu não fazia a menor ideia de que ela estava lá, em parte porque o piso da galeria não era iluminado, mas também porque, ali em cima nas minhas plataformas, eu estava fazendo tudo – ficando sentada, em pé, bebendo, enchendo de novo meu copo, fazendo xixi, tomando banho – com uma lentidão e concentração mental semelhante à de um transe (como mostra um registro da performance):

SEXTA-FEIRA, 15 DE NOVEMBRO: DIA 1
Usando branco
Sentada na cadeira
Sento na cadeira, solto meus ombros e, com as duas mãos, puxo meu cabelo para trás, a partir do rosto e da testa. Movimento primeiro minha nádega esquerda e depois a direita para trás até as duas tocarem no encosto da cadeira e eu estar sentada com as costas bem retas. A parte de trás da minha cabeça está tocando no travesseiro de quartzo que serve de apoio para a cabeça. (...)

Respiro fundo, e meu peito se enche. Depois, ele esvazia. Permaneço sentada, imóvel. O metrônomo está no lado esquerdo da mesa e funciona. O copo fica no lado direito da mesa e está cheio. Meus pés estão totalmente apoiados no chão, separados pela distância da largura do meu quadril. Minhas costas estão retas, encostadas na cadeira. Olho para a plateia. Minha cabeça não mexe, só meus olhos. Eu pisco. Minha boca está fechada. Pisco mais uma vez. Quando respiro mais fundo, meu peito sobe e desce. O resto do meu corpo fica imóvel. Depois de passar muito tempo sentada, preciso voltar a empertigar as costas.

A cada dia, minha rotina consistia em me locomover entre as três unidades: o banheiro, a sala de estar, o quarto. Era muito importante que todas as atividades que eu realizasse fossem no mais alto nível de conscientização, quer se tratasse de tomar um banho de chuveiro, fazer xixi, ficar sentada na cadeira bebendo água, ficar deitada na cama descansando, ou mesmo – principalmente – ficar parada à beira de uma das plataformas, acima das escadas de facas, pelo maior tempo possível.

Essa era a única hora em que minha mente de fato não podia mudar o foco de modo algum, porque eu poderia cair e sofrer cortes graves. Durante esses momentos, eu sempre tentava captar o olhar de um dos visitantes mal-iluminados diante de mim. Esses olhares fixos entre nós geralmente duravam bastante tempo, criando uma comunicação muito intensa de energia. No entanto, às vezes acontecia de nesses momentos eu começar a sentir uma forte necessidade de fazer xixi.

E assim, sem desviar o olhar, eu atravessava a passagem para ir ao banheiro, virava para minha direita (ainda olhando para o espectador) e pegava o papel higiênico da prateleira com minha mão direita. Depositava o papel higiênico no canto da bacia do chuveiro. Então eu levantava a tampa do vaso com minha mão esquerda e a empurrava para trás até ela estar na vertical. Enquanto me voltava para a frente, eu erguia meu blusão e abria minha calça. Baixava a roupa muito devagar, até logo acima dos joelhos, e me sentava no vaso. Eu punha os pés bem juntos à minha frente e pousava as mãos no colo. Ficava sentada bem reta e esperava que o xixi saísse. Ele demorava algum tempo, período durante o qual se fazia um silêncio. Ainda com o olhar fixo nos olhos do espectador, eu pegava exatamente quatro folhas de papel higiênico e dobrava cada pedaço num triângulo perfeito. Então – ainda com o olhar fixo – aguardaria que o xixi chegasse com força. Esperava pelas três últimas gotas e então me secava e puxava a calça para cima de novo. Abria a torneira de água para encher o balde. Sempre com o olhar fixo, eu sentia de modo intuitivo quando o balde estava pela metade e o usava para dar descarga no vaso.

Tudo isso era para mostrar que não havia diferença entre estar em pé na plataforma acima das facas e fazer xixi – que fazer xixi era tão importante quanto tudo o mais. Toda a vergonha do ato tinha sumido, e a pessoa com os olhos fixos nos meus entendia isso totalmente.

O único momento em que eu tinha privacidade durante toda a performance eram os poucos segundos que levava para secar meu rosto depois do banho.

Durante os doze dias, muita gente foi profundamente afetada por essa peça. Eu tinha a leve sensação de que aquela cidade importantíssima havia começado a me aceitar. As pessoas deixavam todos os tipos de coisas para mim na galeria: echarpes, anéis, cartas. Existiam três caixas grandes, cheias de coisas que tinham me dado. Depois que a peça terminou, eu examinei as caixas e encontrei um guardanapo de tecido de algum restaurante. Nele estava escrito: "Gostei mesmo desse trabalho. Vamos almoçar – Susan."

Foi aí que Susan Sontag e eu nos tornamos amigas. E, como um primeiro gesto de amizade, ela me deu um livro para o qual tinha escrito o prefácio. Era *Letters: Summer 1926*, a história da correspondência entre Rilke, Tsvetaeva e Pasternak – o mesmo livro que eu ganhara de presente da minha mãe e que havia incendiado minha imaginação quando eu tinha 15 anos. Susan adorava conversar. Ela gostava de convidar pessoas para seu apartamento para conversar, sempre na cozinha e apenas uma pessoa. Nós duas concordávamos que três pessoas conversando não têm realmente uma conversa. Eu costumava visitá-la de tarde, porque não sou uma pessoa da noite. Três da tarde era uma das minhas horas preferidas para ir vê-la.

Sua geladeira estava quase sempre vazia. Um dia, eu lhe disse: "Vou trazer uma coisa para você." Ela comentou: "Alguma coisa doce." Por isso, fui até Le Pain Quotidien e comprei uma torta de limão para ela. Era uma torta grande, maravilhosa. Eu lhe contei: "Quando eu era pequena, na cozinha da minha avó, ela fazia bolos de chocolate, e eu não gostava do bolo, só comia o glacê." Então ela sugeriu: "Vamos fazer o mesmo."

Susan cortou a torta ao meio, me deu uma colher, e nós só comemos o recheio, deixando o resto. Foi incrível! Ela me ensinou uma lição tão importante sobre a liberdade! Por que não podemos fazer isso quando somos adultas? É claro que podíamos.

Seu câncer era um assunto sobre o qual nunca falamos. Anos antes, tinham lhe dito que só lhe restava pouco tempo de vida, e, no entanto, ela estava viva. Sem dúvida, continuaria viva ainda por muitos anos.

Alessia Bulgari e eu, Nova York, 2009

Alguns meses depois de *The House with the Ocean View*, eu estava na região sul do Sri Lanka, com Paolo, Alessia, Laurie Anderson e Lou Reed, para presenciar monges budistas cumprindo rituais muito especiais que envolviam andar sobre o fogo, fincar em si mesmos espadas e facas, bem como martelar pregos na cabeça – sem sofrer nenhum dano. A cerimônia começava às quatro da manhã, e a essa hora uma multidão enorme já estava reunida. Eu não podia acreditar no que meus olhos viam enquanto assistia a sacerdotes e monges andar tranquilamente por um trecho de 12 metros de extensão, coberto de carvões quentes que teriam derretido minha máquina fotográfica se eu tivesse chegado perto demais. E, no meio de toda essa cena, lá estava Lou fazendo *tai chi*, totalmente impassível. Mas assistir aos sacerdotes realizando esses ritos simplesmente me fez lembrar de como a cultura ocidental é limitada na compreensão dos verdadeiros limites do corpo e da mente.

Enquanto ainda estava no Sri Lanka, recebi um telefonema de Sean Kelly, no qual ele me transmitiu um pedido estranho. Os produtores de *Sex and the City* estavam perguntando se eu queria representar a mim mesma na série – apresentando *The House with the Ocean View*. Naquela época, eu nunca tinha visto *Sex and the City*, e não era uma atriz. Por isso, disse não. Mediante o pagamento de um valor, dei-lhes permissão para mencionar a performance, o que eles fizeram.

Mais tarde, depois que voltei a Amsterdã, fui à minha quitanda preferida, que tinha os morangos mais caros da cidade, e, para minha surpresa, os proprietários me deram uma caixa da fruta de presente. Nunca tinham sido tão simpáticos comigo. Quando agradeci sua generosidade, eles explicaram que estavam me dando esse presente porque eu (ou pelo menos uma atriz me representando) tinha estado em *Sex and the City*. Por mais estranho que pareça, essa foi a primeira vez que me senti aceita pelo público em geral. Fiquei chocada com a rapidez com que minha performance tinha sido consumida pela mídia. Contudo, apesar de meu jejum e de minha séria intenção de mudar a consciência em *The House with the Ocean View*, tanto a performance como eu fomos alvo de zombaria.

Em 2003, retornei a Belgrado – porque, num certo sentido, sempre estou voltando a Belgrado. Mas eu queria ver minha mãe, que agora estava com 82 anos, e também queria recriar uma antiga peça minha e acrescentar uma novidade a ela.

Primeiro, Danica.

Ela ainda estava no seu prédio de apartamentos socialistas. Eu me hospedei num hotel. Quando fui vê-la, levei um buquê de rosas, grande e bonito. Dei-lhe um beijo e lhe entreguei as flores com um sorriso. Ela as aceitou com um levíssimo gesto positivo e então, no mesmo instante, as colocou entre jornais e as comprimiu com livros pesados.

Fiquei chocada. "Por que fez isso?", perguntei.

"Foi preciso, é claro", respondeu ela. "Dá para você imaginar se nós as puséssemos na água, todas as bactérias que se desenvolveriam?"

Nada tinha mudado.

Um dia de manhã, liguei para ela e disse: "Vamos tomar café juntas." Comprei comida e a levei para o apartamento. "Não se mexa. Eu faço tudo", disse eu. Fui à cozinha pegar a louça e as panelas.

"Não, não, não, você não pode fazer isso. Não sabe onde as coisas estão", disse ela.

"Mamãe, todas as cozinhas são exatamente iguais", argumentei. "Os pratos ficam aqui em cima. Essa prateleira é para as xícaras. Vou encontrar tudo."

"Não, não, você não pode tirar a louça do armário."

"Por que eu não posso tirar a louça do armário?"

"Porque ela está suja", revelou ela.

"Peraí. Por que você guardaria louça suja no armário?"

"Não, não, não. A louça estava limpa quando eu a guardei, mas, enquanto estava guardada aí dentro, ficou suja."

Eu só balancei a cabeça.

Junto ao seu toc por limpeza, minha mãe tinha uma obsessão por sacos plásticos – ela se recusava a jogar fora um só que fosse. Ela os lavava e os reutilizava, depois os lavava de novo, repetidamente, até que o que estava impresso neles ficasse ilegível. Se estivesse chovendo e ela fosse sair, levava o guarda-chuva – que já dispunha da sua embalagem – dentro não apenas de um saco plástico, mas de dois: um muito fino, transparente, sobre a capa do guarda-chuva, e depois um saco mais resistente por cima. Só então ela poderia sair. Esse era um ritual que ninguém conseguia alterar.

Um dia, durante minha visita, começou a chover bem na hora em que íamos sair. Quando ela pegou o guarda-chuva, eu me lembrei do ritual e decidi que já não podia lutar com ela. Simplesmente desisti. Fui à cozinha e peguei dois sacos plásticos, o fino e o grosso, e os entreguei a ela, que começou a rir. Essa foi a única vez em que minha mãe entendeu o absurdo de tudo isso. E foi a única vez na vida em que nós rimos juntas.

A nova peça, uma projeção de vídeos múltiplos numa tela, falava das minhas esperanças e temores (principalmente temores) a respeito do país em que nasci. Pouco depois de chegar a Belgrado, encontrei-me com um professor de música do ensino fundamental e descobri que ele tinha composto uma canção em homenagem às Nações Unidas. Resolvi usar essa canção. Para ser franca, minhas intenções eram sarcásticas – eu achava que as operações de socorro da ONU durante a guerra do Kosovo tinham sido conversa-fiada. Mas a canção do professor era um hino sincero de louvor, e, no primeiro vídeo que fiz, regi um coro de 86 crianças apresentando a canção, todas vestidas de preto, como se estivessem indo a um enterro. Enquanto elas cantavam a letra esperançosa, "Nações Unidas, nós te amamos; Nações Unidas, você nos ajuda; Nações Unidas, você nos traz o futuro", eu estava em pé diante delas, usando dois modelos de esqueleto presos ao meu corpo, um na frente e um nas costas.

Count on Us (Chorus) [Contem conosco (Coro)],
impressão cromogênica colorida, 2003

O vídeo seguinte fazia referência à minha antiga peça *Rhythm 5*, de Belgrado em 1974, na qual eu me deitava dentro da estrela em chamas, o símbolo da Iugoslávia comunista, e desmaiava por causa do fogo. Quase trinta anos depois, na Belgrado de 2003, muito diferente da de outrora, eu mais uma vez me deitei dentro de uma estrela, só que agora, em vez de madeira em chamas, a estrela foi composta por aquelas mesmas 86 crianças, ainda vestidas de preto. E, deitada no centro, eu usava outra fantasia de esqueleto.

Os orçamentos de Hollywood permitem cerca de 35 tomadas por cena. Meu orçamento me permitia uma única. E a primeira tomada foi um desastre: as crianças simplesmente não se acomodavam. Para a segunda tomada, elas conseguiram se organizar – e então um menino soltou um pum, e todos os outros caíram na risada. Graças a Deus, a terceira tomada foi perfeita.

Count on Us (Star) [Contem conosco (Estrela)],
impressão cromogênica colorida, 2003

Para causar uma sensação de inocência e beleza, escolhi um menino e uma menina para cantar duas canções da minha infância. Selecionei as duas crianças com as melhores vozes no coro e as filmei de um ângulo baixo, contra um pano de fundo de uma cortina vermelha, para criar uma imagem heroica que lembrasse os Jovens Pioneiros do período de Tito. O menino cantou uma canção sobre o amor; e a menina, uma sobre a morte – a história de uma florzinha amarela, agora viva e linda, mas condenada a morrer assim que a primavera terminasse.

E o último vídeo abordava minha obsessão por Nikola Tesla, o gênio científico da Sérvia, que eu adorava pela mistura de ciência e misticismo na sua obra. Quando da sua morte, em 1943, ele estava trabalhando num sistema de transmissão de eletricidade através de distâncias enormes, sem cabos – uma ideia que influenciava muito meu fascínio permanente pela transferência de energia de todos os tipos. Ele também sonhava em extrair energia gratuita da Terra. Por ser diretora do Museu Tesla, a mulher do meu irmão, Maria – que a essa altura estava morrendo de câncer de pulmão – permitiu que eu usasse um enorme gerador de eletricidade estática para fazer passar 34 mil watts pelo meu corpo, para acender uma lâmpada de neon que eu estava segurando nas mãos.

Count on Us (Tesla) [Contem conosco (Tesla)], impressão cromogênica em preto e branco, 2003

Chamei a peça inteira de *Count on Us*. O texto de apoio dizia:
    Sim, nós tivemos uma guerra.
    Sim, nós estamos vivendo um desastre econômico.
    Sim, o país está em ruínas.
    Ainda assim, há energia e há esperança.

Em 2004, criei uma nova versão da minha peça de teatro *Biography* e a chamei de *The Biography Remix*. Michael Laub dirigiu, inventando uma forma muito original para apresentar tanto minha obra como minha vida, e meus alunos de Braunschweig participaram, reapresentando os trabalhos incluídos na peça original. Houve também um acréscimo impressionante: o filho de Ulay, Jurriaan, agora com seus 30 e poucos anos, e com uma semelhança espantosa com o pai, interpretou o papel de Ulay em *Rest Energy*, *Pietà* e *Incision*. "Quis representar meu pai porque nunca o conheci", disse-me ele. Foi triste e dramático ao mesmo tempo.

E dramático para mim também. Na apresentação final, em Roma, Ulay foi ver a peça pela primeira vez. Lá estava eu no palco, dando adeus a Ulay na cena do bye-bye, e lá estava ele na plateia, recebendo minha despedida final. Foi a combinação perfeita de vida e teatro.

Depois do espetáculo, ele se aproximou de mim. "Nunca vi meu filho nu", me disse.

"Você nem mesmo o viu nascer", respondi.

Paolo e eu estávamos na casa da minha galerista italiana Lia Rumma, em Stromboli no verão de 2004, felizes ao sol e entre amigos. O vulcão na ilha estava em erupção, gerando uma sensação impressionante e uma beleza natural insólita. Foi quando Susan Sontag ligou e disse que ia fazer um transplante de medula óssea. "Só 30 por cento dos pacientes sobrevivem ao procedimento", disse ela, "mas, na minha faixa etária, essa proporção é até menor".

"Ai, Susan", eu disse.

"Mas sabe do que mais? Se eu sobreviver, vamos dar uma festa de arromba", respondeu ela.

Ela não sobreviveu. Morreu no fim do ano, num dia frio e chuvoso, num hospital de Nova York. Durante seus últimos quatro anos, os anos da nossa amizade, eu a via quase todos os dias. Por isso, peguei um avião com Klaus para comparecer ao enterro em Paris. Ficamos sentados no avião, quase sem falar, cada um de nós imerso em nossas recordações de Susan.

Era o auge do inverno, e chovia novamente. Foi uma cerimônia discreta no cemitério de Montparnasse. Só vinte ou trinta pessoas compareceram. Patti Smith estava lá. Malcolm McLaren. Salman Rushdie. A companheira de Susan, Annie Leibovitz. Klaus e eu.

Foi triste. Os enterros sempre são tristes, mas esse foi triste também sob outro aspecto. O filho de Susan, David, tinha decidido enterrá-la ali, no mesmo cemitério em que estavam enterradas pessoas como Beckett, Baudelaire, Sartre e Simone de Beauvoir. Só que a relação entre Susan e David tinha sido difícil; e, em última análise, para mim, ele tinha cometido uma injustiça com a mãe. Eu achava que ela merecia um enterro diferente, um ao qual todos os que a amavam e admiravam pudessem comparecer tranquilamente. Paris era longe demais para quase todo mundo.

Senti uma tristeza profunda ao ver como Susan tinha sido importante na vida e como aquele enterro foi minúsculo. E como foi lúgubre. Sempre acreditei que a morte deveria ser uma celebração. Porque a pessoa está entrando num lugar novo, num estado novo. Está fazendo uma passagem importante. Os sufis dizem: "A vida é um sonho, e a morte é o despertar." Acho que Susan teve uma vida boa, uma vida fascinante. Seu funeral deveria ter celebrado isso.

Quando voltei para Nova York, liguei para meu advogado e lhe passei meu plano para o meu próprio funeral. Disse-lhe que era de extrema importância que meu funeral seguisse à risca meu planejamento, porque, afinal de contas, essa haveria de ser minha peça final.

Em primeiro lugar, ocorreu-me a ideia das Três Marinas.

Disse ao advogado que eu queria três sepulturas, nos três lugares onde morei mais tempo: Belgrado, Amsterdã e Nova York. Meu corpo estaria de fato numa dessas sepulturas – mas não era para ninguém saber em qual.

Em segundo lugar, eu disse que não queria que ninguém usasse preto no meu enterro. Todos deveriam usar cores vibrantes, verde-limão, ou vermelho, ou roxo. Além disso, todas as minhas piadas, as boas, as ruins e as infames, deveriam ser contadas. Meu funeral deveria ser uma festa de despedida, eu disse ao advogado: uma celebração de todas as coisas que eu tinha feito e da minha partida para um novo lugar.

309

Nos anos que se passaram desde então, o incomparável cantor Antony Hegarty – agora Anohni – se tornou meu querido amigo, meu filho postiço e, agora, minha filha. E essa amizade me forneceu mais um desejo para meu enterro: quero que Anohni cante "My Way", no estilo da magnífica Nina Simone. Ela ainda não disse que sim, mas acho que ficará tão triste quando eu morrer que terá de fazer isso por mim. É o que espero.

ARRAMOVIĆ

11.

Duas minhocas viviam na merda, um pai e um filho. O pai disse para o filho: "Veja a vida maravilhosa que levamos. Temos muito para comer e beber, e estamos protegidos dos inimigos. Não temos com que nos preocupar." O filho respondeu ao pai: "Mas, pai, tenho um amigo que mora numa maçã. Ele também tem muito para comer e beber, está protegido dos inimigos e ainda tem um cheiro bom. Podemos morar numa maçã?"

"Não, não podemos", respondeu o pai.

"Por quê?", perguntou o jovem.

"Porque a merda é o nosso país, filho."

The House with the Ocean View tinha sido tão difícil e exigido tanto de mim que eu estava pronta para uma mudança de ritmo. E, assim, quando o curador britânico Neville Wakefield me disse que estava convidando doze artistas plásticos para criar uma obra sobre o tema da pornografia, aquilo me pareceu relativamente fácil e divertido – de início. Então assisti a alguns filmes pornográficos, que eram totalmente brochantes. Em vez disso, decidi pesquisar a cultura folclórica dos Bálcãs.

Para começar, examinei as origens antigas do erotismo. Todos os mitos e lendas que li pareciam tratar de seres humanos tentando se igualar aos deuses. Na mitologia, a mulher se casa com o sol, e o homem, com a lua. Por quê? Para preservar os segredos da energia criadora e entrar em contato com forças cósmicas indestrutíveis.

No folclore balcânico, os órgãos genitais, masculino e feminino, têm uma função muito importante tanto nos ritos de cura quanto nos ritos agrícolas. Nos rituais de fertilidade dos Bálcãs, aprendi que as mulheres exibiam abertamente a vulva, o traseiro, os seios e o sangue menstrual. Os homens exibiam sem inibição o traseiro e o pênis, masturbando-se e ejaculando. O campo era riquíssimo. Decidi fazer não só uma instalação de duas partes em vídeo como também um curta-metragem sobre esses ritos. Chamei as peças de *Balkan Erotic Epic* [Epopeia erótica dos Bálcãs]. No verão de 2005, fui à Sérvia começar o projeto. Eu levaria dois anos para selecionar os participantes, e não foi fácil. Mas a empresa de produção Baš Čelik e seu fantástico diretor de produção Igor Kecman realizaram tudo o que parecia impossível no ambiente às vezes corrupto e perigoso do que um dia foi a Iugoslávia.

No filme, eu fazia o papel de professora/narradora, descrevendo cada ritual e então o reencenando. Alguns eram tão absurdos que eu não conseguia imaginar como convenceria alguém a participar. Por isso, transformei-os em pequenos desenhos animados. Por exemplo, se a mulher quiser que o marido ou amante nunca a deixe, ela pega um peixinho de noite, enfia-o na vagina e vai dormir. De manhã, tira o peixe morto de dentro da vagina, transforma-o em pó, moendo-o, e põe esse pó no café do seu homem.

Para as cenas ao vivo, contratei pessoas que, em sua maioria, nunca tinham estado diante de uma câmera. Cruzei os dedos quando publiquei um convite para seleção de elenco para mulheres entre os 18 e 86 anos, para mostrarem a vulva e assustarem os deuses, a fim de parar a chuva. E foi igualmente difícil encontrar quinze homens que se dispusessem a ser filmados em fardas nacionais, imóveis, com o pênis ereto e exposto, enquanto a diva sérvia Olivera Katarina cantava: "Ó Senhor, salva teu povo... A guerra é nossa cruz eterna... Vida longa ao nosso verdadeiro destino eslavo..."

Eu mesma atuei em duas cenas. Numa delas, estava com o peito nu, com meu cabelo penteado para cobrir o rosto. Minha cabeça dava a impressão de estar voltada para trás. Nas mãos, segurava um crânio e batia com esse crânio no meu estômago inúmeras vezes, cada vez mais rápido, numa espécie de frenesi. O único som era o do choque do crânio contra minha carne.

O sexo e a morte estão sempre muito próximos nos Bálcãs.

Enquanto eu estava em Belgrado, trabalhando nesse projeto, Paolo, que tinha me acompanhado, fazia um vídeo só dele: uma peça simples mas vigorosa em que um menino jogava futebol com um crânio nas ruínas do

Ministério da Defesa da Iugoslávia, que tinha sido bombardeado durante a guerra do Kosovo. Para nossa satisfação, o vídeo de Paolo foi selecionado para a Bienal de Veneza de 2007 – e depois o Museum of Modern Art de Nova York anunciou que ia acrescentar a peça à sua coleção permanente.

Para comemorar esse acontecimento marcante, fiz um trato com a colecionadora Ella Fontanals-Cisneros: dei-lhe uma fotografia minha da primeira edição de *Rhythm 0*, e, em troca, ela fretou um iate no qual fiz uma grande festa-surpresa para Paolo na lagoa de Veneza, convidando todos os nossos amigos e todo mundo que eu conhecia de todas as Bienais de que tinha participado. Ele ficou assombrado com tanta atenção e os numerosos elogios ao seu vídeo. Realmente sentiu que tinha chegado lá. E eu pensei – mas não disse – que é preciso muito mais do que uma obra de sucesso para chegar lá.

Balkan Erotic Epic foi um modo de explorar algo totalmente novo durante o período em que eu preparava uma performance enorme e complicada para o Guggenheim, cujo título era, por ironia, *Seven Easy Pieces* [Sete peças fáceis]. Havia muito tempo que eu sentia a necessidade de recriar algumas performances importantes do passado, não somente as minhas, mas também as de outros artistas, para poder levar essas peças a um público que nunca as tinha visto. Propus a ideia pela primeira vez em 1997, pouco depois de *Balkan Baroque*, a Thomas Krens, na época diretor do Guggenheim. Eu queria iniciar uma discussão sobre a possibilidade de a arte performática ser abordada da mesma forma que composições musicais ou peças de balé – além de investigar de que modo se poderia preservar melhor a performance. Depois de trinta anos me apresentando, achei que era meu dever contar a história da arte performática de um modo que respeitasse o passado e também deixasse espaço para a reinterpretação. Disse a Krens que, ao reapresentar sete peças importantes, minha intenção era propor um modelo para reencenações futuras de performances de outros artistas. Ele adorou a ideia e designou a brilhante Nancy Spector para curar a mostra.

Estabeleci algumas condições: a primeira, pedir permissão ao artista (ou, se o artista tivesse morrido, pedir à sua fundação ou ao seu representante); segunda, pagar direitos autorais ao artista; terceira, realizar uma nova interpretação da peça, sempre indicando a fonte; e, quarta, exibir momentos e vídeos da performance original.

Até certo ponto, minha ideia era motivada pela indignação. Imagens e materiais de performances estavam sendo constantemente roubados e utilizados no contexto da moda, da publicidade, na MTV, em filmes de Hollywood e no teatro, entre outros meios. A arte performática era um território desprotegido. Eu tinha a firme convicção de que, quando alguém pega uma ideia de valor intelectual ou artístico de outra pessoa, isso somente deveria ser feito com a permissão do autor. Agir diferente disso é cometer plágio.

Além do mais, o mundo da performance na década de 1970 tinha uma noção de comunidade. Já na década de 2000, ela estava totalmente perdida. Eu queria reavivar essa noção de comunidade, e minha ideia muito ambiciosa era fazer isso sozinha, numa mostra de sete dias em que eu apresentaria algumas peças importantes que eu nunca tinha visto, produzidas por outros artistas dos anos 1960 e 1970, junto com uma peça minha. Eu também queria criar uma performance nova para a mostra. Susan Sontag e eu tivemos uma longa conversa sobre esse trabalho: ela estava muito interessada em escrever alguma coisa a respeito dele. Infelizmente, morreu antes que *Seven Easy Pieces* chegasse a se concretizar. Dediquei todas as sete peças a ela.

As obras da minha escolha original foram *Body Pressure* [Pressão corporal] de Bruce Nauman; *Seedbed* [Sementeira] de Vito Acconci; *Action Pants: Genital Panic* [Calças de ação: pânico genital] de Valie Export; *The Conditioning, First Action of Self-Portraits* [O condicionamento, primeira ação dos autorretratos] de Gina Pane; *Trans-fixed* [Transpassado] de Chris Burden; *Rhythm 0* e uma nova peça minha, *Entering the Other Side* [Entrando no outro lado].

Fazer minhas peças acabaria sendo a parte fácil. Mas obter autorização para algumas das outras foi uma loucura. Por exemplo, eu realmente queria apresentar *Trans-fixed*, a famosa peça de 1975 de Chris Burden, na qual ele foi crucificado – cravos dourados foram fincados nas suas mãos –

enquanto jazia no teto de um Volkswagen. No entanto, por mais que eu insistisse em pedir, Burden não parava de dizer não. E se recusava a me dar uma explicação. Muito tempo depois, eu me encontrei com ele e perguntei: "Por que você não quis me dar permissão?" E ele respondeu: "Por que você precisava de permissão? Por que simplesmente não fez o que queria?" O que me fez perceber que ele não tinha entendido de modo algum minha intenção.

Para substituir a peça de Burden, escolhi a grande performance de Joseph Beuys, *How to Explain Pictures to a Dead Hare* [Como explicar quadros para uma lebre morta], na qual ele se apresentava sentado como uma *Pietà* do século XX, com a cabeça coberta de mel e folhas de ouro, murmurando baixinho na orelha da lebre morta que aninhava no braço. No entanto, apesar de o Guggenheim ter enviado muitas cartas à viúva de Beuys (ele tinha morrido em 1986), ela continuava recusando.

Peguei um avião para Düsseldorf e toquei a campainha da casa de Eva Beuys no meio de uma nevasca. Ela abriu a porta e disse: "*Frau* Abramović, minha resposta é não, mas está fazendo tanto frio que é melhor entrar para tomar um café."

"*Frau* Beuys, não bebo café, mas adoraria tomar um chá", respondi. Fiquei ali cinco horas. De início, a viúva de Beuys continuava dizendo não – ela estava com 36 processos contra pessoas que tinham roubado o trabalho do marido, disse-me. Mas, quando lhe contei alguns problemas semelhantes que eu tinha tido – artistas plásticos, revistas de moda e outros meios de expressão tinham simplesmente se apoderado de uma série de imagens das minhas peças solo e de peças que eu tinha feito com Ulay –, ela começou a entender minhas intenções. Finalmente, ela não só mudou de ideia, mas também me mostrou vídeos antigos dessa peça, que ninguém jamais tinha visto. Essas imagens foram de grande ajuda na minha reconstrução da peça.

Esquerda: How to Explain Pictures to a Dead Hare, Joseph Beuys, Galerie Schmela, Düsseldorf, 1965; *direita:* minha releitura de *How to Explain Pictures to a Dead Hare*, parte de *Seven Easy Pieces* (performance, sete horas), Guggenheim Museum, Nova York, 2005

A dificuldade surgiu quando precisamos encontrar uma lebre morta com a qual eu pudesse contracenar. Ativistas dos direitos dos animais demonstraram um grande interesse por essa peça. O museu e eu tínhamos de provar que a lebre morta tinha sofrido uma morte natural na noite anterior à sua entrega para a performance. Acabou que, cinco minutos antes do início da performance, me entregaram uma lebre morta congelada que tinha sido atingida por um caminhão na noite anterior, numa rodovia no Texas. Como a performance durou sete horas, a lebre começou a descongelar nas minhas mãos, tornando-se cada vez mais mole, quase dando a impressão de estar viva. A certa altura, segurei o cadáver do animal pelas orelhas, com meus dentes. A lebre era pesada e eu, sem querer, arranquei a ponta das orelhas. O pelo ficou grudado na minha garganta até o final da peça.

O fato importante a ser explicado quando tentei obter permissão de cada um dos artistas era que meu intuito nessa reencenação não era comercial. Expliquei que as únicas reproduções que poderiam ser vendidas seriam do meu trabalho. Foi assim que consegui permissão não só de Eva Beuys, mas também de Vito Acconci, Valie Export, Bruce Nauman e do espólio de Gina Pane. Como não consegui com nenhum advogado a permissão para usar a pistola necessária para *Rhythm O*, dei permissão a mim mesma para reapresentar *Thomas Lips*.

Essa peça tornou-se mais complicada e autobiográfica. Acrescentei elementos que tiveram importância na minha vida: os calçados e o cajado que usei para caminhar pela Grande Muralha (o cajado encurtou 15 centímetros durante o percurso); o bibico de *partisan*, com uma estrela vermelha do comunismo, que minha mãe tinha usado durante a Segunda Guerra Mundial; a bandeira branca que carreguei em *The Hero*, a peça dedicada ao meu pai; a canção de Olivera Katarina, que eu tinha usado em *Balkan Erotic Epic*.

Originalmente, a performance de *Thomas Lips* tinha durado uma hora. Agora, eu a estava reapresentando por sete horas. A cada hora, eu precisava cortar uma estrela na minha barriga; e, a cada hora, precisava me deitar nua sobre blocos de gelo. Era uma peça bem difícil e que exigia muito. Na primeira vez que a apresentei, em 1975, eu nem tinha 30 anos ainda. Mas, agora, embora estivesse prestes a completar 60, descobri que minha concentração e força de vontade estavam mais fortes do que há trinta anos.

Na noite em que terminei de reapresentar *Thomas Lips*, os guardas do museu jogaram os blocos de gelo na rua. Depois fiquei sabendo que alguns artistas do Brooklyn tinham recolhido e derretido o gelo para tentar vendê-lo como *Cologne Abramović*. Ganhei um frasco de presente.

Ao longo de sete dias naquele mês de novembro, a comunidade pela qual eu tinha ansiado voltou a se formar no Guggenheim. Todas as noites, das cinco da tarde até a meia-noite, pessoas vinham ao museu, assistiam às performances, saíam para jantar, voltavam com amigos. E Paolo estava lá em todas as apresentações, me proporcionando um apoio crucial. O público aumentava a cada dia. Desconhecidos em pé, observando minhas performances na rotunda, conversavam uns com os outros sobre o que estavam vendo. Vínculos eram criados.

Houve momentos divertidos durante as performances. *Seedbed* de Acconci – na qual eu estava deitada, escondida por baixo de uma plataforma e me masturbando, com fantasias sexuais que descrevia em voz alta, enquanto os visitantes andavam pela plataforma – foi a segunda peça que apresentei, depois da de Bruce Nauman. Tive oito orgasmos e fiquei tão exausta que precisei de toda a minha energia, até a última gota e um pouco mais, para apresentar *Action Pants: Genital Panic* de Valie Export, no dia seguinte.

Minha performance da peça de Export caiu por acaso no dia dos Veteranos de Guerra; e, naquela ocasião, o Guggenheim também tinha uma mostra de ícones russos. Em *Genital Panic,* eu usava uma calça de couro, sem fundo, com a genitália exposta, e segurava uma metralhadora apontada para o público. Era uma peça muito instigante, que Export tinha apresentado no início dos anos 1970. Eu não a tinha visto, mas era fascinada por sua coragem e me sentia motivada pela pertinência de apresentá-la no dia dos Veteranos de Guerra, em 2005 – na história da arte, muitas obras ficam obsoletas, mas essa peça, não.

Era também um fim de semana, e muitas famílias russas, com crianças, vieram ver a mostra de ícones. Quando chegaram, alguém ligou para a polícia. A queixa não tratava da minha vulva exposta, mas do fato de eu estar apontando uma metralhadora para os ícones.

No caso de *The Conditioning*, de Gina Pane, a parte da peça em que ela ficava deitada numa armação de cama, de metal, acima de velas acesas, tinha durado dezoito minutos na performance original. Como eu queria dar minha própria interpretação a todas as peças, transformei *The Conditioning* num trabalho de longa duração, que se estenderia por sete horas, em vez de apenas dezoito minutos. E, como nunca ensaiei nenhuma das peças que apresentei (eu só dispunha do conceito e do material de documentação), não percebi como seria difícil ficar deitada acima da chama de velas por sete horas. Em determinado momento, meu cabelo quase pegou fogo.

Esquerda: *Action Pants: Genital Panic*, Valie Export, Munique, 1968 [fotografia da performance, Munique, 1969]; *direita*: eu reapresentando *Action Pants: Genital Panic*, parte de *Seven Easy Pieces* (performance, sete horas), Guggenheim Museum, Nova York, 2005

A sétima peça, no sétimo dia, foi *Entering the Other Side*. Eu estava em pé, bem alto na rotunda, sobre uma plataforma de 6 metros, usando um vestido azul, com uma saia gigantesca, semelhante a uma lona de circo, cuja forma em espiral (inspirada pelo próprio Guggenheim) cobria os andaimes e caía ondulante até o chão. O estilista holandês Aziz tinha criado o vestido com 180 metros de tecido e, generosamente, o tinha doado para mim. Enquanto estava ali em pé, eu mexia os braços com movimentos lentos, repetitivos. O recinto permaneceu em silêncio total por sete horas. Por causa da pressa em me colocar na plataforma a tempo para a abertura, ninguém tinha pensado em me dar um cinto de segurança. Eu estava tão exausta depois de me apresentar por sete dias, sete horas por dia, que poderia ter adormecido ali em pé mesmo – e realmente caído –, de modo que era essencial permanecer acordada e viver o momento. Por fim, quase à meia-noite, eu falei.

"Por favor, só por um instante, todos vocês, só prestem atenção", pedi. "Eu estou aqui e agora; e vocês estão aqui e agora comigo. O tempo não existe."

E então, quando bateu a meia-noite, um gongo soou, e eu desci por dentro daquela saia gigante, saindo para cumprimentar o público. Os aplausos foram prolongados. Muitos olhos estavam cheios de lágrimas, inclusive os meus. Como me senti ligada a todas as pessoas ali, e à grande cidade em si!

Paolo e eu estávamos juntos havia quase dez anos, e esses anos tinham sido bons. Nossos melhores momentos eram as horas de lazer: em viagens (fomos à Índia, ao Sri Lanka e à Tailândia, visitando mosteiros budistas e estudando outras culturas), idas ao cinema, o sexo, as férias em nossa casa em Stromboli. As partes difíceis estavam ligadas às nossas atitudes muito diferentes diante do trabalho.

No início da nossa relação, pouco depois de eu ganhar o Leão de Ouro em Veneza, Paolo me disse: "Você chegou ao apogeu... Não precisa provar mais nada. Agora pode relaxar! Por que não levamos simplesmente uma boa vida?" Mas eu não sabia de que boa vida ele estava falando – para mim, a boa vida era trabalhar e criar.

Ele tinha um ritmo diferente. Assim que nos mudamos para Nova York, eu tinha uma vontade enorme de chegar ao sucesso, e trabalhava muito para isso. Acordava às cinco e meia da manhã, e Tony, meu treinador, vinha ao loft. Depois, eu ia trabalhar. Paolo acordava às oito e tomava o café da manhã, lia o jornal, ia ao mercado de pulgas procurar objetos de que gostasse. Durante os dois primeiros anos, ele ficou só explorando a cidade – e eu, só trabalhando.

E, então, à noite – nosso relacionamento era muito voltado para o sexo. Ele realmente precisava fazer sexo todas as noites, e alguns dias eu simplesmente não estava disposta. Aquilo se transformou numa obrigação que eu não conseguia tolerar. Eu estava simplesmente *cansada*.

Eu amava Paolo e sabia que ele me amava. Mas, ao mesmo tempo, eu sabia que, se parasse de trabalhar, nossa vida doméstica desmoronaria. Era eu que estava mantendo tudo sob controle – pagando o aluguel, cuidando das coisas, fazendo com que tudo funcionasse. E tudo estava funcionando: para mim, parecia perfeito. Mas chegou um dia em que ele me disse: "Nós não precisamos de nada disso. Podemos só levar uma vida simples."

E eu sabia que não poderia fazer isso. Porque, para mim, cada um de nós é posto na Terra com um propósito, e cada um de nós deve cumprir esse propósito. Sim, eu tinha conseguido ganhar o Leão de Ouro aos 50 anos; tinha criado *The House with the Ocean View* aos 55, e *Seven Easy Pieces*, aos 59. E em breve completaria 60, mas sabia que ainda tinha muito trabalho pela frente.

Viver com simplicidade não é uma opção quando se trata de um casal de artistas plásticos tentando fazer sucesso em plena Nova York. Nós dávamos muitas festas no nosso apartamento para artistas, escritores e todos os tipos de pessoas interessantes. E, à medida que nos tornávamos conhecidos, começamos a ser convidados para muitas festas. Estávamos pisando em tapetes vermelhos pela primeira vez.

Embora Paolo e eu tivéssemos atitudes diferentes para com o trabalho, nós ainda estávamos muito apaixonados. Um dia, fazíamos compras na Gourmet Garage na Mercer Street; quando saímos, estava chovendo, e Paolo pôs as sacolas no chão, ajoelhou-se na calçada e me pediu em casamento. Na primavera do meu sexagésimo ano, a resposta foi fácil: eu disse que sim. Tive a sensação verdadeira de que, se eu fosse mais jovem, teria tido um filho com ele.

E então, alguns dias antes do nosso casamento, ele saiu depois do almoço e só voltou ao anoitecer. Entrou com um sorriso misterioso e pôs música para tocar. À medida que o som de Frank Sinatra cantando "I've Got You Under My Skin" enchia o ambiente, Paolo arregaçou a manga e me mostrou a tatuagem que tinha mandado fazer: "Marina", sobre seu pulso esquerdo. Ele me abraçou e disse: "Now I have you under my skin." [Agora você está na minha pele.]

Foi uma cerimônia discretíssima, com um juiz, realizada em frente ao Metropolitan Museum of Art, na bela residência da dermatologista Catherine Orentreich, cujo pai tinha fundado a Clinique. Sean Kelly foi o padrinho do noivo, e Stefania Miscetti, galerista de Paolo na época e a pessoa que nos apresentou, foi a madrinha da noiva. Só estavam presentes alguns amigos: os Kelly, Chrissie Iles, Klaus Biesenbach, Alessia Bulgari e mais alguns. (Dois meses mais tarde, durante o verão, os pais de Paolo, que não tinham podido fazer a viagem e que gostavam muito de mim, organizaram outra festa de casamento, muito grande, numa linda casa na Úmbria.) Era uma luminosa manhã de abril, e a impressão era a de que aquele era um novo começo.

Paolo com meu nome tatuado em seu pulso

Por outro lado, para meu aniversário de 60 anos, nada discreto serviria. Como o Guggenheim não me pagou nada por *Seven Easy Pieces*, Lisa Dennison, a nova diretora do museu, permitiu que eu usasse a rotunda do Guggenheim para minha festa. Convidei 350 pessoas: amigos e colegas do mundo inteiro, entre eles os Kelly, naturalmente; meu amigo Carlo Bach do illy (que patrocinou a festa e produziu uma caneca chamada "Miss 60", ilustrada com uma versão *pin-up* de mim, distribuída aos sortudos presentes!); Chrissie Iles, Klaus, Björk, Matthew Barney, Laurie Anderson e Lou Reed, Cindy Sherman, David Byrne, Glenn Lowry e a mulher, Susan; David e Marina Orentreich, bem como a irmã de David, Catherine; meus novos amigos Riccardo Tisci, da Givenchy (que criou meu vestido para a ocasião), e Antony Hegarty (agora Anohni) – e, mais uma vez, Ulay, que compartilhava comigo o dia de aniversário. Agora que tínhamos um contrato, parecia que tudo estava bem entre nós.

A noite foi nada menos que incrível. Ektoras Binikos criou um coquetel especial em que cada copo continha uma das minhas lágrimas, e houve muitos brindes fantásticos. Björk e Antony cantaram "Happy Birthday" para mim; e depois Antony sozinho cantou "Snow Angel" de Kotoko, uma canção que simplesmente partiu meu coração, e ainda parte até hoje.

Com Laurie Anderson, na Festa de Primavera do Danspace Project, St. Mark's Church, Nova York, 2011

Minha mãe, agora com 85 anos, tinha entrado num declínio físico e mental já havia uns dois anos; e agora, no verão de 2007, estava hospitalizada em Belgrado. No fundo do coração, eu sabia que ela estava morrendo, mesmo que não quisesse admitir isso para mim mesma. A última vez que a vira, no seu apartamento, eu tinha tido a sensação de que ela estava dormindo na poltrona, não na cama. Por quê? Acho que ela estava apavorada – com medo de morrer caso se deitasse.

Agora, Danica ficava deitada o tempo todo, imobilizada e afundando na senilidade. Os hospitais são lugares tão descompensados e tão desnorteantes que enlouquecem as pessoas de qualquer modo. Ela chamava o massagista que contratei para lhe ajudar de "Velimir" – em parte, tenho certeza, porque meu irmão, que morava perto do hospital, raramente a visitou, se é que chegou a fazê-lo. Minha tia Ksenija cuidava dela todos os dias. Eu vinha de Nova York uma vez por mês.

Danica estava com a mente cada vez mais prejudicada, mas continuou a velha *partisan* durona de sempre. Quando as enfermeiras a viravam, eu podia ver que suas escaras eram realmente terríveis: a carne, em decomposição; a coluna literalmente exposta. Mas, quando eu lhe perguntava como ela estava, sua resposta era sempre a mesma: "Estou bem."

"Está sentindo alguma dor, mamãe?"

"Nada me dói."

"Está precisando de alguma coisa?"

"Não estou precisando de nada."

Era mais do que estoicismo: durante toda a vida, Danica (junto com todos os outros membros da família) tinha evitado falar sobre qualquer coisa desagradável. Se eu abordava alguma questão política — o que eu fazia com frequência —, ela mudava de assunto de imediato. "Ah, que calor está fazendo hoje", diria. Tragédias não entravam na conversa. Quando seu irmão caçula, meu tio Djoko, morreu num terrível acidente de carro em 1997, minha mãe não me ligou para me informar. (Ela também nunca contou à minha avó, que foi levada a acreditar — e nunca parou de achar isso até o dia em que morreu — que seu filho tinha feito uma longa viagem de negócios à China. Uma vez por mês, sem falta, minha mãe e a irmã forjavam uma "carta da China" escrita pelo irmão falecido e a liam para a mãe.) Foi então que, passados seis meses, eu estava na Bienal de Veneza, e uma amiga minha disse: "Ah, eu vi sua mãe. Ela realmente não está muito bem com a tragédia." Eu perguntei: "Que tragédia?" Depois, liguei para Danica. Aquilo me tirou do sério.

Creio, porém, que talvez tenha sido exatamente essa negação que a fez procurar uma vida mais rica, mais profunda — uma vida fora daquele seu casamento medonho.

Depois de uma visita especialmente difícil à minha mãe naquele mês de julho, peguei um avião de volta para casa. Embora Danica já não conseguisse falar com coerência, todos os dias de manhã eu ligava para o hospital, só para pedir a uma enfermeira que segurasse o fone de um jeito que eu pudesse ouvir não importava o que fosse que ela estivesse dizendo. Até que uma dia, quando liguei com o pedido habitual — "Posso ouvir minha mãe falando?" –, a enfermeira respondeu: "Não. Não há ninguém no quarto."

Era 3 de agosto de 2007. Pouco depois, recebi um telefonema da minha tia dizendo que minha mãe tinha morrido cedo naquela manhã. Perguntei se Velimir sabia. Ksenija disse que não. E, assim, Paolo e eu pegamos um avião para Belgrado. Paolo, Ksenija e eu fomos ao necrotério identificar o corpo. Ela jazia ali, coberta com um lençol cinza-escuro. O encarregado entrou e disse: "Ainda não lavamos o rosto da sua mãe nem fechamos sua boca. Por 100 euros, faremos isso por vocês."

Ai, meu país.

Nenhum de nós estava com esse dinheiro à mão, então o sujeito afastou o lençol. A coitada da minha mãe estava com o rosto todo coberto de secreções e sangue; sua boca estava escancarada. Era a morta gritando comigo. O pior de tudo foi tocar na sua mão: a frieza de um cadáver é indescritível. Comecei a chorar de modo incontrolável. Paolo me abraçou. Como fiquei feliz por ele ter estado ali comigo.

Tomei as providências para o enterro. Minha tia queria uma cerimônia na igreja, mas minha mãe tinha sido ateia e *partisan*. Chegamos então a um meio-termo: primeiro, seria realizado um serviço fúnebre numa igreja ortodoxa; depois todos sairiam, e haveria soldados dando uma salva com fuzis. Naquela noite, não dormi um instante. No meio da madrugada, liguei para Velimir, com quem não falava havia alguns anos, e disse: "Quem está falando é sua irmã. Nossa mãe morreu. Compareça ao enterro." Ele chegou à cerimônia com uma hora de atraso e bêbado.

Às vezes, o que os mortos deixam para trás nos contam coisas que nossos entes queridos nunca teriam nos revelado enquanto viviam. Após a morte da minha mãe, fui ao seu apartamento fazer uma limpeza e encontrei uma coleção de medalhas que lhe tinham sido concedidas como heroína nacional. Também descobri uma série de cartas e diários que me mostraram uma Danica que eu jamais conheci.

327

Com Paolo, no enterro da minha mãe, Belgrado, agosto de 2007

Para começar, ela teve um amante. Minha mãe! Foi na primeira metade da década de 1970, durante a época em que ela viajava a Paris para a Unesco. As cartas eram cheias de paixão, carregadas de emoção. Ele a chamava de "minha querida beleza grega"; ela o chamava de "meu romano". Fiquei de queixo caído, e meus olhos se encheram de lágrimas enquanto eu lia.

Seus diários também eram de partir o coração. Um texto daquele mesmo período dizia: "Pensando: se os animais vivem muito tempo juntos, eles começam a se amar. Mas as pessoas começam a se odiar." Isso me abalou até o âmago, não só pelo que isso dizia sobre a vida dos meus pais, mas pelo que poderia dizer sobre a minha.

E como eu poderia explicar a lista detalhada, compilada por ela, de todas as menções ao meu trabalho publicadas na imprensa em fins da década de 1960 e início da de 1970? Dessa lista (bem como dos livros sobre mim que eu lhe enviei), minha mãe tinha recortado com cuidado todas as fotografias em que eu estava nua. Tenho certeza de que fez isso para poder me exibir para as amigas, sem sentir vergonha. O que me fez lembrar como meu pai tinha cortado Tito das fotos em que os dois apareciam juntos.

Que mistério profundo é o coração humano.

Depois da morte de Danica, suas amigas me contaram que, quando elas saíam em grupo, minha mãe sempre tinha sido a mais falante e a mais engraçada, a que contava as melhores piadas. Para mim, isso não fazia sentido. Eu nunca, nunca, tinha visto na minha mãe o menor vestígio de humor. Nós nunca tivemos um momento que fosse normal, tranquilo ou relaxante – com exceção de duas ocasiões. Houve aquele incidente do guarda-chuva e dos sacos plásticos. E houve também um momento, quando eu lhe estava fazendo uma visita e a vi com um sorriso de felicidade. "Por que está sorrindo?", perguntei. "Porque aquela mulher morreu", disse ela. Estava se referindo a Vesna, mulher do meu pai.

No funeral de Danica, li as seguintes palavras:

> Minha mãe querida, franca, altiva, heroica. Não te entendi quando eu era criança. Não te entendi quando estava na universidade. Não te entendi na idade adulta, até que agora, quando estou com 60 anos, começaste a brilhar forte, como um sol que aparece de repente por trás de nuvens cinzentas depois da chuva. Durante dez meses inteiros, ficaste internada no hospital, imobilizada, sofrendo com dores. Sempre que te perguntei como estavas, tua resposta foi: "Estou bem." Sempre que te perguntei se sentias dor, disseste: "Nada me dói." Quando te perguntei se precisavas de alguma coisa, disseste que não, não precisavas de nada. Nunca, nunca te queixaste de solidão ou de dor. Tu me criaste com mão de ferro, sem muita delicadeza, para que eu me tornasse forte e independente, e para me ensinar disciplina, a nunca parar, a nunca me deter enquanto a tarefa não estiver completa. Quando criança, eu achava que eras cruel e que não me amavas. Só vim a te entender agora, quando encontrei teus diários, anotações, cartas e lembranças da guerra. Nunca me falaste da guerra. Eu não sabia de todas as condecorações que recebeste, as que encontrei no fundo do estojo no teu quarto.
>
> Neste momento, em pé junto à tua cova aberta, quero mencionar só um evento dentre os muitos da tua

vida. Belgrado estava sendo libertada havia sete dias. Muitos combates eclodiam pelo controle de cada rua, de cada prédio. Tu estavas num caminhão com cinco enfermeiras, um motorista e 45 *partisans* gravemente feridos. Vocês estavam atravessando Belgrado, em meio ao tiroteio, indo rumo a Dedinje, que já estava livre, para levar os feridos para o hospital, quando o caminhão foi todo perfurado por balas, o motorista morreu, e o caminhão pegou fogo. Tu, enfermeira-chefe da Primeira Brigada do Proletariado, saltaste do caminhão, junto com as cinco enfermeiras, e, com uma força inacreditável, retiraram juntas todos os 45 feridos do caminhão em chamas e os deitaram na calçada. Tu pegaste o radiotelefone e pediste que enviassem outro caminhão. As chamas da guerra ardiam à sua volta. Outro caminhão estava chegando. Vocês seis levavam os feridos para dentro do novo caminhão, e quatro enfermeiras morreram durante esse esforço, com o corpo perfurado pelas balas disparadas ao redor. Tu e a enfermeira restante conseguiram acomodar todos os feridos e seguiram para o hospital, de modo que 45 vidas foram salvas. Tua condecoração de honra é uma confirmação dessa história.

Minha mãe querida, franca, valente, heroica. Meu amor por ti é imenso, e tenho orgulho de ser tua filha. Aqui, junto da tua sepultura, quero agradecer à tua irmã, Ksenija, seu sacrifício e os cuidados que te dispensou. Ela lutou por tua vida até o fim. Obrigada, Ksenija.

Hoje, estamos pondo só teu corpo na sepultura, não tua alma. Tua alma não leva nenhuma bagagem nessa jornada. Ela é incorpórea, brilha e tremeluz no escuro. Alguém disse um dia que a vida é um sonho, uma ilusão, e a morte é o despertar. Minha querida mãe,

desejo ao teu corpo o descanso eterno, e à tua alma,
uma viagem longa e feliz.

Em 2006, eu tinha viajado ao Laos, como artista visitante, com o patrocínio de uma organização de arte e educação chamada The Quiet in the Land,[2] fundada pela curadora France Morin. Eu não tinha uma peça específica em mente, mas, por acaso, cheguei durante um feriado budista, uma celebração da água. Todo mundo estava reunido às margens do rio; os sacerdotes cantavam, e todas as criancinhas corriam para lá e para cá com armas de brinquedo, brincando de guerra. Como me impressionei com esse contraste, que, para mim, refletia a forte história de combates naquele país, especialmente durante a guerra do Vietnã.

Enquanto eu estava lá, visitei dois dos xamãs mais importantes do Laos. Também descobri que os Estados Unidos tinham lançado mais bombas sobre o Laos do que sobre o Vietnã durante a guerra, e que crianças continuavam sendo feridas, aleijadas e até mesmo mortas por bombas que ainda não tinham explodido. E essas mesmas crianças feridas e aleijadas estavam brincando de guerra com armas de madeira que elas próprias tinham fabricado. Tive a sensação impactante de como a guerra e a violência levam as pessoas ao vazio espiritual. Mas também descobri que, em mosteiros, monges tinham construído, com as bombas maiores, sinos a serem tocados para a meditação; e, com as menores, tinham feito jarros para flores. Isso fez com que eu me lembrasse do Dalai Lama, que disse: "Só quando se aprende o perdão, pode-se parar de matar. E é fácil perdoar a um amigo. É muito mais difícil perdoar a um inimigo."

Foi por isso que dediquei a peça a amigos e inimigos.

Retornei ao Laos no início de 2008, com Paolo, minha sobrinha, Ivana, agora com 18 anos e fazendo sua primeira viagem ao Extremo Oriente, e a incrível equipe de filmagem sérvia Baš Čelik. Mais uma vez, o diretor de produção Igor Kecman faria milagres, realizando o impossível em meio às inúmeras restrições impostas pelo governo laosiano.

---

[2] Referência bíblica a "gente tranquila da terra". *(N. da T.)*

Minha ideia era de uma grande instalação em vídeo, com crianças, intitulada *Eight Lessons on Emptiness with a Happy End* [Oito lições sobre o vazio com um final feliz]. Recrutei um grupo de crianças bem jovens, entre 4 e 10 anos de idade, as vesti com uniformes militares e lhes dei caríssimas armas de brinquedo com laser, de fabricação chinesa. Pedi que brincassem de guerra, exatamente como faziam com as armas de madeira. E tudo que eu lhes pedia que fizessem, elas faziam com perfeição, porque entendiam muito bem a guerra, mesmo em idade tão tenra. Nunca me esquecerei de uma imagem do vídeo: sete menininhas deitadas numa cama, debaixo de um cobertor cor-de-rosa, com suas armas ao lado de cada uma. A combinação da inocência do sono das crianças com a violência era devastadora.

Recriar o drama do combate, representado por crianças, foi a afirmação mais forte que eu poderia fazer. As lições do vídeo sobre o vazio eram imagens da guerra − batalhas, negociações, busca por minas terrestres, transporte de feridos, execuções − reencenadas por crianças; o final feliz foi uma fogueira enorme na qual queimamos todas as armas diante do povoado inteiro. Os meninos e meninas não queriam queimar suas armas, porque era a primeira vez que tinham tido brinquedos que não eram feitos de madeira. Mas essa foi minha lição para elas, sobre o desapego e o horror da guerra. As armas de plástico queimaram de uma forma terrível, lançando para o alto uma nuvem de fumaça preta, grossa e fedorenta, que cobriu o povoado. Foi como queimar o próprio mal.

Enquanto estávamos no Laos, Riccardo Tisci nos mandou uma caixa enorme que continha dois vestidos de alta-costura criados por ele. Riccardo estava preparando um grande desfile de moda em Paris para a Givenchy e queria que Paolo e eu interpretássemos os vestidos para ele − que os alterássemos em termos artísticos. Depois do desfile, no jantar de gala, nós apresentaríamos dois vídeos, o de Paolo e o meu, com imagens do que tínhamos feito com os figurinos.

Nós alteramos os vestidos de formas muito distintas. Paolo fez uma grande cruz, pôs nela seu vestido e o queimou. Eu levei o meu a uma cascata e o lavei até não poder mais, simplesmente o esfreguei brutalmente, como Anna Magnani esfregando o vestido em *Vulcano*. Quando pegamos o voo para Paris e mostramos nossos vídeos a Riccardo, ele ficou muito satisfeito.

Na festa da Givenchy, depois do desfile, notei uma ruiva alta com um vestido de couro preto. Com o cabelo chamejante e a pele clara, ela parecia ter saído direto de um dos cartazes de Bettie Page que Paolo vinha colecionando desde os 16 anos. "Incrível, não é?", comentei com Paolo. "Incrível", respondeu ele, fazendo que sim. Alguém disse que ela era uma antropóloga sexual. *Perfeito*, pensei. O fotógrafo Marco Anelli, nosso amigo, estava ao meu lado, e eu lhe pedi que tirasse uma foto dela. Ela não sorriu.

No dia seguinte, chegou a hora de voltar para casa, mas Paolo disse que queria ficar mais uns dois dias em Paris e depois passar uma semana na Itália antes de voltar para Nova York. Para recarregar as baterias. Nós nos beijamos. "Nos vemos, então", disse a ele.

Quando voltei para a cidade, porém, aconteceu algo estranho. Uma tarde, eu estava andando na rua no Soho quando, de repente, uma sensação avassaladora de tristeza me inundou. Realmente senti como se meu coração estivesse partido, como se toda a energia tivesse simplesmente sido sugada de dentro de mim, e eu não fazia nenhuma ideia de como, nem por quê. *Estou trabalhando demais,* pensei. *Eu devia mesmo passar mais tempo com Paolo. Não estou lhe dando atenção suficiente.*

E então ele voltou de Milão, e tudo começou a ficar estranho.

Paolo sempre foi melancólico, mas agora estava mais triste do que eu jamais o tinha visto. Simplesmente ficava andando desanimado pelo apartamento, com o olhar fixo na tela do computador por horas a fio. Ou ficava conversando em italiano pelo celular, ou ainda enviando mensagens de texto. E todas as vezes que eu me aproximava, ele desligava o celular ou fechava o computador. Começou a se queixar – nossos amigos o incomodavam; ele não conseguia encontrar em Nova York uma galeria que se dispusesse a expor seus trabalhos. Parecia estar constantemente irritado comigo e com qualquer coisa que eu fizesse. Todos os sinais estavam ali, mas eu ainda não sabia como interpretá-los.

Para piorar a situação, nós havíamos decidido reformar nosso apartamento, e estávamos nos mudando para um lugar alugado na Canal Street durante o período da obra. Tínhamos embalado todas as nossas coisas em caixas e as levado para armazenagem. Tudo estava de pernas para o ar.

333

E então Paolo, com uma expressão tristíssima no rosto, me disse que se sentia totalmente obscurecido por mim, que queria ir embora por um tempo e fazer seu próprio trabalho. Na Itália.

Assim, fizemos amor, e ele viajou, deixando que eu cuidasse da reforma. Fiquei três meses sozinha nesse apartamento na Canal Street, e ele nunca ligou. E então, inesperadamente, um dia ele apareceu, olhou para mim e disse: "Quero o divórcio."

"É outra mulher?", perguntei.

Ele fez que não. "Não, não, não é isso", respondeu.

"Então o que é?"

"Preciso me encontrar", me disse Paolo. "E não consigo me encontrar enquanto estiver com você. Acabei me perdendo enquanto estive com você."

Absorvi o que ele dizia por um minuto. Na minha cabeça havia algo estranho, um pequeno eco. Então eu disse: "Sabe de uma coisa? Não posso aceitar isso. Quero esperar um ano. Vou esperar por você por um ano."

Nesse meio-tempo, eu lhe disse que venderia nossa casa de férias em Stromboli e lhe daria metade do valor. Nós tínhamos uma bela casa naquela ilha ao norte da Sicília. Quando nos casamos, eu lhe dera metade da casa como presente. Eu acabaria vendendo a casa por 1 milhão de euros e dando a Paolo metade da quantia, para ajudá-lo a se encontrar, sem saber no que ele de fato estava gastando o dinheiro.

Mas a verdade é que eu não sabia de nada. E ainda o amava. Não consegui me controlar. "Vem cá, meu amor", eu disse. Nós nos deitamos juntos na cama, sem tirar a roupa. E essa foi a pior parte. "Não posso tocar em você", me disse ele. Levantou-se então e foi embora de novo.

Uma coisa estranhíssima. Quando tudo estava desmoronando na minha vida com Paolo, mas antes que eu fizesse a menor ideia de que ele fosse me deixar, fiz essa imagem de mim mesma carregando um esqueleto rumo ao desconhecido:

334

Carrying the Skeleton [Carregando o esqueleto], impressão cromogênica colorida, Nova York, 2008

Ele voltou três vezes durante os meses seguintes, mas sempre ia embora de novo. Todas as vezes foram terríveis. Um dia, começamos a fazer amor, e então ele simplesmente parou. "Não consigo", disse.

Olhei nos seus olhos. "Você está com outra mulher?", perguntei.

Ele olhou nos meus olhos e respondeu que não estava.

Eu acreditei. Pode ser que eu tenha sido boba. Mas nós tínhamos tanta intimidade que eu confiava cegamente nele. Ele sabia o quanto Ulay tinha mentido para mim e sempre dizia: "Nunca vou machucar você desse jeito." Ele disse isso tantas vezes – e fez pior.

Naquele mês de julho, Alex Poots, o diretor do Manchester International Festival, e Hans-Ulrich Obrist, o diretor artístico das Serpentine Galleries de Londres, me convidaram para ser a curadora de um evento de performance na Whitworth Art Gallery de Manchester. O evento deveria se chamar *Marina Abramović Choices* [Escolhas de Marina Abramović]. A ideia era combinar performances de longa duração, ao longo de dezessete dias, quatro horas por dia, apresentadas por catorze artistas internacionais – além de preparar o público, de um modo totalmente novo, para observar essas obras. Convidei alguns dos meus ex-alunos e outros artistas com quem nunca tinha trabalhado antes: Ivan Civic, Nikhil Chopra, Amanda Coogan, Marie Cool e Fabio Balducci, Yingmei Duan, Eunhye Hwang, Jamie Isenstein, Terence Koh, Alastair MacLennan, Kira O'Reilly, Melati Suryodarmo, Nico Vascellari e Jordan Wolfson.

Alex e eu fomos nos reunir com Maria Balshaw, a diretora da Whitworth. Ela me perguntou de quanto espaço eu precisava. E eu lhe perguntei: "Você quer alguma coisa normal e ordinária, ou alguma coisa original e extraordinária?" Ela disse que naturalmente queria alguma coisa original.

"Nesse caso, esvazie o museu inteiro", respondi. "Vamos ocupar todo o espaço."

Ela olhou para mim, surpresa. Nunca ninguém tinha lhe pedido isso. Ela disse que esvaziar o museu inteiro levaria três meses e me pediu um tempo para pensar no assunto. No dia seguinte, disse: "Sim, vamos em frente."

Para entrar no museu, as pessoas tinham de assinar um documento em que se comprometiam a permanecer ali quatro horas, sem sair. Precisavam vestir jalecos brancos, de modo que sentissem estar fazendo uma transição de espectadores para experimentadores. Durante a primeira hora em que estivessem lá, eu lhes daria exercícios simples: andar devagar, respirar fundo, olhar nos olhos uns dos outros. Depois de tê-los condicionado, eu os conduziria pelo resto do museu para ver as performances de longa duração.

Essa foi a primeira tentativa para chegar a um formato que mais tarde constituiria a base do meu instituto e do meu Método.

No meio de tudo isso, Klaus Biesenbach e eu tínhamos começado a planejar a maior mostra da minha vida, uma retrospectiva da minha carreira no Museum of Modern Art. Klaus foi muito direto sobre o que queria. Ele se interessava muito menos pelo meu trabalho não performático – os objetos transitórios com cristais – do que por minhas peças de performance. Klaus me disse que, quando era uma criança amante da arte na Alemanha, convites para mostras costumavam ser enviados em cartões-postais. E os cartões-postais que sempre o empolgavam mais eram os que diziam no final: *"Der Kunstler ist anwesend"* – o artista está presente. Saber que o artista estaria *lá*, na galeria ou no museu, significava muito mais do que simplesmente pensar em ir olhar alguns quadros ou esculturas.

"Marina, todas as mostras precisam ter uma espécie de regulamento", disse Klaus. "Por que não estipulamos uma única regra muito rigorosa: você tem de estar presente em cada obra exibida, seja num vídeo, numa foto, seja numa reencenação de uma das suas performances."

De início, não gostei da ideia. Queixei-me de que grande parte do meu trabalho teria de ser deixada de lado. Mas Klaus insistiu. Ele tinha se tornado muito obstinado desde que nos conhecemos, quase vinte anos antes! Mas também era tão inteligente, e tinha feito grandes realizações. Eu confiava nele. E comecei a tomar gosto pelo seu conceito.

A Artista Está Presente.

Tive uma ideia. Nos andares superiores, haveria reapresentações contínuas de performances minhas, mas, no espaço do átrio, eu faria uma grande performance nova, com o mesmo título, onde *eu* estaria presente por três meses. Pareceu ser uma oportunidade importante para mostrar a um grande público o potencial da performance: esse espantoso poder transformador que outras artes não possuem.

Pensei de novo no poema de Rilke que eu adorava quando menina: "Ó Terra: invisível!/ Qual é teu comando urgente, senão a transformação?" E também no grande artista taiwanês-americano Tehching Hsieh – para mim, sempre um verdadeiro mestre da arte da performance, e alguém que realmente representa a transformação. Tehching fez cinco performances na vida, cada uma com duração de um ano. A elas, seguiu-se um projeto de treze anos, em que ele fez arte sem exibi-la. Se você lhe perguntar o que está fazendo agora, ele dirá que está fazendo a vida. E, para mim, essa é a prova cabal da sua maestria.

Com Tehching Hsieh

A nova peça ganhou corpo na minha mente. Estávamos falando de cerca de cinco décadas da minha carreira de artista... Mentalmente, eu visualizava prateleiras, semelhantes às de *The House with the Ocean View*, só que em níveis cronológicos – para cima e para baixo, em vez de na horizontal. Cada prateleira representaria uma década da minha carreira, e eu passaria de um nível para outro ao longo da performance inteira. A ideia tornou-se muito complexa. Cheguei a projetar cadeiras para o público, algo como *chaises longues*, com binóculos disponíveis. As pessoas poderiam se recostar no átrio, com conforto, pensei, e observar meus olhos e os poros da minha pele, se quisessem.

Era tudo muito empolgante – e complicado. Havia questões estruturais com a fixação das prateleiras à parede do átrio; havia questões de segurança e de responsabilidade civil. Klaus e eu começamos a planejar...

Tudo isso acontecendo, e então Paolo foi embora.

Eu estava enlouquecendo. Chorava em táxis. Chorava em supermercados. Andando pela rua, eu simplesmente caía no choro no meio da calçada. Com nossos amigos e com a família dele, eu só conversava sobre esse assunto. Já estava mais do que farta de me escutar falando sobre isso, e sabia que todos os meus amigos também estavam mais do que fartos de me escutar. Eu não conseguia comer, não conseguia dormir. E o pior de tudo era que eu simplesmente não conseguia entender por que ele tinha ido embora.

Eu estava um caco. Mas fazer o quê? Segui em frente.

Um dia naquele verão, Klaus e eu visitávamos a Dia Art Foundation, um maravilhoso museu de arte moderna no norte do estado de Nova York, e estávamos apreciando os desenhos murais de Sol LeWitt, que tinha morrido no ano anterior. Trata-se de grandes quadrículas a grafite, de uma beleza severa, e uma simplicidade extraordinária – o que significa que sua concepção foi extremamente difícil. E, enquanto eu olhava para esses desenhos, comecei a chorar.

Era tudo. Paolo, a simplicidade maravilhosa daquelas quadrículas, a morte de LeWitt... Eu realmente não sabia ao certo. Nem mesmo fazia diferença. Klaus pegou minha mão, e nós prosseguimos até que chegamos a uma peça de Michael Heizer: um buraco retangular no piso, com uma abertura retangular menor, ali dentro, quase como um piso rebaixado num ambiente de sala de estar. Sentamos na borda, e Klaus falou comigo. Falou com delicadeza, mas do seu jeito, muito direto:

"Marina, eu conheço você. E estou preocupado. Essa é a mesma tragédia na sua vida, tudo acontecendo de novo. Você passou doze anos com Ulay; passou doze anos com Paolo. E, a cada vez que o cordão umbilical é cortado, *boom*, você fica devastada."

Fiz que sim.

"Essa peça de Michael Heizer está me lembrando uma imagem muito famosa de você e de Ulay apresentando *Nightsea Crossing* no Japão", disse Klaus. "Você se lembra? Havia um buraco quadrado como este no chão, e a mesa ficava no buraco. E você e Ulay ficavam sentados de frente um para o outro.

"Marina, por que você não encara a realidade de quem você é agora? Sua vida amorosa sumiu. Mas você tem um relacionamento com seu público, com seu trabalho. Seu trabalho é o que há de mais importante na sua vida. Por que você não faz no átrio do MoMA o que fez no Japão com Ulay – só que, em vez de Ulay estar sentado do outro lado da mesa, quem vai estar é o público? Agora que você está sozinha, o público completa seu trabalho."

Eu estava sentada muito empertigada, pensando nisso. *The Artist Is Present* assumia um significado totalmente novo. Mas aí Klaus já estava balançando a cabeça. "Ou pode ser que não", disse ele. "Estamos falando de três meses, o dia inteiro, todos os dias. Não sei. Não sei se isso lhe faria bem, em termos físicos ou mesmo em termos psicológicos. Vamos voltar às prateleiras."

Mas, quanto mais eu pensava nas prateleiras, mais complicada me parecia toda aquela ideia. Complicada demais. Pensei na bela simplicidade de Sol LeWitt. Na viagem de volta para casa, não parei de tocar na ideia da mesa, e Klaus não parou de rejeitá-la. "Não, não, não", disse ele. "Não quero ser responsável por você fazer um mal dessa ordem a si mesma, um mal físico e psicológico."

"Acho que consigo", respondi.

"Não, não... Não quero saber. Vamos falar sobre o assunto algum outro dia."

Liguei para ele no dia seguinte. "É isso o que eu quero fazer", disse.

"Nem pensar", respondeu Klaus. Mas, àquela altura, eu já tinha percebido que estávamos num jogo; e que esse era um jogo que nós dois tínhamos entendido desde o início.

Pouco tempo depois, eu estava num jantar na casa de um amigo, conversando sobre meus planos para *The Artist Is Present* com algumas pessoas que tinha acabado de conhecer. Entre elas estava Jeff Dupre, que tinha uma empresa de filmagem chamada Show of Force. Ele ficou tão entusiasmado com meus planos para a retrospectiva que disse: "Por que não fazemos um filme sobre os preparativos?" Alguns dias mais tarde, Jeff me apresentou a um jovem cineasta, Matthew Akers. Matthew não sabia nada sobre a arte da performance – na verdade, ele demonstrou ceticismo para com ela –, mas estava muito interessado em mim e no projeto, de qualquer modo.

Por acaso, eu estava na ocasião começando uma oficina, chamada *Cleaning the House* [Limpando a casa], com os 36 artistas performáticos que iam reapresentar minhas peças no MoMA. E, embora ainda não tivéssemos tido tempo suficiente para conseguir o dinheiro para o filme, Matthew estava tão ansioso para começar que resolveu iniciar a filmagem imediatamente. Ele filmou a oficina, e então nós decidimos que ele e a equipe me acompanhariam durante todo o ano seguinte para registrar os preparativos para *The Artist Is Present*.

Com Matthew Akers no Festival de Cinema de Sundance, 2012

Durante o ano seguinte, levei minha vida com um microfone preso em mim e uma equipe de filmagem documentando cada movimento meu. Dei a Matthew a chave da minha casa para que a equipe pudesse entrar a qualquer hora, mesmo às seis da manhã. Às vezes, eu acordava e dava de cara com um operador de câmera parado ao pé da minha cama. Houve momentos em que tive vontade de matar Matthew e a equipe com minhas próprias mãos. Era muito difícil ter qualquer privacidade, mas essa era uma coisa que eu achava que precisava fazer: encarava aquilo como minha única chance de mostrar ao público em geral, que nem mesmo sabia o que era a arte da performance, como ela era séria e como podia exercer um efeito profundo.

E eu não fazia absolutamente nenhuma ideia de qual seria a abordagem de Matthew nesse seu filme – sabia que havia até mesmo uma possibilidade de que me ridicularizasse. Não importava. Eu acreditava tanto no que estava fazendo que tinha a sensação de que ele também viria a acreditar. E, no final, foi o que aconteceu.

Comecei a treinar. Só para ser clara, tratava-se de eu ficar sentada numa cadeira no átrio do Museum of Modern Art, oito horas por dia, todos os dias (e dez horas nas sextas-feiras), ao longo de três meses, continuamente, sem me mexer – sem comer nem beber, sem pausas para ir ao banheiro, sem me levantar para esticar as pernas e sacudir os braços. A tensão sobre meu corpo (e sobre minha mente) seria enorme: não havia como prever exatamente a intensidade disso tudo.

Minha preparação. A Dra. Linda Lancaster, médica naturopata e homeopata, criou um plano nutricional para mim. Na realidade, era como um programa da Nasa. Era importantíssimo não comer nem ir ao banheiro. O estômago produz ácidos por volta da hora do almoço – através da repetição, o corpo aprende que vai ser alimentado; de modo que, se você não almoçar, seu nível de glicose no sangue baixa e você pode ter dores de cabeça e passar mal. Por isso, um ano antes da inauguração, em março de 2010, precisei começar a aprender a não almoçar nada, a tomar o desjejum muito cedo de manhã e fazer uma pequena refeição, rica em proteínas, à noite. Precisei aprender a beber água somente à noite, nunca durante o dia, porque fazer xixi durante o dia não seria possível. Só para uma eventualidade, mandei fazer um fundo falso no assento da cadeira, que me permitiria urinar enquanto estivesse ali sentada. Depois do segundo dia da performance, eu já sabia que nunca ia precisar desse recurso – e o tampei com uma almofada. Durante a performance, houve especulações quanto a eu estar usando uma fralda geriátrica. Eu não estava. Não havia necessidade. Sou filha de *partisans*. Eu tinha treinado meu corpo.

Já meu coração era outra história. Para o coração, não existe treinamento da Nasa. Eu sentia uma saudade louca de Paolo. Mais do que qualquer coisa, sem nenhum pudor, eu queria que ele voltasse.

É claro que não era só ele. É uma coisa estar com 40 anos quando se separa de alguém, como eu estava quando meu relacionamento com Ulay terminou. É outra estar com mais de 60 – você encara a solidão de um modo totalmente diferente. Tudo aquilo era uma associação do envelhecimento com a sensação de não ser desejada. Como eu me sentia isolada! E a dor era forte demais para eu suportar. Fui consultar uma psiquiatra. Ela me prescreveu antidepressivos, que nunca tomei.

Passei o ano de 2009 inteiro sem ver Paolo. Como tínhamos combinado, íamos esperar até o dia 1º de junho para decidir se permaneceríamos juntos ou não. Mais ou menos na metade daquele ano, descobri a verdade através de um amigo de Milão. Havia outra pessoa, e era *aquela mulher,* a que tínhamos conhecido no desfile da Givenchy, a antropóloga sexual. Eles estavam juntos desde o dia seguinte ao evento, quando Paolo tinha decidido ficar em Paris. Infelizmente, levei tempo demais para perceber que ele tinha me deixado por ela exatamente como tinha deixado Maura por mim. Que ele tinha me manipulado exatamente como a tinha manipulado. Com uma sensação surda no centro do coração, dei entrada no divórcio. Naquele verão, o processo se concluiu. Uma noite, pouco depois, fui jantar com o artista Marco Brambilla, que eu tinha conhecido recentemente e que desde então se tornou um grande amigo. Naquela noite, nós criamos laços contando nossas mágoas amorosas. Enquanto nos solidarizávamos um com o outro, ficou claro que ele, no fundo, estava tentando me animar. E, apesar de eu não beber, tomei um grande copo de vodca para expurgar minha dor. Eu estava precisando.

Marco Brambilla e eu em Veneza, 2015

Sabendo como eu estava mal, Riccardo Tisci me convidou para ir de férias, com ele e o namorado, à ilha de Santorini, no mar Egeu. Quando cheguei ao porto de Atenas para pegar o ferryboat, Riccardo estava sozinho. "O que houve?", perguntei. "Ele acabou de me deixar", respondeu Riccardo.

Foram as férias mais tristes deste mundo – nós dois simplesmente não parávamos de chorar. Foi nessa época que Riccardo e eu nos tornamos grandes amigos. Mas, depois, quando voltei para Paris, a trabalho, senti que ainda precisava sarar um pouco mais. E, assim, convidada por Nicholas Logsdail, fui à ilha de Lamu, no oceano Índico, na costa leste do Quênia.

Lamu era um antigo assentamento suaíle, sem nenhuma estrada, mas com muitos burros por toda parte. A atmosfera era como que pós-Hemingway. O xerife da ilha chamava-se Banana; o barista no café chamava-se Satan. O cozinheiro de Nicholas Robinson. Perguntei-lhe se seu sobrenome era Crusoé, e ele disse que é claro que sim. Outro artista, Christian Jankowski, estava visitando Nicholas com sua namorada. Os dois tentavam me animar com piadas. Em retribuição, eu lhes contava as piadas balcânicas mais tristes de que me lembrasse. Christian e eu decidimos que um dia faríamos juntos um livro de piadas.

E então, um dia, resolvi voltar ao trabalho.

Os burros da ilha me impressionavam. Eles eram os animais mais estáticos que eu já tinha visto. Podiam ficar parados ao sol escaldante por horas, praticamente sem se mexer. Levei um burro ao quintal da casa de Nicholas e fiz uma peça de vídeo intitulada *Confession* [Confissão]. Nela, eu a princípio tento hipnotizar o animal com meu olhar, enquanto ele fica ali, diante de mim, praticamente paralisado e com uma expressão enganosamente compassiva. Depois, começo a confessar ao burro todos os defeitos e todos os erros da minha vida inteira, começando pela infância e me estendendo até aquele dia. Após cerca de uma hora, o burro decidiu ir embora, e pronto. Eu me senti um pouquinho melhor.

Confession (performance para vídeo, uma hora), 2010

Naquele outono, fui com Marco Anelli a Gijón, na Espanha, fazer um novo trabalho, um conjunto de vídeos e fotos intitulado *The Kitchen* [A cozinha]. A peça era ambientada numa cozinha de verdade, um extraordinário espaço arquitetônico num convento abandonado de monjas cartuxas, que tinham alimentado muitos milhares de órfãos enquanto o convento estava em atividade. Embora o trabalho tivesse brotado de uma homenagem a Santa Teresa d'Ávila – que, em seus escritos, fala de uma experiência de levitação mística em sua cozinha –, ele se tornou uma peça autobiográfica, uma meditação sobre minha infância, quando a cozinha da minha avó era o centro do meu mundo: o lugar onde todas as histórias eram contadas, todos os conselhos sobre minha vida eram dados, onde se realizavam todas as leituras da sorte através de xícaras de café.

Eu era fascinada pelas histórias da levitação de Santa Teresa, que muitas testemunhas confirmaram. Um dia (dizia um dos relatos), depois de ter levitado por muito tempo na igreja, ela ficou com fome e resolveu ir fazer um pouco de sopa. Voltou para a cozinha e tratou de cozinhar, mas, de repente, incapaz de controlar a força divina, começou a levitar de novo. E, assim, enquanto cozinhava, ela pairava acima da panela de sopa fervente, sem conseguir descer para comer, com fome e com raiva ao mesmo tempo. Adorei a ideia de que ela pudesse ter raiva dos mesmos poderes que a tornavam santa.

The Kitchen I, impressão *fine art* colorida da série
The Kitchen, Homage to Saint Teresa [A cozinha, homenagem a Santa Teresa], 2009

Voltei para Nova York, mas não consegui enfrentar o Natal e o Ano--Novo sozinha. Era impossível suportar a ideia de estar na companhia de casais felizes durante as festividades. Por isso, fui viajar de novo, dessa vez para o sul da Índia, para um mês de terapia *panchakarma*. Doboom Tulku e meu grande amigo Serge Le Borgne me acompanharam, assim como Matthew Akers e sua equipe de filmagem.

A *panchakarma* é uma forma de cura aiurvédica, um antiquíssimo sistema de medicina em sânscrito que envolve uma desintoxicação total por 21 dias, massagens diárias e meditação. Todas as manhãs, bebe-se *ghee* líquido para lubrificar as células internas do corpo. Fiquei nesse lugar por um mês, e como me senti limpa! Parecia que todos os germes estavam deixando meu corpo, Paolo inclusive. E então aconteceu algo estranho.

Levei quase 36 horas para voltar da Índia para casa: uma longa viagem de carro para pegar um voo local; o voo local para pegar outro avião; conexão em Londres; espera em salas de espera; leitura de revistas; cochilos. Por fim, cheguei a Nova York e, no dia seguinte – eu tinha ido ao cinema –, estava péssima. Vômitos, febre alta: foi terrível. E o tempo todo Matthew Akers e sua fiel equipe continuavam com as filmagens. Percebi que eu ainda tinha um vazio no coração, deixado por Paolo. Mas, no meio de tudo isso, me lembrei de uma coisa que minha avó dizia: "O que começa mal sempre termina bem." Por isso, pensei: *Tudo bem. Vai ver é assim que tem de ser – passar da saúde e do bem-estar total para a enfermidade absoluta.* Foi então que, um dia de manhã, eu me senti melhor, e já estava na hora de *The Artist Is Present*.

ABRAMOVIĆ

12.

A CONDUTA DE UM ARTISTA NA VIDA:

Um artista não deve mentir para si mesmo nem para outros

Um artista não deve roubar ideias de outros artistas

Um artista não deve fazer concessões a si mesmo, nem no que diz respeito ao mercado de arte

Um artista não deve matar outros seres humanos

Um artista não deve se transformar num ídolo...

Um artista deve evitar se apaixonar por outro artista

A RELAÇÃO DE UM ARTISTA COM O SILÊNCIO:

Um artista tem de entender o silêncio

Um artista tem de criar um espaço para o silêncio entrar na sua obra

O silêncio é como uma ilha num oceano turbulento

A RELAÇÃO DE UM ARTISTA COM A SOLIDÃO:

Um artista deve criar tempo para os longos períodos de solidão

A solidão é de extrema importância

Longe de casa, Longe do ateliê, Longe da família, Longe dos amigos

Um artista deveria passar longos períodos junto de quedas-d'água

Um artista deveria passar longos períodos junto de vulcões em erupção

Um artista deveria passar longos períodos olhando para rios de correnteza veloz

Um artista deveria passar longos períodos olhando para o horizonte, onde o oceano e o céu se encontram

Um artista deveria passar longos períodos olhando para as estrelas no céu noturno

Manifesto da Vida de uma Artista: Marina Abramović

O público formava filas do lado de fora do MoMA desde o primeiro dia da performance, 14 de março de 2010. As regras eram simples: cada pessoa podia se sentar diante de mim pelo tempo, breve ou longo, que desejasse. Nós manteríamos contato pelo olhar. O público não deveria tocar em mim nem falar comigo.

E assim começamos.

Em *The House with the Ocean View*, eu tinha uma relação com a plateia, mas *The Artist Is Present* era totalmente diferente, porque agora a relação era de pessoa para pessoa. Eu estava à disposição, 100 por cento – 300 por cento – para cada pessoa. E me tornei extremamente receptiva. Como eu tinha percebido em *Nightsea Crossing*, meu sentido do olfato ficou aguçado. Tive a sensação de que entendia o estado mental que Van Gogh atingia quando pintava seus quadros. Quando ele pintava a leveza do ar. Tive a sensação de que podia ver em torno de cada pessoa que se sentava diante de mim as mesmas pequenas partículas de energia que ele via. Logo percebi uma coisa espantosa: cada pessoa que se sentava naquela cadeira diante de mim deixava para trás um tipo específico de energia. A pessoa ia embora; a energia permanecia.

Mais tarde, alguns cientistas nos Estados Unidos e na Rússia ficaram interessados em *The Artist Is Present*. Eles queriam testar os padrões das ondas cerebrais acionados por esse olhar mútuo, por essa comunicação não verbal entre dois desconhecidos. E o que estão concluindo é que, nessa situação, as ondas cerebrais entram em sincronia e geram padrões idênticos.

O que descobri de imediato foi que as pessoas sentadas diante de mim ficavam muito comovidas. Desde o início, as pessoas lacrimejavam – e eu também. Eu estava sendo um espelho? Parecia mais do que isso. Eu podia ver e sentir a dor das pessoas.

Acho que os espectadores ficavam surpresos com a dor que se avolumava dentro deles. Para começar, acho que as pessoas no fundo nunca olham para dentro de si mesmas. Nós todos tentamos, tanto quanto possível, evitar o confronto. Mas aquela situação era diferente em termos profundos. Primeiro, você espera horas só para sentar diante de mim. E então está sentado diante de mim. É observado pelo público. É filmado e fotografado.

É observado por mim. Não há para onde ir, a não ser para dentro de si mesmo. E é essa a questão. As pessoas sentem tanta dor, e nós todos estamos sempre tentando abafá-la. E, se você abafar a dor emocional por muito tempo, ela passa a ser dor física.

Na manhã do primeiro dia, uma mulher asiática com um bebê no colo se sentou diante de mim. O bebê estava usando um pequeno capuz. Eu nunca na vida tinha visto uma pessoa com tanto sofrimento. Puxa! Ela sentia tanta dor que eu não conseguia respirar. A mulher ficou olhando para mim por muito, muito tempo; e então tirou lentamente o capuz do bebê. E o bebê tinha uma cicatriz enorme de um lado a outro, no alto da cabeça. Depois, ela e o bebê foram embora.

Mulher sentada com sua filha doente, *Portraits in the Presence of Marina Abramović* [Retratos na presença de Marina Abramović], de Marco Anelli, Museum of Modern Art, Nova York, 2010

O fotógrafo Marco Anelli, que passou cada minuto das 736 horas de *The Artist Is Present* naquele átrio, tirando fotografias de cada uma das mais de 1.500 pessoas que se sentaram diante de mim, captou uma imagem incrível daquela mulher com seu bebê. Com o tempo, ele publicaria um livro de todas essas fotografias, e essa única imagem foi tão poderosa que ele lhe deu uma página inteira.

Por estranho que pareça, a foto remontava ao início da minha amizade com Marco, que conheci em Roma em 2007. De início, tudo o que eu sabia a seu respeito era que ele era amigo de Paolo, e ele não parava de pedir para fazer um retrato meu. Por fim, eu disse: "OK. Vou lhe dar dez minutos." Ele chegou na hora exata, com um assistente e uma grande quantidade de equipamentos fotográficos. Quando lhe perguntei se eu deveria posar, ele disse: "Não estou interessado no seu rosto. Estou interessado nas suas cicatrizes." Ele estava se referindo às cicatrizes no meu pescoço, de *Rhythm 0,* nas minhas mãos, de *Rhythm 10,* na minha barriga, de *Thomas Lips.* Fiquei tão impressionada com essa ideia – na realidade, quase senti inveja por eu mesma não ter pensado nisso – que Marco e eu nos tornamos amigos no mesmo instante. E, quando comecei a preparar *The Artist Is Present,* ele foi o único fotógrafo que cogitei que poderia dedicar seu tempo a cada momento da peça.

Marco Anelli fotografando minhas cicatrizes, Roma, 2007

Um ano mais tarde, aquela mulher asiática viu o livro de retratos e escreveu uma carta para Marco e para mim, dizendo: "Vi o livro e quis contar a vocês que minha filhinha nasceu com câncer no cérebro e foi submetida a quimioterapia. Naquela manhã, pouco antes de eu chegar ao

MoMA, fui ao médico e ele me disse que já não havia mais esperança. Por isso, interrompemos o tratamento. Por um lado, senti alívio por ela parar de sofrer, porque a quimioterapia era terrível, mas, ao mesmo tempo, eu também sabia que isso significava o fim para minha filhinha. Por isso, fui me sentar com você, e essa fotografia foi aquele momento."

Portraits in the Presence of Marina Abramović, de Marco Anelli, Museum of Modern Art, Nova York, 2010

Era de uma tristeza inacreditável. Escrevi uma carta em resposta. Um ano se passou, e então ela me enviou outra carta dizendo que tinha engravidado de novo. Nós nos mantivemos em contato, e seu novo bebê é saudável. Vida que segue.

Eu tinha criado um figurino especial para a peça, um longo vestido num tecido de cashmere e lã, para me manter aquecida. A peça tinha começado no início da primavera, e o átrio era cheio de correntes de ar gelado. O vestido era como uma casa em que eu morava. Mandei fazer três, cada um de uma cor: azul, para me acalmar; vermelho, para me dar energia; e branco, pela pureza. No dia da estreia, usei o vermelho. No final das contas, percebi que ia precisar dele.

Ao fim daquele primeiro dia estafante, depois que mais de cinquenta pessoas se sentaram diante de mim, carregando consigo seu sofrimento, chegou mais uma: Ulay.

O MoMA tinha trazido Ulay a Nova York junto de sua nova namorada – ele estava prestes a se casar mais uma vez – para a mostra, atendendo a um pedido meu, por consideração, porque, afinal de contas, era dele metade dos doze anos do trabalho que estava em exposição nos andares superiores. Eu sabia que ele estava lá. Era meu convidado de honra. Mas nunca achei que fosse se sentar diante de mim.

Foi um momento de choque. Doze anos da minha vida passaram pela minha mente num instante. Para mim, ele era muito mais do que qualquer outro visitante. E, assim, só dessa vez, descumpri as regras. Pus as mãos por cima das dele, ficamos nos olhando, e, antes que eu me desse conta do que estava acontecendo, nós dois estávamos chorando.

Em seguida, ele voltou para Amsterdã e, naquele mês de agosto, descobriu que estava com câncer. Não muito tempo depois, decidiu me processar por conta dos lucros do nosso trabalho. Tivemos de recorrer a um juiz para tomar decisões sobre as quais não conseguimos chegar a um acordo ao longo dos vinte e seis anos anteriores. Assim, a vida não somente segue como também fica muito complicada às vezes.

O profundo sofrimento emocional que eu não parava de ver do outro lado da mesa pôs em perspectiva meu próprio desgosto. Mas minha dor física era significativa. Eu tinha cometido um erro simples, porém enorme, no planejamento de *The Artist Is Present:* não pus braços na minha cadeira.

Em termos estéticos, a cadeira era perfeita. Gosto de que tudo seja muito simples. Mas, sob o aspecto ergonômico, ela foi um inferno para mim, porque, depois de horas e mais horas, a dor nas minhas costelas e nas minhas costas era simplesmente lancinante. Com braços na cadeira, eu poderia ter permanecido sentada ereta, por horas a fio. Sem eles, isso era impossível.

354

Nunca pensei em corrigir esse equívoco, nem mesmo por um segundo. Era um excesso de orgulho. Essa é uma regra da performance: uma vez que você entra nesse jogo físico-mental que engendrou, as regras estão estabelecidas, e ponto final. Você é a última pessoa que pode mudá-las. Eu também – por mais paradoxal que seja – estava comprometida demais com a aparência despretensiosa da peça. Braços na minha cadeira teriam alterado totalmente minha presença; poderiam ter me conferido certa imponência.

Mas, agora, tudo era como tinha sido em performances passadas. Eu sentia mais dor do que parecia que o corpo humano poderia suportar. No entanto, no momento em que dizia a mim mesma: *OK, vou perder a consciência – não consigo aguentar mais,* era nesse momento que a dor desaparecia por completo.

Havia uma coisa de que senti muito orgulho: dominei a arte de não espirrar.

É assim que funciona. Como se sabe, às vezes, quando há poeira no ar, sente-se uma vontade incrível de espirrar. O segredo é se concentrar na respiração até o ponto em que praticamente não se esteja respirando – mas é preciso se permitir um pouquinho de ar, porque, se a respiração for de fato interrompida, o espirro virá com força total. É uma questão de força de vontade: é preciso ficar exatamente no limiar. O efeito colateral é que seus olhos começam a doer de verdade. Mas, a essa altura, o espirro já passou – ele não vai acontecer. É assombroso.

E com o xixi, foi muito engraçado: nunca tive a menor vontade, absolutamente nenhuma. O mesmo com a fome: eu simplesmente nunca pensava em comida. Meu treinamento da Nasa tinha funcionado. O corpo é realmente como uma máquina ajustada, e pode-se configurar uma máquina para fazer certas coisas. O problema é que nós quase nunca fazemos isso.

Algumas pessoas ficaram sentadas diante de mim por um minuto apenas; algumas, por uma hora ou mais. Um homem se sentou vinte e uma vezes (a primeira delas por sete horas). Será que eu estava presente em todos os segundos do seu tempo? É claro que não. É impossível. A mente é um organismo tão inconstante – num piscar de olhos, ela pode ir para qualquer lugar. E você sempre precisa trazê-la de volta. Você acha que está no presente, e, de repente, percebe que está sabe-se lá onde... nas entranhas da selva amazônica, talvez.

Mas era realmente importante sempre voltar. Porque o ponto crucial era minha ligação com a pessoa. E, quanto mais forte a ligação, menos espaço eu tinha para ir a outros lugares.

Figuras públicas vieram participar. Lou Reed. Björk. James Franco. Sharon Stone. Isabella Rossellini. Christiane Amanpour. Lady Gaga veio ao átrio para ver a peça, embora não tenha sentado diante de mim. Quando os jovens que estavam lá a viram, eles tuitaram sobre a presença dela ali, e muitos outros jovens apareceram. Depois que ela saiu, eles permaneceram. E, de repente, eu tinha toda uma nova plateia, de jovens. A popularidade da peça no átrio aumentou bruscamente: pessoas começaram a esperar na fila durante a noite, dormindo em sacos de dormir diante do museu. E veio muita gente que, tenho certeza absoluta, não sentia nenhum interesse pelo mundo da arte: pessoas que possivelmente nunca tinham ido a um museu na vida.

Certo dia, depois de dois meses, um homem de cadeira de rodas chegou ao primeiro lugar da fila. Os guardas retiraram a outra cadeira e puseram a dele diante de mim, do outro lado da mesa. Eu olhei para esse homem e me dei conta de que nem mesmo sabia se ele tinha pernas – a mesa impedia a visão. Naquela noite, eu disse: "Não preciso de uma mesa. Vamos tirá-la dali." Foi a única vez que fiz uma alteração importante no meio de uma peça. Agora, éramos só eu e a outra pessoa, em duas cadeiras, nos encarando. Lembrei-me de uma antiga história indiana. Havia um rei que se apaixonou perdidamente por uma princesa, e ela se apaixonou perdidamente por ele. Os dois se casaram e eram o casal mais feliz do mundo. E então ela morreu muito jovem. O rei ficou tão abalado com o sofrimento que parou todas as outras atividades e começou a decorar o pequeno caixão de madeira da mulher. Ele mandou revesti-lo com ouro, depois o cobriu com diamantes, rubis, esmeraldas. O caixão foi ficando cada vez maior, cercado por tantas camadas diferentes. Então, em torno do caixão, o rei construiu um templo.

Isso não bastou. Ele mandou construir uma cidade em torno do templo. O país inteiro se tornou a sepultura da jovem. O rei então ficou simplesmente sentado ali, porque não havia mais nada a fazer. E disse aos serviçais: "Vocês podem simplesmente remover as paredes, as colunas, o teto, demolir o templo? Levem embora as pedras preciosas." E, por fim, quando só restou o caixão de madeira, e ele disse: "Levem esse caixão, também."

Sempre me lembro disso. Há um momento na vida em que você percebe que, no fundo, não precisa de nada. Que a vida não diz respeito às coisas. Tirar a mesa dali foi muito importante para mim. Com sua atitude maravilhosamente protetora, o chefe da segurança do museu, Tunji Adeniji, não gostou muito – a mesa funcionava como uma espécie de anteparo entre mim e a plateia; e havia por ali algumas pessoas bem malucas. Mas eu simplesmente sabia que era a decisão certa: vamos simplificar, estreitar o contato, remover as barreiras.

No primeiro dia sem a mesa, aconteceu algo estranhíssimo: enquanto estava ali sentada, senti uma pontada lancinante no meu ombro esquerdo. No fim do dia, quando perguntei à Dra. Linda o que achava disso, ela perguntou se eu tinha visto alguma coisa errada com a posição das duas cadeiras.

Acabei descobrindo que, com a saída da mesa, Marco tinha movido uma das suas luzes para evitar reflexos – e que, de algum modo, essa mudança tinha feito com que as sombras das pernas da outra cadeira convergissem e apontassem direto para o meu ombro esquerdo, como uma flecha. No instante em que afastamos a cadeira ligeiramente, a dor desapareceu. Nunca pude explicar isso de forma racional. Mas a verdade é que muitas coisas importantes não podem ser explicadas pela razão.

Passei por tantas experiências diferentes ao longo dos três meses de *The Artist Is Present* – cada dia era uma espécie de milagre. Mas esse último mês foi o clímax absoluto daquela experiência, principalmente por eu ter retirado a mesa. No instante em que ela se foi, senti uma ligação poderosa com todos os que se sentavam ali. Sentia que a energia de cada visitante permanecia em camadas diante de mim, mesmo depois que eles tinham ido embora. E as pessoas estavam voltando, repetidamente – em alguns casos, doze vezes ou mais. Comecei a reconhecer, de visitas anteriores, algumas das pessoas sentadas à minha frente. Eu tinha consciência até mesmo das pessoas na fila. Havia um homem que esperava um dia atrás do outro, horas a fio; e, cada vez que chegava ao primeiro lugar da fila, ele cedia seu lugar para outra pessoa. Ele não se sentou diante de mim nem uma vez.

357

A peça reuniu pessoas de novas formas. Mais tarde, eu soube de um grupo que tinha se conhecido na fila e depois começou a sair para jantar uma vez por mês, ou de dois em dois meses, porque sentiam que a experiência tinha transformado suas vidas. E o homem que se sentou diante de mim 21 vezes escreveu um livro para mim, intitulado *75*. Está no prefácio:

> Em *75*, 75 pessoas compartilharam suas histórias de participação em *The Artist Is Present* de Marina Abramović, sua peça de performance que se estendeu por 75 dias no Museum of Modern Art da cidade de Nova York. Cada pessoa se sentou em silêncio, diante de Abramović, pelo menos uma vez durante a peça. Houve quem voltasse repetidas vezes. Foi-lhes pedido que dessem voz às suas experiências em 75 palavras; e o que escreveram aparece aqui na ordem em que recebi os textos. Elaborei este livro como uma forma de enaltecer e homenagear Marina Abramović por sua extraordinária obra de arte.
>
> – Paco Blancas, cidade de Nova York, maio de 2010

E Paco mandou tatuar o número 21 na mão, por suas 21 visitas.

Havia no museu 86 guardas, e todos eles foram se sentar comigo. Um deles me escreveu uma carta:

> Marina, antes de mais nada quero parabenizá-la por sua apresentação excelente no MoMA. Foi um prazer imenso trabalhar com você. Quando me sentei na cadeira, foi muito diferente de observá-la do meu posto de trabalho. Não sei por quê, mas senti medo, meu coração palpitava depressa, até o instante em que voltou ao normal. Você é uma pessoa extraordinária. Que Deus a abençoe.
>
> – Luis E. Carrasco, segurança do MoMA

A comunidade que desaparecera da arte performática tinha voltado, só que muito mais ampla e com uma inclusão muito maior do que antes.

Durante aquele último mês, o fato de eu estar sentada no átrio se tornou algo diferente. Não se tratava de eu saber que a peça estava terminando já não se tratava do encerramento. Era que a performance tinha durado tanto que havia se tornado a própria vida. Parecia que minha vida se estendia do momento em que me sentei pela primeira vez na cadeira de manhã até o aviso gravado, que era o último som do dia: "O museu está fechando; por favor, queiram se retirar." Eu então ficava olhando enquanto os guardas acompanhavam as pessoas até a saída, a iluminação ia ficando mais fraca, e meu assistente, Davide Balliano, vinha e me tocava no ombro com delicadeza.

Ajoelhada debaixo da mesa ao final do dia durante *The Artist Is Present* (performance, três meses), Museum of Modern Art, Nova York, 2010

E então eu por fim me levantaria, ou simplesmente me deitaria no chão para alongar minhas costas. Eu ia até o elevador com os dois guardas que me escoltavam até o camarim. Começava a tentar tirar meu vestido, com mãos que doíam tanto que eu mal conseguia movimentá-las.

Durante o mês final, à medida que a peça se unificou com a própria vida, comecei a pensar muito acerca do propósito da minha existência. Cerca de 850 mil pessoas ao todo tinham comparecido ao átrio; 17 mil somente no dia do encerramento. E eu estava à disposição, para todos lá, quer se sentassem comigo, quer não. De repente, vindo não se sabe de onde, essa necessidade avassaladora tinha surgido. A responsabilidade era enorme.

Eu estava à disposição para todos os que estavam lá. Uma enorme confiança tinha sido depositada em mim – uma confiança da qual que eu não ousaria me prevalecer de modo algum. Pessoas abriram o coração para mim, e eu abri meu coração em retorno, inúmeras vezes. Eu abria meu coração para cada um, depois fechava os olhos – e sempre havia outra pessoa. Minha dor física era uma coisa. Mas a dor no meu coração, a dor do puro amor, era muito maior.

Chrissie escreveu o seguinte: "Entro na arena da performance. Marina está de cabeça baixa. Sento-me diante dela. Ela ergue a cabeça. Ela é como minha irmã. Eu sorrio. Ela sorri, com suavidade. Olhamos uma nos olhos da outra. Ela começa a chorar. Eu choro. Não dou a menor importância à minha vida e dou a máxima a como as pessoas que se sentaram aqui afetaram a dela. Quero lhe transmitir amor. Percebo que ela está me dando um amor incondicional."

A simples quantidade de amor, o amor incondicional de perfeitos desconhecidos, foi a sensação mais incrível que jamais tive. *Não sei se isso é arte,* disse a mim mesma. *Não sei o que é isso, ou o que é a arte.* Eu sempre tinha pensado na arte como algo que se expressava por meio de certos instrumentos: pintura, escultura, fotografia, escrita, filme, música, arquitetura. E também a performance. Mas essa performance foi além da performance. Isso aqui era a vida. Poderia a arte, deveria a arte, ser isolada da vida? Comecei a ter a sensação cada vez mais forte de que a arte deve *ser* a vida – ela deve pertencer a todos. Eu sentia, de modo mais impressionante do que nunca, que a minha criação tinha um propósito.

Chegou por fim o encerramento, no dia 31 de maio, e Klaus Biesenbach foi a última pessoa a se sentar diante de mim. Para comemorar a ocasião, tínhamos gravado com antecedência uma mensagem diferente: "O museu está fechando agora, e essa performance de 736 horas e meia de duração está se encerrando." E era para Klaus ficar sentado ali até que a gravação fosse tocada, mas ele ficou tão nervoso e constrangido que, oito minutos antes do término oficial, ele se levantou, veio até minha cadeira e me deu um beijo – e todo o mundo achou que *aquilo* era o fim. O átrio irrompeu num aplauso ensurdecedor, que continuava, sem parar. O que eu podia fazer? Eu me levantei. E, como tínhamos combinado que, no instante em que eu me levantasse, os guardas deveriam retirar as duas cadeiras, eles fizeram isso – e foi assim que terminou.

Isso me arrasou. A artista persistente dentro de mim, a filha de *partisans*, decidida a atravessar paredes, tinha querido tanto ir até o último segundo, até o fim. Ter começado exatamente na hora em que o museu abriu no dia 14 de março, e terminar exatamente na hora em que ele fosse fechado no dia 31 de maio. Em vez disso, houve essa estranha lacuna de oito minutos no final.

Com Klaus Biesenbach, *The Artist Is Present* (performance, três meses), Museum of Modern Art, Nova York, 2010

No final de *The Artist Is Present* (performance, três meses), Museum of Modern Art, Nova York, 2010

Mas, como eu sempre digo, uma vez que você entre no espaço da performance, deve aceitar não importa o que ocorra. Você tem de aceitar o fluxo de energia que está por trás de você, abaixo de você e ao seu redor. E, assim, eu aceitei.

Foi nessa hora que Paolo apareceu ao meu lado.

Eu sabia – tinham me informado – que ele esteve no átrio durante o mês final. Eu nunca o vi. Ao contrário de Ulay, Paolo nunca teve a coragem de vir se sentar diante de mim. Mas, agora, ali estava ele, em pé diante de mim, e eu não pude me conter. O tempo parou mais uma vez. Nós nos beijamos e permanecemos abraçados. Ele então sussurrou no meu ouvido, primeiro em italiano e depois em inglês, uma coisa que nunca vou esquecer: "Você é incrível; é uma artista fantástica."

Não "eu te amo". *Você é incrível; é uma artista fantástica.*

Eu precisava mais do que isso. Dei-lhe um beijo de despedida pela segunda e última vez – pelo menos era o que eu achava.

No dia seguinte, o MoMA e a Givenchy deram uma festa enorme em comemoração ao fim da minha performance. Foi surreal sair do isolamento total para ser o centro das atenções. Para a ocasião, Riccardo fez para mim um longo vestido preto, com um casaco comprido feito com a pele de 101 cobras – espero que elas tenham morrido de morte natural!

Cheguei ao MoMA com Riccardo e fui andando pelo tapete vermelho. Eu estava tão feliz – sentia que tinha conseguido uma realização fundamental na minha vida. Estava cercada por centenas de pessoas: meus amigos, artistas, astros de cinema, mestres do mundo da moda, socialites. Era como entrar em outro universo. Todos estavam me dando parabéns. O que eu não tinha percebido de pronto foi que Klaus, muito indignado, já tinha bebido um pouco. Na empolgação do momento, eu tinha dedicado um excesso de atenção a Riccardo e não o suficiente a ele. E, para Klaus, era muito importante celebrar esse momento comigo, a celebração do trabalho do qual tinha sido curador e ao qual tinha dado o nome.

Durante o jantar houve muitos discursos: o diretor do MoMA, Glenn Lowry, Sean Kelly e Klaus todos se levantaram para discursar. Só que, àquela altura, Klaus já estava obviamente embriagado. Seu discurso foi agressivo e repetitivo. Eu não sabia o que fazer. (Mais tarde, descobri que Patti Smith tinha escrito um bilhetinho e o mandado para a mesa de Klaus – "O discurso foi maravilhoso – foi tão punk!") Depois, fez-se um longo silêncio. Achei que precisava dizer alguma coisa. Por isso, levantei-me e tentei desanuviar a atmosfera com uma piada sobre peças de longa duração: Quantos artistas performáticos são necessários para trocar uma lâmpada? A resposta: Não sei, só fiquei lá seis horas. Falei então sobre como aquela peça tinha sido difícil de criar, e sobre todo o trabalho que Klaus dedicou a ela. E, enquanto eu estava fazendo esse discurso, me esqueci por completo de mencionar Sean Kelly e suas enormes contribuições para minha carreira. Quando voltei para minha mesa, Sean disse: "Obrigado por mencionar meu nome." Ele se levantou e foi embora.

Ai, meu Deus.

Depois da festa, fui para casa sozinha. Esse era para ser o momento mais feliz da minha vida, e como eu me sentia triste! Eu tinha magoado duas pessoas de quem gostava muito, Klaus e Sean, e eles tinham ficado irados comigo. De certo modo, aquilo estava ligado ao ego dos dois – eles não perceberam como eu estava totalmente exausta e como precisava que ficassem felizes por mim. Mas não havia como deixar para lá: eu realmente tinha metido os pés pelas mãos.

Às sete da manhã no dia seguinte, o telefone tocou. Era Klaus. Ele estava perfeitamente lúcido e se sentia tão mortificado pelo seu comportamento que estava pensando em pedir demissão. Eu lhe disse que estava sendo ridículo, que esse tipo de coisa acontece e que nós simplesmente devíamos esquecer e seguir em frente. Liguei para Sean para pedir desculpas, mas ele não quis falar comigo. Mais tarde naquele dia, falei com Glenn Lowry. Ele me disse que tinha recomendado a Klaus que tirasse uma pequena licença e afirmou que estava tudo certo.

No dia seguinte, fui com alguns amigos – Alessia, Stefania, Davide, Chrissie, Marco e Serge – para minha casa no norte do estado, para relaxar, nadar, curtir o campo. Eu precisava de tempo antes de voltar para a normalidade. Dez dias depois, liguei novamente para Sean. Dessa vez, ele me atendeu. Eu lhe pedi muitas desculpas, e ele as aceitou.

Eu tinha investido muito dinheiro na reforma do nosso apartamento na Grand Street. Como ele ficou bonito! Mas, quando Paolo me deixou, eu simplesmente o vendi e joguei fora tudo o que tínhamos usado juntos – os lençóis, as toalhas, até mesmo a louça. Tudo o que guardei foram alguns objetos, coisas que eu já possuía antes de vivermos juntos. Eu sabia que a única forma de lidar com aquele tipo de dor era fazendo uma limpeza total.

Tive um pequeno lucro com o apartamento de Grand Street; e a venda da minha casa de Amsterdã (bem como a subida do euro em relação ao dólar) continuou a me sustentar. Comprei um apartamento novo em King Street no Soho. E dei uma entrada num velho prédio de tijolos em Hudson, mais ao norte no estado de Nova York, um antigo teatro desmantelado. Eu não sabia ao certo o que faria com ele, mas segui minha intuição e o comprei de qualquer modo. Parecia que eu tinha um talento para negócios imobiliários! E, a alguns quilômetros dali, numa curva no córrego Kinderhook, encontrei uma loucura de casa, no formato espantoso de uma estrela de seis pontas.

O arquiteto Dennis Wedlick tinha projetado a casa na década de 1990 para um cirurgião cardíaco de Bangladesh, que queria que cada membro da sua família tivesse exatamente o mesmo espaço: foi assim que se desenvolveu o conceito de uma estrela de seis pontas. No entanto, pouco depois que a casa foi construída, a mulher do cirurgião apresentou problemas para andar; e, como era difícil demais readaptar a casa para uso de cadeira de rodas, o cirurgião teve de pô-la à venda. E ali estava o imóvel, quatro anos depois – essa casa era simplesmente estranha demais para o gosto dos americanos.

Mas não para o meu. Levei um total de trinta segundos para decidir comprá-la, principalmente quando descobri o riacho que cortava o terreno. A água era uma força viva, formando pequenas corredeiras ao passar por cima das rochas, e o som da corrente permanente proporcionava um relaxamento profundo. Mais tarde, resolvi mandar construir uma pequena choupana acima da margem do riacho, para breves retiros, um lugar onde eu pudesse encontrar serenidade sem ir à Índia. Quando eu estava na Casa da Estrela, nunca tinha a sensação de estar a apenas duas horas e meia da cidade de Nova York. Aqui, eu sabia que poderia pensar e criar.

Foi assim que aprendi a dirigir. Aos 63 anos! Toda a minha vida eu tinha sido passageira: Ulay era quem dirigia nosso furgão pela Europa afora. Uma vez, quando ele tentou me ensinar a dirigir no Saara, eu consegui sair da estrada, e nós ficamos presos na areia um dia inteiro. Depois disso, ele desistiu. Como pessoa urbana, eu usava táxis e metrôs. Mas, se eu ia morar no campo, mesmo que não fosse o tempo todo, era essencial que aprendesse a me locomover sozinha.

Procurei no catálogo telefônico um instrutor de direção que ensinasse pessoas incapacitadas. Quando liguei, perguntei ao homem que atendeu qual era a especialidade dele.

"Ensino cadeirantes", respondeu ele. "Pessoas com uma perna, com um braço; pessoas que não conseguem virar o pescoço."

"Posso marcar uma hora?", perguntei.

Quando cheguei, ele olhou para mim e perguntou: "Qual é o seu problema?"

"Todos", respondi.

O carro dele, com controles duplos e um espelho de 360 graus, era como uma espaçonave. Mas o que esse homem tinha de mais importante era a paciência para me ensinar a dirigir.

E então Paolo ligou.

Era o verão depois de *The Artist Is Present*. E eu sabia com certeza, já que tínhamos amigos em comum, que ele estava separado daquela mulher havia seis meses. Ele ligou e pegou o trem para vir a Hudson. Fui recebê-lo na estação com meu Jeep novo e reluzente. Eu estava tão orgulhosa: Paolo nunca tinha me visto dirigir. Almoçamos, voltamos para a Casa da Estrela e fizemos amor por três dias, com toda a paixão que tínhamos experimentado no início. Foram três dias de puro paraíso. Estávamos juntos de novo. Achei que o pior tinha ficado para trás.

Em setembro, fui a Paris para o desfile da Givenchy. Ainda estávamos fazendo tomadas adicionais para o documentário de Matthew Akers: Matthew estava interessado em mostrar meu relacionamento com Riccardo

Tisci, bem como aquele lado de mim que não era uma artista, a mulher que se envergonhava do desejo de usar roupas da alta-costura, a que se lembrava da anágua que a mãe nunca lhe dera.

Assim, fui ao desfile. Quando cheguei, lá estava ela, a antropóloga sexual, sentada na plateia, bem diante de mim. Com sua altura de 1,77 metro, a pele pálida como a morte, o cabelo vermelho e a expressão fria, era impossível deixar de vê-la.

Depois, eu me aproximei e, com total segurança, me apresentei – até então nós não tínhamos sido apresentadas direito. Paolo agora estava de novo comigo, apesar de estarmos divorciados. Eu estava apaixonada, e sentia o coração leve. Estava tão feliz. Queria perdoar a todo o mundo. Queria que todos fossem amigos. E assim, quando ela disse, "Vamos tomar um café?", eu sorri e aceitei. "Vamos, sim."

Mas, quando contei a Paolo, ele ficou apavorado. "Não vá se encontrar com ela, por favor", implorou. "Por favor. Vai destruir tudo o que conseguimos reconstruir."

"Não seja bobo", eu lhe disse. E fui me encontrar com ela.

Ela tinha um monte de coisas para me contar. Disse que, enquanto eu estava no banheiro no desfile da Givenchy de 2008, Paolo tinha se aproximado dela e dito: "Você é a mulher mais linda do mundo. Quer me dar seu telefone?" Ela lhe passou o número. E, enquanto eu voltava para Nova York, sem desconfiar de nada, ele ficou alguns dias em Paris com ela. Nesse tempo, ela me contou que eles não fizeram nada além de todos os tipos de aberrações sexuais. Viviam de ostras e champanhe. Paolo estava totalmente fascinado por ela e, segundo essa mulher, ele estava aprendendo a conhecer o próprio corpo, descobrindo modos de prolongar seu prazer com o uso de certos instrumentos para estender seu orgasmo.

Eu fiquei escutando, pasma. Pensei nas vezes em que ele tinha voltado para Nova York e me dito que não havia outra. Nas vezes em que tinha olhado nos meus olhos e dito, com tanta tristeza: "Alguma coisa se partiu em mim."

E ela continuou: "Ele nunca foi apaixonado por você. Tudo o que queria era seu dinheiro. Esse homem nunca trabalhou", disse, com desdém.

"Mas eu quero ter filhos; quero que ele trabalhe." Como se Paolo e eu não estivéssemos juntos de novo. Como se eu não existisse.

Pude ver que ela estava furiosa, mas agora eu também estava.

"Ele está comigo de novo agora", respondi.

"Ele é viciado em mim", garantiu ela, com frieza. "Sempre vai voltar para mim."

Agora, em retrospectiva, essa foi uma profecia de uma exatidão cruel.

Ela plantou essa semente maligna, que começou a crescer e a apodrecer. Paolo estava certo em ter medo dela. Voltei para ele, mas nós brigávamos feito loucos. Fomos a Roma por um tempo para ver se resolvíamos a situação. Ele tinha tentado apresentar aquela mulher aos pais, mas os dois se recusaram a conhecê-la. Eles realmente gostavam de mim – em especial, o pai, Angelo – e queriam fazer tudo o que fosse possível para que nós ficássemos juntos. Mas nós não parávamos de brigar.

Tirei alguns dias de folga e fui com Marco Anelli às colinas ao sul de Roma para um projeto de fotos e vídeo chamado *Back to Simplicity* [De volta à simplicidade]. Eu estava sofrendo tanto que precisava entrar em algum tipo de contato com vidas inocentes, e Marco me fotografou com cordeiros e cabritos recém-nascidos. Aquilo me ajudou a me sentir melhor, mas o alívio foi temporário.

Quando Paolo e eu voltamos para Nova York, ele ficou num apartamento separado – por decisão própria. Houve momentos de carinho, momentos de esperança, mas continuamos a brigar. Fomos juntos a uma psicanalista, e não adiantou nada – as coisas só pioravam.

Eu tive a sensação de que a psicanalista estava tomando o partido de Paolo. Para mim, ela dizia que tudo o que ele fazia estava certo, e tudo o que eu fazia estava errado. Que, para começar, eu tinha sido culpada por afastá-lo. Que eu trabalhava demais, que não dava atenção suficiente a ele e que era por isso que Paolo tinha me traído e ido embora. Havia alguma verdade nisso tudo, e ela doía.

Será que ele viu aquela mulher de novo durante esse período? Tenho certeza de que não. Através de amigos, tive notícias de que ela estava caindo aos pedaços, de tanta falta que sentia dele. Por piores que as coisas estivessem entre nós dois, senti satisfação com isso.

Naquele Natal, convidei alguns amigos para comemorar conosco na Casa da Estrela. Foi uma ocasião aconchegante, maravilhosa. Mas, bem no meio da festa, Paolo chegou perto de mim, com uma cara de cachorro perdido, e disse: "Estou com saudades dela de novo."

Minha sensação foi de que ele tinha me dado um chute na barriga. Para começar, o fato de ter me deixado já era ruim o suficiente. Mas ter voltado sem realmente pretender ficar foi a coisa mais cruel que ele poderia ter feito.

Acredite se quiser: nós continuamos juntos por nove meses depois daquele dia.

Com Serge Le Borgne no prédio do instituto, no cenário de um vídeo sendo filmado para a campanha Kickstarter, Hudson, 2013

Conheci Serge Le Borgne em Paris, em dezembro de 1997, depois que ele me enviou um e-mail dizendo que estava abrindo uma galeria lá e queria trabalhar comigo. Paolo e eu estávamos em Paris na ocasião. Fomos dar uma olhada no espaço, e Serge e eu nos tornamos amigos quase de imediato. Desde o início, nós nos entendíamos sem falar. Tenho na minha vida pouquíssimas pessoas com quem eu possa me sentar um dia inteiro sem dizer nada, e ele é uma dessas pessoas. Além disso – e de modo totalmente inexplicável –, aconteceu de Serge estar presente em muitos dos momentos mais difíceis da minha vida.

No setembro posterior a *The Artist Is Present*, fui mais uma vez à galeria de Serge em Paris para lhe falar do meu sonho de um instituto. Ele olhou nos meus olhos e disse uma coisa de que nunca vou me esquecer: "O que você está tentando fazer é importante – mais importante do que eu ter uma galeria em Paris. Vou fechar minha galeria para ir trabalhar com você."

Foi o que ele fez. Seis meses mais tarde, Serge veio para Nova York para se tornar o diretor artístico do Instituto Marina Abramović (MAI, na sigla em inglês). Agora, tudo o que precisávamos fazer era criá-lo.

Tivemos muitas reuniões com advogados, assinamos muitos documentos para fundar a organização e lhe dar a qualificação de entidade sem fins lucrativos, e então redigimos nossa missão para o instituto. O Instituto Marina Abramović (MAI), nós escrevemos, serviria como meu legado, uma homenagem à arte imaterial, baseada no tempo. A missão do MAI era a de modificar a conscientização humana através de uniões produtivas entre a educação, a cultura, a espiritualidade, a ciência e a tecnologia. O instituto incluiria performance, dança, teatro, cinema, vídeo, ópera, música e qualquer outra forma de arte que fosse desenvolvida no futuro.

Em setembro de 2011, Klaus e eu levamos a retrospectiva de *The Artist Is Present* ao Museu Garage de Arte Contemporânea em Moscou. Essa foi a maior exposição que fiz na vida. O museu era uma velha construção, onde, no passado, eram fabricadas locomotivas. O arquiteto da exposição tinha literalmente construído um espaço para cada peça que eu havia feito. Quando vi toda a minha obra, num volume tão imenso, como me senti deprimida! Pensei: *Pronto. Agora posso morrer.*

Minha separação de Paolo também afetava profundamente meu estado de espírito. Liguei para Chrissie Iles, que o via com regularidade, para perguntar como ele estava. "Ele está bem", disse-me Chrissie. "Na realidade, está muito melhor sem você."

Será que ela pretendia me ferir ao dizer isso? "Pode ser que, se eu morrer, ele fique ainda melhor", respondi e desliguei.

Chrissie ligou imediatamente para Sean – que estava prestes a embarcar para Moscou a fim de me ajudar a preparar a exposição no Garage – e lhe contou que eu estava pensando em me suicidar. Na noite seguinte, voltei ao meu hotel por volta das onze da noite para encontrar Sean sentado no saguão, com um ar muito sério.

"Você acabou de chegar?", perguntei-lhe.

"Sim. E estou esperando por você", respondeu ele. "Vamos ao seu quarto. Agora."

"Por quê?", perguntei.

"Vamos", disse Sean. "Agora."

E assim fomos ao meu quarto, e ele começou a revirar todas as minhas coisas, verificando o armário do banheiro, as gavetas, o roupeiro, obviamente à procura de qualquer coisa que eu pudesse usar para me matar. Mas eu disse a Sean, e as pessoas deveriam saber disto a meu respeito: eu repudio o suicídio. Para mim, ele é a pior maneira de deixar a vida. Tenho uma crença profunda em que, se você tem o dom de criar, você não tem permissão para matar a si mesmo, porque é seu dever compartilhar esse dom com outros.

Minha relação com Chrissie nunca mais foi a mesma, por causa dessa atitude e por uma série de outros motivos.

Quando volto o pensamento para tudo o que aconteceu entre mim e Ulay, e entre mim e Paolo, costumo me perguntar qual foi minha contribuição para cada separação. E não posso deixar de acreditar que a necessidade da minha mãe de ser amada e de que cuidassem dela, que nunca foi satisfeita na sua vida, foi um trauma que levei a cada homem com quem estive – algo que eles não poderiam resolver.

ABRAMOVIĆ

13.

É pouco depois do pôr do sol. Estou sentada na praia, sozinha. Não há ninguém por perto, e eu estou olhando para o horizonte, onde o céu e o oceano se encontram. De repente, passa diante de mim um cachorro preto, vindo da direita. Quando ele chega perto de mim, vira-se para outro lado e segue direto para o mar, começando a andar por cima da água, rumo ao horizonte. Ao chegar ao horizonte, ele começa a andar paralelo a ele, para a direita. Tudo me parece normal e natural, inclusive o fato de esse cachorro estar andando sobre a água. Então, uma forte luz branca surge do céu e atinge o cachorro. Diante dos meus olhos, ele desaparece naquela luz. Sinto que estou presenciando algo de extraordinário. Então acordo, e a realidade do sonho é mais forte que a realidade do dia.

Índia, 10 de janeiro de 2016

Minha vida profissional mudou totalmente depois de *The Artist Is Present*. Havia quatro anos que eu vinha trabalhando com apenas um assistente, Davide Balliano, um artista jovem e muito talentoso. Davide tinha me dito que ficaria comigo até eu terminar a performance do MoMA. Havia aprendido muito comigo, disse ele, mas queria sair para fazer seu próprio trabalho. Antes de partir, Davide trouxe para minha vida outra Danica, muito diferente, que ficou comigo pelos três anos seguintes. Minha nova assistente podia ter o mesmo nome que minha mãe, mas as semelhanças paravam por aí – na realidade, ela foi criada no Texas, não na Iugoslávia. Danica era estagiária no MoMA durante *The Artist Is Present*, de modo que foi natural que ela viesse trabalhar comigo quando passei de uma fase da minha carreira para a seguinte.

Com meu assistente, Davide Balliano,
durante *The Artist Is Present*, Nova York, 2010

Nos anos que se seguiram à apresentação, eu me deparei com mais de cem e-mails inundando minha caixa de entrada todos os dias, fazendo todos os tipos de pedidos: de entrevistas, exposições, colaborações, palestras e projetos especiais. Eu simplesmente não conseguia lidar com aquilo tudo sozinha. Com a entrada de mais dinheiro – agora, sete galerias vendiam meus trabalhos, e uma mostra recente na galeria de Sean Kelly tinha tido resultados excelentes –, decidi que estava na hora de eu ter um escritório maior e uma equipe maior. Aluguei um espaço num prédio comercial no Soho e comecei a entrevistar candidatos.

Por volta dessa época, minha galerista italiana, Lia Rumma, me enviou um e-mail dizendo que achava que tinha uma pessoa que poderia me ajudar. Se eu gostasse dele, escreveu Lia, seria alguém para ficar comigo pelo resto da minha vida. Ele se chamava Giuliano Argenziano. Era de Nápoles e morava Nova York desde 2008, trabalhando numa galeria de arte no Lower East Side.

Giuliano era cheio de energia e muito inteligente – seu inglês tinha um sotaque delicioso, mas era perfeito. E ele possuía ótimo senso de humor. Giuliano era formado em História da Arte, mas havia adquirido tamanha repulsa pelos egos e pelos jogos de poder da atividade artística que estava prestes a abandonar totalmente o mundo da arte para abrir sua própria empresa de fornecimento de bufês quando Lia entrou em contato comigo. Eu disse: "Vamos ver como nos damos por um mês." Já se passaram mais de quatro anos.

Com Giuliano Argenziano, nos bastidores de *Charlie Rose*, Nova York, 2013

No passado, eu sempre tinha trabalhado com jovens artistas que acabavam indo embora para se lançarem sozinhos. Em Giuliano, afinal, encontrei alguém que não queria ser um artista, alguém que poderia trabalhar comigo para sempre. Eu o nomeei diretor da Abramović LLC; depois nós entrevistamos mais pessoas e por fim escolhemos cinco: Sidney, Allison, Polly, Cathy e Hugo.

À medida que íamos avançando com o MAI, Serge e eu alugamos mais um escritório para manter o instituto totalmente separado do meu próprio trabalho sob o patrocínio da Abramović LLC. Nós também precisamos procurar uma equipe nova. Serge queria trabalhar com gente jovem e motivada, que acreditasse na nossa missão, e foi o que encontramos em Siena, Leah, Maria, Christiana e Billy, lado a lado com mais uma equipe de colaboradores eventuais.

A primeira coisa que fiz foi levar todos eles para o campo a fim de que participassem de uma oficina e compreendessem meu Método: a título de apresentação dei-lhes o exercício de separar e contar grandes porções de arroz e lentilhas. Depois de seis horas, eu lhes disse que podiam parar, e todos pararam – menos Giuliano, que não quis desistir antes do último grão. Para isso, ele levou sete horas e meia.

Trabalhando com Allison Brainard em meu apartamento no Soho, 2013

Meu escritório é mais como uma família do que como um escritório: todos os que trabalham comigo estão realmente na minha vida. Eles tiram férias quando precisam; vão para casa quando terminam o trabalho. Todos são responsáveis por suas próprias tarefas. Felizmente, esqueci todas as lições que uma ditadura comunista tentou me ensinar.

Depois da performance no MoMA, Matthew Akers e Jeff Dupre filmaram e editaram *Marina Abramović: The Artist Is Present* por mais de um ano. Fomos a Paris e a Montenegro, a Belgrado, à sepultura da minha mãe. Eles entrevistaram meu irmão, minha tia Ksenija e, em Paris, Riccardo Tisci. Acabamos tendo mais de setecentas horas de material: três editores trabalharam nesse projeto em tempo integral por meses. Roman Polanski disse uma vez que, para acompanhar a história num filme, é preciso cortar 70 por cento do material bom. Os editores de Matthew e Jeff cortaram 70 por cento – e então o filme estava terminado, pronto para ser enviado a festivais.

Nós o mostramos em Sundance, no festival de cinema Big Sky em Montana e depois no Festival de Berlim. Após a exibição em Berlim, voltei para casa. Uma semana mais tarde, recebi a notícia de que o filme tinha conquistado o prêmio de Melhor Documentário por lá. Matthew, que estava em Big Sky, teve de pegar um avião às pressas, só com a roupa que estava usando, para chegar a Berlim a tempo. Minha amiga Francesca von Habsburg comprou um terno para ele, que Matthew vestiu no banheiro para receber o prêmio.

No final, o filme recebeu seis prêmios, entre os quais o Independent Spirit Award, o Prêmio do Público para Melhor Filme de Longa-Metragem no Festival de Sarajevo e um Emmy. Senti muito orgulho do filme e dos cineastas. Meu orgulho foi ainda maior porque Matthew, que tinha começado com uma atitude cética, além de um amigo, tinha se tornado um fã ardoroso da arte da performance.

Outra coisa mudou depois de *The Artist Is Present:* eu me tornei uma figura pública. As pessoas começaram a me reconhecer na rua. Muitas vezes, quando eu entrava em algum lugar para tomar uma xícara de café, um desconhecido sorridente insistia em pagar por mim. E então veio o outro lado: comecei a ser alvo de críticas pesadas na mídia por ser uma estrela e por me relacionar com estrelas. Mas eu não pedi por isso. A percepção é que um artista tem de sofrer. Já sofri o suficiente na minha vida.

Conheci Bob Wilson no início dos anos 1970, quando ele deu uma palestra e fez uma apresentação num festival de teatro em Belgrado. Sua abordagem ao teatro – seu jeito de lidar com o tempo e o movimento, seu jeito de criar imagens hipnotizantes com a iluminação do palco – me fascinava. A partir do instante em que o ouvi falar, eu quis que trabalhássemos juntos. E agora, 37 anos depois, eu tinha uma ideia para ele.

Bob já tinha captado o fato de que eu compreendia o que era a presença e sabia ocupar um espaço, quando se sentou diante de mim no MoMA, durante *The Artist Is Present*. Até essa altura, eu havia encenado minha vida, em *Biography* e *The Biography Remix*, de cinco formas diferentes com cinco diretores diferentes. Agora, com meus 60 e poucos anos, queria criar uma peça de grande porte que não só contasse a história da minha vida, mas também a história da minha morte e do meu funeral. Isso me parecia muito importante, porque eu sabia que estava entrando no último período da minha existência.

Ponho a morte no meu trabalho com muita frequência e leio muito sobre o assunto. Considero crucial incluir a morte na vida, pensar na morte todos os dias sem falta. A ideia de ser permanente é muito errada. Precisamos entender que a morte pode aparecer a qualquer instante, e estar pronto para ela é essencial.

Essas foram as ideias que debati com Bob Wilson. Eu lhe disse que não conseguia pensar em ninguém melhor do que ele para dirigir a peça.

Quando Bob assistiu aos vídeos das minhas peças autobiográficas anteriores, ele disse: "Se eu fizer esse trabalho, não vou ter interesse pela sua arte. Só quero trabalhar com a sua vida." E ele encarava minha vida de uma perspectiva singular. "Gosto das suas histórias trágicas", revelou-me. "De certo modo, elas são tão engraçadas! Não há nada mais *kitsch* do que mostrar o trágico como trágico. Para mim, devemos encenar sua vida com comicidade para chegar ao coração do público." De imediato, pensei na sabedoria quase idêntica do Dalai Lama.

Decidimos intitular nossa peça *The Life and Death of Marina Abramović* [A vida e a morte de Marina Abramović].

Dei a Bob um monte de material com que trabalhar – diversos cadernos, imagens, filmes e vídeos. E, enquanto ele analisava tudo aquilo, deparou-se com *The Biography*, de Charles Atlas, em que eu fiquei suspensa no ar, com cães e carne crua no palco abaixo de mim, e pensou que talvez pudéssemos aproveitar aquela ideia dos cães e os colocar no palco.

É claro que eu queria carne crua, de verdade, como em *Balkan Baroque* da Bienal de Veneza, mas Bob não conseguia tolerar a ideia. "Não, não,

não. Carne de plástico! E minha iluminação vai deixá-la vermelha, com uma aparência mais apetitosa, mais sangrenta, e será totalmente artificial."

Uma das primeiras ideias de Bob foi a de que eu deveria cantar no palco. Eu ficava apavorada só de pensar nisso. Nunca tinha cantado na vida – sempre fui desafinada. Fiz algumas aulas de canto, mas de nada adiantou. Bob me sugeriu: "Estude Marlene Dietrich. Olhe para ela; aprenda com ela. Só fique ali em pé e arrase o público com seus olhos."

Abordei Anohni para saber da possibilidade de ela compor uma canção para mim. Ela hesitou, sem saber como compor para outra pessoa, já que normalmente trabalha a partir de uma perspectiva muito pessoal. Ela conversou com Lou Reed enquanto refletia sobre o convite: Lou disse que lhe doía muito me ver sofrendo nas minhas performances e que ela deveria me perguntar por que eu me cortava. E isso destravou alguma coisa para Anohni. "Percebi que era exatamente assim que eu me sentia", disse-me ela. Isso transformou sua ideia de como lidar com o material, tornando-o muito pessoal. A partir daí, compôs a primeira canção para a peça, "Cut the World" [Corte o mundo]:

> Há tanto tempo venho obedecendo àquele ditame
> feminino
> Sempre incluí em mim teu desejo de me ferir
> Mas quando vou me virar e cortar o Mundo?
> Quando vou me virar e cortar o Mundo?
> Meus olhos são corais, absorvendo teus sonhos
> Meu coração é um registro de cenas perigosas
> Minha pele é uma superfície a ser levada aos limites
> Mas quando vou me virar e cortar o Mundo?
> Quando vou me virar e cortar o Mundo?
> Mas quando vou me virar e cortar o Mundo?
> Quando vou me virar e cortar o Mundo?
> Mas quando vou me virar e cortar o Mundo?
> Quando vou me virar e cortar o Mundo?

Com Anohni em Londres, 2010

Trabalhar com Bob foi um pesadelo. Ao mesmo tempo, no entanto, foi uma experiência importantíssima para mim. Ele nunca queria imaginar nada durante o ensaio – nós tínhamos de estar preparados com os figurinos definitivos, com maquiagem e iluminação. Numa cena, eu ficava suspensa 4,5 metros acima do palco. E me lembro de ficar ali pendurada uma eternidade enquanto Bob, falando muito devagar, fazia o diretor de iluminação ajustar cores: "Quero 10 por cento azul, 12 por cento magenta, 60 por cento vermelho..." Enquanto isso, eu estava lá pendurada, pensando: *Ele podia ter pendurado uma droga de uma boneca aqui em cima enquanto ajusta a iluminação; mas, não, ele tem de fazer tudo do seu jeito.* Essa era a versão de Bob de uma peça de longa duração!

Os ensaios eram extremamente emotivos para mim. No palco, precisei revisitar todo o pavor, a tristeza e a vergonha das brigas da minha mãe e do meu pai: durante a história do meu pai quebrando as doze taças de champanhe, não consegui evitar as lágrimas e caí no choro.

Bob me cortou de cara. "Pare com essa baboseira de chorar no palco!", disse ele. "Não é você que tem de chorar; é o público que tem de chorar. Trate de sair dessa!" Foi a melhor cura possível para mim.

Também aprendi uma grande lição com meu incrível coprotagonista, Willem Dafoe, que representou seis papéis diferentes, entre os quais o do meu pai, meu irmão, um velho general prestes a perder a memória e Ulay. Eu sempre tinha acreditado que a performance era real, e o teatro, uma simulação. Na arte performática, a faca é de verdade, o sangue é de verdade.

No teatro, a faca é de mentira, e o sangue é ketchup. Apesar dessa ilusão, que eu sempre tinha associado a uma falta de disciplina, Willem me ensinou que incorporar um papel pode ser exatamente tão verdadeiro e exigir tanto quanto a arte performática.

Eu com Alex Poots no Festival de Manchester, 2011

Com o brilhantismo de Bob Wilson e a contribuição crucial do coprodutor Alex Poots e de Willem, bem como a música incomparável de Anohni, *The Life and Death of Marina Abramović* foi um grande sucesso por três anos, em teatros no mundo inteiro, começando pelo Festival de Manchester (onde Paolo não compareceu à estreia, que eu tinha dedicado a ele), passando pelo Teatro Real em Madri, pelo Teatro de Singel em Antuérpia, pelo Festival da Holanda, pelo Festival Luminato em Toronto, até finalmente chegar ao Park Avenue Armory, em Nova York. No final das contas, Bob Wilson estava totalmente certo quanto a apresentar minhas tragédias na forma de ópera-cômica. Só ele para conseguir encontrar um jeito de transmitir minha vida muito peculiar e causar a impressão de que ela era perfeitamente universal.

Já mencionei minha ideia de Três Marinas, mas estava me referindo a depois da minha morte. Também penso em mim mesma como três Marinas agora, enquanto estou viva.

Há a guerreira. A espiritual. E a dada a besteiras.

Vocês conhecem a guerreira e a espiritual. A dada a besteiras é a que tento manter oculta. Essa é a coitadinha da Marina que acha que tudo o que faz está errado, a Marina que é gorda, feia e rejeitada. Aquela que, quando está triste, se consola assistindo a filmes ruins, comendo caixas inteiras de bombons e enfiando a cabeça debaixo do travesseiro para fingir que os problemas não existem.

Como a Marina das besteiras deu as caras depois da minha separação! Eu me sentia tão encolhida em termos emocionais, tão ferida. Eu me achava feia e velha, mas, principalmente, me sentia jogada fora. Voltei à psicanalista e chorei descontroladamente. Disse-lhe que não conseguia comer nem dormir. Mais uma vez, ela prescreveu antidepressivos – e me disse que, dessa vez, era para eu tomá-los mesmo. Os comprimidos me deixavam com a mente anuviada. E uma consciência lúcida é muito importante para mim, mesmo que seja uma consciência cheia de dor. Joguei os remédios fora.

Eu estava muito mal. E passei um bom tempo assim.

Charlie Griffin, impressor das minhas fotografias e meu amigo, viu como eu estava triste e sugeriu que eu falasse com sua amiga Maxi Cohen. Charlie me contou que Maxi era uma artista e cineasta que tinha passado os últimos 25 anos filmando xamãs e rituais quase por todos os cantos do mundo. Fui me encontrar com Maxi e lhe fiz uma pergunta: em todas as suas viagens, quais xamãs você encontrou que poderiam ser mais capazes de me ajudar a superar meu coração partido? Ela me respondeu que muito recentemente, no Brasil, tinha conhecido duas pessoas extraordinárias, Rudá e Denise.

Estávamos em novembro de 2010, e eu estava prestes a viajar a São Paulo para apresentar *Back to Simplicity*, minha reflexão sobre a tranquilidade da natureza e dos animais, na Galeria Luciana Brito. Decidi que, depois da apresentação, eu iria a Curitiba, que era ali perto, para me encontrar com os dois xamãs. Convidei outro amigo, o curador inglês Mark Sanders, para ir comigo. Tendo acabado de passar por um divórcio, Mark também estava sofrendo muito.

Conheci Rudá primeiro. Ele me disse que todas as partes do corpo estão relacionadas a certas partes da nossa vida interior – por exemplo, tudo o que estivesse ligado às pernas tinha a ver com a família. Disse também que a dor emocional se transforma em dor física. Quando cheguei a ele, eu não conseguia mexer meu ombro esquerdo – estava paralisado. Isso, segundo Rudá, estava associado ao casamento. Ele me disse que a única forma de me ajudar consistia em fazer o sentido oposto, ou seja, começar na dor física até alcançar a dor emocional, que então abandonaria o corpo. Ele me disse que todas as células do corpo possuem uma certa memória. Que é possível livrar as células das memórias antigas e prejudiciais; e então recarregá-las com uma memória diferente, como a do amor por si mesmo.

Enquanto fiquei deitada num tapete, ele massageou uma das minhas pernas por duas horas; e depois a outra por mais duas horas. Não tocou no resto do meu corpo, e essa massagem não era do tipo ao qual eu estava acostumada. Era mais como uma acupressão, concentrando-se em certos pontos, e a dor física era insuportável. Naquele momento, parecia que eu nunca tinha sentido aquele tipo de dor física na minha vida. Ele disse para eu gritar para me aliviar, e eu rugi como uma leoa no meio dessa floresta em Curitiba. A cada vez que eu gritava, ele dizia: "Ah, muito bom, muito bom. Esse aqui é ainda melhor." Gritei até me sentir totalmente esgotada.

Depois de quatro horas assim, voltei para o pequeno lugar onde estava hospedada e me deitei, exausta. Pelo que restou daquele dia, não consegui me mexer.

Voltei no dia seguinte, e ele novamente tratou de trabalhar nas minhas pernas. Só que, dessa vez, minha dor era mais emocional do que física. Lembrei-me de injustiças terríveis que minha mãe tinha me feito, coisas que eu nem mesmo sabia que estavam na minha mente. Era como um filme sendo passado dentro da minha cabeça. Eu chorava sem parar, descontroladamente.

No dia seguinte, Rudá trabalhou em partes diferentes do meu corpo. E então chegou ao meu ombro esquerdo.

A dor foi ainda maior do que a que senti nas pernas. Novamente berrei como uma leoa. Novamente Rudá elogiou meus berros. E novamente eu estava arrebentada no final do dia.

No dia seguinte, ele voltou a trabalhar no ombro; e, como tinha acontecido com as pernas, dessa vez a dor era emocional. Todos os momentos terríveis com Paolo passaram pela minha cabeça, e eu chorei até não conseguir chorar mais. Rudá cantou para meu ombro, afagou-o delicadamente com uma pena e o segurou na mão até ele relaxar. E meu ombro se ajustou ao corpo com suavidade, como a asa recolhida de um pássaro.

Trabalhando com meus xamãs, Rudá Iandé e Denise Maia, Curitiba, Brasil, 2013

E então veio o quinto dia. Eu me perguntava: *O que ele vai fazer agora?* E ele disse: "Agora começa o processo de cura. Porque agora você está livre da dor das velhas memórias. Suas células estão prontas para criar novas memórias. Agora, você precisa aprender a se amar.

"Não posso fazer isso por você", disse ele. "Isso é você que tem de fazer. Precisa dar amor a si mesma. A memória das suas células precisa estar cheia de amor. É só isso que você tem de fazer."

E mandou que eu tirasse o vestido.

Eu estava totalmente nua, mas não havia nada de erótico ali. O xamã simplesmente me abraçou, por dez ou quinze minutos, respirando com muita tranquilidade. Depois, sua esposa, uma mulher grande e voluptuosa num vestido florido, entrou na cabana.

Rudá é todo voltado para o exorcismo da dor; e sua mulher, Denise, é toda voltada para a felicidade da vida. Rudá me disse que a função dela era me ensinar a desfrutar meu próprio corpo, a ter um prazer verdadeiro ao fazer amor. E então ele saiu da cabana.

Denise e eu nos sentamos na terra batida, e eu lhe contei tudo. Disse-lhe que Paolo tinha sido o único homem na minha vida por catorze anos, que eu nunca tinha sequer pensado em outra pessoa. Falei sobre como foi terrível quando ele me deixou, como foi injusto. E, por último, o pior: como era medonho sentir que eu estava envelhecendo sozinha. Eu não tive como evitar: à medida que ia falando mais uma vez sobre tudo isso, comecei a chorar de novo. Mas, enquanto eu chorava, Denise apenas sorria. Ela irradiava uma felicidade perfeita.

Então, esse mulherão de vestido florido pôs-se de pé de um salto. "Olhe para mim!", ordenou ela. Tirou o vestido, puxando-o para cima, e ficou totalmente nua. "Veja como sou bonita!", disse Denise. "Sou uma deusa!"

Ela puxou um seio enorme até a boca e lhe deu um beijo. Depois beijou o outro. Ergueu um joelho e depois o outro, dando um beijo em cada um. Ela beijou tudo o que conseguia beijar no próprio corpo. Eu olhava para ela, assombrada. Isso era melhor do que psicoterapia. Isso era melhor do que tudo. Esse era o ser humano mais fascinante que eu tinha visto na vida. E, naquele instante, todo o meu sofrimento se esgotou.

Denise também era um oráculo. Um dia, ela se sentou no chão com uma travessa cheia de pedras e conchas à sua frente. Enquanto eu olhava para a travessa, ela fechou os olhos e começou a me dizer coisas: "Sabe, você não é deste planeta. Seu DNA é galático. Você veio de uma galáxia muito distante da Terra, com um propósito."

Minha atenção estava toda concentrada nela. Perguntei-lhe qual era meu propósito. Ela ficou em silêncio por um tempo. E então respondeu:

"Seu propósito é ajudar os seres humanos a superar a dor."

Fiquei pasma.

No dia antes de eu ir embora, Rudá fez uma grande fogueira na floresta. Pediu que eu tirasse toda a roupa, ficasse de quatro no chão, olhando para a fogueira, e rugisse para o fogo com todas as minhas forças. Fiz isso por um bom tempo, e meu corpo inteiro se encheu de energia. Cada molécula em mim parecia repleta de poder. Quando terminei, tive a impressão de que poderia fazer qualquer coisa e enfrentar qualquer obstáculo. Eu estava livre.

E então, algum tempo depois, fui beijada. No momento em que eu tinha certeza de que nunca mais sentiria a eletricidade de meu corpo inteiro sendo dominado pelo amor. E naquele instante eu soube que tinha estado enganada.

Em 2012, o PAC Milão, o enorme espaço para exposições de arte contemporânea daquela cidade, me convidou para criar uma apresentação. O tema seria de minha escolha, e o convite chegou num momento interessante: eu estava planejando produzir toda uma obra nova e apresentar o Método Abramović pela primeira vez. Para a nova obra, queria construir mais objetos transitórios, usando cristais; e Luciana Brito, minha galerista de São Paulo, me ajudou a encontrar o patrocínio para uma viagem às minas de cristais do Brasil. Tão importante quanto isso, porém, foi o fato de que esses recursos também cobririam minha pesquisa para investigar lugares de poder no país e me permitiriam procurar pessoas detentoras de certos tipos de energia que a mente racional não consegue entender.

Decidimos registrar minha viagem com uma equipe de filmagem local, e Paula Garcia, uma talentosa artista performática brasileira que eu tinha conhecido na galeria de Luciana, se ofereceu para pesquisar pessoas e locais que eu deveria visitar e montar um itinerário. Mais tarde, o material resultante dessa viagem se tornaria um filme, intitulado *The Space In Between: Marina Abramović and Brazil* [Espaço Além: Marina Abramović e o Brasil].

Cheguei a São Paulo com meu grupo – Serge, a artista performática e coreógrafa Lynsey Peisinger, Marco Anelli e Youssef Nabil, um jovem artista egípcio de Paris – e conheci a equipe de filmagem, chefiada por Marco del Fiol, de quem gostei de pronto. Nossa primeira parada foi em Abadiânia, onde esperávamos conhecer João de Deus, o médium famoso no mundo inteiro por suas atividades de cura.

Com Paula Garcia e Lynsey Peisinger, Nova York, 2014

Abadiânia era um lugar muito estranho: um povoado minúsculo, com três ruas, onde todos se vestiam de branco. No centro do povoado, ficava a Casa de João de Deus. Pessoas de todas as classes sociais – você poderia ver uma mulher rica, do Texas, ao lado de uma família pobre de colombianos – vinham do mundo inteiro em busca da ajuda do curandeiro.

Para filmar João de Deus, eu precisava da sua permissão, e ele disse às nossas produtoras Jasmin e Minom Pinho que a única maneira de poder nos dar permissão era perguntar aos espíritos. Esperamos dez dias inteiros para os espíritos dizerem sim ou não. E então, um dia de manhã, fui informada de que os espíritos concordavam, e começamos a filmagem.

João de Deus realizava dois tipos de operação, a espiritual e a física. Na intervenção espiritual, ele envia espíritos para entrar nos sonhos da pessoa e curá-la. E nos procedimentos físicos, realizados sem anestesia, ele corta o corpo – olhos, seios, abdomes – com muito sangue, mas sem dor. Nós filmamos uma série de operações dessas. João de Deus não cobra nada por elas, e algumas das suas curas são milagrosas.

Seguimos adiante a partir de Abadiânia, filmando ao longo do caminho. Em Cachoeira, no Recôncavo Baiano, conheci uma mulher de 108 anos que tinha um vigor extraordinário. "Qual é a coisa mais importante na vida?", perguntei-lhe. "O jeito se chega e o jeito se sai", disse ela. "E ter amigos e família que amem você."

Também passei muito tempo na floresta tropical, em meio a quedas-d'água, rios velozes e magníficas formações rochosas. Marco tirou algumas fotografias maravilhosas de mim: chamamos a série de *Places of Power* [Lugares de poder]. Fomos ao Vale do Amanhecer, no Distrito Federal, onde visitamos médiuns que praticam um tipo de sincretismo religioso complexo através de orações e rituais. Participei de ritos com *ayahuasca* na Chapada Diamantina.

Waterfall [Queda-d'água], da série *Places of Power*, Brasil, 2013

Enquanto os outros membros do grupo voltavam para casa, Paula, eu e a equipe de filmagem fomos às minas, onde comprei grandes pedaços de cristal para incluir nos meus objetos transitórios. A essa altura, eu tinha desenvolvido dois tipos de objetos, para uso humano e não humano. As duas cadeiras de cobre no Museu da Paisagem Mental de Okazaki, no Japão – uma para as pessoas se sentarem e outra sem assento, com 15 metros de altura –, foram um exemplo precoce disso. Minha ideia a respeito dos objetos transitórios era tornar o invisível visível. Quando apresentei as cadeiras para uso humano e não humano, eu tinha a plena expectativa de que quem se sentasse veria seu próprio espírito.

Para a mostra no PAC Milão, em março de 2012, eu tinha criado três tipos de objetos transitórios, para sentar, permanecer em pé e deitar. Foi a primeira vez que usei o Método Abramović com o intuito de preparar o público para sua participação. Convidei Lynsey Peisinger e a dançarina e coreógrafa Rebecca Davis para me ajudarem. Trabalhamos com grupos de 25 participantes de duas em duas horas. Quando os participantes entravam, nós pedíamos a eles que pusessem todos os seus pertences, incluindo celulares, relógios e computadores, em armários individuais e que vestissem jalecos brancos e fones de ouvido que os protegessem de ruídos. (Essa foi a primeira vez que usamos os armários, o que mais tarde se tornou um componente crucial do Método.)

Lynsey, Rebecca e eu orientamos então os participantes num exercício de aquecimento para despertar os sentidos, com movimentação e alongamento do corpo, bem como massagens nos olhos, nas orelhas e na boca; direcionamos então os grupos a sentar, ficar em pé e deitar em cada um dos objetos por trinta minutos. Desse modo, os participantes se tornaram *performers*, e o restante do público podia observá-los com binóculos, conseguindo ver com precisão os menores detalhes sobre eles – seus movimentos mais ínfimos, suas expressões faciais, a textura da sua pele – durante um período de duas horas. O público tanto participava da performance quanto presenciava uma performance que criávamos juntos. Cada vez mais, eu estava removendo a mim mesma da peça.

O Método Abramović no Padiglione d'Arte Contemporanea, Milão, 2012

Um dia, no início da primavera de 2013, o telefone tocou no meu escritório e Giuliano atendeu. Vi um ar de espanto no seu rosto. *"É a Lady Gaga"*, disse-me ele, sem emitir a voz.

Eles não se conheciam, mas, como os dois são italianos, pareceu que a conversa durou uma meia hora, com montes de gritinhos e risos. Depois de desligar, Giuliano me contou que ela amava meu trabalho e queria fazer uma oficina comigo assim que possível. Queria que eu fosse sua instrutora.

Desde que tinha visitado a performance no MoMA, eu sabia que ela era uma fã. Resolvemos de início almoçar no meu apartamento, só nós duas, com Giuliano encarregado de cozinhar. Gaga chegou à minha porta sozinha e muito humilde. Estava com os olhos marejados quando me abraçou.

Giuliano preparou uma refeição maravilhosa, que ela mal tocou. Em vez disso, falamos sem parar sobre sua vida e sobre os motivos pelos quais ela achava que precisava fazer a oficina. "Sou jovem, e há três mestres com quem quero aprender", disse-me ela. "Bob Wilson, Jeff Koons e você."

Decidimos fazer uma oficina de quatro dias na minha casa no norte do estado, e marcamos a data e a hora. Gaga se ofereceu para que a oficina fosse filmada, de modo que o clipe pudesse ser usado na campanha do Kickstarter que eu estava planejando para o instituto. Eu queria contratar o escritor e arquiteto visionário Rem Koolhaas para fazer a planta do meu prédio em Hudson, o que custaria mais de meio milhão de dólares. Eu ia precisar de toda a ajuda que conseguisse obter.

Preparei-me para a oficina indo ao Walmart e comprando um uniforme de enfermeira – calça branca e camisa branca, de algodão de boa qualidade – por 14,99 dólares. Depois, fui a uma loja dos tratores John Deere e comprei um macacão por 29,99 dólares. Também comprei um frasco de óleo de amêndoas orgânicas, um sabonete grande, sem perfume, e um pente de madeira. Dispus tudo isso no quarto dela na Casa da Estrela; e, com Paula, esperei pela chegada de Lady Gaga.

Ela apareceu no dia marcado, exatamente às seis da manhã, toda séria. Sem maquiagem, sem peruca. Foi direto para o quarto, guardou o telefone e o computador, vestiu o macacão, desceu e disse: "Vamos começar."

Enquanto a equipe de duas pessoas do fotógrafo Terry Richardson começava a filmar, expliquei a Gaga as regras básicas. Durante os quatro dias seguintes, não haveria comida nem conversa. Ela poderia beber água apenas. E, na medida da sua capacidade, faria os exercícios que eu determinasse.

O Método Abramović praticado por Lady Gaga, Nova York, 2015

A medida da sua capacidade foi muito boa. Ela fez todos os exercícios que passei, desde o primeiro (uma caminhada de três horas em câmera lenta) até o último (encontrar o caminho de volta para casa, do meio do bosque, de olhos vendados) com total precisão e seriedade. Para ela, não foi um problema não falar, não comer nem ficar sem usar o computador por quatro dias.

Este último exercício me preocupou. Ela não só estava com os olhos vendados, como a floresta era cheia de espinhos, plantas venenosas e carrapatos transmissores da doença de Lyme. Mas ela não só encontrou o caminho de volta, como também, no meio do exercício, no meio dos arbustos densos, tirou toda a roupa e completou o trajeto nua.

Posteriormente, quando recebeu um prêmio da YoungArts Foundation em Miami, Gaga disse que a oficina comigo foi a melhor reabilitação que tinha feito.

Depois da oficina com Lady Gaga, o recém-formado escritório do MAI dedicou todos os seus esforços à nossa campanha do Kickstarter, dirigida por Siena Oristaglio. Isso foi bem no início do Kickstarter, e ele era tão novo para mim quanto para o resto do mundo. Eu me lembro de ler na *Time* como tudo aquilo começou: os três jovens fundadores queriam fazer uma festa beneficente para um amigo doente, mas não tinham dinheiro.

Pretendiam levantar mil dólares, mas, algumas horas depois de publicarem seu pedido na Internet, eles já tinham 5 mil.

Isso era fascinante para mim. Percebi que tudo dependia da sinceridade e clareza da apresentação. E, assim, quando decidi fazer um vídeo para o Kickstarter informando às pessoas por que eu precisava de dinheiro para o MAI, convidei meus dois xamãs brasileiros, Rudá e Denise, para virem à minha casa no norte do estado e lhes pedi conselhos.

Eles recomendaram que o melhor que eu poderia fazer era me isolar totalmente por seis dias na minha pequena cabana à margem do riacho e simplesmente observar a corrente de água, sem comer, falar, ler nem escrever. Disseram que todos os dias me traiam água da casa principal para eu beber.

Depois de seis dias sentada em silêncio, observando o rio, eu saí e fiz o vídeo numa única tomada. A mensagem era clara e direta. Eu estava pedindo ajuda ao Kickstarter para obter dinheiro para pagar o arquiteto Rem Koolhaas, Shohei Shigematsu e sua empresa de Nova York, Office for Metropolitan Architecture (OMA), pelo projeto para o prédio em Hudson que eu tinha comprado cinco anos antes e doado ao MAI, uma organização sem fins lucrativos.

Disse que, quando adquiri o prédio em 2008, eu estava procurando um lugar para alojar meus objetos transitórios, cuja armazenagem na cidade de Nova York era caríssima. Em Hudson, perto da minha casa no norte do estado, eu tinha encontrado aquele teatro muito velho, construído em 1929, que me parecia ideal. Como também me parecia ideal a própria Hudson, a apenas duas horas de Manhattan e perto de Dia:Beacon, MassMoca, Bard College, Cornell e Williams College.

Quando vi o interior do teatro espaçoso, velho e abandonado, de repente me dei conta de que já não queria usá-lo como depósito. Em vez disso, imaginei que ele poderia se tornar um centro para obras imateriais, de longa duração. Na minha cabeça, os únicos arquitetos com quem eu queria trabalhar eram Rem e Shohei. Koolhaas era não somente um grande arquiteto, mas um escritor e filósofo. Num dos seus livros mais famosos,

393

Delirious New York [Nova York Delirante], ele escreveu: "A cidade é uma máquina que gera dependência, da qual não há como escapar."

Rem e Shohei estavam interessados em criar um lugar específico, radicalmente simples e severo, tanto para performances de longa duração como para o público aprender o que é a arte da performance. Quando os visitantes entrassem no MAI, a primeira coisa que fariam seria assinar um contrato e dar sua palavra de honra de que permaneceriam ali por seis horas e não interromperiam nenhuma atividade com uma saída antes do combinado. Trata-se de uma simples troca: os visitantes dão seu tempo; o MAI lhes dá a experiência.

Nossa campanha no Kickstarter começou.

O funcionamento consiste em se estabelecer um prazo específico, de trinta dias no máximo, para levantar os fundos de que se necessita. O público pode contribuir com qualquer valor, de 1 a 10 mil dólares, e, em troca, você deve lhes dar recompensas. Para nossa campanha, decidi que as recompensas para as doações maiores deveriam ser imateriais. Por uma contribuição de mil dólares ou mais, por exemplo, um doador teria direito a passar uma hora no Skype olhando nos meus olhos. Se a pessoa contribuísse com 5 mil dólares ou mais, eu faria uma oficina com o projeto dela em qualquer meio através de uma *webcam*. Como alternativa, o doador poderia passar horas comigo no meu apartamento em Nova York, assistindo a um dos meus filmes preferidos e, depois, debatendo esse filme comigo enquanto tomávamos café e sorvete.

A maior recompensa de todas, por contribuições de 10 mil dólares ou mais, era absolutamente nenhuma recompensa e nenhuma menção do nome do doador.

Estabelecemos nossa meta em 600 mil dólares. O regulamento do Kickstarter estipula que, se não conseguirmos atingir esse valor no prazo de trinta dias – mesmo que tenhamos conseguido 599 mil dólares – tudo teria de ser devolvido. Se levantássemos mais, por outro lado, poderíamos ficar com tudo. Acabamos com 620 mil – em grande parte graças ao fato de Lady Gaga ter postado on-line o vídeo da sua oficina. Seus 45 milhões de seguidores nas mídias sociais repercutiram muito. É claro que o foco imediato era na sua nudez. Mas a estranha beleza do que ela estava fazendo nos exercícios foi ainda mais interessante para os jovens que estavam assistindo. *O que é a arte da performance?*, se perguntaram eles. *E que instituto é esse de que essa esquisita dessa Abramović está falando?*

O vídeo atraiu muitos milhares de jovens para nossa página no Facebook, e logo atrairia muitos desses mesmos jovens para meus eventos em museus. Esse era o público que não iria a um museu por nenhum outro motivo. Como fiquei grata a Lady Gaga por trazê-los ao meu trabalho!

A cada dia, nós procurávamos alcançar novos públicos, em busca de apoio. Ao longo da campanha, criamos uma série de eventos, vídeos e conteúdo on-line para ajudar a promover o esforço. Por exemplo, Gaga fazendo o Método, o Instituto Digital de Pippin Barr, eu participando de um Ask Me Anything [Pergunte o que quiser] do Reddit. A cada um desses lançamentos, nós escrevíamos para a imprensa e outros grupos possivelmente interessados em divulgar a notícia. Coordenamos todos os esforços nas nossas plataformas de mídia social: Facebook, Twitter, Instagram e Tumblr.

Ao mesmo tempo, minha equipe escreveu para os meus contatos, pedindo o apoio individual deles, fosse na forma de doações, fosse por meio de divulgação da campanha.

Houve muitas decepções – algumas pessoas que eu achava que iam realmente ajudar muito deram pouco. Por outro lado, muitos que eu nem conhecia – na Polônia, Nova Zelândia, Grécia, Turquia, China, Noruega e diversos outros lugares – deram contribuições significativas. E isso foi emocionante. Para mim, o Kickstarter foi um termômetro que mediu a que ponto as pessoas estavam empolgadas com a criação desse instituto para a arte imaterial; e, no final, 4.600 pessoas demonstraram empolgação suficiente para fazer doações financeiras. E eu tratei de retribuir de algum modo a todas elas.

Eu tinha um ano para dar minhas recompensas, e por um ano trabalhei muito com esse objetivo. Abracei centenas de pessoas num único dia do lado de fora das Serpentine Galleries em Londres; e, em outro dia, na sede do Kickstarter no Brooklyn.

Renderização digital do Instituto Marina Abramović, 2012

No alto: Público da minha palestra final para *Terra Comunal,* Sesc, São Paulo, 2015; *em baixo: As One* [Como um] (performance, sete minutos), Atenas, 2016

E então, depois que as plantas estavam prontas e pagas, descobrimos que a construção do instituto como queríamos custaria 31 milhões de dólares.

Esse era um problema sério. Para começar, meu trabalho não vende a preços altos. E eu descobri rapidamente que os ricos não estavam exatamente entrando em fila para investir em arte imaterial. Em maio de 2014, o MAI recebeu um convite de Richard Branson e da organização de filantropia coletiva Ignite Change para fazer uma apresentação no instituto localizado na ilha de Necker, o retiro de Branson no Caribe. Siena me acompanhou, e nós encontramos lá um grupo muito variado de pessoas. As mais fascinantes eram o próprio Branson e Chris Anderson, o curador do TED, e sua mulher, Jacqueline Novogratz. Minha palestra foi recebida com entusiasmo. Nela, eu disse que tinha dois desejos: que Richard Branson me desse uma passagem só de ida para o espaço cósmico na Virgin Galactic, e que Chris Anderson me concedesse uma palestra no TED. Richard não teceu comentários sobre a viagem ao espaço, mas Chris me abordou e disse que eu poderia dar uma palestra em 2015, ano dedicado ao tema de correr riscos. Ele achava que eu me encaixava com perfeição.

A visita à ilha de Necker foi empolgante, mas dela não resultou nenhuma proposta financeira para o instituto. Comecei a almoçar com bilionários. Eu levava comigo as belas plantas feitas por Koolhaas e recorria a todos os meus poderes de persuasão, mas não parava de dar com portas fechadas. Logo fiquei exausta. E desmotivada.

Foi quando conheci Thanos Argyropoulos. No Centro Cultural Onassis, em Atenas, ele me ouviu dar uma das minhas palestras sobre meus planos utópicos para o instituto e sentiu uma vontade enorme de me ajudar. Thanos tinha se formado na London School of Economics e sabia tudo a respeito de investimentos e de atividade bancária, o que para mim e para Serge era território desconhecido. Ficamos muito felizes em recebê-lo na nossa equipe.

No cenário de *Seven Deaths* [Sete mortes] com Thanos Argyropoulos, 2016

Thanos começou a olhar os números e, em três horas, descobriu que, se eu continuasse a pôr meu próprio dinheiro no instituto no mesmo ritmo – eu investia no MAI toda a renda da venda dos meus trabalhos, tinha cinco pessoas trabalhando no Kickstarter, lidando com a imprensa e com as mídias sociais, programando e desenvolvendo –, eu iria à falência em três meses. Essa era uma verdadeira emergência.

Nesse meio-tempo, encontramos amianto no prédio de Hudson. Ele deveria ser removido se quiséssemos usar o prédio, e a remoção custaria mais 700 mil dólares. Esse dinheiro simplesmente não existia. Thanos sugeriu que fechássemos o prédio por um tempo e procurássemos outras opções.

Minha sensação foi a de que rochas imensas tinham sido tiradas dos meus ombros. E, de uma hora para outra, todo o conceito do meu instituto se metamorfoseou. Pensamos: *Por que não tornar o próprio MAI imaterial – e nômade?* De repente, tínhamos um novo lema: "Não venha a nós – nós iremos a você." Instituições nos chamariam e nos pagariam para que fôssemos lá. Num piscar de olhos, todo o nosso modelo financeiro mudou: as despesas gerais desapareceram; conseguimos sair do vermelho.

Nós desenvolvemos um programa para levar o Método Abramović a instituições culturais do mundo inteiro, além de curar e contratar obras de longa duração por artistas performáticos locais e internacionais. Redigimos uma nova declaração de missão para refletir a mudança no nosso foco: "O MAI explora, apoia e apresenta performances. O MAI promove a colaboração entre as artes, a ciência e as humanidades. O MAI servirá como legado de Marina Abramović."

Eu por fim tinha criado meu instituto e o dediquei: *Aos Seres Humanos.*

No verão de 2013, enquanto Sean e eu estávamos em Oslo para uma mostra do meu trabalho, o colecionador Christian Ringnes pediu que eu fizesse uma escultura para um grande parque de esculturas que ele estava patrocinando para a cidade. Eu lhe disse que não era favorável a esculturas em parques – acho que a natureza é perfeita sem qualquer arte. Mas fui ao local de qualquer modo para ver se lá me ocorreria alguma ideia. Enquanto Sean, Christian e eu passeávamos pelo parque com Gillespie e Kim Bradstrup, meus galeristas em Oslo, chegamos a um pequeno monte. Christian disse que era daquele ponto que se acreditava que Edvard Munch tinha pintado *O grito.* Quando ele disse isso, de imediato me ocorreu uma ideia.

Mais cedo naquele dia, eu tinha visitado o Museu de Munch, onde vi pessoas em pé à frente de *O grito,* tirando selfies com a boca aberta. Mas – afinal de contas, tratava-se de um museu – ninguém chegou a dar um grito. Agora, falei a Christian da minha ideia: tirar medidas exatas da moldura do quadro de Munch, recriar a moldura em ferro e colocá-la exatamente naquele ponto do parque – que se chamava o monte Ekeberg –, onde todos os cidadãos de Oslo seriam convidados a vivenciar *O grito* de uma forma nova, postando-se diante da moldura vazia e gritando para o nada.

Era um dia chuvoso e sombrio em Oslo. Convidei o pequeno grupo que estava comigo a gritar e ver como se sentia. Depois que gritamos a valer, comecei a trabalhar para concretizar a ideia. A moldura de ferro vazia foi instalada no monte, e eu criei um vídeo, também intitulado *The Scream,* inspirado por Edvard Munch e dedicado a ele. Ao longo de um mês, Lynsey Peisinger e eu filmamos 270 pessoas gritando através da moldura vazia.

Antes que elas gritassem, Lynsey precisava prepará-las, ali mesmo no parque, com exercícios de respiração e de movimento do corpo. Os noruegueses em geral são muito estoicos: eles não demonstram suas emoções com facilidade. Alguns admitiram que nunca tinham gritado na vida. Mas, depois da preparação de Lynsey, quando eles se postavam diante da moldura, era como a erupção de um vulcão de emoções. Durante a filmagem, a polícia apareceu muitas vezes, porque os gritos ecoavam pela cidade mais abaixo, e as pessoas estavam denunciando estupros.

A moldura vazia permanece no parque para dar continuidade à performance.

No último dia de filmagem, quando tínhamos terminado de trabalhar, Christian nos convidou a ir ao seu barco para jantar e assistir ao pôr do sol nos fiordes. Foi um belo entardecer de fins de agosto – o céu brilhava com um vermelho-alaranjado. O outono da Escandinávia já estava no ar. Christian tinha convidado cinco amigos que ele queria que eu conhecesse: um deles era um homem alto, distinto, chamado Petter Skavlan. Quando lhe perguntei o que fazia, ele disse que era roteirista de filmes europeus e de Hollywood. No ano anterior, *Kon-Tiki*, um filme para o qual ele tinha escrito o roteiro, fora indicado ao Oscar de Melhor Filme em Língua Estrangeira.

Encontrando Petter Skavlan para discutir o projeto *Seven Deaths*, Atenas, 2016

Num estalo, lembrei-me de algo que tinha ficado no fundo da minha mente havia anos, a ideia que me ocorreu na brutal mina de ouro a céu aberto de Serra Pelada: *How to Die*. Eu achava essa ideia tão forte que, na realidade, nunca tinha desistido dela. Empolgada, falei a Petter sobre meu conceito de justapor a morte de sete heroínas de óperas (todas interpretadas por Maria Callas, naturalmente) a cenas de documentários de mortes verdadeiras. Petter, que tinha uma inteligência aguçadíssima, captou a ideia no mesmo instante. E sugeriu: "Por que não simplifica isso? Que tal fazer um roteiro das sete mortes das óperas?"

Daquele momento em diante, começamos a conversar sobre como de fato realizar esse projeto. Callas era minha inspiração. Àquela altura, eu tinha lido todas as biografias dela e assistido ao seu trabalho extraordinário através de filmes. Sentia uma tremenda identificação com ela. Como eu, ela era sagitariana. Como eu, teve uma mãe terrível. Havia, inclusive, uma semelhança física entre nós. E, apesar de eu ter sobrevivido a desgostos no amor, foi o coração partido que causou a morte dela. Na maioria das óperas, no final, a heroína morre de amor. E Petter conhecia a lista das mortes tão bem quanto eu: ESFAQUEAMENTO, em *Carmen;* SALTO PARA A MORTE, em *Tosca*; ESTRANGULAMENTO, em *Otelo*; QUEIMADA, em *Norma*; SUFOCAMENTO, em *Aida;* HARAQUIRI, em *Madame Butterfly*; TUBERCULOSE, em *La Traviata*. Bem ali, no barco, nós imaginamos a peça: eu seria filmada, simplesmente em pé, sem maquiagem, à frente de uma tela branca, contando a história de cada ópera em menos de dez frases. Depois de cada descrição, haveria um corte para me mostrar encenando a morte da ópera. Na cabeça de Callas, o homem que a matava no palco era sempre Aristóteles Onassis. Na minha cabeça, Willem Dafoe era o único que poderia representar meu assassino em cada um dos sete atos.

Visualizei sete instalações em vídeo, uma para cada morte, todas as sete a serem exibidas em sequência. Além disso, Petter sugeriu filmar um documentário longa-metragem intitulado *Living Seven Deaths* [Vivendo sete mortes], o registro do *making of Seven Deaths*, acompanhado da história de como a peça está relacionada à vida de Maria Callas. O som magnífico da voz da cantora completaria cada cena de morte.

Desde então, estamos trabalhando para realizar essas duas grandes peças. Nos meus sonhos, sete diretores diferentes dirigirão os vídeos, e Riccardo Tisci fará todo o figurino. O processo é demorado; e recentemente escrevi algo que espero não ser profético: *Faça um filme que seja mais longo do que o tempo de vida que lhe restar.*

Esquerda: Retrato de Maria Callas por Cecil Beaton, 1957;
direita: minha homenagem a Maria, 2011

Ao mesmo tempo, eu estava pensando na montagem da minha exposição seguinte nas Serpentine Galleries, para a qual eu tinha sido convidada um ano antes. A ideia geral era exibir obras não vistas, coisas que poucas pessoas sabiam que eu tinha feito em anos anteriores. Os curadores, Julia Peyton-Jones e Hans-Ulrich Obrist, estavam muito animados com essa proposta, mas eu queria fazer algo maior. Por isso, voltei aos meus xamãs brasileiros mais uma vez, para me preparar em termos mentais e físicos.

Um dia de manhã bem cedo, no meio da floresta brasileira, decidi ir nadar numa bela queda-d'água. Depois, sentei na beira das pedras para me secar ao sol da manhã – e, como que do nada, uma ideia muito clara me ocorreu: a de que eu não deveria expor nenhuma obra na galeria. Que, de modo ainda mais radical do que na apresentação no PAC Milão, a galeria deveria estar totalmente vazia. Que o público entraria, e eu os conduziria delicadamente até uma parede na galeria, só para olhar para o espaço vazio à sua frente. Que o público se transformaria no agente performático, no meu lugar.

Ao chegar para a exposição, os visitantes iriam deixar para trás sua bagagem, em termos literais e metafóricos, guardando em armários individuais bolsas, casacos, equipamentos eletrônicos, relógios, câmeras, celulares. A apresentação não teria regras, nenhuma fórmula — apenas a artista, o público e alguns acessórios simples no espaço branco, vazio. Essa foi a melhor forma que me ocorreu de como demonstrar a arte imaterial.

Eu estaria presente na galeria das dez da manhã às seis da tarde, seis dias por semana. Conforme o planejado, a exposição duraria 64 dias; logo, eu estaria ali por um total de 512 horas. E *512 Hours* tornou-se o nome da apresentação.

Eu sabia que precisaria de ajuda para esse trabalho muito exaustivo; e, mais uma vez, encontrei a melhor colaboradora possível em Lynsey Peisinger. Lynsey e eu já tínhamos trabalhado em parceria estreita por três anos em *The Life and Death of Marina Abramović,* além de na exposição do PAC Milão e em *The Scream.* Àquela altura, ela conhecia bem o Método Abramović, e também trouxe ao Método muitas das suas próprias ideias. Eu sabia que, em Lynsey, tinha encontrado alguém em quem podia confiar totalmente para dar continuidade ao meu legado. Ela mesma selecionou e treinou 84 ajudantes para a nova apresentação.

A abertura de *512 Hours* foi no dia 11 de junho de 2014, e o trabalho foi extenuante sob todos os aspectos possíveis. Para começar, pedimos aos visitantes que usassem fones de ouvido para bloquear os sons. Qualquer comunicação com eles precisava ser não verbal. Lynsey e os ajudantes estavam lidando com todos os tipos concebíveis de energia do público: uma tarefa complexa e difícil. Conduziam os visitantes a diferentes salas na galeria, onde eles realizariam vários exercícios: ficar simplesmente olhando para uma parede, contar grãos de arroz e lentilhas, fazer uma caminhada em câmera lenta, ficar deitado de olhos fechados numa cama, ficar em pé numa plataforma.

Lynsey e eu mantivemos um diário durante a apresentação, cada uma de nós fazendo algum registro no final de cada dia, para postá-lo no site da galeria e em mídias sociais. Para mim, a experiência de maior impacto era assistir ao público em pé na plataforma. Era só um tablado simples de madeira, a 12 centímetros do chão. Mas, quando uma pessoa fica em pé numa plataforma desse tipo com muitas outras pessoas, tudo muda em cada uma e ao seu redor.

A mostra atraiu uma enorme variedade de indivíduos de diferentes grupos sociais, raças e religiões. Muitos eram pessoas que geralmente não frequentam galerias de arte, mas foram lá por essa experiência. Você veria um autor de ficção científica ao lado de uma dona de casa de Bangladesh, ao lado de uma família inteira com muitas crianças, ao lado de um camponês inglês, ao lado de um crítico de arte – todos parados, em perfeita imobilidade, de olhos fechados, num silêncio total. Naqueles momentos, havia alguma coisa que me causava a sensação de que todo o meu trabalho, ao longo da minha carreira inteira, tinha valido a pena. Em *512 Hours*, encontrei provas do poder transformador da performance. Também entendi que essa era a hora de eu transferir minha própria experiência para todas as outras pessoas – e que o único jeito de fazer isso era permitir que elas vissem e sentissem as coisas por si mesmas.

512 Hours (performance, 512 horas), Serpentine Gallery, Londres, 2014

Ao longo da apresentação, vi tanta gente passar por tantas experiências, mas uma se destacou: um garoto de 12 anos, que comparecia todos os dias depois da escola, só para ficar em pé na plataforma, de olhos fechados, por muito tempo. Ele não se interessava por nenhuma outra parte do trabalho. Seu nome era Oscar. Quando lhe perguntei o que o atraía para esse exercício, ele disse: "Não sou muito bom na escola, mas, quando fico em pé na plataforma, vou para casa e fico em pé no meu quarto, de olhos fechados, está tudo bem."

Seguem-se algumas transcrições do diário em vídeo da exposição:

DIA 1: Disse a eles que fechassem os olhos e respirassem lentamente. Que, de olhos fechados, eles veem mais, sentem mais, percebem mais, ouvem mais. Eu também disse a eles que atingissem uma sensação de tranquilidade. Que sentissem a energia dos outros, bem como sua própria energia. Que ficassem em pé na plataforma, de olhos fechados, e sentissem o ambiente.

DIA 8: A coisa mais importante que percebi hoje foi que somente na imobilidade podemos reconhecer o movimento.

DIA 16: Foi o pior dia de todos até hoje. As energias estavam fragmentadas. Não havia centro. Sempre que eu criava um espaço de energia, ele se dissipava após alguns minutos. Era um trabalho interminável − como um castelo de cartas −, não conseguimos construir nada.

DIA 32: Metade do caminho. No início, só havia uma ideia. Quando a ideia se torna realidade, nós temos mais experiência. Isso nos dá clareza. O público está na posição de observador e também na de participan-

te. Depois, observador de novo. E os papéis são troca-
dos durante o dia inteiro. Esse trabalho é totalmente
diferente de qualquer outro.

DIA 40: Acredito que a linha entre a vida real e a vida
na Serpentine perdeu a nitidez. Mesmo quando saio
daqui, não faz diferença: na minha cabeça, ainda estou no mesmo espaço. Por isso, decidi não resistir a
isso. Não existe separação entre mim, os espectadores
e a obra. Tudo é uma coisa só.

ÚLTIMO DIA (DIA 64): Foi uma jornada importante. Sei
que esse trabalho não está se encerrando agora, mas
que é o início de algo grande e diferente. Ele trata da
humanidade, da humildade e da coletividade. É muito
simples. Talvez juntos possamos mudar a conscientização e transformar o mundo. E podemos começar a
fazer isso em qualquer lugar.

512 Hours iniciou um ano de atividade incessante. Pouco depois do evento na Serpentine, fiz uma mostra, *White Space* [Espaço branco], na Lisson
Gallery em Londres. A exposição consistia num ambiente sonoro imersi-
vo com título de *1972*, bem como em algumas outras obras do início da
minha carreira, algumas nunca vistas até então. Enquanto eu estava em
Londres, Alex Poots me convidou para jantar, dizendo-me que queria que
eu conhecesse uma pessoa especial: Igor Levit, o pianista russo-alemão de
27 anos. E ele era mesmo especial – não só era magnífico ao piano, mas
também era cheio de vida (e de incríveis piadas judaicas). Foi uma noite
maravilhosa, com muitas risadas, mas Alex também me pediu que criasse
um método para a plateia ouvir uma das peças mais difíceis da música
clássica – e um dos carros-chefes de Igor –, as *Variações Goldberg*. De imediato
me senti instigada pelo desafio de levar a música clássica – que, para mim,

é a mais imaterial das artes – a uma plateia contemporânea, de um modo totalmente novo.

Foto promocional para *Goldberg*, com o pianista
Igor Levit, Nova York, 2015

Os meses seguintes foram empolgantes e exaustivos. Comecei a preparar uma retrospectiva combinada com uma apresentação do MAI para o Sesc, a organização cultural brasileira. Lynsey, Paula Garcia e eu viajamos a São Paulo para selecionar artistas locais e encomendar deles novas performances de longa duração. Levei-os ao interior do Brasil e realizei uma oficina *Cleaning the House* a fim de prepará-los para se apresentarem ao longo da mostra, um total de dois meses. No final, dezoito artistas performáticos brasileiros criaram uma variedade fascinante de peças. Essa foi uma grande realização para eles, e também para o MAI, já que essa era a primeira vez que tínhamos programado obras de performance e criado algo tão grande juntos. A mostra se chamaria *Terra Comunal*, um título baseado nas minhas experiências no Brasil, em locais de poder, em meio a quedas-d'água, árvores, rios, insetos, plantas e pessoas com energia especial. A peça tratava do tempo e do espaço, de novas formas de interação e de criar uma noção de comunidade.

Depois de ter passado mais de um ano preparando a retrospectiva e a mostra para a abertura em meados de março, viajei para Vancouver com o objetivo de fazer minha palestra no TED: "Uma arte feita de confiança, vulnerabilidade e laços." Falei sobre o desenvolvimento do meu trabalho e sobre como trazer o público para dentro dele estava abrindo novos caminhos no sentido de investigar a consciência humana. Fiquei impressionada com a resposta e com o impacto posterior da palestra on-line: até agora tivemos mais de 1 milhão de visualizações.

Mas, após viajar e trabalhar tanto, eu estava totalmente sobrecarregada.

Os projetos se acumulavam para os meses seguintes. Eu tinha criado uma instalação de som chamada *Ten Thousand Stars* [Dez mil estrelas], específica para o site da Bienal de Veneza naquele verão, como parte da exposição *Proportio,* organizada por Axel Vervoordt, que envolveu gravar minha voz dizendo os nomes de 10 mil estrelas na nossa galáxia. Levei 36 horas, mas ela ficou pronta para a abertura no início de maio.

Por volta dessa ocasião, Riccardo Tisci também tinha me pedido que me encarregasse da direção de arte do primeiro desfile da Givenchy em Nova York, no dia 11 de setembro. Criar um visual e uma sensação para o desfile que ao mesmo tempo homenageasse a gravidade daquela data e também expusesse o estilo simples e elegante de Riccardo do ângulo mais favorável possível era um desafio tremendo. Escrevi-lhe uma carta:

> Caro Riccardo,
>
> Quando você me convidou para trabalhar nesse desfile, eu me senti honrada, mas também senti uma responsabilidade enorme.
>
> O 11 de setembro é o dia mais triste da história recente dos Estados Unidos. Como diretora artística, quero criar alguma coisa respeitosa e humilde. O local do desfile, o Píer 26, é significativo por causa da sua posição e vista desimpedida da Torre da Liberdade. Construir o cenário a partir de entulho e materiais reciclados significa que ele poderia ser construído e desmontado sem nenhum desperdício.

Nossa escolha do fundo musical, de seis culturas e religiões diferentes, tem o poder de unir as pessoas sem discriminação.

Esse evento que estamos criando juntos trata do perdão, da inclusão, da nova vida, da esperança e, acima de tudo, do amor.

Com amor,
Marina

The Contract [O contrato], com Riccardo Tisci, reprodução em preto e branco, 2011

E então havia a Austrália. Em junho, eu deveria ir à Tasmânia, onde o Museum of Old and New Art, em Hobart, montaria uma combinação retrospectiva e demonstrativa do meu Método. Eu estaria presente para a abertura e permaneceria lá por dez dias. Em seguida, Lynsey e eu deveríamos de imediato levar uma versão de doze dias do Método à John Kaldor Foundation, em Sydney, onde mais uma vez, usando uma série de exercícios e acessórios simples – de modo semelhante ao da nossa apresentação na Serpentine –, nós tornaríamos o público nosso tema.

É de surpreender que, já no início de março, durante o projeto do Sesc em São Paulo, eu tivesse começado a ter palpitações? Eu sofria crises de pânico, imaginando que estava com um tumor no cérebro. Me via sofrendo um derrame, acabando numa cadeira de rodas. Estava péssima – e me senti ainda pior quando peguei um avião do Brasil para a Bienal de Veneza. E depois para a Tasmânia. E depois para Sydney. Uma noite, quando eu estava jantando lá com Giuliano, soube que precisava ir a um médico. Ele mediu minha pressão arterial: estava altíssima – já em território de risco de infarto.

A medicação prescrita baixou minha pressão arterial, mas eu me sentia cada vez pior. Meus tornozelos e o resto do meu corpo estavam inchados e pesados. O desfile da Givenchy e as *Variações Goldberg* de Igor, no Park Avenue Armory, ainda estavam pela frente. Ia demorar muito até eu conseguir tirar algum tipo de folga.

Consegui, de algum modo, forças para passar por tudo isso, mesmo nas horas em que estava mais assoberbada. Minha equipe e eu trabalhamos feito loucas no desfile da Givenchy, e nossos esforços valeram a pena. O evento do 11 de setembro, numa noite delicada, com um calor agradável, sem nuvens, foi perfeito. Como condizia com a ocasião solene, o Píer 26 foi decorado com simplicidade, com um ambiente industrial de galpões, caixas de madeira e bancos toscos. À medida que o público ia entrando, o ar foi tomado pelo som grave de cantos tibetanos, e *performers* acima dos galpões se movimentavam com uma lentidão majestosa: um trançava ramos de árvores, uma mantinha a mão debaixo de uma torneira de água corrente; dois se abraçavam; um subia numa escada de mão. Depois de meia hora, um gongo soou, e as modelos começaram a se apresentar em fila, usando os trajes elegantes, incríveis, criados por Riccardo, ao som da música de várias culturas do mundo: hinos judaicos e muçulmanos, o canto gutural tradicional dos Bálcãs, e uma interpretação operística da "Ave Maria" por Svetlana Spajić.

Passei direto para o desenvolvimento de um conceito para as *Variações Goldberg* e convoquei o brilhante diretor de iluminação Urs Schoenebaum. Após guardar relógios, celulares e computadores em armários, o público entraria no Armory em penumbra, receberia fones de ouvido bloqueadores de ruído e se recostaria em *chaises-longues*. Ao som de um gongo, os participantes poriam os fones de ouvido e relaxariam. Então, pelos trinta minutos seguintes, à medida que o ambiente ficasse totalmente escuro (com exceção de tiras finas de luz branca, semelhantes a um horizonte, nas paredes laterais), uma plataforma móvel com Igor sentado diante de um piano de cauda chegaria, com uma lentidão majestosa e em silêncio total, vindo por um trilho desde os fundos do Armory até a frente, perto da plateia. Quando a plataforma chegasse à frente, pararia. Com isso, outro gongo soaria, a plateia tiraria seus fones de ouvido, e Igor começaria a tocar as *Variações Goldberg*. (O teclado do piano também seria iluminado por um feixe de luz, de modo que Igor e a plateia pudessem ver suas mãos.) Ao longo dos oitenta e dois minutos da peça, a plataforma giraria, lentamente e em silêncio, completando ao final uma única rotação.

Tudo estava perfeito. E, nos bastidores, meu corpo estava tomado por herpes-zóster. Por fim, depois das *Variações Goldberg*, liguei para a Dra. Linda, que me aconselhou a consultar o Dr. Radha Gopalan, um especialista em transplantes de coração, que também praticava medicina alternativa. Radha, que era do Sri Lanka, era favorável a associar as tradições medicinais do Oriente às do Ocidente: ele tinha estudado acupuntura e outras formas de tratamentos naturais. A primeira coisa que me aconselhou a fazer foi jogar fora todos os meus medicamentos e começar do início.

O segundo conselho do Dr. Gopalan foi o de que eu fosse a Kalari Kovilakom, um retiro aiurvédico no extremo sul da Índia, e permanecesse lá um mês. Eu já tinha feito retiros aiurvédicos, mas não desde *The Artist Is*

Present. Esse foi o lugar mais radical ao qual eu já fui: um misto de mosteiro, sanatório e prisão de segurança mínima. Um cartaz na entrada dizia: "Por favor, deixe seu mundo aqui."

Artist Portrait with a Candle [Retrato da artista com uma vela]
da série *Places of Power*, Brasil, 2013

Por trinta dias, eu quase não falei. Nunca abri uma mala. A cada dia, eles me davam três pijamas recém-lavados. Por trinta dias, comi *ghee* e meditei. Diariamente eu passava por horas de massagens intensivas. Não olhei para um computador nem para um *smartphone*. O e-mail era coisa do passado. E, depois de trinta dias, estava curada.

Eu não poderia voltar direto para a civilização depois dessa experiência. Meu corpo, agora totalmente relaxado, não estava preparado para a transição. Por isso, fui a um balneário no oceano Índico, um lugar cheio de famílias felizes, onde eu não conhecia absolutamente ninguém e podia me regozijar na minha solidão. Certo dia, quando estava caminhando por uma praia deserta, resolvi entrar nas ondas.

Tirei a roupa e fui entrando. As ondas eram enormes, e a água era de um azul-esverdeado como o jade, cintilante como o sol. Como o oceano era gigantesco! Às vezes, eu só preciso sentir a vida abrindo cada um dos meus poros. Quando saí da água, me sentia completamente energizada. Eu me sentia luminosa. Voltei, então, a me vestir e entrei na floresta pouco acima da praia. À medida que eu me embrenhava na mata, o barulho da rebentação foi diminuindo, e, de repente, percebi seres em toda a minha volta: tudo era vida.

CRÉDITOS DAS FOTOS

MIOLO: pp. 55 e 65: Nebojsa Cankovic; p. 74: Dickenson V. Alley, foto protegida por *copyright*, disponível sob licença de Atribuição do Creative Commons CC BY 4.0, cortesia da Wellcome Library, Londres; pp. 81, 82 e 92: cortesia dos Marina Abramović Archives e da Sean Kelly Gallery, Nova York; p. 104: Jaap de Graaf, cortesia dos Marina Abramović Archives e da Sean Kelly Gallery, Nova York; p. 115: © Giovanna dal Magro, cortesia dos Marina Abramović Archives e Giovanna dal Magro; p. 118: Jaap de Graaf; p. 119: Elmar Thomas; p. 124: Hans G. Haberl; p. 137: cortesia dos Marina Abramović Archives e da Sean Kelly Gallery, Nova York; p. 184: Gerard P. Pas, cortesia de Gerard P. Pas; pp. 244 e 249: cortesia dos Marina Abramović Archives e da Sean Kelly Gallery, Nova York; p. 258: cortesia dos Marina Abramović Archives e de LIMA; pp. 263 e 269: cortesia dos Marina Abramović Archives e da Sean Kelly Gallery, Nova York; p. 278: S. Anzaic; p. 290: cortesia dos Marina Abramović Archives e da Sean Kelly Gallery, Nova York; p. 293: Alessia Bulgari; p. 298: Attilio Maranzano, cortesia dos Marina Abramović Archives e da Sean Kelly Gallery, Nova York; pp. 305, 306 e 307: © Attilio Maranzano, cortesia dos Marina Abramović Archives e da Sean Kelly Gallery, Nova York; p. 318: (*esquerda*) cortesia Bildarchiv; Preussischer Kulturbesitz/Walter Vogel, (*direita*) Attilio Maranzano; p. 321: (*esquerda*) Peter Hassmann, cortesia de Valie Export, (*direita*) Kathryn Carr; p. 335: cortesia dos Marina Abramović Archives e da Sean Kelly Gallery, Nova York; p. 341: Larry Busacca, cortesia de Larry Busacca/Getty Images; pp. 344 e 345: cortesia dos Marina Abramović Archives e da Sean Kelly Gallery, Nova York; p. 351: Marco Anelli © 2010; p. 352: Alessandro Natale; pp. 353, 359, 361 e 374: Marco Anelli © 2010; p. 380: Martin Godwin; p. 384: cortesia da Casa Redonda; p. 390: (*quadro superior*) © 24 ORE

Cultura S.r.l., © Fabrizio Vatieri, © LauraFerrari, (*embaixo*) 24 ORE Cultura S.r.l., © Laura Ferrari; p. 392: cortesia dos Marina Abramović Archives e do MAI; p. 396: cortesia do OMA e do MAI; p. 396: (*embaixo*) Panos Kokkinias, 2016, cortesia de NEON e do MAI, (*no alto*) Victor Takayama para a FLAGCX, 2015, cortesia do MAI; p. 402 (*esquerda*) © The Cecil Beaton Studio Archive na Sotheby's, (*direita*) René Habermacher; p. 404: Marco Anelli © 2014, cortesia dos Marina Abramović Archives e da Serpentine Gallery, Londres; p. 407: Marco Anelli © 2015, cortesia de The Park Avenue Armory; p. 409: cortesia dos Marina Abramović Archives e da Sean Kelly Gallery, Nova York; p. 412: cortesia dos Marina Abramović Archives e da Luciana Brito Galeria, São Paulo.

CADERNO DE IMAGENS 1: p. 3: (*embaixo*) Marco Anelli © 2010; p. 5: (*embaixo*) Alessia Bulgari; p. 6: cortesia dos Marina Abramović Archives e de LIMA; p. 7: Attilio Maranzano; p. 8: cortesia dos Marina Abramović Archives e da Sean Kelly Gallery. Nova York.

CADERNO DE IMAGENS 2: p. 1: cortesia dos Marina Abramović Archives e da Art Bärtschi & Cie, Genebra; p. 2: Omid Hashimi e Tim Hailand, 2011; p. 3 (*no alto*) © dpa picture alliance archive / Alamy Stock Photo, (*embaixo*) © Patrick McMullan cortesia da Sean Kelly Gallery, Nova York; p. 4: (*no alto*) Brigitte Lacombe; p. 5: (*embaixo*) Marco Anelli © 2014, cortesia dos Marina Abramović Archives e da Serpentine Gallery, Londres; p. 6: (*no alto*) cortesia dos Marina Abramović Archives e da Sean Kelly Gallery, Nova York, (*embaixo*) Annie Leibovitz, cortesia de *Vanity Fair*; p. 7: (*no alto*) Rahi Rezvani, (*embaixo*) Omid Hashemi; p. 8: (*no alto*) Marco Del Fiol, cortesia da Givenchy, (*embaixo*) James Ewing, cortesia de The Park Avenue Armory.

Este livro foi composto na tipografia
Baskerville, em corpo 10,5/16, e impresso em
papel off-white no Sistema Digital Instant Duplex
da Divisão Gráfica da Distribuidora Record.